Guido Becker

Unglaublich, aber wahr

Es gibt eine andere Welt

Nibelungenring 1
D-86356 Neusäß
Tel. 0049-821-343225-11, Fax -31
post@sjm-verlag.de

ISBN 978-3-932426-60-5

http://sjm-verlag.de

Ad Majorem Dei Gloriam
Zur größeren Ehre Gottes

Gewidmet der
Katholischen Pfadfinderschaft Europas

Inhalt

VORWORT

Wunder sind Tatsachen

Die Anregung zu diesem Buch hat Dr. jur. Harald Grochtmann gegeben. Für seine Dissertation „Unerklärliche Ereignisse, überprüfte Wunder und juristische Tatsachenfeststellung", die er 1988 der freien Universität Berlin vorgelegt hat, wurde er Doktor der Rechte. Er berichtete dem Verfasser, dass in einem Gymnasium in der Eifel ein Religionslehrer jedem Schüler der 13. Klasse sein Buch „Wunder: kirchlich überprüft, nie widerlegt" besorgt hatte. Nachdem die Schüler das Buch gelesen hatten, waren sie insgesamt erbost darüber, dass man ihnen die in diesem Buch geschilderten nachbiblischen Wunder verschwiegen hatte. Das ist nicht erstaunlich, denn durch die Übernahme der liberalen protestantischen Bibelkritik auch in katholischen Kreisen, welche die in der Heiligen Schrift berichteten Wunder als Tatsachen infrage stellte, wurden die beglaubigten nachbiblischen Wunder natürlich als störend betrachtet. Sie stellen ja die modernen „wissenschaftlichen Ergebnisse" in Frage, wonach die biblischen Wunder nicht historisch seien und man „nicht elektrisches Licht und Rasierapparat benutzen, in Krankheitsfällen medizinische und klinische Mittel in Anspruch nehmen und gleichzeitig an die Geister- und Wunderwelt des Neuen Testamentes glauben" *(R. Bultmann)* könne.
Das war auch der Anlass, dass Monsignore Wilhelm Schamoni 1971 das Buch „Parallelen zum Neuen Testament" veröffentlichte, in dem er aus Heiligsprechungsakten entsprechende Vernehmungsprotokolle erforscht und übersetzt hatte, in denen historisch nicht zu bestreitende Wunder berichtet werden.

Weil Wunder ebenso wenig aussterben wie die Zweifler, werden in den folgenden Kapiteln Tatsachen gebracht, die zum Nachdenken anregen und die uns bestärken, das in der Bibel Berichtete, zu glauben. Wunder sind keine Ammenmärchen, sondern Tatsachen. Es gibt auch noch eine andere Welt, die nicht weniger real ist als die, welche die Naturwissenschaften erforschen.
In diesem Buch werden außerdem auch noch Dinge berichtet, die zwar keine Wunder im eigentlichen Sinn darstellen, aber doch wunderbare Tatsachen sind, die staunen lassen.
Im Johannesevangelium werden die Wunder „Zeichen" genannt, die Jesus wirkte, um auf Gott und seine Botschaft hinzuweisen.
Wer an Wunder glaubt, ist nicht der „letzte Depp", sondern einer, der Tatsachen nicht vom Tisch wischt und Gott die Ehre gibt, indem er anerkennt, dass Gott existiert und auch heute noch Wunder tut.

Guido Becker

GOTT EXISTIERT – ICH BIN IHM BEGEGNET

So lautet der Titel eines Buches, das in 6 Monaten in Frankreich ein Bestseller wurde. André Frossard berichtet darin sein Bekehrungserlebnis, das er 1935 in Paris hatte. Er wuchs in einer religionslosen Familie auf, in der die Existenz Gottes überhaupt keine Frage wert war. Sein Vater war von Jugend auf Sozialist und unter dem Eindruck der Revolution in Russland der kommunistischen Partei Frankreichs beigetreten. Er war deren erster Generalsekretär geworden und mit Lenin befreundet. Der Katechismus des jungen André war ein rotes Jugendbuch „Klein-Peter wird Sozialist."
Von Haus aus und seinem Umfeld her gab es überhaupt keine Voraussetzungen, zum Glauben an Gott zu kommen. Doch bei Gott ist kein Ding unmöglich. André ist zwanzig Jahre alt und arbeitet in einer Zeitungsredaktion. Nach Dienstschluss fährt sein Freund Willemin mit ihm in die Rue d'Ulm. Dort geht sein Freund in eine neugotische Kapelle, während Frossard draußen im Auto wartet. Als es ihm zu lange dauert, betritt auch er die Kapelle, um zu sehen, wo sein Freund denn bleibt. Im Halbdunkel knien vorne eine Reihe Schwestern und beten Psalmen. Doch lassen wir André Frossard selbst berichten:
„Ich empfinde keinerlei Neugierde die Religion betreffend, die einer anderen Epoche angehört. Es ist 17 Uhr und 10 Minuten. In zwei Minuten werde ich Christ sein. Gelassener Atheist, der ich bin, ahne ich wahrhaftig nichts davon... Auf dem ganz in Weiß gehaltenen Hauptaltar wird ein riesiges Aufgebot an Pflanzen, Leuchtern und anderen Zierraten von einem großen Kreuz in reicher Metallarbeit überragt, das in seiner Mitte eine matt weiße runde Scheibe trägt...

Ich bin aus Kunstbegeisterung schon in manche Kirche eingetreten, aber ich habe nie mit Bewusstsein eine Monstranz mit der Hostie darin gesehen, und ich weiß nicht, dass ich das Allerheiligste Altarsakrament vor mir habe. – Die Bedeutung von dem allen entgeht mir, da ich sie nicht suche. Neben der Tür stehend, spähe ich nach meinem Freund und es gelingt mir nicht, ihn unter den knienden Gestalten vor mir zu erkennen. Mein Blick wandert vom Dunkel zum Licht, kehrt wieder zu den anwesenden Menschen zurück, ohne irgendeinen Gedanken mitzubringen, gleitet er wieder von den Gläubigen zu den unbeweglich verharrenden Ordensfrauen und bleibt dann – ich weiß nicht warum – an der zweiten Kerze haften, die links vom Kreuz brennt. In diesem Augenblick bricht jäh eine Welle von Wundern los, deren unerbittliche Gewalt in einem Nu von dem absurden Wesen, das ich bin, die Hülle reißen und das Kind, das ich nie gewesen bin, geblendet von dem Glanz, ans Tageslicht bringen wird. – Zuallererst werden mir die Worte „geistliches Leben“ eingegeben... ich höre sie, als würden sie neben mir mit leiser Stimme gesprochen, die sieht, was ich noch nicht sehe.
Kaum hat die letzte Silbe dieses leisen Vorspruchs die Schwelle meines Bewusstseins erreicht, da bricht von neuem die Lawine los. Ich sage nicht: der Himmel öffnet sich; er öffnet sich nicht, er stürzt auf mich zu, schießt plötzlich wie ein stummes Wetterleuchten aus der Kapelle empor, wo er – wie hätte ich es ahnen können? – auf geheimnisvolle Weise eingeschlossen war... Wie soll ich´s schildern, mit diesen abgehackten Worten, die mir den Dienst versagen... Der Maler, dem es gegeben wäre, unbekannte Farben zu schauen, womit sollte er sie malen? Es ist ein unzerstörbarer Kristall, von einer unendlichen Durchsichtigkeit, eine beinahe unerträgliche Helle (ein Grad mehr würde mich vernichten), einem eher blauen Licht, eine Welt, eine andere Welt, von einem Glanz und einer Dichte, dass

unsere Welt da vor ihr zu den verwehenden Schatten der nicht ausgeträumten Träume zurücksinkt. Es ist die Wirklichkeit, es ist die Wahrheit, ich sehe sie vom dunklen Strand aus, wo ich festgehalten bin. Es ist eine Ordnung im Universum, und an ihrer Spitze, jenseits dieses funkelnden Nebelschleiers... die Person dessen, den ich vor einer Sekunde noch geleugnet habe, den die Christen unseren Vater nennen und dessen milde Güte ich an mir erfahre, eine Milde, die keiner anderen gleicht... eine aktive, durchdringenden Milde, die alle Gewalt übertrifft, die fähig ist, den härtesten Stein zu zerbrechen und was härter ist als der Stein – das menschliche Herz.
Ihr überwältigender Eindruck ist begleitet von einer Freude, die nichts anderes ist als der Jubel des vom Tod Erretteten, des gerade noch zur rechten Zeit aufgefischten Schiffbrüchigen...
Alle diese Empfindungen, die ich in die ohnmächtige Sprache der Gedanken und Bilder zu übertragen ich mich mühe, sind gleichzeitig und eine in der anderen eingeschlossen. Und nach Jahren noch werde ich ihren Gehalt nicht ausgeschöpft haben. Alles ist beherrscht von der einen Gegenwart... des Einen, dessen Namen ich nie mehr werde schreiben können, ohne, dass mich die Sorge überfällt, seine Liebe zu verletzen.
Das Wunder dauerte einen Monat. Jeden Morgen fand ich mit Entzücken dieses selbe Licht wieder, das den Tag verblassen ließ, dieses selbe Gefühl der milden Güte, das ich nie vergessen werde und das mein ganzes theologisches Wissen ausmacht... Indessen verlor das Licht und die milde Güte jeden Tag ein wenig von dieser Intensität. Schließlich verschwanden sie, ohne dass ich darum von neuem in der Einsamkeit zurückgeblieben wäre. Die Wahrheit sollte mir jetzt auf andere Weise geschenkt werden."

(Quelle: André Frossard, Gott existiert – Ich bin ihm begegnet)

ALS SCHWERVERBRECHER IM HOCHSICHERHEITSGEFÄNGNIS

Der soll uns auch seine Geschichte selber erzählen:
„Mein Name ist André Levet, ich bin in eine atheistische (gottlose) Familie hinein geboren worden und habe nie von Gott gehört... Im Alter von 13 Jahren riss ich nach Marseille aus... und landete zum ersten Mal im Gefängnis. Wegen eines Raubüberfalls wurde ich mit 15 Jahren erneut verhaftet... Später als Gangsterchef spezialisierte ich mich auf Raubüberfälle. Eines Tages war ich in Laval, um ein Ding zu drehen.“
Dort trifft er zufällig auf einen Priester, der ihn einlädt, vorbei zu kommen. Dieser gab ihm Ratschläge, die er nie befolgte, und jedes Mal, wenn er mit ihm von Gott sprach, war seine Reaktion: „Lass mich mit deinem Gott in Ruhe!“ Nach einem Ding, das schief ging, kam er in Rennes erneut hinter Gitter, brach aus dem Gefängnis aus und organisierte in Südamerika einen Drogenring. Dort wurde er dreimal eingesperrt, brach dreimal aus und wurde an Frankreich ausgeliefert.
„Hätte man all meine Delikte zusammengenommen, so hätte ich 120 Jahre absitzen müssen. Zu guter Letzt wurde ich zu 15 Jahren Kerker verurteilt. Im Hochsicherheitsgefängnis Château Thierry sagte mir der Direktor zur Begrüßung: ‚Hier wirst du spuren oder krepieren.‘ Als Antwort habe ich ihm sein Büro auf den Kopf gestellt.“
In den langen Jahren seiner Haft hat ihm der Priester Monat für Monat einen Brief geschrieben, darin nur wenig über Gott, nur ein oder zwei Worte: „André, Gott lebt!“ Doch eines Tages schickte er ihm die vier Evangelien, weil er sich über Langeweile in seinen vier Wänden beschwert hatte. „Aha, da hat mir doch

der Pfarrer seinen Herrgott in die Zelle geschmuggelt, dachte ich. Um ihm Freude zu machen, öffnete ich es in zehn Jahren neunmal... Eines Tages fiel mir wieder das Buch ein. Und da ich vergeblich auf eine Waffe oder Feile zum Ausbrechen gewartet hatte, blieb mir in dieser hoffnungslosen Situation nur einer: Jesus. Ich forderte nun diesen Jesus heraus: ‚Wenn es dich wirklich gibt, wenn du all das, was in diesem Buch steht, auch wirklich tust, na gut, dann komme mich besuchen. Ich schlage dir ein Rendezvous vor: Komme doch heute um zwei Uhr nachts, dann haben wir Ruhe um zu diskutieren. Und wenn du so stark bist, will ich nur eines von dir: Öffne dieses Gitter und ich hau ab...!'
In der Nacht vom 11. auf den 12. Juni, es war im Jahr 1960, schlief ich wie üblich mit Blick auf die Gitterstäbe. Ich schlief tief. In dieser Nacht rüttelte mich jemand aus meinem Schlaf wach. Ich sprang aus dem Bett, um den Eindringling niederzuschlagen. Aber da war niemand. Doch hörte ich folgende Worte tief innerlich in mir widerhallen, wie in einem Tunnel: ‚Es ist zwei Uhr, André, wir haben ein Rendezvous!' Ich machte einen Satz zur Eisentür meiner Zelle und schrie den Aufseher durch das kleine Schiebefenster an: ‚Warum störst du mich?' Er antwortete: ‚Was regst du dich so auf, ich habe gar nichts gesagt.' Da fragte ich: ‚Wie spät ist es?' - ‚Zwei Uhr – Punkt zwei.'
Mir blieb keine Zeit zum Nachdenken, denn die Stimme meldete sich wieder, noch stärker in meinem Inneren: ‚Ich bin dein Gott, der Gott aller Menschen.' Ich ballte die Faust und schrie: ‚Aber wie kannst du in meinen Ohren sprechen, wo ich dich nicht sehe, dich nicht kenne! Wer bist du? Lass mich in Ruh´, verschwinde – oder zeig dich!' Und da sah ich – dort bei den Gitterstäben, die ich mir immer gesprengt ausmalte, um frei zu kommen – ein herrliches Licht. Worte reichen nicht, um es zu beschreiben. Die Decke war weg, die Wände – es war der Himmel in meiner Zelle. Und in dem Licht ein Mann, den ich nicht

kannte, niemals gesehen habe. Er zeigt mir seine durchbohrten Hände, seine durchbohrten Füße, seine geöffnete Seite. Und ich hörte die Worte, durchdringend, da in meiner Zelle: ‚Das ist auch für dich.' Erst in diesem Augenblick fiel es wie Schuppen von meinen Augen. Die schweren Schuppen von 27 Jahren Sünde fielen endlich ab, und ich sah klar. Blitzartig begriff ich, dass ich ein Sünder bin und dass er der Retter ist! Zum ersten Mal in meinem Leben beugte ich meinen Nacken und fiel auf die Knie. Zum ersten Mal in meinem Leben weinte ich, zum ersten Mal wollte mich jemand lieben!

Von zwei bis sieben Uhr morgens, bis zur Öffnung der Zellen – in diesen fünf Stunden - trat ich den Rückweg durch all das Böse an, das ich getan hatte, damit es aus mir herausplatzt wie ein überreifer Abszess. Um sieben Uhr fanden mich die Wärter weinend auf den Knien, und ich sagte ihnen: ‚Ich werde euch nie mehr anspucken, ich werde nie mehr jemanden schlagen oder bestehlen, denn jedes Mal würde ich es Jesus tun.' Die erstaunten Wächter dachten anfangs, dies sei eine List von mir, doch sehr bald sahen sie, dass ich total verändert war... Nach dieser Begegnung habe ich noch sechs Jahre abgesessen, eine Zeit, die Gott, dieser göttliche Künstler, genutzt hat, um aus mir, einem Felsblock aus Hass und Atheismus (Gottlosigkeit), einen kleinen, ja wirklich unbedeutenden Zeugen seiner barmherzigen Liebe zu machen."

Nach seiner Freilassung hielt André Levet in ganz Frankreich und auch im Ausland Vorträge über seine Bekehrung.

Diese Geschichten von André Levet und André Frossard zeigen, es gibt nicht nur Heilungswunder des Leibes, sondern auch der Seele. Jede Bekehrung eines Menschen ist ein Wunder der Gnade Gottes an der Seele. Das Wort Gnade bedeutet: Geschenk Gottes, das der Mensch nicht verdient. André, der Schwerverbrecher hatte es bestimmt nicht verdient, dass ihm Jesus in der

Gefängniszelle erschienen ist und seine hasserfüllte und gottlose Seele geheilt hat. Und auch André Frossard, der „gelassene Atheist", für den Gott kein Gedanke wert war, ist für sein umwerfendes Gotteserlebnis ebenso wenig disponiert gewesen. *(Quelle: Triumph des Herzens)*

DAS BLUTWUNDER VON NEAPEL

Im Jahre 304, während der großen Christenverfolgung durch Kaiser Diokletian, wurde in der Hafenstadt Putéoli der Bischof von Benevént, Januárius, zusammen mit dem Diakon Festus und dem Lektor Desidérius und vier anderen Gefährten mit dem Schwert enthauptet. Eine mutige Christin eilte herzu und fing in einem Glasgefäß das ausströmende Blut des Bischofs auf, um so eine kostbare Reliquie von ihm zu erhalten. Diese wird heute noch im Dom von Neapel aufbewahrt und von den Gläubigen aus Nah und Fern verehrt.
Dreimal im Jahr, am 1. Mai, am 19. September und am 16. Dezember ereignet sich ein unglaubliches Wunder vor den Augen der im Dom versammelten Menschenmenge. Auf dem Altar steht in einer silbernen Büste das Haupt des Märtyrers und die gläserne Ampulle mit dem eingetrockneten Blut. Das Beten und Singen der von überallher zusammengeströmten Gläubigen erfüllt die Kathedrale. Sie alle erwarten voller Spannung, u. U. stundenlang, das Wunder. Unser Professor für Apologetik und Religionswissenschaft, Doktor phil. et theol. Hermann Schwamm (+ 1954) berichtete: Wenn es zu lange dauere, bis das Wunder eintrete, würden die temperamentvollen Italiener unter Protest den Dom verlassen. Aber, wenn sie draußen mit

Schimpfen ihrer Ungeduld Luft gemacht hätten, würden sie doch wieder zurückkommen, um das Wunder mit zu erleben. Wenn nämlich der Bischof die Ampulle dem Haupt des Märtyrers nähert, wird das eingetrocknete Blut wieder flüssig und schäumt auf. Die ohrenbetäubende Begeisterung der Menge braust auf und die Leute stimmen das Te Deum (Großer Gott wir loben Dich) an. Glockenläuten der Kirchen und Kanonenschüsse der Schiffe im Hafen verkünden allen in der Stadt, dass sich das Wunder wieder ereignet hat. Selbst deutsche Tageszeitungen bringen manchmal die Kurzmeldung vom Januariuswunder in Neapel.
Keiner der zahlreichen Naturwissenschaftler konnte bisher eine natürliche Erklärung dafür finden, wie es zu diesem seit Jahrhunderten alljährlich dreimaligen Wunder kommt. Der englische Gelehrte Materton bekannte: „Alle meine früheren Erlebnisse traten vor diesem Erlebnis in den Hintergrund. Und ich spreche hiermit meine vollste Überzeugung aus, dass das Flüssigwerden des Blutes des heiligen Januarius ganz unzweifelhaft durch ein Wunder bewirkt wird."
(Quelle: W. Hünermann, Der endlose Chor)

DAS FISCHWUNDER IN DER KASACHISCHEN STEPPE

Beim Angriff der deutschen Armeen auf die Sowjetunion ordnete Stalin im August 1941 an, dass alle Rußlanddeutschen aus ihren Dörfern in der Ukraine und am Schwarzen Meer nach Kasachstan zu verbringen seien. Er befürchtete, dass die seit zweihundert Jahren in den westlichen Gebieten Russlands an-

gesiedelten Deutschen mit Hitlers Truppen zusammenarbeiten würden. Die Dörfer trugen die Namen von den Orten, aus denen die Vorfahren kamen, zum Beispiel Landau, Schaffhausen, Zürichtal, Worms, Luxemburg, Kandel, Baden, Kassel, Darmstadt, Karlsruhe, Alt-Weimar u. dgl...
Als erstes wurden alle Männer nach Kasachstan deportiert. Dann wurden die Frauen, Greise und Kinder in Viehwaggons in wochenlanger Fahrt dorthin verbracht. Unterwegs starben viele alte Leute und Kleinkinder und wurden, wenn der Zug anhielt, neben dem Bahndamm begraben. In Kasachstan selbst wurden die Rußlanddeutschen zum Teil mitten in der Steppe ausgeladen und mussten sich Erdhöhlen graben, um zu überwintern. Eine rußlanddeutsche Frau erzählte mir, wie sie Zieselmäuse, die so groß wie Kaninchen werden, in der Steppe fing, um ihre beiden Kinder zu ernähren.
Die Not war groß und es herrschte Hunger. In der Gegend von Osórnoe flehten die Menschen Tag und Nacht zur Gottesmutter, damit sie ihnen zu Hilfe komme.
Da bildete sich mitten in der Steppe ein See. Und darin gab es Fische, von denen die Menschen sich ernähren konnten. Wohlgemerkt, es gab dort keine Quelle und keinen Bach, der Wasser für den See oder gar Fische bringen konnte. Nach der Hungerzeit verschwand der See wieder. Und heute steht an der Stelle mitten in der Steppe eine Säule mit einer Marienstatue, zu deren Füßen Fische abgebildet sind, die an dieses Fischwunder erinnert. Osórnoe ist inzwischen zum Muttergotteswallfahrtsort Kasachstans geworden.

EIN SPÄTERER NOBELPREISTRÄGER WIRD ZEUGE EINES WUNDERS

Ein großer französischer Pilgerzug mit 300 Kranken fuhr im Mai 1903 von Lyon nach Lourdes, dem weltberühmten Wallfahrtsort, wo 1858 die Gottesmutter der 14 -jährigen Bernadette Soubirou achtzehn Mal erschienen ist. Seitdem kommt es dort immer wieder zu wunderbaren Heilungen. Der für die Oberaufsicht im Pilgerzug vorgesehene Arzt war plötzlich verhindert. Ein junger Kollege, Dr. Alexis Carrel, begleitete an seiner Stelle den Zug. Er gesteht, verführt durch die Evangelienkritik deutscher Wissenschaftler habe er den Glauben verloren. Er vermutete, dass hinter den vielen als Wunder angesehenen Heilungen natürliche Kräfte stünden, die nur noch nicht erforscht seien. So hoffte er, bei der Fahrt nach Lourdes seine Forschungen anstellen zu können. Darum nahm er das Angebot, als Pilgerarzt einzuspringen, gerne an. Bei der langen Bahnfahrt wurde Dr. Carrel zu einer schwerkranken Patientin gerufen, die ohnmächtig geworden war. Als sie wieder zu sich kam, stöhnte sie: „Ich werde es bis Lourdes nicht aushalten".

Im Zug traf er auch einen ehemaligen Studienkollegen, der an Wunder glaubte. Dieser versuchte, ihn davon zu überzeugen, dass es tatsächlich Wunder gibt. Sie diskutierten miteinander. Dabei sagte Carrel, er würde sich nur überzeugen lassen, wenn er mit ansehen könnte, wie ein abgeschnittenes Bein wieder nachwächst oder wie ein Krebsgeschwür plötzlich verschwindet. Schließlich gab er sich damit zufrieden: „Wenn ich nur eine Wunde sich vor meinen Augen schließen sähe, würde ich fanatisch glauben oder aber... verrückt werden." Am Ende des Gespräches erwähnte er den hoffnungslosen Fall der Patientin Marie Bailly, zu der er gerufen worden war: „Wenn die gesund

würde, dann wäre das wirklich ein Wunder; ich würde glauben und in ein Kloster eintreten."
In Lourdes kommt diese Schwerkranke ins Spital. Ihr Zustand verschlechtert sich zusehends. Dr. Carrel bittet einen anderen Pilgerarzt, die Kranke zu untersuchen. Der flüstert ihm zu: „Die liegt in den letzten Zügen, die kann vor der Grotte sterben." Eine Ordensschwester setzt es durch, dass die Sterbende zu den Bädern gefahren wird. Die hätte ja sowieso nichts mehr zu verlieren. Es sei einerlei, ob sie sofort oder erst in einigen Tagen sterben würde. Außerdem sei es grausam, den sehnlichen Wunsch der Ärmsten nicht zu erfüllen. Mit einem Kollegen geht Carrel auch zu den Bädern und sagt in leicht spöttischen Unterton, man könne ja das unmögliche Wunder der Auferstehung einer Toten versuchen. Als die Kranke vor den Bädern bewusstlos zu sein scheint, fühlt er ihren rasenden Pulsschlag. Da kommt ihm der Gedanke, wenn die im Bad drin stürbe, was würde das für einen niederschmetternden Eindruck auf die frommen Pilger machen. Es wäre ja der Bankrott des Wunders.
Doch in all den Jahren ist noch nie jemand im eiskalten Wasser an der Grotte gestorben. Doktor Carell mustert die ihn umgebenden Leidenden, die alle auf Heilung hoffen. Ist man hier nicht vor der Grotte, wo die Gottesmutter erschienen sein soll? Er murmelt: „Ach! Wie gerne möchte ich wie all diese Unglücklichen glauben, dass Du nicht nur eine erlesene Quelle und kein Hirngespinst bist, Jungfrau Maria. Mach doch dieses Mädchen gesund; es hat so viel gelitten. Lass es doch noch ein bisschen leben und mach, dass ich glauben kann."
Man hat währenddessen die Kranke in das Bad getragen, aber man getraute sich nicht, sie ganz unterzutauchen, sondern hat nur den aufgeschwollenen Unterleib leicht mit dem Wasser nass gemacht. Danach wurde die Kranke zur Grotte gefahren, wo sie auf die Muttergottesstatue blicken konnte. Dr. Carrel steht

ganz nahe dabei und beobachtet ihren raschen Atem. Er denkt, sie kann jeden Moment sterben. Neben ihr kniet die Krankenschwester, die sie seit Lyon fürsorglich begleitet hat. Sie betet inständig um das Wunder. Doch das lässt auf sich warten.
Als der Arzt wieder hinschaut, hat er den Eindruck, dass sich das Aussehen des Gesichtes ein bisschen verändert hat. Er glaubt sich zu täuschen. Doch jetzt erfasst ihn sein Forscherdrang. Er zieht seinen Federhalter hervor und notiert auf die Manschette seines Ärmels: 14.50 Uhr. Er nimmt sich vor, von jetzt an alle Beobachtungen mit Zeitangabe aufzuschreiben. Sein dabeistehender Kollege, den er fragt, ob er etwas an der Kranken wahrgenommen habe, meint: „Alles, was ich sagen kann, ist, dass es sich nicht verschlimmert hat."
Nun gehen die beiden zu Marie Bailly hin, und Carrel kontrolliert nochmals den Puls und den Atem. Die Atmung hat sich verlangsamt. Sein Kollege fasst das als Vorzeichen des Todes auf. Während die Leute beten und singen, starrt er wieder auf Maries Gesicht, das ihm abermals verändert vorkommt. Ihre glänzenden Augen schauen wie verzückt zur Statue der Gottesmutter empor.
Auf einmal gewahrt Carrel, wie die bisher aufgebauschte Decke zusammenschrumpft und dann flach aufliegt. Die Blähung des Bauches ist verschwunden, und er stellt fest, dass das Herz der Kranken noch rasch, jedoch ganz regelmäßig schlägt. Er fragt Marie, wie es ihr gehe. Sie antwortet: „Es geht mir gut, ich bin nur noch ein wenig schwach. Aber ich fühle, dass ich geheilt bin." Ja sie trinkt die ihr von der Krankenschwester hingehaltene Tasse Milch in einem Zug leer. Sie hebt den Kopf und dreht sich zum ersten Mal seit Wochen ohne Schmerzen auf die andere Seite. Auf dem Turm der Basilika schlägt es drei Uhr. Innerhalb weniger Minuten hatte sich Marie Baillys Zustand stark verwandelt, sie war kaum wieder zu erkennen.

Wer glaubt, der Doktor sei nun bekehrt, der irrt. Im Spital untersucht er die Patientin, die ihm innerlich so zu schaffen macht, gründlich. Er zweifelt immer noch und bittet drei andere Kollegen, die Geheilte zu untersuchen. Alle kommen zum gleichen Ergebnis. Aus der vor wenigen Stunden Sterbenden ist eine gesunde, wenn auch noch etwas geschwächte Person geworden. Carell schrieb später: „Das war ein Ding der Unmöglichkeit. Etwas völlig Unerwartetes. Ein Wunder war geschehen."
An diesem Abend irrt Carell beglückt und zugleich verstört umher. Er betritt schließlich die Basilika, kniet neben einem alten Bauern nieder, vergräbt sein Gesicht in den Händen und spricht folgendes Gebet: „Milde Jungfrau, Helferin der Unglücklichen, die demütig zu Dir beten, schau mich an, ich glaube an Dich. Du hast mit einem strahlenden Wunder auf meine Zweifel geantwortet. Ich kann es kaum fassen und zweifle noch. Aber mein größter Wunsch und all mein Streben richtet sich danach, zu glauben."
Die ganze Sache war Dr. Carrel alles andere als genehm. „Man musste Tatsachen anerkennen, die dem Leben eine neue Richtung gaben," schreibt er später in seinem Bericht „Reise nach Lourdes". Mehr als 30 Jahre lang bewahrte er einen gewissen Abstand zur katholischen Kirche. Nach wie vor hielt er es für möglich, es könnten vielleicht doch natürliche Ursachen hinter den Heilungen in Lourdes stehen, die nur noch nicht erforscht seien. Er betete zwar inbrünstig, ging aber nur gelegentlich zur heiligen Messe, weil ihn die gregorianischen Gesänge zum Beten anregten. Lourdes besuchte er immer wieder. Erst in seinen letzten Lebensjahren lernte er wie durch Zufall – bei Gott gibt es keine Zufälle – den Oberen eines Trappistenklosters kennen. Der sagte ihm gleich bei der ersten Begegnung: „Man kann alle Meinungen diskutieren, den Glauben aber kann man nicht diskutieren!" Unter der geistlichen Führung dieses Mönches legte

er allmählich seine Zweifel und Vorbehalte gegen die Kirche ab. In seinem Tagebuch notiert er am 3. November 1938: „Herr, mein Leben war eine Wüste, denn ich kannte Dich nicht. Lass die Wüste erblühen, obwohl Herbst ist. Jede Minute der Tage, die mir noch bleiben, sei Dir geweiht." Am 5. November 1944 starb er versehen mit der Krankensalbung in Paris.

Über den „Fall Marie Bailly" gab es damals eine Pressekampagne, in der sich Dr. Carrel zu Wort meldete. Seine Karriere an der medizinischen Fakultät und in ganz Frankreich war damit ruiniert. Ein Wissenschaftler, der etwas mit Wundern zu tun hatte, wurde nicht mehr ernst genommen. Er war drauf und dran, seinen Beruf aufzugeben. Er wanderte im Mai 1904 nach Kanada aus, um dort Farmer zu werden, weil er als Mediziner keine Aufstiegsmöglichkeiten mehr sah. Doch mit der Landwirtschaft wurde nichts. Er reiste in die USA. In Chicago erhielt er eine Anstellung an einem medizinischen Forschungsinstitut und ein Jahr darauf eine Berufung an das Rockefeller -Institut für medizinische Forschung in New York. Dort gelangen ihm bahnbrechende Entdeckungen. Dafür bekam er 1912 bereits mit 39 Jahren den Nobelpreis für Medizin. Im Laufe seines Lebens wurde Carrel in Anerkennung seiner Verdienste sechsmal Ehrendoktor und Mitglied von 30 Ärztegesellschaften und Akademien. Nach seiner Pensionierung schrieb er sein Buch „Reise nach Lourdes". Es wurde aber erst nach seinem Tod veröffentlicht.

Wie ging es mit Marie Bailly nach ihrer wunderbaren Heilung weiter? Noch im gleichen Jahr 1903 trat sie in Lyon in den Orden der Vinzentinerinnen ein. Sie wirkte dann als Ordensschwester segensreich 34 Jahre lang in der Krankenpflege. Am 22. Februar 1937 starb sie in Montoulieu.

(Quelle: J. N. Zehnder, Dr. Alexis Carrels denkwürdige Reise nach Lourdes)

GIBT ES NOCH WUNDER IN LOURDES?

Der Präsident des Ärztebüros, Dr. Alphoriso Olivieri, hat in seinem Buch 18 Heilungen, die in den Jahren 1950 – 1969 geschahen, dokumentiert, die als Wunder anerkannt wurden. Darunter sind drei Personen aus deutschsprachigen Ländern: Edeltraud Fulda aus Österreich, die am 12. August 1950 von der Addisonschen Krankheit geheilt wurde; Bruder Leo Schwager aus der Schweiz, am 30 April 1952, Heilung von Multipler Sklerose; Thea Angele (Schwester Maria Mercedes) aus Deutschland, die am 30. Mai 1950 ebenfalls von Multipler Sklerose geheilt wurde. Von all diesen Heilungswundern kann man in Olivieris Buch die Krankenakten lesen.
Dr. Olivieri schreibt: „Eine solche Fülle von Heilungen, die gebührend festgestellt und überprüft worden sind, ist überwältigend. Mir ist wohl bekannt, dass für manche Kritiker schon der Gedanke an „Wunder" so außer Kurs gekommen ist, dass es ihnen undenkbar scheint. Die Naturgesetze – sagt man – seien derart determiniert (festgelegt), dass es für einen naturwissenschaftlich gebildeten Geist unmöglich sei, ihre Außerkraftsetzung zuzugeben.
Wenn man vor solchen Leuten über wunderbare Heilungen spricht, haben sie stets eine Antwort bereit: Diese Tatsachen – behaupten sie – sind nicht genügend studiert, oder sie lassen sich auf natürliche Weise rein natürlich erklären: durch gewöhnliche oder atmosphärische Elektrizität oder Psychismus, oder sie werden später erklärbar werden. Alle diese Einwände kommen von der einen Grundüberzeugung her, Wunder könne es nicht geben.
Darauf habe ich zu erwidern: Wunder existieren. Wie der bekannte Arzt Alexis Carrel anerkannte, sind die Wunderhei-

lungen von Lourdes eine Tatsache, an der jede Leugnung zerschellt."
(Quelle: Dr. Alphoriso Olieri, Gibt es noch Wunder in Lourdes?)

EIN ÖKUMENISCHES WUNDER IN LOURDES

Der Malteserorden betreut seit den Fünfziger Jahren des 20. Jahrhunderts Pilgerfahrten von Kranken und Behinderten zum Marienwallfahrtsort Lourdes. Wie es dazu kam, berichtet Philipp Freiherr von Böselager. Er wurde von seinem ehemaligen Regimentsarzt angefragt, er wolle mit seinem sterbenskranken Patenkind nach Lourdes fahren. Die evangelischen Eltern hätten diesen Wunsch des Kindes für verrückt erklärt und abgelehnt. Doch wolle er ihr diesen Wunsch erfüllen. Da er selbst evangelisch sei und von Lourdes und den katholischen Gebräuchen keine Ahnung habe, bat er den Baron von Böselager, seinen ehemaligen Regimentskommandeur, ihn und seine Nichte zu begleiten. Es war der erste deutsche Pilgerzug nach Lourdes, der im Frühjahr 1948 nach dem Krieg zustande kam. In Lourdes angekommen, verlor der Baron den Kontakt mit der Pilgergruppe und ging in der Stadt umher, um sich in den folgenden Tagen Kirchen und den Heiligen Bezirk und die Grotte anzuschauen. Lassen wir ihn selber erzählen: „Als ich eines Tages vor den Bädern stand, [...] öffnete sich plötzlich der Vorhang vor einem der Bäder und auf einer Trage sitzend wurde „mein" Mädel heraus geschoben. Sie hatte einen richtigen Nimbus (Heiligenschein) um den Kopf und ich erstarrte. Das konnte doch nicht die sein, mit der ich nach Lourdes gefahren war. Sie saß hier auf der Trage und bewegte Kopf und Beine! Während ich noch erstarrt dastand, erblickte sie mich und lenkte die Brancardiers, die die

Trage schoben, auf mich zu. Als sie mich erreicht hatte, sagte sie: „Wir haben uns doch im Zug gesehen, sie saßen doch immer auf der Nachbarbank." Damit war klar, dass ich nicht betrunken oder verrückt war. Nein, das war „mein" Mädel, sie war geheilt. Die Brancardiers waren auch in einer gewissen Aufregung und schwatzten durcheinander. Dann schoben sie das Mädel ins Hospital „Asyle", in den Saal St. Pierre, zu Schwester Marcelle. Diese war auch von Staunen ergriffen. Da es Mittagszeit war, gab sie dem Mädel normale Kost, Fleisch mit Karotten und Erbsen. Mir hat es noch immer den Atem verschlagen, da ich ja genau wusste, dass sie schon lange nichts Normales mehr gegessen hatte...

Ich suchte nun in den Hotels den Doktor, den Onkel des Kindes, und fand ihn schließlich bei Tisch. Als ich ihm sagte, seine Nichte sei geheilt, glaubte er mir nicht. Wir eilten nun zusammen ins Asyle. Dort überzeugte er sich von der wunderbaren Heilung seiner Nichte. Er war zuerst ganz verstört. Ich selbst war so verstört, dass ich Tage brauchte, um mich zu fassen.

Am Tage vor unserer Heimfahrt aus Lourdes zog der ganze Pilgerzug mit der Geheilten in einem Rollstuhl in der Mitte zum Bischof... Der Bischof beschwor uns, für den Frieden der Welt zu beten. Das geheilte Mädchen stieg dann aus dem Rollstuhl und begrüßte den Bischof, der von der Heilung erfahren hatte. Auf der Heimfahrt ging sie von Waggon zu Waggon und berichtete von ihrer Krankheit und Heilung."

Die wunderbare Heilung dieses protestantischen Mädchens in Lourdes zeigt, dass die Gottesmutter alle, nicht nur Katholiken, als ihre Kinder betrachtet. Im Gefolge wurde dann der deutsche Malteser-Lourdes-Krankendienst aufgebaut, der mit seinen Helfern Jahr für Jahr Krankenpilgerfahrten nach Lourdes betreut.

(Quelle: VATICAN magazin 10/ 2014)

MESSBARE WIRKUNGEN DES GEBETES

Der Nobelpreisträger Prof. Dr. med. Alexis Carrel nannte das Gebet einmal die machtvollste Form der Schwerkraft der Erde. Nun hat ein Naturforscher von Ruf, der amerikanische Gelehrte Dr. N. J. Stonwell durch eine wunderbare Entdeckung diese Kraft des Gebetes gemessen. Hier sein Bericht:

„Ich war ein zynischer Atheist, der glaubte, dass Gott nichts anderes sei, als eine Gedankenvorstellung der Menschen. An ein lebendiges, göttliches Wesen, das uns alle liebt und das über uns Macht besitzt, vermochte ich nicht zu glauben. Eines Tages arbeitete ich in dem großen pathologischen Laboratorium einer Klinik. Ich war mit der Aufgabe beschäftigt, die Wellenlänge und die Stärke der menschlichen Hirnstrahlung zu messen. So einigte ich mich mit meinen Mitarbeitern auf ein heikles Experiment. Wir wollten untersuchen, was bei dem Übergang aus dem Leben in den Tod innerhalb des menschlichen Gehirns vor sich geht. Zu diesem Zweck hatten wir uns eine Frau gewählt, die an einem todbringenden Gehirnkrebs litt. Die Frau war geistig und seelisch völlig normal. Allgemein auffallend trat ihre liebenswürdige Heiterkeit zu Tage. Doch körperlich stand es um so schlimmer mit ihr. Wir wussten, dass sie im Sterben lag und sie wusste es auch.

Wir hatten davon Kenntnis genommen, dass es sich um eine Frau handelte, die im Glauben an den persönlichen Erlöser Jesus Christus gelebt hatte. Kurz vor dem Tod stellten wir einen hochempfindlichen Aufnahmeapparat in ihr Zimmer. Dieses Gerät sollte uns anzeigen, was sich in ihrem Gehirn während der letzten Minuten abspielen würde. Über dem Bett brachten wir zusätzlich ein winziges Mikrophon an, damit wir hören könnten,

was sie spräche, falls sie überhaupt noch ein Lebenszeichen von sich geben würde. Inzwischen begaben wir uns in den angrenzenden Nebenraum. Wir waren fünf nüchterne Wissenschaftler, von denen ich wohl der nüchternste und verhärtetste war.
Abwartend und von innerer Spannung erfasst, standen wir vor unseren Instrumenten. Der Zeiger stand auf 0 und konnte bis zu 500 Grad nach rechts in positiver Wertung und 500 Grad nach links in negativer Wertung ausschlagen. Einige Zeit vorher hatten wir unter Zuhilfenahme des gleichen Apparates die Sendung einer Rundfunkstation gemessen, deren Programm mit einer Stärke von 50 Kilowatt in den Äther strahlte. Es handelte sich dabei um eine Botschaft, die rund um den Erdball getragen werden sollte. Bei diesem Versuch stellten wir einen Wert von neun Grad positiver Messung fest.
Der letzte Augenblick der Kranken schien herbeigekommen. Plötzlich hörten wir, wie sie zu beten und Gott zu preisen begann. Sie bat Gott, all den Menschen zu vergeben, die ihr in ihrem Leben Unrecht getan hatten. Dann verlieh sie ihrem festen Glauben an Gott Ausdruck mit den Worten: „Ich weiß, dass Du die einzige zuverlässige Kraftquelle all Deiner Geschöpfe bist und bleiben wirst.“ Sie dankte Ihm für seine Kraft, mit der Er sie ein Leben lang getragen hatte und für die Gewissheit, Jesu Eigentum sein zu dürfen. Sie bekundete Ihm, dass ihre Liebe zu Ihm trotz Leid nicht wankend geworden sei. Und im Hinblick auf die Vergebung ihrer Sünden durch das Blut Jesu klang aus ihren Worten eine unbeschreibliche Wonne. Sie brach schließlich in Freude darüber aus, dass sie bald ihren Erlöser werde schauen dürfen.
Erschüttert standen wir um unser Gerät. Längst hatten wir vergessen, was wir eigentlich hatten untersuchen wollen. Einer schaute den anderen an, ohne dass wir uns unserer Tränen schämten. Ich war derart gepackt von dem Gehörten, dass ich

weinen musste wie seit meiner Kindheit nicht mehr. Plötzlich, während die Frau noch weiter betete, hörten wir einen klickenden Ton an unserem Instrument. Als wir hinüber blickten, sahen wir den Zeiger bei 500 Grad positiv anschlagen und immer wieder gegen die Abgrenzung wippen. Unsere Gedanken überschlugen sich.
Jetzt hatten wir durch technische Messungen erstmals eine ungeheuerliche Entdeckung gemacht. Das Gehirn der sterbenden Frau, die mit Gott in Verbindung stand, entwickelte eine Kraft, die 55 mal stärker war als jene weltweite Ausstrahlung der Rundfunk-Botschaft.
Um unsere Beobachtung weiterzuführen, einigten wir uns wenig später auf einen neuen Versuch. Nachdem wir unsere Geräte aufgebaut hatten, baten wir eine Schwester, einen anderen Patienten in irgend einer Form zu reizen. Der Mann reagierte darauf mit Schimpfen und Fluchen. Ja, nicht genug, er missbrauchte sogar den Namen Gottes auf lästerliche Art. Und wieder klickt es an unserer Apparatur. Wie waren wir bewegt, als wir feststellen mussten, dass sich der Zeiger auf 500 Grad negativ befand und am Abgrenzungspfahl aufgeschlagen war. Damit standen wir am Ziel unserer Entdeckung. Es war uns gelungen, auf wissenschaftlichem Wege die positive Kraft des Betens wie auch die negative Kraft des Widerwirkers einwandfrei zu beweisen.
In jenem Augenblick begann meine atheistische Weltanschauung abzubrechen und die Lächerlichkeit meines Unglaubens wurde mir klar...!“ Soweit der wissenschaftliche Bericht.
Die Ärztin Veronika Carstens, die Frau des früheren Bundespräsidenten, macht dazu einige persönliche Anmerkungen: „Wer von uns hätte eine solche messbare Kraft, die von unseren Gedanken ausgeht, vermutet? Und zwar nicht nur im Sterben, sondern auch im Leben. In jedem Augenblick und nicht nur wenn wir sprechen, sondern auch wenn wir „nur“ denken.

Welch eine Verantwortung! Und wohin geht diese überschüssige Kraft, die weit mehr vermag als nur um den Erdball zu kreisen? In den Kosmos? Fragen über Fragen, deren Antworten wir nur vermuten können. Aber es scheint sicher zu sein, dass wir mit den Kräften unserer Gedanken in jedem Augenblick am Schicksal der Welt mitwirken und damit an der Zukunft von uns und unseren Kindern.
Etwas sehr Schönes sagt dieser Bericht ebenfalls aus: Dass nämlich auch der Schwache und Kranke, der sich oft nutzlos fühlt, eine höchst wichtige Aufgabe hat, die er vielleicht meisterlicher beherrscht als manche Politiker, nämlich die Welt durch sein Beten auf besseren Kurs zu bringen. Das ist mehr, als die Aktivsten der Aktiven je zu schaffen vermögen. Oder die Hausfrau und Mutter, die sich gezwungenermaßen mit lauter, von der Gesellschaft als langweilig angesehenen Kleinigkeiten befassen muss: Hat sie nicht gerade beim Kartoffelschälen, Putzen und Nähen Gelegenheit, für die Verantwortlichen im Land, für die Einflussreichsten der Medien, für die Arbeitslosen, für die verlassenen Kinder, für gequälte Tiere und vieles andere zu beten? Kein Gedanke, kein Gebet geht verloren. Seine Kraft umkreist die Erde und verändert sie. Welch eine Aufgabe stellt sich für uns! Aber der zweite Teil der Geschichte ist ebenso wichtig, zeigt er doch, wie gefährlich die sogenannten negativen Gedanken sind. Auch sie sind Kräfte, die sich ausbreiten. In jeder Minute, bei jeder Entscheidung, im Großen wie im Kleinen, haben wir die Wahl und verändern so oder so die Welt. Gott, der Schöpfer des Kosmos, hat offenbar gewollt, dass auch sein Gegner eine gewisse Macht hat. Dem Menschen schenkt er die Freiheit der Entscheidung: Wie oft wir dabei versagen, muss sich jeder von uns leider eingestehen..."
(Quelle: Schweizerische katholische Sonntagszeitung 23/ 2000, entnommen aus „Natur und Medizin" Nr. 1/ 1998)

WAS GEBET ALLES VERMAG

Als im Syrien-Konflikt im September 2013 eine Situation eintrat, die dazu führte, dass die USA und Frankreich mit einem Militärschlag eingreifen wollten, hatte Papst Franziskus die Christen weltweit eingeladen, für den Frieden zu beten. Der Papst hatte selbst mit hunderttausend Gläubigen auf dem Petersplatz in Rom in einer vierstündigen Feier um den Frieden gebetet. Dazu war eigens aus Maria Maggiore die Muttergottesikone gebracht worden. Zwei Tage später erklärte sich die syrische Regierung auf russischen Vorschlag hin bereit, ihr Chemiewaffen-Arsenal unter internationaler Kontrolle vernichten zu lassen. Der drohende Militärschlag war damit abgewendet.

Von dem Oberkommandierenden der 5. US-amerikanischen Armee, die nach dem zweiten Weltkrieg in Deutschland stationiert war, General Patton, stammt die Aussage: „Diejenigen, die beten, tun mehr für die Welt als die, welche kämpfen. Und wenn es in der Welt immer schlimmer wird, so ist der Grund der, dass es mehr Schlachten als Gebete gibt."

In einer US-amerikanischen Klinik haben Ärzte fromme Ordensschwestern für die Patienten einer Abteilung für innere Krankheiten beten lassen, ohne es den Patienten mitzuteilen. Für die Patienten der anderen Abteilung hingegen ließ man nicht beten. Das Ergebnis war auffallend: Diejenigen, für die man betete, wurden schneller gesund.

(Quelle: Medizin und Ideologie 4/ 2000)

Der Herzspezialist Prof. Michel W. Krucoff von der Duke Universität in Durham/ North Carolina hat eine Studie an 750 Patienten durchgeführt, für die eine Gebetsgruppe mit Fürbitten eintrat. Die Steigerung des Genesungsprozesses betrug 93% . Der Effekt sei auch ein halbes Jahr nach der Behandlung noch deutlich messbar gewesen. Deshalb bete er selbst mit seinem Team vor jedem medizinischen Eingriff ein Gebet der katholischen Ordensfrau Mutter Theresa (1910-1997), in dem Gott als „großer Heiler" bezeichnet wird.

EIN HEILUNGSWUNDER AUF DIE FÜRBITTE JOHANNES-PAUL II.

Dieses Wunder hat für die Heiligsprechung des Papstes eine Rolle gespielt. Es ereignete sich am 1. Mai 2011 weit ab von Rom in Costa Rica. Damals war Floribeth Mora Dias 48 Jahre alt, verheiratet und Mutter von vier Kindern. Ein Schlaganfall, eine schwere Gehirnblutung, hatte all ihre Träume als Mutter und Frau zerschlagen. Die Ärzte hatten ihrem Ehemann Edwin eröffnet, dass keine große Hoffnung bestand. Es musste eine Arterie mit einem Aluminium-Clips geschlossen werden. Aber es war in einem Teil des Gehirns, wo sie nicht dran konnten. Floribeth war verzweifelt. „Ich dachte an meine Söhne und an meinen Mann... Ich konnte nicht auf diese Weise sterben, Nein, ich konnte nicht. Aber mir blieb nur das Gebet. Auch für meinen Mann blieb nichts als zu beten." Als die Ärzte ihm die Situation erklärten, ließ er den Kopf sinken und weinte. Dann raffte er sich auf und begann zu beten: „Mein Gott, hilf uns! Karol Wojtyla, lass uns nicht allein!" Da vernahm er eine Stimme: „Habt keine Angst! Bring sie nach Hause!" Edwin hört auf diese Stimme und bringt seine Frau in seine bescheidene Wohnung, wo der Rest der Familie auf sie wartet. Die Verwandten, Hilfsarbeiter in den Bananenplantagen, fangen an zu beten. Alle, groß und klein, beten für Floribeth, bitten Gott im Namen von Papst

Wojtyla. Es kommt der 1. Mai 2011, der Tag der Seligsprechung von Johannes-Paul II. Alle sind im Stadion, wo die Feier auf eine große Videowand übertragen wird. Zu Hause liegt Floribeth im Bett, dem Sterben nahe. Ihr Gebet hat nur noch einen einzigen Inhalt. „Ich betete zu Papst Wojtyla, dass er mir helfe. Ich wollte nicht sterben. Ich wollte meine Kinder nicht allein lassen. An diesem Tag habe ich ihn gebeten, mir zu helfen, dass mein Bittgebet mehr Kraft hat." Beim Aufwachen sieht sie eine Zeitschrift, auf dem Titelblatt ein Foto von Johannes-Paul, neben dem Bett liegen. Und dieses Foto scheint lebendig zu werden, sie hört eine Stimme, die ihr sagt: „Steh´ auf! Hab´ keine Angst!" Und mit der Hand gab er ihr ein Zeichen, sie solle zu ihm hingehen. „Das Gefühl war ein Wahnsinn. Das Herz blieb mir im Hals stecken. Dieses Wunder! Diese Überraschung! Und ich hatte weiterhin den Blick auf die Zeitschrift gerichtet und sagte: „Ja, Herr!" Und ich bin aufgestanden." Die Ärzte, die ihren Fall untersuchen, finden keine Erklärung, sondern können nur bestätigen: „Der Schlaganfall mitten im Gehirn ist geheilt auf eine für die Wissenschaft nicht verstehbare Weise." Die Wissenschaft hat eben ihre Grenzen, wo nur noch der Glaube eine Antwort findet.
(Quelle: italienisches Magazin „DIPIU" vom 5.5. 2014)

FATIMA UND CHRUSCHTSCHOWS SUPERRAKETE

Am 17. Mai 1960 schrieb der Bischof von Leiria, in dessen Diözese sich vom 13. Mai bis zum 13. Oktober 1917 die Marienerscheinungen in Fatima ereigneten, an alle Bischöfe, um sie zu einem Welttag des Gebetes und der Buße im Sinne der Bitten der

Gottesmutter einzuladen, der am 13. Oktober stattfinden sollte. Am 13. Oktober leitete Kardinal Lercaro die Feier zusammen mit 21. Bischöfen. Papst Johannes XXIII. sandte den Teilnehmern ein Telegramm.
In dieser Nacht der Buße und des Gebetes vom 12. auf den 13. Oktober im Sinne von Fatima bestieg Chruschtschow, der Sowjetische Machthaber in New York Hals über Kopf ein Flugzeug nach Moskau und ließ beim Rückflug alle geplanten Zwischenlandungen ausfallen. Vorher hatte er in der UNO mit der absoluten Waffe gedroht, die im Besitze der Sowjetunion sei und die fähig wäre, die Vereinigten Staaten von Amerika auszulöschen, ohne dass diese den Versuch eines Gegenschlages starten könnten. Er hatte seinen Schuh ausgezogen und trommelte damit auf das Rednerpult. – (Ich sehe heute noch diese Szene, die das Fernsehen brachte.)
Was war der Grund seines überstürzten Rückfluges? Oberst Oleg Penkowski offenbarte in den berühmten "Penkowski-Papers" den Grund, warum der mächtigste Mann der Sowjets so Hals über Kopf von der UNO abreiste. Im Januar 1960 hatte Chruschtschow die wissenschaftlichen Abteilungen des Heeres gedrängt, zum 43. Jahrestag der Oktoberrevolution eine gigantische Rakete mit atomarem Antrieb fertig zu stellen. Und es schien alles bereit zu sein in dem Augenblick, als der sowjetische Diktator seine Drohungen in der UNO vom Rednerpult donnerte. Marschall Nédeline, der Oberbefehlshaber der sowjetischen Raketenabteilungen, hatte Tag und Stunde des ersten Versuchsabschusses der Superrakete, der Trägerin der „absoluten Waffe", festgesetzt. Zahlreiche Atomsachverständige und offizielle Prominente waren eingeladen, um den Abschuss mit zu erleben. Doch als der Zähler auf Null herabgestiegen war, zündete die Rakete nicht. Sie blieb unbeweglich auf der Abschussrampe stehen. Nachdem Marschall Nédeline 15 bis 20 Minuten

abgewartet hatte, kam er aus seinem Schutzbunker hervor und mit ihm die eingeladene Prominenz. Als alle draußen standen, explodierte die Rakete, und 300 Personen kamen dabei um. Das war der Grund des überstürzten Heimfluges Chruschtschows. Es war die Nacht vom 12. auf den 13. Oktober, in der ein großer Teil der Christenheit im Gebet für die Bekehrung Russlands und den Frieden verbrachte.
Der SPIEGEL brachte 1965 in den Nr. 50 ff. Berichte über Penkowskis „Geheime Aufzeichnungen", der 1965 wegen Spionage für den Westen hingerichtet wurde.
Im Buch von Chrysostomus Dahm OSB, „Millionen in Russland glauben an Gott", ist das Kapitel „Ein Sowjetspion bekehrt sich zu Gott" Oleg Penkowski gewidmet. Dort berichtet Penkowski, dass er Leiter der Politischen Abteilung für Komsomolzenarbeit war und Gottlosenpropaganda betrieb. „Doch es hat sich etwas Merkwürdiges ereignet. Ich fand während des Krieges zu Gott zurück und bekreuzigte mich in Gedanken und betete."

ÜBERFALL AUF EINE GEBETSGRUPPE

Sergei Kourdakov, Student an der Marineakademie in Kamtschatka, war überzeugter Konsomólze (sowjetischer Jugendverband) und Anführer einer Schlägergruppe, die Gebetsversammlungen von Gläubigen überfiel, und sie brutal zusammenschlug. Die Anweisungen zu solchen Einsätzen gegen die Untergrundkirche kamen von der Polizei. Bei einer solchen Razzia passierte es. Sie stürmten das Haus, in dem sich 17 Gläubige versammelt hatten. Brutal schlugen sie auf die Menschen ein. Sergei verkürzte seinen Gummiknüppel, um in dem vollen Raum wirksamer damit umgehen zu können. Stöcke und Fäuste sausten nur so durch die Luft. Die Schreie der Gläubigen waren ohrenbetäubend. Nahe einer Wand sah er eine alte Frau. Voller Angst zitterten ihr betenden Lippen. Zwar verstand er wegen des Lärmes ihre Worte nicht. Doch das brachte ihn noch mehr in Wut, und er sprang auf sie zu und holte zum Schlag aus. Plötzlich sah die alte Frau ihn mit erhobenem Arm, bereit den Gummiknüppel auf sie niedersausen zu lassen, und sie rief ganz laut: „O Gott, vergib diesem jungen Mann. Zeig ihm den wahren Weg. Öffne seine Augen und hilf ihm, vergib ihm, o Gott!"

Sergei begann, seine Fassung zu verlieren. „Warum betet sie nicht um Hilfe für sich selbst – sondern für mich? Sie ist dabei, von mir erledigt zu werden!" In einem Wutanfall packte er seinen Stock fester und hatte die Absicht, ihn auf ihren Kopf niederzuschmettern, ihr einen solchen Schlag zu versetzen, der sie töten würde.

Aber da ergriff plötzlich jemand sein Handgelenk und riss es zurück. Der Druck war so stark, dass er schmerzte. Er wandte sich um, weil er dachte, es sei einer der Gläubigen. Doch da war niemand! Er sah hinter sich. Niemand konnte seinen Arm festgehalten haben. Und doch hatte ihn jemand gepackt. Er fühlte noch den Schmerz. Er stand da wie unter einem Schock. Das Blut stieg ihm in den Kopf. Ihm wurde heiß, und Entsetzen kam über ihn. Es war so unwirklich, so verwirrend, nicht zu fassen. Er ließ seinen Knüppel fallen und rannte nach draußen. Das Blut raste in seinem Kopf, und Tränen begannen über sein Gesicht zu strömen. Seit er vier Jahre alt war, hatte er nicht mehr geweint. Selbst im Kinderheim hatte er unter den brutalen Schlägen von „Onkel" Nitschy keine Träne vergossen. Er hatte sich geschworen: „Niemand wird mich jemals zum Weinen bringen!" Doch jetzt, als er vor dem unfassbaren Erlebnis weglief, weinte er, Tränen liefen über seine Wangen. Er rannte, ging ein Stück, rannte wieder, lief weiter und weinte. Es war schon dunkel, als er zu sich kam und zur Polizeiwache ging. Es war schon neun Uhr, als er dort eintrat und erklärte: „Ich bin zum Entschluss gekommen, diese Arbeit nicht mehr zu tun."

Wegen seiner bisher erfolgreichen Tätigkeit als Führer in der kommunistischen Jugendliga bot man ihm an, auf die Polizeiakademie in Tomsk zu wechseln, wo die Elite des KGB (geheimer Staatssicherheitsdienst) ausgebildet wurde.

Dort hätte er aufgrund seiner Erfahrungen die Chance, als Spezialist im „Umgang mit den Gläubigen" ausgebildet zu werden. Man wolle ihn sogar gleich zum 1. Leutnant befördern. Nach einem Jahr würde er Hauptmann. Er hätte somit gute Aussichten, als Verantwortlicher für das „Gläubigen-Problem" im Polizeidienst Kariere zu machen.

Er wolle sich die Sache überlegen, erst einmal wolle er nach bestandenem Marineexamen zur See. Er wurde als Funkoffizier eingesetzt. Von einem sowjetischen Trawler, der als Fischerboot ausgegeben war und wegen eines Sturmes die Hoheitsgewässer Kanadas aufgesucht hatte, gelang ihm die Flucht. Am 3. September abends gegen 10 Uhr sprang er von Bord und erreichte mit letzter Kraft nach fünf Stunden die Küste und damit die Freiheit. Er kam ins Gefängnis, weil man nicht sicher war, ob er vielleicht als Spion eingeschleust werden sollte, und wurde mehrmals verhört.

Eines Tages kam ein Regierungsbeamter und eröffnete ihm: „Wir haben ihre Geschichte sorgfältig überprüft. Wir haben alle Ihre Angaben in einen Computer eingegeben, der besonders darauf programmiert ist, Analysen zu erstellen. Wir haben dabei die Wassertemperatur berücksichtigt, die Richtung und Stärke des Windes, die enorme Sturmstärke, die Entfernung des Schiffes zur Küste, die Höhe der Wellen – selbst ihre physische Kraft. Unsere Wissenschaftler haben all dieses mit Hilfe des Computers getestet, doch die fertige Analyse hat ergeben, dass sie un-

möglich diese Strecke unter diesen Bedingungen zurücklegen und überleben konnten. Ist da vielleicht doch irgend etwas, das sie vergessen haben, uns zu erzählen?“ Sergei Kourdakov dachte kurz nach und sagte dann: „Das einzige, was ich nicht angegeben habe, ist, dass ich sehr viel zu Gott gebetet habe.“ Nach ein paar Tagen kam der Beamte wieder: „Herr Kourdakov, es wird sie interessieren, dass wir nochmals ihre Angaben in den Computer eingegeben haben, einschließlich ihrer Gebete, mit dem Ergebnis, dass ihr Überleben möglich war.“
(Quelle: Sergei Kourdakov, Vergib mir Natascha)

EIN MYSTISCHES ERLEBNIS IM LEBEN EINES SPÄTEREN BISCHOFS

In der Zeit, da Wilhelm Emanuel Freiherr von Ketteler noch Weltmann mit ehrgeizigen Plänen war, saß er eines Abends allein im tief dämmrigen Zimmer und überließ sich seinen Träumen und Zukunftsplänen. Was dann geschah – ob im Wachzustand oder im Traum – er sah klar und deutlich den Heiland wie er auf sein heiligstes Herz zeigte, vor ihm eine Ordensfrau mit erhobenen Händen betend, und hörte die Worte: „Sie betet ohne Unterlass für dich!“ Ketteler sah die Gestalt der Beterin, ihre ärmliche Ordenstracht, ihre schwieligen Hände. Ihre Gesichtszüge prägten sich tief in seiner Erinnerung ein. Jedenfalls war Ketteler von diesem Erlebnis tief erschüttert und beschloss von da an, sich ganz Gott und seinem Dienst zu weihen. Damals war Ketteler dreißig Jahre alt. Viele Jahre später feierte Bischof Ketteler in einem Frauenkloster die heilige Messe. Beim Kommunionausteilen kniet als Letzte eine Ordensfrau vor ihm, deren Gesichtszüge so unverwechselbar denen gleichen, die sich ihm eingeprägt hatten.

Nach dem Frühstück bittet er die Oberin, dass ihm sämtliche Schwestern des Hauses vorgestellt würden. Als die Schwestern alle versammelt sind, ging sein forschender Blick über die Schar, doch fand er die Gesuchte nicht darunter. Leise fragt er die Oberin, ob das alle Schwestern seien. Diese überschaut die ganze Schwesternschar und sagte zum Bischof, sie habe alle rufen lassen, aber es fehle tatsächlich noch eine, die den Schweinestall besorge. In ihrem Eifer vergesse sie manchmal andere Dinge. Ketteler bestand darauf, dass sie geholt würde. Als die Schwester eintrifft, fragt der Bischof sie: „Kennen Sie mich?" „Ich habe Bischöfliche Gnaden noch nie gesehen." Im folgenden Gespräch unter vier Augen fragt der Bischof: „Haben Sie einmal gebetet oder gute Werke für mich aufgeopfert?" – „Es ist mir nicht bewusst, da ich von Eurer Bischöflichen Gnaden noch nie etwas gehört habe." Ketteler fragt weiter, welche Andacht die Schwester am liebsten und häufigsten pflege. „Die Andacht zum Heiligsten Herzen Jesu." – „Sie haben anscheinend eine schwere Arbeit im Kloster", fuhr der Bischof fort. „O nein, Bischöfliche Gnaden, aber – ich kann nicht leugnen, dass sie mir zuwider ist." – „Und was tun sie dann, wenn Ihnen solche Anfechtungen kommen?" – „Ich habe mir angewöhnt, alle Dinge, die mich Überwindung kosten, aus Liebe zum göttlichen Herzen Jesu erst recht gern und eifrig anzupacken. Ich opfere das dann auf für eine arme Seele, die es auf dieser Welt besonders braucht. Ich habe es dem lieben Gott überlassen, wem Er dafür gnädig sein will, und will es nicht wissen. Auch die Stunde der Anbetung vor dem heiligsten Sakrament, jeden Abend von 8 bis 9 Uhr, opfere ich in dieser Meinung auf." – „Und wie kommen Sie auf diesen Gedanken, all ihre Verdienste für eine ganz unbekannte Seele aufzuopfern?" – „Das ist mir immer so in den Sinn gekommen, als ich noch in der Welt draußen war. Als ich in der Schule war, lehrte uns unser Herr Pfarrer, dass und wie man für seine Angehörigen beten und seine Verdienste aufopfern solle. Und außerdem meinte er, solle man auch für andere, die in Gefahr sind, ihr Seelenheil zu verlieren, viel beten. Da aber Gott allein wisse, wer dessen besonders bedarf, so sei es das Beste, dass man seine Verdienste dem heiligsten Herzen Jesu zur Verfügung stelle, damit Er sie demjenigen zugute kommen lasse, für den seine Allwissenheit und Weisheit es für gut fände. So habe ich es gemacht und immer gedacht, Gott werde die rechte Seele schon finden." – „Wie alt sind Sie" – „Dreiunddreißig Jahre, Bischöfliche Gnaden." Der Bischof hielt einen Moment betroffen inne. Dann fragte er: „Wann sind Sie geboren?" Die Schwester nannte den Tag. Den Lippen des Bischofs entfuhr ein Ausruf. Ihr Geburtstag war der Tag seines Bekehrungserlebnisses. An jenem Tag hatte er sie in der abendlichen Dämmerstunde genau so vor sich gesehen, wie sie jetzt vor ihm stand. „Und wissen Sie gar nicht, ob Ihr Gebet und Opfer einen Erfolg gehabt hat?" – „ Nein, Bischöfliche Gnaden." – „Und wünschen Sie es nicht zu wissen?" – „Der liebe Gott weiß es, wenn etwas Gutes geschieht, und das ist genug", war die schlichte Antwort. Bischof Ketteler war erschüttert. „So fahren Sie in Gottes Namen fort mit diesem Ihrem Werk." Mit tiefer Bewegung und Ergriffenheit erhob der Bischof seine Hände zum Himmel und sprach: „So segne ich Sie in all der Kraft und Vollmacht, die ein Bischof zum Segnen hat. Ich segne Ihre Seele, ich segne Ihre Hände und deren Arbeit, segne Ihr Beten und Opfern, Ihr Überwinden und Gehorchen, ich segne Sie ganz besonders für Ihre letzte Stunde und bitte Gott, dass Er Ihnen mit all seinem Trost beistehen möge. Das gebe Gott der Vater und der Sohn und der Heilige Geist." – „Amen" sprach die einfache Laienschwester ruhig, erhob sich und ging hinaus.

(Diese Episode war mir bekannt. Doch habe ich sie erst in der österreichischen Zeitschrift „Der 13." vom Februar 1999 unter dem

Titel „Das Geheimnis eines Bischofs" so ausführlich geschildert vorgefunden. Um die Rahmenerzählung gekürzt und leicht überarbeitet ist die Geschichte hier wiedergegeben.)

WUNDERBARE GELDVERMEHRUNG

Oberhalb der Kreuzfahrerkirche bei Abu Gosh, an der Straße von Jerusalem nach Tel Aviv, ragt auf dem Hügel weithin sichtbar der Turm einer Kirche in den Himmel, auf dessen Spitze sich eine große Muttergottesstatue mit dem Jesuskind auf dem Arm befindet. Es ist das Heiligtum „Unserer Lieben Frau von der Bundeslade".

Diese Kirche, die auf den Fundamenten einer byzantinischen Basilika aus der zweiten Hälfte des 5. Jahrhunderts nach dem ersten Weltkrieg errichtet wurde, ist dem rastlosen Bemühen der französischen Ordensfrau Josephine Rumébe (+1927) zu verdanken.

Von der Generaloberin ihres Ordens hatte sie den Auftrag bekommen, auf der Höhe oberhalb der Kreuzfahrerkirche, dem biblischen Kirjath-Jearim, wo einst die Bundeslade im Hause Abinadabs stand, bis sie König David nach Jerusalem holte, ein Grundstück zu kaufen, um hier ein Kloster zu gründen. Eine Cousine in Frankreich hatte ihr die Summe von 5000 Goldfranken gestiftet. Das Geld versteckte sie in ihrem Zimmer unter einer Steinplatte. Sie begab sich zu den Weißen Vätern und bat sie, ihr beim Erwerb des Grundstückes zu helfen. Der Obere der Weißen Väter stellte ihr den Bruder Ludwig zur Verfügung, der in solchen Dingen große Erfahrung hatte. Bevor Bruder Ludwig die Sache anging, legte sie ihm ans Herz: „Hören Sie gut zu! Ich habe nur 5000 Franken. Versuchen Sie mit der einen Hälfte des

Geldes auf dem Hügel, und für die andere Hälfte unten in der Nähe der Benediktiner, die im Kloster bei der Kreuzfahrerkirche leben, ein Grundstück zu kaufen."

Der Bruder ritt nach Kariat-el-Enab (Kirjath-Jearim) und erfuhr dort, dass bereits ein gewisser Dragoman (einheimischer Fremdenführer) Maroum sich darum bemühe, den Hügel zu erwerben, ja dass er bereits einige Stücke auf der Ostseite erworben habe. Bruder Ludwig glaubte, gut daran zu tun, trotz der Warnung der Schwester, sofort alles Land anzunehmen, das ihm angeboten wurde, und vor dem Scheich Abdallah, der über Abu Gosh und die ganze Umgebung herrschte, mit privater Unterschrift Verträge abzuschließen.

Als der Tag der Zahlung fällig war, legte Bruder Ludwig, die Liste der Ankäufe Schwester Josephine vor. Die Summe betrug zwanzigtausend und siebenhundertzweiunddreißig Franken. Da rief die Schwester aus: „Was haben Sie da gemacht, Bruder Ludwig, ich hatte Ihnen doch ausdrücklich gesagt, dass Sie die Summe von 5000 Franken nicht überschreiten dürften!" – „Wenn ich nicht sofort zugegriffen hätte", antwortete dieser, „würde der Dragoman Maroum sie erworben haben."

Die Schwester ging in ihre Zelle, wo ihr „Bodenschatz" versteckt war, um wenigstens eine Anzahlung machen zu können. – Doch siehe da, welch ein Wunder! Als sie bereits 5000 Goldstücke gezählt hatte, kamen immer noch neue Goldstücke zum Vorschein. Sie zählte weiter, bis sie genau die Summe hatte, deren Bruder Ludwig bedurfte. Ganz erstaunt rief sie Schwester Lucia herbei, um das Geld nachzuzählen. Auch diese zählte genau 20732 Franken. Schwester Josephine hat oft von dieser wunderbaren Goldmünzen-Vermehrung erzählt. Sie hat es ausdrücklich auf ihrer Ankaufsliste vermerkt. Das Dokument wird heute noch im Klosterarchiv aufbewahrt.

(Quelle: Benedikt Stolz OSB, Der Cherub auf dem Gotteshügel)

DER WUNDERMÖNCH VOM LIBANON

Der libanesische Mönch Scharbel Machluf starb am 24. Dezember 1898. Als er 1927 in ein neues Grab umgebettet wurde, fand man seinen Leib völlig unverwest. Seit seinem Tod pilgern Christen und Moslems an sein Grab, wo bereits über 1200 Wunderheilungen registriert wurden. Aus seinem Leib fließt ein wohlriechendes, Heilung bringendes Öl.

Jussef (Josef) Machluf wurde 1828 in dem kleinen Dorf Biqa'kafrah geboren, das in 1600 m Höhe im Libanongebirge liegt. Schon 1831 starb sein Vater. Sein Onkel übernahm die Vormundschaft über die fünf minderjährigen Kinder. Er sorgte nicht nur für das tägliche Brot und die Kleider seiner Schutzbefohlenen, als frommer und gottesfürchtiger Mann kümmerte er sich auch um eine echte christliche Erziehung. Schon als Kind begeisterte sich Jussef für das mönchische Leben. Zwei seiner Onkels mütterlicherseits waren maronitische Einsiedler.

Die Maroniten sind eine mit Rom vereinigte östliche Kirche. Sie trägt den Namen des heiligen Einsiedlers Maron, der zu Beginn des fünften Jahrhunderts lebte und von dem wir nur durch einen Brief des hl. Johannes Chrysostomus wissen. Im sechsten Jahrhundert gab es ein dem heiligen Maron geweihtes Kloster, dessen Mönche sich in den damaligen Glaubensstreitigkeiten um die Person Christi auf die Seite des rechten katholischen Glaubens stellten, und die deswegen viele Martyrien auszuhalten hatten. Die maronitischen Kirchengeschichtsschreiber sind stolz darauf, dass sie immer rechtgläubig waren und sich nie von Rom getrennt haben. Die Patriarchen der Maroniten nahmen auch an den Konzilien des Westens teil.

Dem Herzenswunsch Jussefs, Mönch zu werden, widersetzte sich der Onkel, wohl aus der Sorge, dass die Christen, vor allem

die Mönche und Priester, immer wieder durch die Moslems und Drusen Verfolgungen und Massaker zu erleiden hatten. Doch für Jussef war der Ruf Gottes stärker. Er verschwand eines Tages und klopfte an die Pforte des Bergklosters Annaya, wo er aufgenommen wurde. Zwei Tage später erschienen seine Mutter und sein Onkel, um ihn zur Rückkehr zu bewegen. Doch Jussef war nicht mehr von seinem Entschluss abzubringen.
Bald nach seinem Eintritt wurde Jussef Machluf als Novize (zur Probe Aufgenommener) eingekleidet und erhielt den Ordensnamen Scharbel. Sein Namenspatron, der heilige Scharbel, ist einer der ersten frühchristlichen Heiligen und Märtyrer der Kirche von Antiochia. Er starb 107 n. Chr. unter Kaiser Trajan (98–117).
Der Abt von Annaya wünschte, dass der junge Novize Machluf ein ordentliches Studium antrat. Er sollte nicht als ungebildeter Mönch von den Gegnern des Glaubens verachtet und verlacht werden. Und Scharbel gehorchte genauso, wie er zuvor harte Arbeiten im Kloster auf sich genommen hatte. Die Feldarbeit war er ohnehin von zuhause her gewohnt. Selbst als der Abt eines Tages, wohl um seine Berufung auf die Probe zu stellen, befahl, den jungen Scharbel anstelle eines Ochsen vor den Pflug zu spannen, war das für ihn kein Problem. War es doch im Libanon nicht unüblich, dass arme Familien, die sich keine Zugtiere leisten konnten, selbst den Pflug zogen. Übrigens hatten die Moslems gefangene Christen unter Spott und Hohn gleichfalls vor den Pflug gespannt. Der junge Novize nahm es darum als Willen Gottes hin, was der Abt ihm auferlegte. Auch als man ihn im Kloster auf karge Kost setzte, machte ihm das nichts aus. Seit seinem Klostereintritt verzichtete er von sich aus auf Fleischgenuss. Seine Nahrung waren trockene Brotfladen, die keiner der Brüder mehr wollte. Das war Abtötung und vollkommener Gehorsam, die er bei seinem Eintritt ins Kloster gelobt hatte.

Es war keine Schikane des Abtes, sondern er hatte mit Scharbel etwas Besonderes vor, nämlich, dass er Priester werden solle. Unter den morgenländischen Mönchen werden die meisten nicht Priester. „Du gehst jetzt nach Kfifane. Tagsüber wirst Du studieren. Nachts aber wirst Du Dich im Kloster nützlich machen, so weit es Deine Kräfte erlauben. Wir werden hier für Dich beten." Mit diesen Worten entließ ihn der Abt. Der junge Novize beugte demütig das Knie, küsste die Hand des Oberen und erwiderte: „Ich werde Deinem Gebot gehorsam sein. Ich brauche nur wenig Schlaf. Das Gebet erfrischt mich an seiner statt."

Im Kloster Kfifase wurde Pater Nematalla Al Kafri sein Lehrer, den die Leute der Umgebung schon zu Lebzeiten einen Heiligen nannten. Der empfing ihn mit den Worten: „Ich als alter Mann werde bald sterben. Meine Gedanken sind schon auf die Vereinigung mit Gott gerichtet. Darum hat Er Dich zu mir gesandt. Die Fackel der rechtgläubigen Lehre, die meinen müden Händen nunmehr entgleiten will, sollst Du aufnehmen und weitertragen."

Wenige Monate nachdem Scharbel (1859) die Priesterweihe empfangen hatte, starb sein Lehrer, Pater Nematalla. Sofort nach seiner Priesterweihe wurde P. Scharbel Machluf in sein Mutterkloster Annaya zurückgerufen. Dort lebte er sechzehn Jahre in der Gemeinschaft seiner Mitbrüder bescheiden, demütig und die Ordensregeln streng befolgend. Am liebsten kniete er in der Kapelle vor dem Allerheiligsten in betrachtendes Gebet versunken. Seine Abkehr von der Welt war so radikal, dass er sich weigerte, die Besuche seiner Angehörigen zu empfangen, weil er befürchtete dadurch von Gott abgelenkt zu werden. Die Regel der Maronitenmönche verlangt, um Mitternacht zum gemeinsamen Chorgebet aufzustehen. Wenn sich danach die anderen Mönche wieder schlafen legten, blieb Pater Scharbel noch

weiter in der Kapelle zum betrachtenden Gebet.
Sommer wie Winter trug er den ältesten und rauesten Habit (Mönchskleidung). Er fastete freiwillig und aß die trockensten Brotreste. Obwohl er die Erlaubnis des Abtes hatte, bei der Arbeit im Weingarten von den Trauben zu essen, wenn ihn danach gelüste, rührte er keine an.
Als die zum Kloster gehörende Einsiedelei frei wurde, weil der Eremit verstorben war, bat Pater Scharbel darum, sich dorthin zurückziehen zu dürfen. Der Abt gestattete es zwar, verlangte aber, dass er zunächst einmal in der Klostergemeinschaft probeweise sein Einsiedlerleben verbringen solle. Nach drei Jahren des Wartens durfte P. Scharbel endlich 1875 in die 200 Meter höher gelegene Klause, die inzwischen ziemlich verfallen war, umziehen. Sie war 2,75 Meter lang, 2,10 Meter breit und 2,50 Meter hoch. Die Einrichtung der Zelle bestand aus einem Kochkessel, einem Wasserkrug, einem mit Eichenlaub und Rinde gefüllten Strohsack und einer Filzdecke zum Zudecken. An die Zelle anschließend befand sich eine kleine Kapelle von 6 x 9 Metern. Der Garten war mit Unkraut zugewachsen. Pater Scharbel rodete einen Teil des Grundstückes und pflanzte Gemüse und Heilkräuter für das Kloster an. Nur selten stieg er auf Wunsch des Abtes hinab zu seinen Mitbrüdern. Als ihm im Alter gesundheitliche Probleme zu schaffen machten, erhielt er einen Gefährten. Einmal am Tag wurde ihm eine Mahlzeit aus der Klosterküche – rohe oder gekochte Feldfrüchte – hinauf gebracht. Abgesehen von der kargen Ruhe und der Feldarbeit, verbrachte er Tag und Nacht im Gebet vor dem allerheiligsten Sakrament oder mit dem Lesen der Heiligen Schrift.
In den umliegenden Dörfern erzählten sich die Leute bald von den Wundertaten Pater Scharbels. Er war sich bewusst, dass alles im Leben Gottes Gabe war. Darum pflegte er zu sagen: „O mein Gott! Du hast mir alles geschenkt".

Im Dezember 1898 wurde er ernstlich krank, so dass ihm bei der Feier der heiligen Messe plötzlich schwindelig wurde. Er konnte das Messopfer nicht mehr weiter feiern, sondern sank ohnmächtig zu Boden. Sein Mitbruder Pater Makarios trug ihn in die Zelle auf sein einfaches Lager. Als er nach wenigen Minuten wieder zu sich kam, packte ihn die Unruhe, die heilige Messe nicht zu Ende gefeiert zu haben. „Du musst mir helfen aufzustehen! Gott darf nicht warten!“ Mit äußerster Willenskraft erhob er sich und wankte, sich an die Wand und Türrahmen stützend, in die Kapelle. Mit klarer, aber zitternder Stimme begann er das Wandlungsgebet des maronitischen Messritus: „O gerechter und hilfreicher Vater!“ Dann sank er zum zweiten Mal zu Boden. Es war am 16. Dezember, wenige Tage vor Weihnachten. Wie ein Lauffeuer verbreitete sich die Kunde in der ganzen Umgebung. Vom Kloster ging P. Mikhail Abimara hinauf zur Einsiedelei und spendete ihm die Sterbesakramente, P. Makarios assistierte dabei. Damit ging P. Machlufs Wunsch in Erfüllung, der sich immer diese beiden Männer an seinem Sterbelager gewünscht hatte. Doch der Tod ließ noch auf sich warten. Der Abt schickte ihm am 24. Dezember eine Fleischsuppe hinauf, ein Gericht, das P. Scharbel seit fünfzig Jahren nicht mehr genossen hatte. Als er den Duft der Suppe roch, wies er sie zurück: „Es ist Advent. Wir müssen das Fasten einhalten.“ Wenig später begann sein Hinscheiden. Mit lächelnden Lippen flüsterte er leise: „O gerechter und hilfreicher Vater!“ Es waren die gleichen Worte, die er zuletzt bei der Feier der heiligen Messe gesprochen hatte. So ging er in der Heiligen Nacht 1898 hinüber in die ewige Freude der himmlischen Weihnacht. Wohl selten hat ein Christ die evangelische Armut und den Gehorsam radikaler vorgelebt als der Wundermönch vom Libanon.

Scharbel Machluf wurde beim Abschluss des Zweiten Vatikanischen Konzil am 5. Dezember 1965 von Papst Paul VI. selig

gesprochen und am 9. Oktober 1977 erfolgte seine Heiligsprechung. In einer Zeit, da viele Priester und Ordensleute ihren Dienst und Gelöbnis aufgaben, und in der Kirche sich weithin ein Wohlfühlchristentum breit machte, ja sogar „der Rauch Satans" (Paul VI.) in sie eingedrungen war, stellte der Papst diesen Mönch aus dem Libanon, der in einzigartiger Radikalität das Christsein gelebt hat, einer dekadenten westlichen Gesellschaft vor. – Georges Bernanos´(+1948) Wort gilt heute mehr denn je: „Wir brauchen keine Reformation sondern Heilige".
(Quelle: Prof. Dr. Ernst Joseph Görlich, Der Wundermönch vom Libanon)

HEILUNG AUF DIE FÜRBITTE BRUDER KONRADS VON PARZHAM

Für die Seligsprechung des deutschen Kapuziners wurde das folgende Wunder anerkannt: Kunigunde Apfelbacher aus München, Witwe, Mutter von vier frühverstorbenen Kindern, litt seit sieben Jahren im Kreuzhospital in München an einem Krampfadergeschwür. In diesen Jahren behandelte sie Dr. Paul Pallikan. Das Geschwür war 12 cm lang, 8 cm breit und 3 cm tief. Es wurde die beiden letzten Jahre von der Vinzentinerin Sr. M. Almeda Almansberger zwei Mal täglich verbunden, wegen des starken Gewebeverfalls und des üblen Geruchs, der die anderen Kranken im selben Zimmer stark belästigte.
Die 79 Jahre alte Kranke pflegte sich morgens und abends mit folgendem Gebet an Bruder Konrad zu wenden: „Lieber, ehrwürdiger Bruder Konrad, eine arme alte Frau bittet dich, ihr die Heilung ihres linken Fußes von einer Wunde zu erlangen, die

sie sehr quält. Sie möchte noch einmal vor ihrem Tode in die Kirche gehen.“ Diese Worte betete sie dreimal, jedes Mal mit einem Vaterunser und Ehre sei dem Vater. Am 10. April 1926 wurde sie von der Schwester abends gegen 18 Uhr frisch verbunden. Der Fuß war stark angeschwollen und entzündet, und die Kranke litt sehr große Schmerzen. An diesem Abend half der Schwester beim Verbinden des Fußes die Angestellte Rosa Schramm.

Als die Schwester am folgenden Morgen wiederum zum Verbinden kam, war die 12 cm lange, 8 cm breite und 3 cm tiefe Wunde völlig geheilt und vernarbt. Die völlige Heilung bestätigte der behandelnde Arzt, der die Wunde bei der letzten Visite, längstens eine Woche vorher gesehen hatte. Auf Grund der beschworenen Aussagen dieser Hauptzeugen und weiterer Zeugen und Nebenzeugen, schließt einer der Sachverständigen der Ritenkongregation, Dr. Lorenzo Sympa sein ausführliches Gutachten, das 25 gedruckte Großquartseiten umfasst, folgendermaßen ab: „Zusammenfassend erkläre ich: a) dass Kunigunde Apfelbacher an einem großen Krampfadergeschwür (ulcus varicosum) unten am linken Unterschenkel und Fuß litt, welches die weichen Gewebe ergriffen hatte bis zur teilweisen Bloßlegung des Knochens; b) dass am späten Nachmittag des 10. April das Geschwür mit allen seinen Symptomen gesehen wurde, es jedoch am Morgen des 11. April völlig vernarbt gefunden wurde, wobei die Schmerzen, die es begleitet hatten, verschwunden waren; c) dass die Heilung unverändert und vollkommen bis zum Augenblick des Prozesses andauerte; d) dass eine solche augenblickliche, vollkommene und dauernde Heilung nicht einem natürlichen Heilungsvorgang zugeschrieben werden kann und über die natürliche Ordnung der Dinge hinausgeht.“ Da die beiden Professoren Enrico Pomponi und Nicola Gentile in ungefähr ebenso ausführlichen Gutachten zu

den gleichen Schlussfolgerungen kamen, wurde für die Seligsprechung „die augenblickliche und vollkommene Heilung der Kunigunde Apfelbacher von einem großen „alten, unheilbaren Krampfadergeschwür“ als Wunder anerkannt.
(Quelle: W. Schamoni, Das wahre Gesicht der Heiligen S. 38/39)

DER HEILIGE JOSEF, HELFER IN GELDNÖTEN

Am Abhang des Herchenberges, einem Vulkanhügel in der Eifel, betrieben Elly Heinemann und ihre Freundin Maria Weber ein vegetarisches Erholungsheim. Sie hatten mit großem Gottvertrauen kurz vor dem zweiten Weltkrieg das Anwesen erworben. Mit Heilfasten und Kuren gegen Gallensteine halfen sie vielen Menschen und leiteten sie zu einer gesunden vegetarischen Ernährung, aber auch zu Gottvertrauen an. Eines Tages war eine Abzahlung fällig. Die nötige Summe hatten sie nicht. Woher nehmen und nicht stehlen? Elly meinte: „Ich kann nicht um Geld beten. Geh´ Du hinunter in die Kirche und bete zum heiligen Josef.“ Also machte sich Maria Weber auf den Weg zur Dorfkirche und betete eine Weile vor dem St. Josefsaltar. Dann erhob sie sich, unschlüssig, bei wem sie wohl Geld ausleihen könne. Sie trat aus der Kirche und stieg die Treppe zum Dorf hinunter. Da kam ihr eine Frau entgegen und sagte: „Fräulein Weber, können Sie Geld gebrauchen? Wir haben von einer Stelle eine Summe Geld ausbezahlt bekommen.“ – „Ja, wir können schon Geld gebrauchen, wie viel wollt Ihr denn uns borgen?“ – „800 Mark.“ Es war genau die Summe, die für die Abzahlung fällig war. Sankt Josef hat geholfen!
Die beiden haben mir diese unglaubliche Geschichte selber er-

zählt. Und sie sind glaubwürdig.
Im Matthäusevangelium ist uns die Episode überliefert, wonach eines Tages die Eintreiber der Tempelsteuer in Kapharnaum sich an Simon Petrus wenden: „Bezahlt euer Meister die Doppeldrachme nicht?“ – „Doch!“ Als er dann ins Haus ging, kam ihm Jesus zuvor: „Geh´ an den See und wirf die Angel aus! Den ersten Fisch, den du herausziehst, nimm, öffne ihm das Maul und du wirst ein Vierdrachmenstück finden. Das gib den Männern für mich und für dich“ (Mt 17,24-27). Eine Doppeldrachme galt als Tageslohn für einen Arbeiter.
Der heilige Josef hat den beiden Damen vom Frauenbergerhof mit einem zweihundertfachen Tageslohn (damals betrug der Lohn eines Tagelöhners 4 Mark) ausgeholfen, entsprechend der Verheißung Jesu, „alles, was ihr im Gebet erbittet, werdet ihr erhalten, wenn ihr glaubt“ (Mt 21.22).

DER PATRON DER STERBENDEN

Die folgende Geschichte ereignete sich in China in den Jahren zwischen 1925 und 1932. – In der chinesischen Provinz Kansu werden der Bruder Gervasius (Heinrich Haack) vom Niederrhein und der Mainzer Pater Anton Götsch, beide Steyler Missionare, zu einer sterbenskranken Frau gerufen. Sie reiten die gut 220 Kilometer hin, um die Sterbende nicht im Stich zu lassen. Dafür sind sie drei Tage unterwegs. Doch als sie hinkommen, ist die Frau schon gestorben. Auf dem Heimritt hält sie ein Junge an und bittet sie darum, seine sterbende Mutter zu besuchen, 15 km abseits vom Weg in einer Lehmhütte. Die Frau, eine Heidin, fragt: „Ausländer, sag mir, gibt es einen GOTT, in dem drei Ge-

stalten sind? Gibt es in einem anderen Leben einen Freudenort für die Guten und einen Schreckensort für die Bösen? Stimmt es, das GOTT auf diese Erde gekommen ist, um für die Menschen zu sterben und ihnen den Ort der Freude zu öffnen?"
Pater Götsch ist völlig überrascht und bejaht ihre Fragen. Woher hat die Frau dieses Wissen? Da rückt sie schon mit ihrer Bitte heraus: „Du hast Wasser bei Dir. So wasche mich, damit ich an den Ort der Freude komme!" Woher weiß diese Heidin, dass er Taufwasser bei sich hat? Pater Götsch erklärt der Chinesin kurz das Leben Jesu und den Auftrag Christi. Dann spendet er der Sterbenden die heilige Taufe. Doch dann sagt die Frau: „Du hast doch Brot bei Dir, kein gewöhnliches Brot, sondern GOTT selbst. Gib mir auch davon!"
Bevor der Missionar sie über das Allerheiligste Sakrament unterrichtet, fragt er: „Hast Du mit katholischen Christen gesprochen?" – „Nein". – „Hast Du christliche Bücher gelesen?" – „Ich kann gar nicht lesen. Ich hatte mir nur gedacht, es müsse so sein. Fast zehn Jahre habe ich danach gelebt und meine Kinder so erzogen. Du kannst sie jetzt alle waschen"(d.h. taufen). – „ Hast Du denn gewusst, dass wir heute kommen würden?" fragt der Missionar. Sie antwortet: „Ich hatte einen Traum und sah einen älteren Mann. Der sagte mir, ich solle meinen Jungen zum Weg schicken, um die zwei Ausländer zu rufen."
Zum Abschied schenken die Missionare der Sterbenden ein Bildchen des heiligen Joseph. Als die Frau das Bild betrachtet, ist sie außer sich vor Freude. „Den kenne ich, der hat mich schon besucht. Das ist ja der, den ich im Traum gesehen habe. Der war schon öfter bei mir." – Noch in derselben Nacht stirbt die Frau... – Der heilige Joseph ist nicht nur Helfer in Geldsorgen, er ist vor allem auch der Patron der Sterbenden.
(Quelle: Kurier der christlichen Mitte 9/ 2014)

EIN SCHUTZENGELWUNDER IM 20. JAHRHUNDERT

Es geschah im Oktober 1990 in England. Eine junge schöne Frau von ungefähr 24 Jahren nahm an Exerzitien teil. Das sind Tage religiöser Besinnung und des Gebetes. Die Vorträge dieser Tage handelten an Hand der Bibel von den Engeln.
Bei ihrer Abreise hatte das junge Fräulein wenig Zeit bis zur Abfahrt ihres Busses. Darum nahm sie mit ihrem Koffer in der Hand eine Abkürzung – eine dunkle, nicht sehr vertrauenerweckende Gasse. Kaum ist sie in diese Gasse eingebogen, sieht sie einen Mann auf sich zukommen. Sie spürt, dass der die böse Absicht hat, ihr Gewalt anzutun. Sie gerät in panische Angst. Da fällt ihr ein, was sie in den Vorträgen über die Engel gehört hat, dass Gott die Engel auch dazu bestimmt hat, uns zu schützen. Und sie betet: „Heilige Engel des Himmels, kommt mir zu Hilfe!"
Als der Mann sie fast erreicht hat, wendet er sich plötzlich brüsk ab und geht weiter. Mehr tot als lebendig beschleunigt das Fräulein seine Schritte, erreicht den Bus und kehrt nach Hause zurück. Daheim erzählt sie von ihren Exerzitien und ihrem Erlebnis auf dem Heimweg. Am folgenden Tag entdeckt sie in den Zeitungen die Suchanzeige eines gefährlichen Gewalttäters, der Frauen überfallen hat. Auf den steckbrieflichen Fotos erkennt sie ihn als den Mann, der ihr so große Angst eingejagt hat. Sie geht zur Polizeiwache und erklärt, wann und wo sie ihm begegnet sei.
Aufgrund ihrer Aussage kann ihn die Polizei festnehmen. Die Polizei ist sehr verwundert, dass sie der Mann nicht angegriffen hat. Er wird befragt: „Wie kam es, dass sie dieses junge Fräulein

nicht angriffen? Hatten sie nicht die Absicht, ihr etwas anzutun?" Der Mann antwortet: „Doch. Aber da sah ich die beiden handfesten Kerle, die sie begleiteten, das waren wahre Kraftprotze!"
Die Polizei ruft das Fräulein zurück: „Fräulein, warum haben Sie uns erzählt, dass Sie allein waren?" – „Aber, ich war doch allein!" – Gott hatte wie es im Psalm 91 heißt: „seine Engel aufgeboten sie zu beschützen auf allen ihren Wegen".
Wie man den Schutzengel anrufen kann: „Engel Gottes, mein Beschützer; Gott hat dich gesandt, mich zu begleiten. Erleuchte, beschütze und führe mich.!"
Oder ganz einfach als Stoßgebet: „Heiliger Schutzengel, steh´ mir bei!"
(Quelle: Schweizerische Katholische Sonntagszeitung 37/ 1998)

DAS SIBIRISCHE WUNDER

Im Jahre 1951 hatte die kommunistische Regierung in der Ukraine 10 Nonnen (Ordensschwestern) verhaftet und ins Gefängnis geworfen. Man ließ sie Hunger und Durst leiden und bereitete ihnen körperliche und seelische Qualen. Die Peiniger erreichten jedoch ihr Ziel nicht. Die Ordensfrauen blieben ihrem katholischen Glauben treu, und keine verriet den Namen der Oberin. Sie wurden zu zehn Jahren Zwangsarbeit östlich des Urals (Sibirien) verurteilt. Die Gefangenen wurden in Viehwaggons verladen. Im Waggon der Schwestern befand sich auch Theodor B., ein deutscher Kriegsgefangener, der ein Jahr später nach Deutschland zurückkehren durfte. Ihm verdanken wir folgenden Bericht. Er bewunderte diese Ordensfrauen, die schon um sechs Uhr morgens den Tag mit Gebet und Betrachtung begannen. Die Wageninsassen hörten ihren erbaulichen Gesprächen bewundernd zu. Am Abend sangen sie mit weicher melodischer Stimme das Stundengebet in slawischer Sprache. Tag und Nacht rollte der Zug ostwärts. Nach drei Wochen trafen die Gefangenen an ihrem Verbannungsort in Mittelsibirien ein. Es gab in der Gegend fünf Konzentrationslager mit Baracken, Stacheldrahtumzäumung und einer zahlreichen Wachmannschaft mit groben Gesichtern und harten Augen. Der Lagerkommandant war ein kämpferischer Atheist (Gottloser). Bei jeder Gelegenheit ließen er und seine Soldaten ihrem Hass gegen die Schwestern freien Lauf. Er nannte sie „die tollwütigen Hündinnen des Vatikans".

Eines Tages trat er plötzlich in die Barackenstube der Schwestern und riss das Christusbild und das Muttergottesbild von der Wand, warf sie auf den Boden, zertrampelte sie mit seinen Stiefeln und brüllte: „Schluss mit dem Aberglauben, ihr Hündinnen!"

Den ganzen Sommer und Herbst waren die Klosterfrauen dem teuflischen Hass und der Wut des Kommandanten ausgeliefert. Doch auf alle Schikanen, Misshandlungen und Verfolgungen reagierten sie mit engelgleicher Geduld und unerschütterlicher Ruhe. Immer spürte man eine innere Freude bei ihnen, für Christus und seine Kirche leiden zu dürfen. Ihr Ansehen wuchs im eigenen und den benachbarten Lagern ständig. Nicht nur die orthodoxen, sondern auch die muslimischen Gefangenen nannten sie „Engel vom Himmel" und „heilige ukrainische Jungfrauen". Heimlich betreuten die Schwestern die Frauen und Mädchen im Lager und tauften insgeheim Hunderte von Erwachsenen. Sie mussten dabei alle erdenklichen Schliche anwenden, um die Aufmerksamkeit der Wächter abzulenken. Einmal im Monat kam nachts ein ebenfalls verschleppter ukrainischer Priester und feierte die heilige Messe. Am Morgen

verteilten dann die Schwestern die heilige Kommunion.
Dann kam der furchtbare sibirische Winter, der sieben Monate dauert, von Oktober bis April. Die Temperatur sank auf 50 bis 60 Grad unter Null. Der Atem gefror zu Eis an den Kleidern. Und nachts heulten die Wölfe.
Am Dreikönigstag, dem Vortag des ukrainischen Weihnachtsfestes, ließ Napluef die Schwestern ins Büro rufen und sagte ohne Umschweife: „Der sowjetische Staat hat alle normalen Mittel erschöpft, um euch umzuschulen und zu guten Bürgerinnen der Sowjetunion zu erziehen. Alles vergeblich. Inzwischen habe ich persönliche Anweisungen von der Zentrale in Moskau erhalten. Ihr seid fanatische Agentinnen des Vatikans und des ukrainischen Nationalismus. Ich habe Befehl, strengere Maßnahmen zu ergreifen, um euren sinnlosen Widerstand zu brechen. Man wird euch eine Woche lang getrennt in Einzelzellen sperren. Als Nahrung werdet ihr einmal am Tag ein Stück Brot und eine Tasse warmes Wasser erhalten. Sollten auch diese Maßnahmen ohne Wirkung bleiben, werdet ihr im Anblick des ganzen Lagers drei Stunden lang, nur mit dem Hemd bekleidet, der Kälte ausgesetzt. Dann wollen wir sehen, wer Recht hat, euer Gott oder die sibirische Kälte und die Macht des Proletariates (Arbeiterschaft). Hier ist eine Erklärung. Ihr braucht sie nur unterschreiben, und ihr bleibt verschont.“ Mit diesen Worten reichte Napluef seinem Sekretär ein maschinengeschriebenes Blatt, der las laut vor: „Wir, die unterzeichneten Nonnen der Kongregation [...], erkennen unsere ideologischen Irrtümer an und verzichten freiwillig und ohne Zwang freudig und begeistert auf unsere Gelübde und versprechen, dass wir von jetzt an keinerlei religiöse Tätigkeit und Propaganda unter den Gefangenen mehr ausüben werden.“
Nach der Verlesung fragte de Kommandant die Schwestern: „Ich frage euch zum letzten Mal: „Wollt ihr unterschreiben oder nicht?“

Die Schwestern antworteten ruhig, aber entschlossen: „Niemals, Kommandant! Unser Gewissen verbietet uns, zu unterschreiben."

„Charascho, gut, meine Kleinen. Dann wird man euch eben entsprechend behandeln. Wärter! Führt die papistischen Idioten sofort in die Einzelzellen!"

Es folgten nun sechs Tage unbeschreiblicher Martern. Die Schwestern wurden in ungeheizte Zellen gesperrt. Am folgenden Sonntag ging Napluef um 8 Uhr morgens von Zelle zu Zelle und fragte, ob sie nun bereit wären zu unterschreiben. „Nein, niemals!", war die Antwort jeder einzelnen Schwester.

„Charascho, gut!" zischte der Kommandant mit drohender Miene und befahl, dass sich alle Gefangenen um 10 Uhr zu versammeln hätten. Also standen zur vorgeschriebenen Zeit 2000 Gefangene auf dem großen Lagerplatz und bildeten ein riesiges Viereck. Die Maschinengewehre auf den vier Wachttürmen waren drohend auf sie gerichtet. Nicht weniger als zehn Kommandos der Bewachungskräfte waren außerhalb des Vierecks aufgestellt. Napluef und sein Stab traten aus dem Verwaltungsgebäude. Alle waren in dicke Pelzmäntel gehüllt und trugen große Pelzmützen. Jeder führte einen großen, auf Menschen abgerichteten Polizeihund an der Leine.

Mit barscher Stimme befahl der Kommandant: „Bringt die Gefangenen her!" Nach wenigen Augenblicken sah die Menge der Gefangenen zehn abgemagerte Frauen in langem Hemd barfuß aus dem Lagergefängnis herauskommen und sich in die Mitte des Vierecks begeben. Hunderte von Stimmen brüllten in ohnmächtiger Wut: „Ihr Henker! Wie könnt ihr die armen Frauen so behandeln? Fluch über euch, ihr Mörder!"

Sofort wurden die Maschinenpistolen auf die Menge der Gefangenen gerichtet, und Napluef brüllte, außer sich vor Wut: „Ruhe! Ruhe! Ihr Hunde! Oder wir schießen!" Und die Schreie

der Menge erstarrten unter der Drohung. Nun wandte sich der Kommandant an die Nonnen, die sich inzwischen in der Mitte des Platzes aufgestellt hatten: „Genossinnen, das ist meine letzte Warnung. Entweder ihr unterzeichnet dieses Dokument oder ihr werdet in einer Viertelstunde in Eisblöcke verwandelt sein."
Die Menge der Gefangenen wartete gespannt auf die Antwort der Schwestern. „Wir weigern uns, zu unterschreiben. Unser Gewissen als Christinnen erlaubt uns das nicht."
„Charascho. Wir werden sehen. Wir haben Zeit." Napluef und seine Genossen zündeten sich eine Zigarette an. Die Schwestern waren inzwischen auf dem gefrorenen Schnee niedergekniet und begannen mit lauter Stimme den Rosenkranz zu beten.
Eine Viertelstunde, eine halbe Stunde vergingen träge. Noch immer knieten die Schwestern an der gleichen Stelle und beteten weiter. Der Kommandant verlor zusehends die Nerven. Schließlich konnte er nicht mehr länger an sich halten und schrie: „Wenn ihr euch in fünf Minuten nicht bereit erklärt zu unterschreiben, lassen wir die Hunde auf euch los."
Nun stimmten die Schwestern das Credo an. Da konnte sich Napluef nicht mehr beherrschen. Er und seine Leute ließen die Hunde los und hetzten sie auf die Ordensfrauen. Starr vor Schrecken und Entsetzen stand die Menge der Gefangenen da. Wenn die Hunde nicht sofort zurück gepfiffen wurden, würden sie den Schwestern an die Kehle springen und sie zerreißen.
Mit heiserem Gebell stürzten die Tiere in Richtung der Opfer los. Die Schwestern fuhren fort zu singen. Zwei Meter vor ihnen, schon bereit zum letzten Sprung, hielten die Hunde jedoch plötzlich inne und legten sich in den Schnee nieder. Da erhob sich ein ungeheurer Schrei der Erlösung aus den Kehlen der Gefangenen: „Gott sei gepriesen! Ein Wunder! Ein Wunder! Die heldenhaften Schwestern sollen leben! Tod den Henkern!"
Und Tausende der ukrainischen Deportierten stimmten das Te

Deum (Großer Gott, wir loben Dich) an. Das Gesicht Napluefs lief zuerst rot an und wurde dann leichenblass. In ohnmächtiger Wut befahl er den Gefangenen und den Schwestern, in ihre Baracken zurückzukehren.
Das geschah am 6. Januar 1952. Von da an ließ Napluef die Schwestern in Ruhe. Ihr Ansehen bei den Mitgefangenen aber war ins Ungeheure gestiegen. Die Zeitschrift „Ecclesia" in Paris hat dieses Vorkommnis berichtet.
(Quelle: K.M. Harrer, Die schönsten Mariengeschichten)
Zum Hintergrund dieses Berichtes muss man wissen, dass Stalin zweihunderttausend ukrainische Katholiken und sämtliche ukrainischen Bischöfe und circa 800 Priester nach Sibirien verschleppen ließ, weil sie dem Papst anhingen und sich weigerten, sich dem orthodoxen Patriarchen von Moskau zu unterstellen. Dem ukrainischen Großerzbischof Slipyj hatte man sogar angeboten, Patriarch von Moskau zu werden, wenn er sich vom Papst trenne. Als ich im Januar 1991 zum ersten Mal in die Ukraine kam, damals war sie noch eine der Sowjetrepubliken, lernte ich auch einige Ordensfrauen kennen. Sie arbeiteten tagsüber in Zivilberufen, lebten aber in einer klösterlichen Gemeinschaft, und wenn sie nach Hause kamen, trugen sie die Ordenskleidung. Bei einem ukrainischen Bischof war ich zu Gast und er erzählte mir, dass er in der Zeit der Verfolgung im Untergrund als Buchhalter einer Fabrik arbeitete. Einen Ordensoberen, der als Professor für Anatomie in Moskau tätig war und einen Weihbischof, der in der Zeit der Unterdrückung der ukrainisch-katholischen Kirche Professor für Physik in Kiew war, lernte ich ebenfalls kennen. Mit einer Ukrainerin, die als Lehrerin dreimal ihre Stelle verloren hatte, weil sie den Gottesdienst besuchte, habe ich heute noch Kontakt. In einem Dorf wohnte sie bei einem Bauern. Als sie sonntags weinte, weil sie nicht an der göttlichen Liturgie (heilige Messe) teilnehmen konnte, um nicht wieder ihre Stelle zu verlieren, gab ihr der Bauer

seine Kleidung und sie ging als Bauer verkleidet in die Kirche. Was werden wir sagen, wenn Gott von uns einmal Rechenschaft fordert, weil wir aus Leichtsinn oder Bequemlichkeit den Sonntagsgottesdienst versäumen?

DIE SCHWEBENDE NONNE

Zunächst die Vorgeschichte: Mirjam Bouardy, die kleine Araberin, ist bekannt unter dem Namen Mirjam von Abellin. Ihre Eltern waren melkitische Christen, das sind Angehörige einer Kirche, die ihre Gottesdienste im byzantinischen Ritus in griechischer beziehungsweise in arabischer Sprache feiern. Diese Kirche ist eine mit der römisch-katholischen Kirche vereinte, sogenannte unierte Kirche.

Wegen der Verfolgung der Christen waren ihre Eltern aus dem Libanon nach Palästina geflüchtet in ein Dorf in Galiläa, namens Abellin, wo Mirjam am 5. Januar 1846 zur Welt kam. Abellin liegt nordwestlich von Nazareth, einige Kilometer entfernt, wo die Familie Jesu, Maria und Joseph und seine Verwandten lebten. Als beide Eltern innerhalb weniger Tage hintereinander starben, kam sie als Kind zu ihrem Onkel. Die Pflegeeltern schenkten ihr schöne Kleider. Andere Kinder hätten sich riesig gefreut, doch Mirjam ließen sie gleichgültig. Sie dachte daran, wie sie einmal vom Onkel einen Käfig mit Vögelchen bekam. Weil die sich nicht wuschen, hat sie die gebadet. Die Vögelchen haben das nicht überlebt und Mirjam hatte sie ganz traurig und weinend begraben. Da hörte sie innerlich eine Stimme, die zu ihr sagte: „So vergeht alles! Wenn Du mir Dein Herz schenkst, werde ich immer bei Dir sein."

Mirjam hat nie eine Schule besucht, als Kind nie lesen und schreiben gelernt. Denn damals wurden die arabischen Mädchen schon mit zwölf Jahren verheiratet. Darum lernten sie daheim wie man kocht, backt und sonstige Hausarbeiten verrichtet. Aber der Heilige Geist wirkte trotzdem oder gerade deswegen in dem lebhaften und intelligenten Kind. Oft wiederholte sie die Worte, die sie beim Begraben der Vögelchen gehört hatte: „Alles vergeht auf der Erde..."

Von ihrem siebten Lebensjahr an beichtete sie jeden Samstag. Ihre Sehnsucht nach dem Heiland war so groß, dass sie jedes Mal nach der heiligen Beichte den Priester bat, zur heiligen Kommunion gehen zu dürfen. Und jedes Mal sagte der Priester: „Ich bin einverstanden, mein Kind, – aber etwas später." Als der Priester eines Samstags nach ihrer Bitte vergisst „aber etwas später" zu sagen, hüllt sich Mirjam zur Sonntagsmesse in ihren großen Schleier und schließt sich der Reihe derer an, die die heilige Kommunion empfangen. In der Ostkirche empfangen die Gläubigen die heilige Kommunion nach altem Brauch aus Ehrfurcht nicht auf die Hand. Der Priester hält den Kelch, mit dem in das Blut Christi verwandelten Wein in der linken Hand. Das in den hochheiligen Leib Christi verwandelte Brot hat er zuvor am Altar in das kostbare Blut des Erlösers hineingegeben und gibt mit einem Löffelchen den Gläubigen, die zuvor gebeichtet haben, das Allerheiligste Sakrament in den geöffneten Mund.

Mirjam ist selig, als sie den in der heiligen Kommunion verborgenen Heiland empfängt. Am folgenden Samstag verlangt der Priester, dass sie zwar den Leib und das Blut des Herrn empfangen dürfe, aber sich äußerst zurückhalten müsse und kein Aufsehen erregen dürfe. Mit zwölf Jahren wird sie dann im Festgewand zur feierlichen Erstkommunion zugelassen.

Als Mirjam kurz vor ihrem dreizehnten Geburtstag stand, hatten ihre Pflegeeltern sie nach orientalischem Brauch, ohne sie zu befragen, mit einem Bruder ihrer Tante, der in Kairo wohnte, verlobt. Sie wollten damit für ihre Zukunft sorgen. Der Tag der Hochzeit wird festgesetzt. Sie soll in Alexandria stattfinden. Die Nacht vor der Hochzeit verbringt Mirjam im Gebet vor der Ikone der Gottesmutter. Als sie einen Moment einschlummert, hört sie im Innersten, wie jemand zu ihr sagt: „Mirjam, ich bin bei dir. Folge meiner Eingebung, die ich Dir schenke, ich werde Dir helfen.“ Als sie aufwacht, empfindet die junge Braut eine ungeahnte Freude. Ohne zu zögern schneidet sie ihre langen Zöpfe ab und mischt den von den Pflegeeltern und dem Bräutigam erhaltenen Schmuck unter ihre schwarzen Haare. Als der Onkel an diesem Zeichen sieht, dass sie sich zur Jungfräulichkeit entschlossen hat, wird er rasend vor Wut. Weder ein herbeigerufener Priester noch ein mit den Pflegeeltern verwandter Bischof können sie davon abbringen, statt eines Mannes Frau die Braut Christi zu werden. Der Onkel beschließt im Zorn, das Kind wie eine Sklavin zu behandeln, schickt sie in die Küche und befiehlt dem Personal, ihm die härtesten Arbeiten aufzutragen und es ohne jegliche Rücksicht auf ihre Jugend zu behandeln.

Eines Abends läuft sie heimlich zu einer muslimischen Familie, um einen Brief an ihren Bruder Bulos (Paul), der in Galiläa lebt, zu überbringen. Die Familie ist empört, als sie von den Leiden Mirjams hört, die sie schon drei Monate mitmacht. Sie wird zum Abendessen eingeladen. Während des Gesprächs lässt der Moslem durchblicken, sie solle doch Muslimin werden. Da steht Mirjam empört auf und erklärt: „Ich eine Muslimin? Nein, niemals! Ich bin eine Tochter der katholischen Kirche und hoffe, mit Gottes Gnade bis zu meinem Tod in meiner Religion, die allein wahr ist, zu verharren.“

In seiner Wut, von einer kleinen Christin zurecht gewiesen zu werden, wirft der Mann das Mädchen zu Boden, zieht seinen Krummsäbel und durchschneidet ihr die Kehle. Er glaubt, das

Kind sei tot und wickelt es in einen großen Schleier. Mit seiner Frau und seiner Mutter trägt er es in ein dunkles Gässchen. Dieses Verbrechen geschah in der Nacht vom 7. auf den 8. September 1858.

Mirjam ist fest davon überzeugt, dass sie damals tot war. Jedenfalls hatte sie eine Entrückung, in der sie sich im Himmel befand. Sie sah die allerheiligste Dreifaltigkeit, die Muttergottes, die Engel und Heiligen, auch ihre Eltern in deren Gesellschaft. Auch der Apostel Paulus berichtet, wie er einmal in den Himmel entrückt wurde und Dinge erlebt hat, die man nicht mit menschlichen Worten beschreiben kann (Vgl. 2. Kor 12,2-4).

Als Mirjam zu sich kam, befand sie sich in einer Grotte. Neben ihr stand eine Ordensfrau in hellblauem Gewand. Diese erzählt ihr, sie habe sie in dem Gässlein aufgehoben, sie unter dieses Obdach gebracht und ihre durchschnittene Kehle zugenäht. Diese geheimnisvolle „Krankenschwester" war sehr zartfühlend, sie benetzte die Lippen des Kindes mit wassergetränkter Watte und ließ sie schlafen. Noch nie hatte Mirjam eine solche Ordensfrau gesehen. Sie brachte ihr auch immer eine köstlich schmeckende Suppe. Wie lange Mirjam in dieser verborgenen Grotte verblieb? Sie vermutet einen Monat.

Gegen Ende ihres Aufenthaltes in der Grotte offenbarte die „Krankenschwester" dem Mädchen, wie es in ihrem Leben weitergehen würde. Als die Wunde verheilt war, führte die Ordensfrau Mirjam aus der Grotte, geleitete sie zur Franziskanerkirche St. Katharina in Alexandria und ließ einen Beichtvater rufen. Als Mirjam den Beichtstuhl verließ, befand sie sich allein. Die „Krankenschwester" war verschwunden. Jahre später, im August 1875, sagte Mirjam: „Ich weiß jetzt, dass diese Ordensfrau, die mich in der Grotte gesund gepflegt hat, die Muttergottes war."

Mirjam war damals dreizehn Jahre alt. Ganz verlassen, obdachlos und ohne Angehörige wartete sie in der Kirche. Ein Franzis-

kanerpater kümmerte sich um sie und besorgte ihr eine Stelle als Hausmädchen in einer christlichen Familie.
Hier breche ich mit der Erzählung ab. Denn wenn ich weiter erzählen würde, was Mirjam noch alles auf ihrem abenteuerlichen Lebensweg erlebt hat, würde das ein ganzes Buch ergeben. Aber am Ende des Kapitels werde ich das Buch angeben, in dem man all das lesen kann. Drum mache ich es nun wie im Film und blende mich in ein späteres Geschehnis ihres Lebens ein, damit der Leser nicht solange auf die „schwebende Nonne“ warten muss.
Es ist der 22. Juni 1873. Mirjam war inzwischen in den Orden der Karmelitinnen in Pau (Frankreich) eingetreten, circa 50 Kilometer nordwestlich von Lourdes. Mirjam war nicht zum gemeinsamen Abendessen erschienen. Man sucht sie überall im Kreuzgang und Garten des Klosters. Auf einmal hört eine der Schwestern sie singen: „O Liebe, Liebe!“ Der Gesang kommt von oben. Mirjam sitzt im Gipfel eines riesigen Lindenbaumes, wiegt sich auf einem Ast, ohne sich festzuhalten und singt. Eine Schwester läuft zur Priorin und meldet: „Mirjam wiegt sich im Wipfel einer Linde wie ein Vögelchen und singt.“
Die Oberin kommt herbei, aber sie weiß nicht, was sie tun soll. Sie betet um Erleuchtung. Dann ruft sie zur Mirjam hinauf: „Schwester Maria vom Gekreuzigten Jesus, wenn Gott will, kommen Sie im Gehorsam herunter, ohne zu fallen oder Schaden zu nehmen!“ Als sie das Wort „Gehorsam“ vernimmt, steigt sie sogleich schwebend herunter und hält nur an einigen Ästen einen Moment inne, um die Liebe des Heilandes zu besingen, dessen Braut sie ist.
Acht solcher ekstatischer (entrückender) Höhenflüge sind mit genauem Datum bezeugt. „Wie sind Sie denn dazu gekommen, so in die Höhe zu schweben?“ fragt die Priorin. Mirjam antwortet: „Das Lamm [Christus] hat mir die Hände gereicht.“ Einige

der Schwestern beobachteten heimlich die Kleine, wie sie unter den Mitschwestern genannt wurde. Sie wollten es genau wissen, wie sie hinauf klettert oder hinauf schwebt. Eines Tages sieht eine Schwester, die im Garten arbeitet, den Höhenflug mit an und berichtet: „Mirjam hatte die Spitze eines Zweigleins ergriffen, das sich unter dem Gewicht eines Vogels gebeugt hätte, und war in demselben Augenblick in die Höhe gerissen worden." Es sind uns sogar nicht nur die Daten, sondern auch die Uhrzeiten überliefert. So zum Beispiel dauerte die Levitation, so der Fachausdruck für das ekstatische Schweben, am 25. Juli 1873, von 16 bis 19 Uhr.

Folgende Einzelheiten teilte 1927 P. Buzy in einem Brief mit: „Schwester Maria erhob sich an den äußersten Astenden bis zum Wipfel der Bäume. Mit der einen Hand fasste sie das Skapulier [die über dem weißen Kleid getragene , vorn und hinten herunterhängende, lange braune Stoffbahn], mit der anderen Hand ergriff sie die Spitze eines Zweigleins und glitt im Nu an der Außenseite des Baumes in die Höhe. Einmal oben angelangt, blieb sie auf einigen dünnen Ästen sitzen, die eigentlich für eine so „gewichtige Person" [sie war dick] viel zu schwach waren."

Beim Vorbeischweben blieben das eine oder andere Mal ihre Sandalen an den Zweigen hängen, und einmal sogar ihr Rosenkranz. Wie auch bei anderen Ekstasen (Entrückungen) erinnerte sich die Nonne nachher an nichts mehr.

Von der Schwester Mirjam von Abellin, wären noch viele außergewöhnliche Dinge zu berichten. Sie besaß zehn außerordentliche Charismen, das sind Gnadengaben, die Gott manchen Heiligen schenkt. Aber bei anderen Heiligen habe ich bisher noch nie von so vielen gelesen wie bei der heiligen Mirjam.

(Quelle: A. Brunot, Licht vom Tabor, Mirjam – die kleine Araberin)

DIE WUNDERBARE SONNE DER SELIGEN ANNA MARIA TAIGI

Menschlich gesprochen war sie eine arme und wenig gebildete Frau, zumal sie durch widrige Umstände noch nicht einmal die Volksschule beenden konnte. Aber von ihren Eltern und durch Ordensschwestern bekam sie eine gute religiöse Erziehung. Als junge Frau verdiente sie sich ihren Lebensunterhalt als Dienstmädchen und heiratete mit 21 Jahren einen zwar frommen, aber groben, eigensinnigen Mann mit ungepflegten Sitten. Nicht nur ihre sieben Kinder, auch ihren groben und bequemen Mann, hatte sie zu erziehen. Sie war eine große Verehrerin der allerheiligsten Dreifaltigkeit. Sie hat Gott nicht nur mit Worten geehrt, sondern durch treues und gewissenhaftes Verrichten ihrer Aufgaben als Familienmutter und Gattin. In einer Ekstase (Entrückung) wurde sie einmal von Gott belehrt: „Meine Tochter, der geistliche Nutzen besteht [...] in der beharrlichen Vereinigung deines Willens mit meinem Willen... Tue jene Dinge, die du gar nicht tun möchtest; lass jene Dinge beiseite, die dir zusagen. Eine einzige Selbstbeherrschung und Überwindung dieser Art ist mir viel lieber als ein ganzes Jahr Buße. Fortan darfst du nicht mehr sagen: Ich will dieses oder jenes; oder das gefällt mir, jenes ist mir zuwider, ich habe keinerlei Lust, das zu tun. Das sind die Redensarten dieser Welt.“

Bei der vielen Arbeit im Haushalt übte sie den Wandel in der Gegenwart des dreifaltigen Gottes. Jede Arbeit begann sie mit der Anrufung: „Gelobt sei die Allerheiligste Dreifaltigkeit!“ Anna Maria Taigi wurde im Laufe ihres Ehelebens so zu einer Heiligen des Alltags und immer mehr mit mystischen Gnaden beschenkt. Sie besaß nicht nur die Gabe der Krankenheilung. In den Seligsprechungsakten steht, dass „sie 47 Jahre lang gleichsam eine Sonne sah, in deren Licht sie gegenwärtige sowie auch entfernte Dinge erkannte, sie sah die zukünftigen Ereignisse voraus, erforschte die Geheimnisse der Herzen, selbst die verborgenen und geheimen Dinge [...]"

Seit dem Jahre 1790 erblickte sie plötzlich, ein wenig über ihrem Kopf gleichsam eine helle Sonne, die von einer Dornenkrone überragt war.

Im Lichte dieser geheimnisvollen Sonne schaute sie die Probleme der zu ihr Kommenden und um Rat Fragenden. So wurde sie die Beraterin von Kardinälen, Päpsten und Königen. Diese einfache Frau wurde zum „Bollwerk der Kirche" in ihrer aufgewühlten Zeit. Bei Tag und bei Nacht, zuhause, in der Kirche und auf der Straße konnte sie in dieser geheimnisvollen Sonne die Orte und Personen sehen, an die sie gerade dachte, deren Pläne und Intrigen und politischen Ansichten erkennen. Das Gegenwärtige, das Vergangene und Zukünftige, auch das Los der Verstorbenen sah sie darin. Ein unerhörtes, ständiges Wunder, das über vier Jahrzehnte bis zu ihrem Tode andauerte.

Anna Maria Taigi (1769-1837) lebte in einer Zeit großer geistiger und politischer Umwälzungen in Europa. Es kam 1789 zum Aufstand in Paris. Von dort aus breitete sich die Revolution im ganzen Land aus. Der König wurde gestürzt und hingerichtet. Von 1793/1794 wütete in Frankreich die „Schreckensherrschaft". Zehntausende wurden durch die eigens dafür erfundene Guillotine (Fallbeil) hingerichtet. Man hat sogar vielfach die Haut der Hingerichteten in Buchbindereien „verwertet". In den Wirren und Kriegen, zu denen es im Gefolge der französischen Revolution kam, stieg Napóleon Bonaparte zum Gipfel seiner Macht auf.

Anna Maria Taigi sah in ihrer wunderbaren Sonne auch das Schicksal des Kaisers Napoleon, der fast ganz Europa seiner Macht unterworfen hatte. Papst Pius VII. hatte über ihn, den

„Räuber des Kirchenstaates“, zur Strafe den Kirchenbann verhängt. Damit hatte er alle kirchlichen Rechte verloren, solange, bis er seine Tat bereut und wieder gut gemacht hätte. Doch er erklärte hochmütig, davon würden seinen Soldaten die Gewehre nicht aus den Händen fallen. Er ließ den Papst sogar gefangen nehmen und nach Frankreich bringen.
Aber der Feldzug Napoleons nach Russland (1812) endete in der Katastrophe. Anna Maria Taigi hatte das schon im voraus gesehen. Als er Moskau besetzte, steckten die Russen die Stadt in Brand. Napoleons Truppen mussten sich zurückziehen und den Soldaten fielen in der eisigen Kälte des russischen Winters buchstäblich die Gewehre aus den Händen.
Im gleichen Jahr wie Napoleon (1769) geboren, wurde Anna Maria Taigi von Gott dazu erwählt, die geistliche „Besiegerin Napoleons“ zu sein. Jesus hatte ihr geoffenbart: „Ich bestimme dich dazu, die sündigen Seelen zu bekehren und Personen jeglichen Standes zu trösten.“ Anna Maria Taigi konnte in ihrer geheimnisvollen Sonne den kometenhaften Aufstieg Napoleons erkennen. Mit 16 Jahren war er schon Artillerieleutnant, mit 24 General, mit 26 Oberbefehlshaber der französischen Armee. Mit 30 Jahren bändigte er als erster Konsul (Gruppe von drei Männern, die anstelle des ermordeten Königs regierte) die Revolution in Frankreich und wurde mit 35 Kaiser. Anna Maria Taigi schaute die blutigen Schlachten, die er führte, seine Triumphe und seinen Sturz.
Nach der Schlacht von Waterloo, die sie vorausgesehen hatte, wird Napoleon im April 1815 gezwungen, abzudanken und auf die Insel St. Helena im Südatlantik verbannt. Er wird auf einer Farm gefangen gehalten, durch deren Dach es hereinregnete, und es von Ratten, Wanzen und Flöhen wimmelte. Er wird gedemütigt, indem man seinen Briefwechsel zensiert. Das Haus, sein Zimmer konnte er nicht verlassen, ja noch nicht einmal

mehr am Fenster sich sehen lassen, ohne geschmäht zu werden. Von Rom aus verfolgt Anna Maria Taigi in ihrer geheimnisvollen Sonne das erbärmliche Lebensende des ehemaligen mächtigsten Herrschers Europas, der von sich sagte: „Ich bin Karl der Große". Sie betet und leidet für die Bekehrung Napoleons. Denn es war ihr offenbart worden, Gott habe ihn ins Leben gerufen, „um als Diener meines Zornes die ungerechten Gottlosen zu strafen und die Stolzen zu demütigen. Ein Gottloser vernichtet andere Gottlose." Sie schaut in ihrer wunderbaren Sonne, bevor Napoleon am 5. Mai 1821 an Magenkrebs stirbt, wie er in der Bibel liest, andächtig an der heiligen Messe teilnimmt und noch beichtet, ein 40 stündiges Gebet vor dem allerheiligsten Altarsakrament hält und um die heilige Wegzehrung (heilige Kommunion) bittet und die Krankensalbung erhält. In seiner Todesstunde tobte ein wütender Sturm, der den letzten Baum an seinem Verbannungsort entwurzelt. Die selige Anna Maria Taigi hat mit ihren Gebeten und Sühneleiden für Napoleon der Hölle die sichere Beute entrissen.
(Quelle: P. Albert Bessiere, Anna- Maria Taigi. Seherin und Prophetin)

DAS WUNDER VON WALDENBURG

Waldenburg ist der Ort, wo Bruder Klaus 1467 auf seinem Weg in die Einsamkeit vor Liestal umkehrte, um schließlich in der Ranft bei Flüe seine ständige Bleibe zu finden.

Im zweiten Weltkrieg hatte Hitler geplant, 1940 mit seinen Truppen auch in die Schweiz einzumarschieren. Die deutschen Heeresverbände waren schon vor der Schweizer Grenze versammelt. Damals erschien am 13. Mai 1940 gegen 21.30 Uhr

bei Waldenburg eine die Eidgenossenschaft schützende große knochige Männerhand am Himmel.
Der Landwirt Josef Kamber, damals 19 Jahre alt, berichtet: „Ich sah etwa eine halbe Stunde lang eine deutlich erkennbare Hand. Es war sicher keine Wolke. Eine ganz fest umrissene, klare Menschenhand, nur sehr groß. Die Frauen weinten zuerst und doch wirkte die Erscheinung beruhigend, man merkte, es hat etwas zu bedeuten. Mein erster Gedanke war, wir werden beschützt."
H. Zappa, Wachsoldat an diesem Abend: „Am abendlichen Himmel erschien ein klares Wölkchen. Es wurde größer und nahm die Gestalt einer Hand – schließlich einer leuchtenden, durchsichtigen Hand an – so dass man daran die Knochen sehen konnte. Sie bewegte sich segnend über das Land. Ich hatte den Eindruck, dass es Bruder Klausens Hand war." Diese Hand am Himmel ist von vielen Zeugen von verschiedenen Orten aus gesehen worden.
Als dann am Morgen der Befehl zum Einmarsch kam, sind die Motoren der deutschen Militärfahrzeuge nicht angesprungen. Die Aktion wurde abgebrochen. Den zum Einmarsch bereiten deutschen Truppen wurde Schweigen auferlegt und den Soldaten gesagt, es habe sich nur um ein Ablenkungsmanöver gehandelt.
Der damalige Bruder-Klausen-Kaplan Werner Durrer hatte zu einem Gebetssturm aufgerufen. Und viele Schweizer hatten damals in der drohenden Gefahr den Bruder Klaus als Schutzpatron ihres Landes um seine Fürbitte bei Gott angefleht. Und Gott, bei dem kein Ding unmöglich ist, hat Hitlers Plan zunichte gemacht.
Im September 1955 reiste der damalige deutsche Bundeskanzler Adenauer nach Moskau, um über die Aufnahme diplomatischer Beziehungen und die Rückführung der deutschen Soldaten zu verhandeln, die zehn Jahre nach Kriegsende immer noch in

sowjetischer Kriegsgefangenschaft waren. Obwohl die kommunistische Regierung bis dahin abgestritten hat, überhaupt noch deutsche Kriegsgefangene in der Sowjetunion zu haben, gelingt es Adenauer, fast Vierzigtausend heimzuholen. Ich kann mich noch erinnern, dass Konrad Adenauer damals das Flugzeug zum Rückflug bereitstellen ließ, zum Zeichen, dass er gewillt war, die Verhandlungen abzubrechen, wenn die kriegsgefangenen Soldaten nicht freigelassen würden. Die Sowjetgrößen versprachen ihm schließlich – ohne es vertraglich festzumachen – nur in die Hand die Freilassung. Es war ein unglaublicher Erfolg.
Was viele nicht wissen: Bevor Adenauer nach Moskau reiste, verbrachte er inkognito (unbekannt) eine ganze Nacht am Grab des Heiligen Bruder Klaus. Und während er in Moskau verhandelte, hielten Männer aus der Erzdiözese Freiburg zusammen mit Prälat Alois Stiefvater Tag und Nacht bei Bruder Klaus Gebetswache in der Sachselner Kirche. Auch da hatte der Heilige offensichtlich seine schützende Hand wieder im Spiel – diesmal für die Deutschen.
(Quelle: Bruder Klaus der große Friedensstifter PUR spezial 3/2012)

CHRISTUS AUF DER THEATERBÜHNE IN MOSKAU

Im Moskauer Staatstheater sollte die Premiere des seit langem angekündigten Stückes „Christus im Frack“ stattfinden. Schulen, die Mitglieder der kommunistischen Jugendorganisation und Jungarbeiter waren, waren aufgefordert worden, das Stück in ihr Kulturprogramm aufzunehmen und zu diskutieren.
Für die Hauptrolle des Christus war der berühmte Schauspieler

und Kommunist Alexander Rustowzew vorgesehen. Kein Wunder, dass das Theater bis auf den letzten Platz ausverkauft war. Auf der Bühne hatte man einen mit Schnaps- und Bierflaschen übersäten „Altar“ aufgebaut. Betrunkene und grölende Popen, Nonnen und Mönche torkelten um den zur Bartheke umgewandelten „Altar“. Zu Beginn des zweiten Aktes betritt Rostowzew die Bühne. In seinen Händen hält er die Heilige Schrift, aus der er die beiden ersten Verse der Bergpredigt Jesu vorlesen soll.
Laut Regieanweisung hatte er mit Witzen und Ulkereien wie ein Clown die Zuschauer zum Lachen zu bringen. Alles was mit Christus und der Religion zusammenhängt, wurde in der damaligen Sowjetunion, dem heutigen Russland, verspottet und lächerlich gemacht.
Rostowzew beginnt und liest die Verse aus der Heiligen Schrift: „Selig sind, die arm sind vor Gott, denn ihrer ist das Himmelreich. Selig die Sanftmütigen, denn sie werden das Land erben.“
In wenigen Augenblicken würden Lachstürme losbrechen, schmunzelt der Regisseur hinter den Kulissen. Jetzt müsste eigentlich der Schauspieler Rock und Obergewand wegwerfen und nach Frack und Zylinderhut rufen. Aber nichts von dem, was vorgesehen ist, geschieht. „Selig die Trauernden, denn sie werden getröstet werden“, liest er, und dann schweigt er. Das Publikum rührt sich nicht, es spürt, dass in Rostowzew etwas vor sich geht. Alle halten den Atem an. Dann liest er nach kurzer Unterbrechung weiter. Seine Stimme klingt anders als zuvor. Die Macht des Gotteswortes scheint ihn zu ergreifen. Im Theatersaal ist es totenstill.
Der Staatsschauspieler tritt mit der Heiligen Schrift in der Hand an die Rampe der Bühne, schaut wie gebannt in das Buch und liest... und liest... alle 48 Verse des 5. Kapitels der Bergpredigt Jesu im Matthäusevangelium. Niemand unterbricht ihn. Alle lauschen seinen Worten, als stünde der Jesus Christus selber

vor ihnen und nicht ein Mann namens Rostowzew... „Ihr sollt vollkommen sein wie euer himmlischer Vater vollkommen ist", kommt es von den Lippen des Schauspielers. Aber jeder versteht ihn und neigt den Kopf.

Rostowzew schließt das Buch, und es sieht aus, als tue er damit auch für sein Leben etwas Endgültiges. Er macht das Kreuzzeichen nach der Art, wie es orthodoxe Christen tun, und spricht laut und deutlich vernehmbar die Worte des Schächers am Kreuz: „Herr, gedenke meiner, wenn Du in Dein Reich kommst!" Was als ein Spiel des Hohnes und der Verspottung Christi gedacht war, wurde zu einer Predigt Jesu und zum Glaubensbekenntnis eines Menschen, der auf dem Höhepunkt seines Ruhmes vom Mut der Märtyrer gepackt wurde.

Niemand schrie oder pfiff ihn aus, keiner protestierte. Alle verließen stumm das Theater. Sie hatten das Wunder der Gnade der Bekehrung eines Menschen erlebt. Das Stück kam nie zur Aufführung.

(Quelle: P. Chrysostomus Dahm OSB, Millionen in Russland glauben an Gott)

DIE SIEBEN WUNDER VON GUADALÚPE

Guadalúpe ist ein Wallfahrtsort in Mexiko, wo jährlich circa 5 Millionen Pilger hinkommen, viel mehr als nach Lourdes und nach Fatima. Die Wunder von Guadalúpe sind eine Indianergeschichte. Denn dort war am 9. Dezember 1531 der Indianer Juan Diego unterwegs zu einer heiligen Messe zu Ehren der Gottesmutter. Als er am Berge Tepejac vorbeikam, erschien ihm eine Frau und sagte, sie sei die „immerwährende heilige Jungfrau Maria". Sie gab ihm den Auftrag, zu seinem Bischof zu ge-

hen und ihn zu bitten, zu ihrer Ehre ein Gotteshaus zu erbauen. Juan Diego ging also zu seinem zuständigen Bischof Zumarraga und trug ihm die Bitte vor.
Jeder kann sich ausdenken, wie der Bischof darauf reagierte. Da könnte ja jeder kommen und sagen, die Muttergottes sei ihm erschienen und wolle eine Kirche gebaut haben; zumal, wenn da so ein einfältiger Indio das sagt.
Am späten Nachmittag desselben Tages erschien Juan Diego auf dem Heimweg wieder die Gottesmutter und erinnerte ihn an die Auftrag. Also geht er am nächsten Tag wieder zum Bischof nach der Stadt Mexiko und trägt ihm nochmals die Bitte vor. Diesmal ist der Bischof beeindruckt, aber er verlangt ein besonderes Zeichen, um überzeugt zu werden, dass die Erscheinungen echt sind.
Auf dem Heimweg erscheint die Gottesmutter Juan Diego wieder und versichert ihm, am nächsten Tag werde das Wunder gewirkt.
Am folgenden Tag erscheint ihm die Gottesmutter zum vierten Mal und fordert ihn auf, oben auf der Spitze des Berges Tepejac an einem näher bestimmten Platz Blumen zu pflücken. Juan wusste, dass dort oben noch niemals Blumen gewachsen sind, und dort nur Felsen und einige stachelige Kaktusstauden waren. Er stieg den Berg hinauf und fand herrliche Rosen. Die pflückte er. Wieder unten am Berg angekommen, ordnete die Gottesmutter die Rosen in seinem ponchoähnlichen Mantel und schickte ihn damit zum Bischof. Als er beim Bischof vorgelassen wurde, öffnete er seinen Umhang und ließ die Blumen herausfallen.
Der Bischof und die Dabeistehenden sahen nicht nur die Blumen, sondern sie stellten auch fest, dass auf der Tilma des Indianers (d.i. der mexikanische Ausdruck für den Umhang) das farbige Bild Mariens dargestellt ist. So kann man es noch heute in der Kathedrale von Guadalúpe bewundern.

Jetzt glaubte der Bischof an die Echtheit der Erscheinungen. Die Tilma mit dem Bild der Gottesmutter kam auf den Hochaltar der Kirche. Scharen von Menschen pilgerten dann dorthin.
Inzwischen war die Gottesmutter noch dem todkranken Onkel des Juan Diego erschienen, der sofort geheilt wurde. Bei dieser Erscheinung wurde seine ärmliche Behausung mit hellem Glanz erfüllt, und Maria sagte, das Bild solle den Namen „Unbefleckte Heilige Jungfrau Maria von Guadalupe“ bekommen.
Vierzehn Tage später hatte man schon die gewünschte Kapelle gebaut. Heute befindet sich dort die riesige Kathedrale, die jährlich von circa 5 Millionen Pilgern besucht wird.
In den Erscheinungen hatte das Gesicht Mariens nicht immer das gleiche Aussehen. Doch auf der Tilma des Indios Juan Diego hat sie ein Mestizengesicht. Mestizen nennt man in Lateinamerika Mischlinge zwischen Indios und Spaniern. Das heißt, sie sieht halb indianisch halb europäisch aus.
Man hat natürlich im Laufe der Jahrhunderte die Tilma mit dem Wunderbild der Gottesmutter immer wieder von Wissenschaftlern untersuchen lassen. Dabei kam man zu dem Ergebnis: Im Jahre 1531 konnte das Bild weder technisch noch kunstgeschichtlich angefertigt werden. Ein Import aus Spanien kommt nicht in Frage, weil das Material, aus dem der Umhang hergestellt ist, nicht aus Spanien stammen kann. Auch die Art der Darstellung spricht dagegen. Keinem Künstler wäre es damals eingefallen die Gottesmutter mit dem Aussehen der gering geachteten Mestizen zu malen.
Die Tilma besteht aus einem einzigen durchgehenden handgewebten Stück aus Agavefasern. Agave ist eine Pflanze, die im nördlichen Teil von Südamerika und südlichen Gegenden von Nordamerika wächst.
Das 143 cm hohe und 55 cm breite farbige Bild ist in die raue Fläche des Umhangs eingepresst. Jeder Maler würde eine solche

Fläche erst glätten, indem er mit einem Kreide- oder Gipsanstrich die Poren des Untergrundes schließt, auf den er das Bild malen will, damit die Farbe darauf haften kann.
Natürlicherweise wäre auf dem rauen Fasergewebe der Tilma die Farbe gar nicht haften geblieben. Außerdem kommt noch hinzu, dass das aus der Agave hergestellte Gewebe nach ungefähr 20 Jahren zerfällt. Aber der Umhang des Diego mit dem Muttergottesbild ist bis heute nach über 480 Jahren unverändert erhalten geblieben. Dabei haben Kirchenfeinde es schon mit Gewalt zu zerstören versucht. Selbst Salpetersäure, die darauf gespritzt war, konnte das Bild und Gewebe nicht vernichten. Am 24. November 1921 hat sogar eine in einem Blumenstrauß auf dem Altar versteckte Dynamitbombe weder das Bild noch das Gewebe zerstört. Die Explosion verursachte zwar erheblichen Schaden, große Quadersteine wurden aus dem Altar gerissen, die Fensterscheiben der Kathedrale zerbarsten. Das große bronzene Altarkreuz unter dem Bild wurde zu Boden geschleudert und verbogen. Der Glasschrein mit dem kostbaren Bild aber blieb unversehrt.
Der goldumrandete Schutzmantel der Madonna ist von 46 Sternen übersät. Die ganze Gestalt ist von hundert Sonnenstrahlen umgeben. Was es mit den 46 Sternen auf sich hat, wurde erst vor etwa drei Jahrzehnten bekannt. Die 46 Sterne auf dem Mantel des Marienbildes sind genau so angeordnet, wie auf dem Sternenhimmel Mitte Dezember über Mexiko-City.
Das tollste Ergebnis brachten erst die seit 1951 angestellten Untersuchungen zu Tage: In den Pupillen der Augen spiegelt sich eine Szene, die sich 1531 abgespielt haben muss. Mit Hilfe modernster Technik konnte man in den Pupillen drei Personen und eine Familie abgebildet erkennen: Ein älterer Mann (offensichtlich Bischof Zumarraga) unterhält sich mit einem anderen Mann (offensichtlich der Dolmetscher Gonzales), der gleichzei-

tig die Aufmerksamkeit auf einen Indio lenkt, der auf der Erde hockt und einen weiten Mantel ausbreitet (Juan Diego). Ferner spiegeln sich in den Pupillen Mitglieder einer Indiofamilie: eine Mutter, ein Baby auf dem Rücken tragend, und ihr gegenüber der Ehemann mit einem kleinen Indio-Jungen. Was man nur mit Hilfe von Computervergrößerungen heute erkennbar machen konnte, hätte kein Maler je zustande gebracht. All das erbrachten 1981 Studien mexikanischer Augenärzte und Photospezialisten, unterstützt durch die US-amerikanische NASA.

Es sind sieben Wunder im Zusammenhang mit dem Gnadenbild von Guadalúpe.

1. Die vier Muttergotteserscheinungen, 2. Das Blumenwunder, 3. Das Bild der Gottesmutter auf der Tilma des Juan Diego, 4. Dass der Umhang aus Agavefasern noch nach über 480 Jahren erhalten ist, 5. Dass das Bild selbst Terroranschläge überstand, 6. Der durch 46 Sterne abgebildete Sternenhimmel Mitte Dezember über Mexiko-Stadt und 7. Die wunderbaren Spiegelbilder in den Pupillen der „Unbefleckten Heiligen Jungfrau Maria von Guadalupe".

Das Indianervolk der Azteken, dem Juan Diego angehörte, hatte eine hervorragende Kultur, Architekten, Ärzte, Künstler und Handwerker. Allerdings besaßen sie eine grausame Religion. Die Macht und der Wohlstand des Aztekenreiches beruhten vor allem auf Kriegen. Eroberte Städte mussten einen Tribut an verschiedenen Lebensmitteln sowie an Menschen leisten. Diese wurden ihrem blutrünstigen Gott geopfert. Als man 1487 in Tenochtitlan den großen Tempel einweihte, brachten die heidnischen Priester dem Sonnengott in vier Tagen 80.000 Menschen zum Opfer. Die Spanier landeten 1519 mit 500 Soldaten in Mexiko und eroberten das Aztekenreich. Sie ließen auch zwölf Franziskanermönche nach Mexiko kommen, um die Azteken zum christlichen Glauben zu bekehren. Im Unterschied zu den

grausamen heidnischen Priestern und der brutalen Härte mancher der spanischen Eroberer, suchten die Missionare durch ihre Güte die Indios für die christliche Religion zu gewinnen, und begannen, Kirchen zu bauen. Doch die Indios zeigten sich gegenüber der Taufe wenig aufgeschlossen, vor allem wegen der Vielweiberei, die sie ja dann aufgeben mussten.
Unter den Ersten, die getauft worden sind, waren Cuauhtlatoazin („sprechender Adler") und seine Frau. Bei seiner Taufe erhielt er den Namen Juan Diego und seine Frau wurde auf den Namen Maria Lucia getauft. Nach dem Tod seiner Frau 1529 zog Diego zu seinem Onkel, der ebenfalls Christ geworden war, nach Tolpetiac, das 14 Kilometer von Mexiko entfernt liegt. Von dort war er am 9. Dezember 1531 unterwegs zur heiligen Messe bei den Franziskanern. Dabei ist ihm die Gottesmutter erschienen, hat ihn zum Bischof geschickt und all die wunderbaren Dinge gewirkt, die ich oben geschildert habe. Auf dem Bild ist er am unteren Rand mit ausgebreiteten Armen und Adlerflügeln zu sehen.
Zu berichten ist noch, dass innerhalb von kaum zehn Jahren 8 Millionen Azteken aufgrund der Entstehung des Bildes den katholischen Glauben angenommen haben. „Die Indios waren tief religiös. Sie verdienten es, erlöst zu werden. Doch ihre Erlösung ging wie in keiner anderen Nation von der Jungfrau Maria aus. Sie hat den Azteken vor allen anderen den Weg zum wahren Gott gewiesen, den die Spanier so brutal verstellten" (José Luis Guerrero). Ein solches Bekehrungswunder gibt es in der gesamten Missionsgeschichte nicht.
In dem lesenswerten Buch von Paul Badde sind noch weitere interessante Einzelheiten dazu berichtet.
(Quelle: Paul Badde, Maria von Guadalupe. Wie das Erscheinen der Jungfrau Weltgeschichte schrieb.)

VOM LEBENSENDE BEDEUTENDER MÄNNER

Herodes der Große

(Regierender König von Judäa von 37- 4 vor Christus) – im Neuen Testament als der Kindermörder von Bethlehem bekannt – hatte zahlreiche Ehefrauen, ließ seine erste Gattin Mariamne I. im Jahr 29 v. Chr. und seinen Großvater Hyrkanus 30 v. Chr umbringen. Um 7 v. Chr. ließ er seine beiden Söhne Alexander und Aristobul, die er von Mariamne I. hatte, erdrosseln. Wie Hitler, Mussolini und Stalin ließ er Monumentalbauten errichten: in Jerusalem (Burg Antonia, die Erweiterung des Tempelareals mit der großen Umfassungsmauer und ein neues Tempelhaus und einen Palast in der Oberstadt), Bauten in Jericho, in Hebron (Patriarchengräber), Paläste auf der Bergfeste Massada und in Caesarea am Meer.

Als es mit ihm ans Sterben ging, „ließ er die angesehensten Persönlichkeiten aus ganz Judäa im sogenannten Hippodrom (Pferderennbahn in Jericho) versammeln und ordnete an, sie dort unter Arrest zu halten. Dann rief er seine Schwester Salome und ihren Gatten Alexas herbei und sagte: „Ich weiß, die Juden werden meinen Tod mit einem Freudenfest feiern... Sobald mein Tod eingetreten ist, lasst die dort Inhaftierten von Soldaten umzingeln und schnellstens töten. Dann wird ganz Judäa und jede Familie – wenn auch wider Willen – über meinen Tod weinen“. *(Flavius Josephus)* Fünf Tage vor seinem Tod ließ er noch seinen Sohn Antipater umbringen und änderte nochmals sein Testament ab, indem er Archeláos, seinen ältesten Sohn, zu seinem Nachfolger bestimmte, Antipas, dessen Bruder, sollte Tetrarch von Galiläa werden.

Ein Selbstmordversuch konnte noch verhindert werden. Er starb unter großen Qualen. „Sämtliche Gliedmaßen wurden von Krämpfen geschüttelt, am Unterleib hatte sich eine Entzündung gebildet, an den Geschlechtsteilen waren Eiterbeulen entstanden, an denen Würmer wuchsen". *(Flavius Josephus)*
Noch ehe das Heer von seinem Ableben erfuhr, machte sich Salome zusammen mit ihrem Gatten auf den Weg, den Gefangenen die Freiheit zu schenken, deren Tod der König angeordnet hatte.
In einem prunkvollen Leichenzug wurde er von Jericho nach dem nahe bei Bethlehem gelegenen Herodion überführt, einem Bergkegel, dessen Gipfel er schon zu seinem Lebzeiten zu seinem Mausoleum hatte ausbauen lassen. Den Katafalk umgaben seine beiden Söhne, eine große Anzahl von Verwandten, dahinter die Lanzenträger des Königs. Auch eine Abteilung germanischer und gallischer Söldner, sämtliche in voller Rüstung, waren dabei..
(Quelle: Flavius Josephus, Der jüdische Krieg)

St. Martin von Tours (+ 397)

Bischof und der erste große Mönchsvater des Abendlandes. Durch seinen Freund Sulpicius Severus, der schon zu Martins Lebzeiten seine Biographie verfasste, sind wir im Vergleich zu anderen Heiligen bestens über ihn informiert. Martinus ist der erste Nichtmartyrer, der in der katholischen Kirche als Heiliger verehrt wird. Als seine Mitbrüder an seinem Sterbelager jammerten, betete er: „Herr, bin ich für dein Volk noch notwendig, so verweigere ich mich nicht der Mühsal, Dein Wille geschehe!" Als die herbeigeeilten Priester ihm rieten, er solle sich doch zur Erleichterung ein wenig auf die Seite legen, antwortete er: „Lasst mich, Brüder, lasst mich lieber zum Himmel als zur Erde blicken, damit mein Geist,

der sich schon anschickt, zum Herrn zu gehen, die Richtung einhalte." Nach diesen Worten sah er den Teufel neben sich stehen. Da sagte er: „Was stehst du hier, blutrünstige Bestie, Unheilstifter, du wirst an mir nichts finden. Mich nimmt der Schoß Abrahams auf." Mit diesen Worten verschied er. Die Augenzeugen berichten, sie hätten sein Antlitz leuchten sehen wie das eines Engels. Und Sulpicius Severus schreibt: „Es war eben, als ob an ihm bereits die Herrlichkeit der künftigen Auferstehung und die Beschaffenheit des verklärten Leibes wahrzunehmen wäre."
(Quelle: W. Schamoni, Ausbreiter des Glaubens)

Sultan Saladin (1137/38-1193)

der das Heer der Kreuzritter in der Schlacht bei den Hörnern von Hittim, oberhalb des Sees Genesareth, vernichtend geschlagen hat, zog am 2. Oktober 1187 als Sieger in Jerusalem ein. Keine sieben Jahre später liegt er 1193 in Damaskus auf dem Sterbebett. Noch einmal lässt er seinen Bannerträger kommen und erteilt ihm seinen letzten Auftrag: „Du hast mir in allen Schlachten die Kriegsfahne voran getragen, nun sollst du meinem Volk meine Totenfahne zeigen!" Kurz darauf reitet der Fähnrich des Sultans durch Damaskus. In der Hand hält er die Lanze, daran als Fahne ein großes weißes Leinentuch. An den Straßenkreuzungen und Plätzen ruft er im Auftrag seines Herrn: „Seht, der König des Morgenlandes stirbt, und es bleibt ihm nichts aus der Welt als dieses Leichentuch!"
(Quelle: Koch, Homiletisches Handbuch I/2 S. 469)

Ulrich (Huldrych) Zwingli (1484-1531)

Äußerer Anlass der Reformation in Zürich war ein Wurstes-

sen in der Fastenzeit 1522. Zwingli verteidigte die Tat in seiner Schrift »Von Erkiesen und Freiheit der Speisen«. und veröffentlichte (1523) 67 »Schlussreden«, in denen er zahlreiche Institutionen und Lehren der katholischen Kirche als nicht schriftgemäß ablehnte. Bereits 1523 richtete er an den Diözesanbischof von Konstanz zusammen mit zehn anderen Geistlichen des Kantons Zürich die Bitte, ihnen mit Rücksicht auf ihr „unehrbar schändlich Leben" die Ehe zu gestatten. *(Vgl. Jakob Schmidt, Grundzüge der Kirchengeschichte S.261)*
Wie man sieht, sind solche Themen für den innerkirchlichen Dialogprozess gar nicht so originell. Auch Zwingli hatte seine 67 Thesen aufgestellt und zu einem Religionsgespräch nach Zürich eingeladen. Da sich damals kein katholischer Theologe dazu einfand, erklärte der Rat des Kantons Zürich kurzerhand Zwinglis Lehre für das „Evangelium", das fortan allein im Kanton gepredigt werden dürfe. *(Vgl. Jakob Schmidt)* Nachdem der Zürcher Rat die evangelische Predigt erlaubt hatte, legte Zwingli sein Priesteramt nieder.

In der Folgezeit setzte er im Zusammenwirken mit dem Rat schrittweise die Abschaffung aller – nach seiner Meinung – nicht biblisch begründeten Elemente des kirchlichen Lebens wie Messe, Heiligenbilder, Gemeindegesang, Prozessionen und Klöster durch und wirkte damit auf viele Reformatoren in der Schweiz und in Oberdeutschland ein. Von Luther trennte ihn nicht nur die Radikalität seiner Maßnahmen, sondern auch ein tief greifender Lehrunterschied. Dennoch bemühten sich beide Seiten um einen Ausgleich. Auf Betreiben des Landgrafen Philipp von Hessen kam es 1529 zum »Marburger Religionsgespräch« zwischen Luther und seinem Freund Philipp Melanchthon einerseits sowie Zwingli und dem Baseler Reformator Johannes Oekolampad andererseits Es scheiterte jedoch an der Abendmahlsfrage: Während die Schweizer das Abendmahl

nur als symbolisches »Wiedergedächtnis« der Erlösung durch Christi Tod gelten lassen wollten, beharrten die Wittenberger auf der leibhaftigen Gegenwart Christi (Realpräsenz).
Äußeres Zeichen dieses Glaubensunterschiedes war, dass die Reformierten das Abendmahl auf die Hand empfingen, während die Lutheraner die Mundkommunion beibehielten. Von ihren reformierten Mitchristen übernahmen dann nach dem zweiten vatikanischen Konzil die holländischen Katholiken – aus falsch verstandener Ökumene – diesen Brauch. Er schwappte von Holland aus nach Deutschland über. Bahnbrechend war darin die Limburger Diözese, damals nicht von ungefähr „Kleinholland" genannt. Die deutschen Bischöfe haben dann mit der Begründung, der Brauch lasse sich nicht mehr abstellen, bei Papst Paul VI. die Legalisierung dieses Missbrauchs durchgesetzt, obwohl er gegen die jahrtausendgültige Tradition der gesamten nicht protestantischen Christenheit verstößt. Als die üblen Folgen (Rückgang der Ehrfurcht, schändlicher Umgang mit dem allerheiligsten Sakrament) erkennbar wurden, soll Kardinal Döpfner erklärt haben, er würde es nicht wieder tun.
In der Eidgenossenschaft engagierte sich Zwingli im Kampf gegen die katholisch gebliebenen Kantone Uri, Schwyz, Unterwalden, Zug und Luzern. Nachdem ein erster konfessioneller Krieg 1529 mit einem Waffenstillstand geendet hatte, arbeitete Zwingli auf eine neue Auseinandersetzung hin. Im Jahre 1531 kam es zwischen den Schweizer Urkantonen, welche die Reformation Zwinglis nicht übernommen hatten, erneut zum Krieg mit den Zürichern. Der Anlass war, dass die Reformierten den katholischen Kantonen die Zufuhr von Lebensmitteln abschnitten, „um sie zu nötigen, die Predigt des "Evangeliums" zuzulassen. In ihrer Not griffen die Katholiken zu den Waffen. In der Schlacht bei Kappel am 11. Oktober 1531 besiegten sie ihre Gegner vollständig. Zwingli und 24 andere Prediger fielen. Im

Frieden verlangten die Sieger bloß, dass der katholische Kultus in den gemeinsamen Orten, wo er mit Gewalt unterdrückt worden war, wiederhergestellt werde.“ *(Jakob Schmidt)*
Was in keinem Geschichtsbuch steht, erzählte mir ein alter Bergbauer in Wiesenberg, Kanton Niedwalden: Ulrich Zwingli lag schwer verletzt danieder. Da kam ein Vorfahre des Berichtenden dazu und fragte ihn: „Uli, wotsch biechte?“ (Willst du beichten?). Als der Reformator verneinte, gab er ihm den Todesstoß mit den Worten: „Do fahr zum Düfel!“

Zwinglis Nachfolger Heinrich Bullinger einigte sich 1549 mit dem Genfer Reformator Johannes Calvin auf ein gemeinsames Bekenntnis der Evangelisch-Reformierten Kirche.
(Quellen: Der Brockhaus multimedial 2006
Jakob Schmidt, Grundzüge der Kirchengeschichte. Mainz 1925)

Martin Luther (1483-1546)

„Von der Parteien Gunst und Hass verwirrt, schwankt sein Charakterbild in der Geschichte.“ Schillers Urteil im „Wallenstein“ trifft auch auf Luther zu.
Das religiöse Problem, das Martin Luther umtrieb: „Wie bekomme ich einen gnädigen Gott“, hängt sicher auch mit seiner strengen elterlichen Erziehung zusammen. In einer Tischrede (1532) berichtete er einmal, dass der Vater ihn so geschlagen hat, „dass ich ihn floh und im bange war, bis er mich wieder zu sich gewöhnt.“ Und in einer anderen Tischrede (1537) : „Meine Mutter stäupte (d.i. mit Ruten schlagen) mich einmal um einer einzigen Nuss willen, dass das Blut hernach floss. Und ihr ernst und streng Leben, das sie mit mir führten, das verursachte mich, dass ich zuletzt in ein Kloster lief“ *(A. Mock, Abschied von Luther S. 35)*. Bei der sensiblen Veranlagung des jungen Martin dürfte diese harte Erziehung von besonderer Bedeutung für sei-

ne später ausgebrochene Krankheit sein. „Wer sich intensiv mit Luthers Leben und Werk auseinander setzt, wird hin- und hergerissen zwischen Bewunderung, Entsetzen und Mitleid [...] vor allem dann, wenn [...] einem evident wird, dass in seiner Person ein geradezu klassischer Fall manisch-depressiven Krankseins erscheint" *(Mock).*
Nach dem Willen seines Vaters sollte Martin Jura studieren. Und er benahm sich als Student alles andere als sauertöpfisch. In einem Brief an seinen Beichtvater sagt er von sich, dass er „durch Völlerei und Trunkenheit gehindert [...] bisher wenig Gutes geschrieben und gelesen" habe. Seinem Freund Melanchthon bekennt er freimütig, dass er seine „Jugend auch verdammlich zugebracht und verloren habe", und dass es außer Versuchungen der Wollust hauptsächlich Regungen des Zornes, des Hasses und Neides gewesen seien, die er nicht zu überwinden vermochte.
Aber nicht die Reue über seine Jugendsünden veranlassten ihn zum Klostereintritt. Hinter seinem plötzlichen Eintritt ins Kloster stand kein frommer Entschluss. Wie D. Emme *(Martin Luther, Seine Jugend- und Studienzeit)* nachweist, dürfte Luther höchst wahrscheinlich im Anschluss an seine Magisterprüfung in eine heftige Diskussion mit seinem Studienkameraden Hieronymus Bunz geraten sein und bei seiner leichten Erregbarkeit zum Dolch gegriffen und ihn im Affekt so unglücklich zwischen die Rippen getroffen haben, sodass der an den Folgen der schweren Verletzung bald danach starb. Um sich dem weltlichen Arm der Justiz zu entziehen, suchte er am 17. Juli 1505 überstürzt Zuflucht im Kloster. Auch eine Tischrede von 1532 erhärtet diesen Sachverhalt: „Nach einem einzigartigen Ratschluss Gottes bin ich Mönch geworden, damit sie mich nicht gefangen nehmen. Andernfalls wäre ich nämlich sehr leicht gefasst worden. So aber konnten sie es nicht, weil sich der ganze Orden meiner

annahm."
Ebenso sagt Luther in einer Predigt (1523) über den Beweggrund seines Klostereintritts, dass er es nicht aus Herzenslust, sondern gezwungen tun musste. „Luther kommt immer wieder unter vielen Anspielungen auf sein chronisches Trauma zurück" *(Mock)*. Das dürfte wohl auch der Grund seiner ihn so quälenden Frage gewesen sein: „Wie bekomme ich einen gnädigen Gott?" Wenn ihn seine Mutter schon „wegen einer Nuss" blutig geschlagen hat, was musste dann erst der verschuldete Tod seines Freundes an göttlicher Strafe nach sich ziehen? In seinen häufigen – oft stundenlangen – Beichten und seiner beschwerlichen Pilgerfahrt nach Rom, um eine Generalbeichte all seiner Sünden von Jugend an abzulegen, kündet sich – so urteilt Albert Mock aus der Sicht des Psychologen – der Ausbruch seiner Krankheit an. Denn auch nach seinem befreienden „Turmerlebnis" (siehe unten) verfolgten ihn immer wieder diese seelischen Bedrängnisse.
Das Erlebnis des schweren Gewitters unterwegs auf freiem Feld bei Stotternheim und dem dabei der heiligen Anna gegebenen Gelöbnis, ein Mönch werden zu wollen, dürften zwar der unmittelbare Auslöser, aber nicht das eigentliche Motiv für den Klostereintritt gewesen sein. Nach dem Urteil von Fachleuten weist das Erleben und Verhalten Luthers nicht nur Dimensionen eines „großen Mannes" auf, sondern zeigt auch eindeutige pathologische Züge. Von Anhängern werden sie oft als prophetisch gedeutet, von Gegnern dagegen als dämonisch gewertet.
Luthers Verhalten in vielen Situationen passt frappierend in das manisch-depressive Krankheitsbild: „auffällig überhöhte Lust und Freude bis zur Euphorie und übersteigertes Selbstwertgefühl, ja „Unfehlbarkeitswahn" auf der einen Seite und tiefe Niedergeschlagenheit, Gefühlsleere und -schwärze auf der anderen Seite [...] Überdimensionale Schuldvorwürfe treten auf,

dumpfe, stumpfe Wertlosigkeitserlebnisse [...]" *(Mock)*. Auch die oft derben, ja unflätigen Ausdrücke sind in diesem Zusammenhang zu sehen. In Mocks „Abschied von Luther" sind ausführlich die Symptome dieser mitleiderregenden Erkrankung in Luthers Verhalten im einzelnen nachzulesen. In einer Predigt (1531) bekennt er: „So wie es andere zum Stehlen hinreißt, so mich zur Gotteslästerung."

Die folgenreiche Tragik offenbart sich auch in Luthers „Rechtfertigungs- und Verzweiflungstheologie" bis hin zur zwar sprachlich genialen Übersetzung der Heiligen Schrift, aber deren einseitiger, nach seinen eigenen Bedürfnissen getroffenen Auswahl und Deutung. So, wenn er zum Beispiel den Jakobusbrief als „stroherne Epistel" einerseits abwertet, weil darin der Satz „der Glaube ohne Werke ist tot" steht, der seinem „Sola fides"-Prinzip (allein der Glaube) im Wege steht. Andererseits aber beruft er sich auch auf ihn, um ihn als Beleg für seine Vorstellung vom „dämonischen Glauben" zu gebrauchen.

„Im Turm des Augustinerklosters von Wittenberg geht ein Mann auf und ab. Ihn bewegt der Gedanke: Wie finde ich einen gnädigen Gott?" So wird in einer volkstümlichen (katholischen) Kirchengeschichte Martin Luther eingeführt. Im sogenannten „Turmerlebnis" kommt ihm die Erleuchtung an Hand der Stelle Römer 1,17: „Der Gerechte lebt aus dem Glauben", dass allein der Glaube den Menschen vor Gott gerecht mache. Diese „Entdeckung des Erbarmens", wie er sie genannt hat, kam ihm – so hat er im Alter selber erzählt – während er sich an einem geheimen und einsamen Ort in einem Turm des Wittenberger Klosters befand, den er mit dem Wort cloaca (Latrine) bezeichnete. Denen, die sich über diesen Ort seiner „Erleuchtung" entsetzten, antwortete der Reformator: „Der Geist weht, wo er will, wie der heilige Johannes sagt (3,8)" – „Einige Katholiken haben sich darüber lustig gemacht; vielleicht muss man in diesem un-

gewöhnlichen Bekenntnis jedoch das Zeichen einer rührenden Offenheit entdecken" *(Daniel-Rops, Luther wie er wirklich war [Fußnote S. 19])*. Manche sehen bereits im „Turmerlebnis" Luthers den Beginn der Reformation.
Der Anlass zu Luthers 95 Thesen war die Ablasspredigt. Für den Neubau der St. Peterskirche in Rom war ein Ablass ausgeschrieben. Wer dafür spendete, konnte einen Ablassbrief erwerben, der ihm die Möglichkeit eröffnete, bei jedem x-beliebigen Beichtvater seine Sünden zu beichten und die Lossprechung zu erhalten, auch von sogenannten „reservierten Sünden", für die es einer besonderen Vollmacht des Heiligen Stuhles bedurfte. Für die bereuten und gebeichteten Sünden – auch Kapitalverbrechen, für deren Lossprechung eine besondere römische Vollmacht benötigt wurde – bekam der Besitzer eines Ablassbriefes nicht nur die Lossprechung von seinen Sünden, sondern auch den Nachlass sogenannter „zeitlicher Sündenstrafen". Der „Ablasshandel" und die Art und Weise, wie der Ablass von manchen Predigern propagiert wurde, war ein Skandal. Zum Beispiel die Parole: „Wenn das Geld im Kasten klingt, die Seele in den Himmel springt", habe ich selber im Kreuzgang des Baseler Münsters in Stein gemeißelt gesehen. Luther bekam als Seelsorger im Beichtstuhl mit, dass Leute ohne wahre Reue über ihre Sünden die Lossprechung zu erlangen suchten und im irrigen Vertrauen auf den Ablasszettel gar nicht ernstlich vorhatten, sich zu bekehren, sondern leichtsinnig weiter darauf los sündigten. In seinen Predigten versuchte er, dem entgegen zu wirken. Außerdem schickte er seine 95 Thesen den Ablass betreffend am 31.19.1517 den Bischöfen, u. a. dem Kardinal Albrecht von Brandenburg, der als Erzbischof von Mainz und Magdeburg auch für Wittenberg zuständig war. Das Begleitschreiben Luthers war „in der Form sehr ehrerbietig, dem Inhalt nach aber entschieden und mutig" *(Brück)* Als keine Antwort eintraf bzw. man ihn zu be-

schwichtigen suchte, gab er die Ablassthesen an seine Freunde und Gelehrte weiter. Die waren zum Teil begeistert davon und gaben sie unter der Hand an andere weiter. Albrecht von Brandenburg teilte ihm später mit, „er habe bisher keine Zeit gefunden, Luthers Schriften zu lesen oder auch nur zu überfliegen, deshalb müsse er das Urteil darüber anderen überlassen" *(Brück)* Der Erzbischof hatte am 1. Dezember 1517 die Thesen nebst Beilagen der Universität Mainz zur Begutachtung übersandt.

Es steht fest, dass der Thesenanschlag an den Toren der Schlosskirche von Wittenberg am 31. Oktober 1517 nicht stattfand. Er ist eine Legende, die erst später aufkam. Auch von protestantischen Gelehrten wird das heute zugegeben.

Man kann direkt verfolgen, wie sich Luther in seine Auffassungen und seine Erregung hineinsteigerte. Am 16. Oktober 1518 appelliert er „vom schlecht informierten an den besser zu informierenden Papst", dem er in aller Ehrfurcht seinen Fall „zu Füßen legt" [...] „dass er töten, lebendig machen, verwerfen , gutheißen möge , wie es ihm gefällt, und (ich) seine Stimme anerkennen will, als die Stimme Christi, die in ihm wohnt [...]" Als bekannt wurde, dass Papst Leo X. in einer Bulle vom 9. November 1518 an den Kardinal Cajetan die gängige Ablasslehre neu formuliert hatte, ersetzt Luther am 28. November bereits – ohne abzuwarten bis er diese selber gelesen hatte – seine Appellation „an den besser zu informierenden Papst" durch eine Appellation an ein allgemeines Konzil. In der Leipziger Disputation (4. bis 8. Juli 1519) mit dem katholischen Theologen Johannes Eck über den Primat des Papstes leugnete er, dass dieser Primat (die höchste Lehr- und Hirtengewalt in der Kirche) auf göttlichem Recht beruhe. Von Eck wurde er so in die Enge getrieben, dass er auch die Unfehlbarkeit allgemeiner Konzilien bestritt.

In seinem Vorwort zur Auslegung des Galaterbriefes, die am

3. September 1519 erschien, schrieb er: „Ich unterscheide zwischen der römischen Kirche und dem römischen Hofe. Von jener weiß ich, dass sie die ganz reine Braut Christi ist, die Mutter der Kirchen, die Herrin der Welt, aber im Geiste, [...] nicht über die Güter der Welt. Sie ist die Braut Christi, die Tochter Gottes, der Schrecken der Hölle... Man darf also der römischen Kirche auf keine Weise widerstehen, aber dass Könige, Fürsten, und wer es nur immer könnte, sich dem römischen Hofe widersetzte, handelte weit gottseliger, als wenn er selbst dem Türken Widerstand leistete [...]"

„Von Tag zu Tag kann man in diesen Jahren, 1519 und 1520 verfolgen, wie sich Luthers Erregung steigert. [...] Luther kommt so weit, dass er sich fragt, ob der Papst nicht der Antichrist sein könnte!" *(Daniel-Rops)*. Am 24. Februar 1520 schreibt er seinem Freund Spalatin: „Ich werde so in die Enge getrieben, dass ich fast nicht zweifle, dass der Papst recht eigentlich der Antichrist sei, den [...] die Welt erwartet [...]"

Am 10. Juli 1520 schreibt er: „Von mir [...] wird das römische Wüten und die römische Gunst für verächtlich gehalten; ich will mit ihnen nicht versöhnt werden noch in Ewigkeit mit ihnen Gemeinschaft haben. Sie mögen das Meine verdammen und verbrennen; ich werde dagegen, wenn ich nur Feuer haben kann, das ganze päpstliche Recht verdammen und öffentlich verbrennen [...]"

Die ganze Zeit hat er sich mit Rücksicht auf seinen Landesherrn, den Kurfürsten Friedrich von Sachsen zurückgehalten. Aber da die Ritter ihm Unterstützung angeboten haben, fürchtet er nichts mehr. Innerlich hat er den Bruch mit der Kirche bereits beschlossen. Die Katastrophe nimmt nun ihren unheilvollen Verlauf in der weiteren Geschichte.

Vom Lebensende des Reformators gibt es unterschiedliche – sich widersprechende – Darstellungen, ja „die absurdesten und

scheußlichsten Gerüchte“ *(Daniel-Rops)*. Dass er sich am Bettpfosten aufgehängt habe, ist eine „schwarze Legende“, d.h. vom Gegner angedichtet. „Aber einer der Ärzte entdeckte auf der Mauer in der Nähe seines Bettes folgende, von seiner bereits sterbenden Hand hingekritzelte Inschrift: Pestis eram vivens, moriens ero mors tua, papa. Lebend war ich dir die Pest, sterbend werde ich dein Tod sein, o Papst!“ *(Daniel-Rops)*. Als er in der Nacht vom 17. auf den 18. Februar 1546 im Sterben lag, antwortete er seinen herbeigeeilten Schülern auf deren Befragen mit fester Stimme, dass er in seiner Lehre beharre. „Mit dem letzten Atem, den er über seine Lippen brachte, wiederholte er dreimal innig den Vers des Johannesevangeliums: „Also hat Gott die Welt geliebt, dass er seinen eingeborenen Sohn gegeben hat, auf dass alle, die an ihn glauben, das ewige Leben haben und nicht verderben“ Um 3 Uhr morgens gab er den Geist auf.
(Quelle: Daniel-Rops, Luther wie er wirklich war.)
„Martin Luther war ein großer Mann, aber kein Heiliger“ *(Joseph Lortz)*. Er war ein brodelnder Vulkan, der einerseits betörende Schwaden seiner Irrlehren und glühende Lava seiner leidenschaftlichen Zornesausbrüche, ja des Hasses und übelster Beschimpfungen über alle, die nicht seiner Meinung waren, auch über die anderen Reformatoren, Zwingli, Calvin, Ökolampad, ausgespuckt hat. Vom Humanisten Erasmus sagte er:„Ihn hasse ich, hasse ich, ich hasse ihn!“ Auf Papst Hadrian VI., der auf dem Nürnberger Reichstag durch seinen Nuntius Chieregati ein Schuldbekenntnis (3. Januar 1523) verlesen ließ, mit der Willensbekundung, Missstände in der Kirche abzustellen, reagierten Melanchton und Luther mit einem „schmutzigen Pamphlet“(Pastor). Luther nannte Papst Hadrian VI. Antichrist, einen „Esel, aus ihm rede der Satan“.
Andererseits hat er mit genialer Sprachgewalt die Heilige Schrift übersetzt, aber auch fromme Lieder gedichtet und vertont, ja

selbst noch nach seinem Bruch mit Rom Marienpredigten zu den Festen der Gottesmutter gehalten. Wäre er ein Heiliger gewesen wie Franziskus, Dominikus oder Ignatius und Karl Borromäus was hätte er, wie diese, zur echten Reform der Kirche in seiner Zeit beitragen können! Seinem ausschließlichen „Sola fides , sola gratia, sola scriptura“(allein der Glaube, allein die Gnade, allein die Schrift) fehlte „das „katholische Und“ (Glaube und Werke, Gnade und freier Wille, Schrift und Überlieferung [Tradition]). Auf die Bezeichnung Luthers als „Vater im Glauben“ *(P. Manns)* angesprochen, knurrte Kardinal Volk unwirsch „Mein Vater im Glauben ist er nicht!“
Der damalige Bundespräsident Walter Scheel hat bei der Lutherfeier in Nürnberg anlässlich der Wiederkehr des 500. Geburtstags des Reformators (1983) gesagt: „Es ist wohl nicht zu kühn, zu behaupten, dass von der Deutschen Reformation alle späteren Revolutionen ihren Ausgang genommen haben: die Amerikanische, die Französische, die Russische, die Chinesische, um nur die wichtigsten zu nennen.“ – „Hinzufügen müsste man auch noch die vielen konfessionellen ‚Revolutionen‘, die Zerstreuung und Spaltung der Christenheit in über 300 ‚Kirchen‘ oder Glaubensgemeinschaften“ *(Mock)*: So gesehen war Martin Luther ein Unglück für die Kirche und die Welt. Denn der von ihm an Deutschland vererbte furor protestanticus (protestantische Wut) war mit daran schuld, dass die Friedensinitiative Papst Benedikts XV. im Jahre 1917 gescheitert ist und Deutschland in die Katastrophe von 1918 führte. Die aber trug bereits in sich den Keim zur Machtergreifung Hitlers und gebar 1939 den zweiten Weltkrieg.
Im Jahresbericht des Evangelischen Bundes 1917 ist zu lesen: „Als wir von den Friedensvermittlungsversuchen des Papstes erfuhren, legten wir uns die Frage vor, ob wir mit einer Kundgebung oder anderen Mitteln versuchen sollten, den Furor Pro-

testanticus gegen die Einmischung des Papstes in Friedensverhandlungen wachzurufen." Der Reichstagsabgeordnete Pfarrer D. Traub sprach auf einer Kundgebung der Vaterlandspartei: ‚Wir Deutschen haben keinen Friedensvermittler nötig. Warum sollten wir ausgerechnet im Jubeljahr der Reformation einen Frieden aus päpstlicher Hand annehmen?"
(Vgl. Konstantin von Bayern, Papst Pius XII. Seite 67/68)
Was die Wiedervereinigung der von ihm ausgelösten unheilvollen Spaltung der Christenheit angeht, ist zu befürchten: „Über Luther kommen wir nie zur Einheit im Sinne des hohenpriesterlichen Gebetes Jesu [...]" *(Mock)*. Die Einheit, um die Jesus in den Abschiedsreden den Vater für die Seinen bittet, ist mehr als nur „versöhnte Verschiedenheit". Angesichts der immer wieder zutage tretenden theologischen und emotionalen Barrieren, ist die vom wahren Ökumenismus erstrebte Einheit „vermutlich erst im Schmelztiegel einer neuen allgemeinen Verfolgung der Christen" *(Mock)* zu erwarten.
„Hingerissen zwischen Bewunderung und Mitleid" *(Mock)*, sollten wir für Martin Luther beten, dass er im Tod von seinem Ringen „wie bekomme ich einen gnädigen Gott" erlöst wurde, und hoffen, dass auf die Fürbitte Mariens, der „Mutter der Barmherzigkeit" auch dieser sich in Irrtümer verrannte Sohn einen gnädigen Richter gefunden hat.
(Quellen: Theobald Beer, Luthers Theologie – eine Autobiographie. Anton Brück, Kardinal Albrecht von Brandenburg, Kurfürst und Erzbischof von Mainz, in: F. Reuter (Hrsg) Der Reichstag zu Worms von 1521. Daniel-Rops. Luther – wie er wirklich war. Dietrich Emme, Martin Luther – seine Jugend und Studienzeit. Erwin Iserloh, Luther zwischen Reform und Reformation. Der Thesenanschlag fand nicht statt. Albert Mock, Abschied von Luther. Ludwig von Pastor, Geschichte der Päpste im Zeitalter der Renaissance und der Glaubensspaltung Bd IV, 2)

Voltaire (1694 – 1778)

Brillanter Schriftsteller und Philosoph, gilt als einer der geistigen Wegbereiter der französischen Revolution.
An der Tafel des Preußenkönigs Friedrich II., des „Alten Fritz", spöttelte Voltaire einmal: „Was mich angeht, so verkaufe ich meinen Platz im Himmel um einen Taler." Da erhob sich der biedere Bürgermeister von Cleve und rief ihm über den Tisch zu: „Herr Voltaire, hier sind wir in Preußen, und da kauft niemand etwas, ohne vorher zu prüfen, ob der Verkäufer auch Eigentümer und Besitzer des Gegenstandes ist. Können Sie uns den Nachweis bringen, dass Sie den Platz im Himmel rechtmäßig besitzen, dann kaufe ich Ihnen den Platz für zehntausend Taler ab."
(Quelle: Koch, Homiletisches Handbuch Bd III S. 559)
Am 25. Februar 1758 schrieb Voltaire an seinen Gesinnungsgenossen D´ Alembert: „In zwanzig Jahren wird der liebe Gott Feierabend haben." Genau 20 Jahre später, Ende Februar 1778, befiel Voltaire ein erster Blutsturz. Voll Schreck ließ er einen Geistlichen rufen; kaum aber hatte er sich ein wenig erholt, als er spottete, er habe es nur zum Scherz getan. Ein neuer Blutsturz. Diesmal kam kein Priester, dafür sorgten seine Freunde; er sollte sterben (so hatte er selbst einmal gewünscht) „ohne Sakrament, glücklich wie ein Hund". Nur war er alles andere als glücklich. Er wälzte sich bald jammernd, bald lästernd auf seinem Bett. „Ich bin verlassen von Gott und den Menschen." Dazwischen knirschte er mit halb erstickter Stimme den Namen Jesus Christus. Endlich wimmerte er nach einem Geistlichen; die Freunde setzten eisigen Widerstand entgegen. Nun kam das Ende. Er stöhnte entsetzt: „Ich fühle eine Hand, die mich packt und zum Richterstuhl Gottes zerrt ... Ich sehe die Hölle, deckt sie doch zu!" Unter furchtbaren Gotteslästerungen biss er sich

in den Arm. Es folgte ein letzter, entsetzlicher Schrei, Blut und Unrat drang aus Mund und Nase, Voltaire war tot.
Ein Augenzeuge, der später in sich ging, erklärte: „Könnte der Teufel sterben, er würde nicht anders enden." Sein Arzt aber schrieb: „Ich wünschte, dass alle jene, die durch Voltaires Schriften verführt wurden, Augenzeugen seines entsetzlichen Todes gewesen wären."
(Quelle: Koch, Homiletisches Quellenwerk II Bd S.434)

Anton Bruckner (1824 – 1896)

österreichischer Komponist und Orgelvirtuose. Als ein Freund meinte, er solle sein Te Deum dem Kaiser widmen, schüttelte er den Kopf: „Es is´ nimmer frei, i´ hab´s scho dem oben zugsagt als Dank für die in Wien ausgestandenen Leiden! I´glaub`" – schloß er nachdenklich – „wanns´s beim Jüngsten Gericht schiaf gaang, möcht´ i´ unserm Herrgott die Partitur vom Te Deum hinhalten und sagen: „Schau, des hab´ i´ ganz alloa für di g´macht!" Nachher wurd i´ scho durchrutschn!"
Immer wieder war seine bohrende Frage nach dem Prozeß gegen einen Raubmörder, ob dieser Verbrecher denn keine Reue gehabt habe. „Wozu ist der Mensch auf Erden? Um Gott zu dienen und in den Himmel zu kommen!" Wenn von der nahen Votivkirche die Glocken herüberläuteten, hat Bruckner, ganz gleich bei welcher Tätigkeit er war, sofort innegehalten und den „Engel des Herrn" gebetet. Auch als er am Wiener Konservatorium lehrte und mittags das Ave-Läuten hörte, ging er ans Fenster, kniete betend nieder, unbekümmert um das Lächeln seiner Schüler.
Seine neunte Symphonie widmete er „Dem lieben Gott". Am 29. Juni 1892 vollendete Bruckner als eines seiner größten geistlichen Chorwerke den 150. Psalm. „Der jubelnde Lobgesang

des Psalmisten wurde zum Vermächtnis des geistlichen Komponisten: Halleluja, lobet den Herrn in seinem Heiligtum! Alles was Odem hat, lobe den Herrn!“ *(W. J. Bekh)*. Als er am 16. Juli zum letzten Mal Wagners Grab besuchte, brach er zusammen. Seitdem ging es mit ihm gesundheitlich auf und ab. Zwischendurch arbeitete er weiter an seiner neunten Symphonie. „Bis zum letzten Tag seines Lebens führte Bruckner den Stift, um seine Neunte mit einem Finale zu krönen“ *(W.J. Bekh)*. Ein Besucher traf ihn auf seiner Betbank kniend an und hört ihn beschwörend rufen: „Lieber Gott! Ich hab meine letzte Symphonie Dir dargebracht, nur Dir! Du bist selber schuld, wenn ich sie nicht mehr fertig bringe!“ Er ahnte wohl, dass er den letzten Satz seines Gott gewidmeten Werkes nicht vollenden werde. „Meine letzte Symphonie soll dem lieben Gott geweiht sein – wenn Er`s annimmt!“ Und er fügte hinzu: „Damit das Werk einen Abschluss bekommt, soll man das Te Deum aufführen: die von mir auf das Titelblatt gesetzten Buchstaben OAMDG (Omnia ad majorem Dei gloriam = Alles zur größeren Ehre Gottes) verraten ja, dass ich auch diese Komposition aus innerstem Herzen Gott dem Herrn zugedacht habe.“

„In den Monaten der Vollendung steigerte sich sein Gebetseifer [...] In der Karwoche musste seine Haushälterin Kathi, die ihn mit großer Geduld umsorgte und pflegte, sieben Stunden lang in der Michaelskirche neben ihm aushalten. Er zündete nachts die Kerzen zu stundenlangem Gebet am Hausaltar an [...] Wiederholt empfing er die Sterbesakramente [...]“ *(W.F. Bekh)*. Am Sonntag, den 11. Oktober 1896, fühlte sich Bruckner wohl wie lange nicht. Er saß am Klavier über den Skizzen zum Finale der Neunten. Mittags um 3 Uhr überfiel ihn ein Kälteschauer, man brachte ihn zu Bett. Er nippte noch am heißen Tee, den er verlangt hatte, ließ sich auf die Herzseite wenden, atmete tief ein und aus, um die Symphonie seines Lebens beim lieben Gott zu

vollenden.
(Quelle: W. J. Bekh, Anton Bruckner – Biographie eines Unzeitgemäßen)

August Strindberg (1849–1912)

Berühmter Dichter und Maler, bedeutendster schwedischer Dramatiker lag in Stockholm im Sterben. Sein Leben war ein Irrweg gewesen – ein Leben in der Christusferne. Zeitweise beschäftigte er sich mit Okkultismus, war dreimal verheiratet. Und doch hatte er zeitweise daran gedacht, katholisch zu werden.
Als nun der Tod bei ihm anklopfte, leuchtete ihm noch einmal das Licht der Gnade. Dieses Mal nicht vergebens. Strindberg umklammerte das Kreuz, das Zeichen der Erlösung, und fand zum Glauben zurück. Mit letzter Kraft steht er vom Sterbebett auf, nimmt ein Blatt und schreibt mit zitternder Hand sein Testament darauf. Es lautet: „O heiliges Kreuz, unsere einzige Hoffnung, sei uns gegrüßt!" Mit dem Blick auf das Kreuz nahm er Abschied von dieser Zeit und ging in die Ewigkeit.
Man hat diese Worte des Dichters dann als Inschrift auf seine Grabstätte gesetzt.
(Quelle: Eismann/Wiggers, Vorlesebuch zum katholischen Katechismus Bd . I)

Wilhelm II. (1859 - 1941)

Deutscher Kaiser und König von Preußen (1888 – 1918). Als es nach einem Ohnmachtsanfall am 3. Juni 1941 mit ihm zu Ende geht und der Kammerdiener zum Arzt eilt, sagt der Kaiser zur Krankenschwester: „Jetzt muss ich sterben. Aber ich bin bereit. Oben gibt es ein Wiedersehen." Er faltet die Hände und betet

laut. Nach einer Injektion ist sein letzter verständlicher Satz: „Holen Sie meine Frau, jetzt heißt es Abschied nehmen." Am 4. Juni 1941 stirbt der letzte deutsche Kaiser im Exil in Holland. Als Grabspruch hat er sich gewählt:
Lobt mich nicht, denn ich bedarf keines Lobes;
Rühmt mich nicht, denn ich bedarf keines Ruhmes;
Richtet mich nicht, denn ich werde gerichtet werden.
(Quelle: F. Hartau, Wilhelm II. S. 130)

Heinrich Graf von Lehndorff (+ 1944 hingerichtet)

Mit Graf von Stauffenberg und anderen Verbündeten hatte er das Attentat auf Hitler geplant. Nach außen hin war Graf von Lehndorff ein Hitler- und linientreuer Offizier, in dessen Haus der Reichsaußenminister Joachim von Ribbentrop ein und ausging. Niemand ahnte, dass er seit 1940 dem Widerstand angehörte. Die Fassade fiel erst mit den Scheitern des Putsches gegen Hitler. Einen Tag nach dem Attentat fuhr die Gestapo zum Schloss Steinort, um ihn zu verhaften. Mit einem Sprung aus dem Fenster konnte er zunächst entkommen. Als man ihn schließlich fasste und nach Berlin brachte, gelang ihm erneut die Flucht. Doch nach Tagen wurde er wieder gefasst und vom Volksgerichtshof, wie auch die anderen Verschwörer, zum Tod verurteilt. Schwer misshandelt wurde er am 4. September 1944 in Berlin-Plötzensee gehenkt. „Ich sterbe mutig und ohne Todesangst, sehe darin eine Fügung Gottes, habe vollkommenen Trost in meinem Glauben gefunden", waren seine letzten Worte.
(Quelle: Die Tagespost vom 19. Juli 2014)

Adolf Hitler (1889 – 1945)

„Auf Frauen wirkte Hitler, dessen blaue Augen beim Lächeln faszinierten, mit seinem Wiener Charme und seiner männlichen Ausstrahlung ungemein anziehend. Auch die Männer bezauberte Hitler, und zwar nicht nur seine Anhänger" *(Gisbert Kranz)*. Selbst der britische Lordsiegel-bewahrer Anthony Eden, der als britischer Außenminister (1935-1938) wegen der Beschwichtigungspolitik von Premierminister Chamberlain gegenüber Hitler und Mussolini zurücktrat, „staunte über Hitlers ´smarte, beinahe elegante Erscheinung´ und sein staatsmännisches Verhalten. Adolf Hitler „las englische und französische Zeitungen und Bücher in Originalsprache. Vor allem besaß er hohe intellektuelle Fähigkeiten, ein außerordentliches Gedächtnis und die Gabe, den Kern eines Problems sofort zu erfassen" *(Gisbert Kranz)*.

Als Kind bekam er in der Volksschule immer die Noten „sehr gut". Einer seiner Volksschullehrer schildert Adolf als „ recht aufgeweckten, folgsamen, aber auch recht lebhaften Jungen; die Schulsachen [...] seien stets in musterhafter Ordnung gewesen" *(G. Kranz)*. Doch ab der Realschule in Linz (September 1900) war der nette Junge nicht wieder zuerkennen. Er wurde faul, widerborstig, eigenmächtig, rechthaberisch und jähzornig. Hinzu kam die Abkehr von der Kirche und dem Glauben. Spätestens 1904 hört Adolf auf zu beten. Dabei war seine Mutter eine fromme Frau, der Vater allerdings ein „Freisinniger", der nur einmal im Jahr, an Kaisers Geburtstag in die Kirche ging. Die Auffassung, "die ganzen Kirchenlehren seien ein einziger Blödsinn", die ein aufgeklärter Mensch unmöglich glauben könne, setzte sich bei ihm fest. Zu dieser Entwicklung trugen ausgerechnet die Religionslehrer in der Linzer Realschule bei, die von Hitlers Klasse nicht ernst genommen wurden und über die sie sich lustig machten. Adolf tat sich hervor, zum Gaudi seiner Klassenkameraden, mit ständigen Fragen über heikle Themen. Eines Tages machte er sich über die Beichte lustig, da johlte die ganze Klasse.

„Mit 13, 14, 15 Jahren habe ich nichts mehr geglaubt, auch von meinen Kameraden hat doch keiner mehr an die Kommunion geglaubt, das waren nur noch ein paar ganz blöde Vorzugsschüler!" Damals war Hitler der Meinung, es müsse die Kirche mit allen ihren Einrichtungen „in die Luft gesprengt werden" *(zitiert bei Gisbert Kranz aus den Aufzeichnungen von Heinrich Heim: Adolf Hitler, Monologe im Führerhauptquartier 1941-1944, S.288).*

In seinen Gesprächen äußerte sich Hitler später immer wieder voller Hass gegen den christlichen Glauben, die katholischen Geistlichen und die evangelischen Pfarrer der „Bekennenden Kirche".

Hitlers Monologe und Tischreden im Führerhauptquartier 1941-1944 sind veröffentlicht. Daraus im Folgenden einige seiner Tiraden, die seine wahre Gesinnung zeigen, und was der „Führer" nach dem Endsieg mit der Kirche vorhatte:

„Auf die Dauer vermögen Nationalsozialismus und Kirche nicht miteinander bestehen. [...] Der schwerste Schlag, der die Menschheit getroffen hat, ist das Christentum; der Bolschewismus ist der uneheliche Sohn des Christentums, beide sind eine Ausgeburt des Juden."

„Wir werden dafür sorgen, dass die Kirchen keine Lehren mehr verkünden, die mit unseren Lehren in Widerspruch stehen."

„Der Krieg wird ein Ende nehmen, und ich werde meine Lebensaufgabe darin sehen, das Kirchenproblem zu klären. [...] Das Christentum ist das Tollste, das je ein Menschengehirn in seinem Wahn hervorgebracht hat."

„Der größte Krebsschaden sind die Pfarrer beider Konfessionen! Ich kann ihnen jetzt die Antwort nicht geben, aber [...] es wird der Moment kommen, wo ich mit ihnen abrechne ohne langes Federlesen. [...] Um die grundsätzliche Lösung kommen wir nicht herum [...]"

(Quelle: Gisbert Kranz, Acht Despoten S.357/ 358)

Vom 14. August 1943 gibt es einen Sitzungsbericht mit dem Vermerk „Zur Vorlage an den Führer": Vorschlag VI. (nach Bauer). Sofortige und bedingungslose Abschaffung sämtlicher Religionsbekenntnisse nach dem Endsieg. Und zwar nicht nur für das Gebiet des Großdeutschen Reiches, sondern auch für sämtliche befreiten, besetzten und annektierten Länder, Protektorate, Gouvernemente, etc. mit gleichzeitiger Proklamierung Adolf Hitlers zum neuen Messias. Aus politischen Erwägungen sind von dieser Maßnahme einstweilen der mohammedanische, buddhistische, sowie Shintonglaube auszunehmen.

Der Führer ist dabei als ein Mittelding zwischen Erlöser und Befreier hinzustellen – jedenfalls aber als Gottgesandter, dem göttliche Ehren zustehen. Die vorhandenen Kirchen, Kapellen, Tempel und Kultstätten der verschiedenen Religionsbekenntnisse sind in „Adolf Hitler Weihestätten" umzuwandeln.

Ebenso haben sich die theologischen Fakultäten der Universitäten auf den neuen Glauben einzustellen und besonderes Gewicht auf die Ausbildung von Missionären und Wanderpredigern zu legen, die sowohl im Großdeutschen Reich, als auch in der übrigen Welt die Lehre zu verkünden und Glaubensgemeinschaften zu bilden haben, die als Organisationszentren zur weitern Ausbreitung dienen sollen. (Damit fallen auch die Schwierigkeiten bei der geplanten Aufhebung der Monogamie weg – kann doch die Polygamie ohne weiteres als Glaubenssatz in die neue Lehre eingebaut werden.)

Als Vorbild des Gottgesandten möge die Figur des Gralsritters Lohengrin dienen, die keltisch-germanischer Phantasie entsprungen bereits ein gewisses traditionelles Ansehen genießt. (Ähnlich wie die Sagengestalt Wilhelm Tells in der Schweiz seit langem zu einem Symbol geworden ist.)

Durch entsprechende Propaganda müsste die Herkunft des Führers noch mehr als bisher verschleiert werden, so wie auch sein künftiger Abgang einmal spurlos in vollständiges Dunkel zu erfolgen hätte. (Rückkehr in die Gralsburg)

Mir liegt eine Kopie dieses Sitzungsberichtes vor mit dem handschriftlichen Vermerk des Führers: Der erste brauchbare Entwurf! Zur weiteren Bearbeitung an Dr. Göbbels. Und der Unterschrift Adolf Hitler.

Hitlers Ende – nach seinen triumphalen Anfangserfolgen – war die größte Katastrophe des 20. Jahrhunderts, in die er nicht nur Deutschland sondern auch andere Nationen Europas mit hineingerissen hatte. „Am 29. April 1945 als die Rote Armee am Potsdamer Platz stand, diktierte er sein persönliches und politisches Testament. Seine Hybris ist ungebrochen. Er habe ‚schwerste Entschlüsse' fassen müssen, ‚wie sie bisher noch von keinem Sterblichen' abverlangt worden seien" *(G. Kranz).*

Hitler setzte Admiral Dönitz als Staatsoberhaupt ein und heiratete noch standesamtlich seine Geliebte Eva Braun, mit der er jahrelang zusammen gelebt hatte, und zog sich mit ihr zurück. Nach seiner Trauung feierten die Insassen des Führerbunkers seine Hochzeit. Man tanzte und die Sektkorken knallten, während draußen die Granateinschläge der Roten Armee nicht zu überhören waren, Als dann Hitler Hand an sich legte, konnte er noch den Lärm des Trinkgelages und des Tanzens hören, ehe er die Pistole gegen seine Schläfe hob. Dem irdischen Gericht konnte er sich so entziehen, nicht aber dem göttlichen Richter. *(Quelle: Gisbert Kranz, Acht Despoten)*

Im Psalm 2 heißt es: „Warum toben die Völker, warum machen die Nationen vergebliche Pläne? Die Könige der Erde stehen auf, die Großen haben sich verbündet gegen den Herrn und seinen Gesalbten. [...] Doch der im Himmel thront, ER lacht, der HERR verspottet sie."

Kaiser Karl von Österreich und König von Ungarn (1887 – 1922)

wurde mitten im 1. Weltkrieg 1916 österreichischer Kaiser, erstrebte einen Verständigungsfrieden mit der Entente (Frankreich, England, Russland, USA). Er verzichtete 1918 auf die Ausübung seiner Herrschaft. Wurde nach zwei vergeblichen Versuchen, in Ungarn wieder die Herrschaft zu erlangen, 1921 von den ehemaligen Kriegsgegnern nach der portugiesischen Insel Madeira verbannt, wo er mit seiner Familie unter elenden Bedingungen leben musste. Dort ging es rasch mit seiner Gesundheit bergab. Doch je schwieriger die äußeren Verhältnisse wurden, desto größer wurde seine Gottergebenheit. Immer mehr kam ihm der Gedanke, Gott wünsche das Opfer seines Lebens zum Heil aller Völker, die einmal unter dem Zepter der Habsburger vereinigt gewesen waren.

Mitte März 1922 erkrankte er an einer Grippe. Um Geld zu sparen, wurde auf seine Anordnung hin zunächst kein Arzt geholt. Am 25. März stieg das Fieber auf vierzig Grad. Die Bevölkerung nahm großen Anteil an seinem Befinden und betete „für die Gesundung des guten Königs Karl". Trotz verschiedener Injektionen kam es zu keiner Besserung. Seine Schmerzen wurden so groß, dass ihm jede Berührung, auch die leiseste, weh tat.

„Die letzten Tage des Kaisers waren von quälenden Schmerzen und stets größer werdenden Sehnsucht, wieder in die Heimat zurückkehren zu können, erfüllt [...].

Die Ärzte hatten eine doppelseitige grippöse Lungenentzündung festgestellt. Der Kaiser legte eine Lebensbeichte ab. Danach sagte er laut und feierlich: „Ich verzeihe allen meinen Feinden, allen, die mich beleidigt haben, und allen, die gegen mich arbeiten.“ Als er einmal umgebettet wurde, hört man ihn sagen: „Es ist doch gut, dass es ein Vertrauen auf das heiligste Herz Jesu gibt. Sonst wäre das alles nicht zu ertragen.“

Das ewige Husten ließ den Kranken kaum zu einem ruhigen Schlaf kommen. Einmal nahm die Kaiserin das Herz-Jesu-Bild hervor, das stets unter dem Polster des Kranken lag, und hielt es ihm vor die Augen. Er brauche doch unbedingt Schlaf, erklärte sie ihm, er möge doch den Heiland darum bitten. Kaiser Karl sah auf das Bild und sagte voll tiefer Andacht: „Lieber Heiland, bitte, lass mich schlafen!“ In diesem Augenblick fielen ihm die Augen zu und er genoss, ohne Hustenanfall, einen dreistündigen Schlaf.

Es war Samstag, der 1. April 1922, der Tag der Unbefleckten Gottesmutter und Jungfrau Maria. Der Samstag als Marientag war auch der Lieblingswochentag Karls von Österreich. An einem Samstag war er gefirmt worden, an einem Samstag erfolgte seine Großjährigkeitserklärung, an einem Samstag fand seine Vermählung statt, an einem Samstag seine Krönung zum apostolischen König von Ungarn, an einem Samstag traf er auf der Insel Madeira ein. Und jetzt, am letzten Samstag seines irdischen Lebens, schenkten ihm Gott und die Allerseligste Jungfrau Mutter Maria die Anschauung des himmlischen Paradieses.

Zu seinen letzten Worten gehörte die an den Heiland gerichtete Bitte: „Bewahre meine Kinder“ – hier nannte er langsam alle ihre Namen: Otto, Mädi, Robert, Felix, Karl Ludwig, Rudolf, Lotti und das ganz, ganz Kleine – „an Leib und Seele, lass sie lieber sterben als eine Todsünde begehen!“ –

Die letzten Worte des großen Dulders waren an den Herrn und Heiland, den Schöpfer der Welt und aller Dinge in ihr, gerichtet: „Jesus, komm!“ Und dann mit verklärtem Gesicht: „Dein Wille

geschehe!“ Und wieder: „Jesus! Jesus!“
Mit diesen Worten auf den Lippen hauchte Karl von Habsburg, ehemals Kaiser von Österreich und Apostolischer König von Ungarn, im Alter von nur vierunddreißig Jahren, fern der von ihm so geliebten Heimat am 1. April 1922 um 12.23 Uhr seine Seele aus.“
(Quelle: E.J. Görlich, der letzte Kaiser – ein Heiliger?)
Bereits 1925 wurde die „Kaiser -Karl -Gebetsliga“ kirchlich approbiert, die sich für eine Heiligsprechung des großen Menschen und Christen einsetzt.
In den seit 1954 erscheinenden Jahrbüchern der Liga wurden immer wieder Berichte über wunderbare Gebetserhörungen auf die Fürsprache Kaiser Karls veröffentlicht. Am 3.10. 2004 wurde er selig gesprochen. Wen wundert das eigentlich noch?

Lenin (politischer Deckname für Wladimir Iljitsch Uljanow) 1870 - 1924.

Gründer der Sowjetunion. Trotzki, sein enger Freund und Mitarbeiter, schreibt, dass Lenin im Alter von 16 Jahren sich das Kreuz vom Halse riss, darauf spuckte und es mit Füßen trat, was ein verbreitetes satanistisches Ritual ist. „Es besteht nicht der geringste Zweifel, dass er von der satanischen Ideologie beherrscht war“ *(Richard Wurmbrand)*. Anders sei das folgende Zitat aus einem Brief an den russischen Schriftsteller Maxim Gorki vom 13./14. September 1913 nicht zu erklären: „Millionen von Sünden, Schicksalsschlägen, Bedrängnissen und Seuchen werden vom Volk leichter erkannt – und sind daher weniger gefährlich – als der leichteste Anflug einer Vorstellung von einem kleinen spirituellen Gott, selbst in der schmuckvollsten Verkleidung.“
Lenin war erbitterter Feind der Religion, er wartete nur auf einen Anlass, um die Kirche angreifen und vernichten zu kön-

nen. Die Gelegenheit bot sich ihm bei der großen Hungersnot in Russland 1921/22. Damals rief der russisch-orthodoxe Patriarch Tichon die Kirchen und Klöster dazu auf, die silbernen und goldenen Gegenstände, Schmuck und Perlen, die im Laufe der Jahrhunderte der Kirche von den Gläubigen geschenkt worden waren, für die Not der Hungernden herauszugeben, außer den liturgischen und sakralen Geräten.
Lenin ordnete per Dekret an, dass auch diese Gegenstände herausgegeben werden müssen. Die örtlichen Parteikader sollten sie – wenn nötig mit Gewalt – beschlagnahmen. Im Städtchen Schuja stellten sich die Gläubigen schützend vor ihre Kirche, um das zu verhindern. Als die Mitglieder des städtischen Exekutivkomitees unter Polizeischutz in die Kathedrale einzudringen versuchten, kam es zu Kampfhandlungen, bei denen auch Soldaten mit zwei schweren Maschinengewehren die Menge bedrohten. Von der Parteiführung wurde der Widerstand gegen die Beschlagnahmung der liturgischen Geräte geflissentlich als Versuch einer Revolution gegen den kommunistischen Staat ausgelegt. Nun hatte man den Anlass, auf den man gewartet hatte, um gegen die Kirche vorzugehen. „Gerade jetzt bietet sich uns die einmalige Gelegenheit, dem Feind endgültig das Genick zu brechen und unsere Position auf Jahrzehnte hinaus zu festigen“ (Lenin). Es ging ihm bei dem Fond, den er mit den Schätzen der Kirche anlegen wollte, gar nicht um die Millionen Verhungernden – in manchen Gegenden war es bereits zu Kannibalismus gekommen – sondern er nutzte die Hungersnot in zynischer Weise aus zur Festigung der Sowjetmacht.
„Die Bolschewiki leisteten ganze Arbeit bei der Zerschlagung der Kirche. Von den ursprünglich 80.000 Gotteshäusern überstanden nur 11.525 die Pogrome (Archiv des Präsidenten). Die Kirche wurde von Agenten unterwandert und unter die Kontrolle des Staates gebracht. Über 14.000 Priester und Kirchen-

funktionäre wurden erschossen. Aus Lenins Sicht waren das noch zu wenige“ *(Wolkogonow).*
Der Patriarch wurde verhaftet und gezwungen ein Schuldbekenntnis zu unterschreiben. Darin wird u.a. auch gefordert, dass er sich von der katholischen Kirche distanziert. Er starb 1925, gebrochen von der Haft in den bolschewistischen Kerkern.
Nicht erst Stalin war das bolschewistische blutrünstige Ungeheuer. Bereits Lenin, sein Vorgänger, spielte „in dieser Tragödie die Rolle des Antichristen des 20. Jahrhunderts“ *(Wolkogonow).*
Auch die brutale Ermordung der gesamten Zarenfamilie in Jekaterinenburg in der Nacht vom 16. auf den 17. Juli 1918 geht letztlich auf das Konto Lenins.
In einem Brief aus dem Jahre 1921 schreibt Lenin: „Wir alle verdienen es, an einem stinkenden Strick aufgehängt zu werden. Ich habe die Hoffnung noch nicht aufgegeben, dass das auch geschieht, weil wir diese dreckige Bürokratie nicht verdammen können. Und sollte es eintreffen, ist es gut so.“ Das war seine letzte Hoffnung, nach einem Leben des Kampfes für die Sache des Kommunismus.
Im Geheimarchiv des Zentralkomitees der Partei wurden auch die Aufzeichnungen des Arztes Prof. W. Kramer verwahrt, bei dem Lenin in Behandlung war. Er schrieb dass Lenin an der Krankheit, an der er sterben sollte, „etwa zweieinhalb Jahre litt, wobei das Krankheitsbild derartig ungewöhnliche Symptome aufwies, dass sowohl russische als auch ausländische Neuropathologen keine Anzeichen für eine herkömmliche Erkrankung des Nervensystems ausmachen konnten.“ *(Wolkogonow)*
Am 13. November 1922 hielt Lenin sogar noch vor dem Plenum des Kongresses der Kommintern (internationale Vereinigung kommunistischer Parteien) eine einstündige Rede in deutscher (!) Sprache. Als sein Gesundheitszustand immer schlechter wurde, nahm er Stalin das Versprechen ab, Zyankali aufzutreiben

und es ihm zu geben. Aber weder seine Frau noch Stalin brachten es über sich, ihm zum Selbstmord zu verhelfen. Im Gegenteil, das Politbüro beschloss, deutsche Kapazitäten aus Berlin kommen zu lassen und man scheute keine Kosten. Zwischendurch traten auch immer wieder Phasen der Besserung ein. Anfang Januar 1924 schien die geheimnisvolle Krankheit zu stagnieren. Das offizielle Bulletin vom 24. Januar gibt als Todesursache eine unheilbare Gefäßerkrankung an. Der russische Verfasser seiner, auch in deutsch erschienenen Biographie, die auf exklusivem Zugang zu Geheimakten fußt, schreibt: „Es gibt viele Versionen der Todesursache [...]. Ich werde mich nicht mit jener Version aufhalten, die behauptet, Lenins Tod sei durch eine „Syphilis der Gehirngefäße" verursacht worden. Die Analyse der gesamten mir zur Verfügung stehenden Literatur, legt den Schluss nahe, dass diese Annahme wenig wahrscheinlich ist."
Auch die mir (G.B.) zugetragene Geschichte, Lenin sei in seiner Todeskrankheit angeblich von zwei Nonnen gepflegt worden, weil es niemand mehr bei ihm ausgehalten hätte, und er habe manchmal so fürchterlich geschrieen, dass sämtliche Hunde in der Nachbarschaft zu bellen angefangen hätten, scheint mir eine „schwarze Legende" (dem Gegner angedichtete Horrorgeschichte) zu sein.
Glaubwürdiger dagegen erscheint mir, was Richard Wurmbrand überliefert, dass Lenin gegen Ende seines Lebens geäußert habe: „Ich habe einen großen Fehler begangen. Mich verfolgt das Gefühl, in einem Ozean voller Blut von den unzähligen Opfern verloren zu sein. Aber wir können nicht mehr zurück. Um unser Land, Russland, zu retten, hätten wir Männer wie Franz von Assisi gebraucht. Mit zehn Männern wie ihm hätten wir Russland gerettet."
Der russische Religionsphilosoph Wladimir Solowjew (1853-1900) sah in der Wiedervereinigung von Ost- und Westkirche

die einzige Möglichkeit zur Rettung Russlands. Darum sprach er am 18. Februar 1896 in der Moskauer Lourdeskapelle mit einer brennenden Kerze in der Hand als russisch-orthodoxer Christ in seinem Credo feierlich das Bekenntnis zum Petrusamt des Papstes. Er wollte dieses Bekenntnis ablegen „im Namen von Millionen christlicher Russen in der festen und vollen Überzeugung, dass sie mich nicht verleugnen werden." Doch leider war seine Hoffnung vergebens.
Kurz vor seinem Tod (13.8.1900) sprach er geradezu prophetisch: „Ich höre schon die Donnerschläge. Eine furchtbare Katastrophe steht Russland bevor; die Regierenden werden keine Zeit mehr haben zur Lösung der konfessionellen Fragen. Russland wird sich nicht mit Rom vereinigen. Das ist das Einzige, was Russland noch retten kann. Ob es nicht zu spät ist?"
(Quellen: Dimitri Wolkogonow, Lenin. Utopie und Terror
Richard Wurmbrand, Das andere Gesicht des Karl Marx
L. Kobolinski-Ellis, Monarchia Sancti Petri)

Joseph Stalin (1879 – 1953)

Nach Lenins Tod (1924) gelang es ihm als Sekretär des Zentralkomitees der kommunistischen Partei, seine Konkurrenten nach und nach auszuschalten und zum uneingeschränkten Diktator (ab 1927) der Sowjetunion zu werden. Durch rücksichtslose Vernichtung möglicher Gegner, brutale „Säuberungen" und Schauprozesse sicherte er seine Machtstellung.
Am Sonntag, den 1. März 1953, fand man ihn in seiner Datscha in Kunzewo bei Moskau, gegen 10 Uhr mit einem Schlaganfall auf dem Boden liegend. Am Abend zuvor hatte er noch mit seinen Genossen Beria, Chruschtschow, Malenkow und Bulganin getafelt und getrunken. Um vier Uhr morgens hatte er seine Kumpanen im angetrunkenen Zustand verabschiedet und

Chruschtschow noch quietschfidel in den Bauch gepiekst. Die rechte Seite war gelähmt, er konnte nicht mehr sprechen. Die alarmierten Genossen standen vor dem Problem, welchen Arzt man rufen solle, denn zur Zeit liefen die Verhöre wegen eines angeblichen Komplotts der jüdischen Ärzte. Aus welchen Beweggründen auch immer, die vier ließen erst am nächsten Tag einen Arzt herbeirufen. „Beria, der seinerzeit als Einziger der vier um sein Leben bangte, hatte allen Grund zu hoffen, dass der verhasste Diktator sterben würde" *(Montefiore)*. Ja, er brüstete sich vor Molotow und Kaganowitsch: „Ich habe ihn erledigt. Ich habe euch allen das Leben gerettet!"
Stalins Tochter Swetlana schildert sein Sterben: „Das Antlitz verfärbte sich, die Gesichtszüge entstellten sich bis zur Unkenntlichkeit, die Lippen wurden schwarz. In den letzten zwei Stunden erstickte er einfach [...] Die Agonie war entsetzlich, sie erwürgte ihn vor aller Augen [...] Offenbar in der letzten Minute öffnete er plötzlich die Augen. [...] Es war ein furchtbarer Blick, halb wahnsinnig, halb zornig, voll Entsetzen vor dem Tode." Plötzlich änderte sich der Atemrhythmus und er hob die linke Hand. Eine Krankenschwester deutete es als „Gruß". Doch Swetlana zufolge „wies er mit ihr nach oben, drohte uns allen. Die Geste war unverständlich, aber drohend. Im nächsten Augenblick riß sich seine Seele nach einer letzten Anstrengung vom Körper los.
Das war das Ende eines Mannes, auf dessen Befehl 20 Millionen ermordet und 28 Millionen deportiert wurden, 18 Millionen davon in die Gulags (Strafarbeitslager). Seine politische Laufbahn hatte im Priesterseminar der georgischen Kirche in Tiflis begonnen. Wegen seiner Kontakte zu einer marxistischen Untergrundorganisation war er entlassen worden. Papst Pius XII. hat für den sterbenden Stalin gebetet.
(Quelle: Simon S. Montefiore, Stalin – Am Hof des roten Zaren)

Alcide de Gasperi (1881 – 1954)

Bedeutender Politiker Italiens, Mitbegründer der Democrazia Cristiana, von 1945 – 1953 italienischer Ministerpräsident und zeitweiliger Außenminister, Vorkämpfer für die wirtschaftliche und politische Einigung Westeuropas. Von ihm wird berichtet, dass er mit dem Namen Jesus auf den Lippen gestorben sei.

Konrad Adenauer (1876-1967)

war zunächst (1917-1933) Oberbürgermeister von Köln. Von 1920-1933 war er Präsident des Preußischen Staatsrats. Nach der Machtergreifung enthoben ihn die Nationalsozialisten 1933 seiner Ämter und inhaftierten ihn 1934 sowie 1944 für einige Monate.
Von Mai bis Oktober 1945 war Adenauer wieder Oberbürgermeister von Köln, wurde aber von der britischen Besatzungsmacht „wegen Unfähigkeit“ abgesetzt. In der britischen Besatzungszone baute er die Christlich-demokratische Union (CDU) mit auf. Von 1950-1966 war Adenauer Bundesvorsitzender der CDU. 1949 wurde er zum ersten Bundeskanzler der Bundesrepublik gewählt. Mit Alcide de Gasperi und Robert Schumann war er einer der Wegbereiter und Initiatoren der europäischen Einigung.
Seine Überzeugung war, dass wir „ohne die Hilfe des Gebetes das Böse nicht besiegen können.“ Konsequenterweise hat er vor seiner Moskaureise die Nacht am Grab des heiligen Klaus von Flüe im Gebet verbracht. Und in der Nacht vor den entscheidenden Verhandlungen mit der sowjetischen Regierung betete er in der französischen Botschaft in Moskau vor einem Bild der Fatima-Madonna. Es war am Fest Mariä Geburt, dem 8. September 1955. Als die Verhandlungen zu scheitern drohen, fragt

Adenauer die sowjetische Führung: „Gestatten Sie, wer hat denn eigentlich das Abkommen mit Hitler abgeschlossen, Sie oder ich?“ Als Chruschtschow mit den Fäusten drohte, antwortet Adenauer mit ähnlicher Geste. Die Sowjets behaupten, sie hätten nur verurteilte Kriegsverbrecher zurückbehalten. Adenauer bestellte das Flugzeug zum Rückflug. Doch die sowjetische Führung hatte ein Interesse daran, diplomatische Beziehungen mit der Bundesrepublik aufzunehmen, denn das würde ihre These von den zwei Staaten auf deutschem Boden (BRD und DDR) bekräftigen.

In Moskau besucht Adenauer die Sonntagsmesse in der einzigen geöffneten katholischen Kirche. Dass diese Kirche geöffnet wurde, hatte Charles de Gaulle bei seinem Staatsbesuch durchgesetzt. Sie unterstand der französischen Botschaft. Man hatte für den greisen Kanzler einen Sessel aufgestellt. Doch der fast 80 jährige kniete zumeist während der heiligen Messe.

Schließlich lenkte am dritten Verhandlungstag der sowjetische Ministerpräsident Bulganin in der Gefangenenfrage ein, war aber nicht bereit, das in das Vertragsprotokoll aufzunehmen zu lassen, sondern gab nur sein Ehrenwort, dass die deutschen Kriegsgefangenen entlassen werden. Es war am 12. September, dem Fest Mariä Namen.

Als der 91 jährige Adenauer seinen Tod nahen spürt, bittet er seinen Sohn Paul, der Priester ist, ihm die lateinischen Messgesänge vorzusingen. Bei der Verabschiedung von jedem einzelnen seiner Angehörigen verweist er die Weinenden auf das Gemälde in seinem Zimmer, das Jesus in den Armen des himmlischen Vaters zeigt.

(Quelle: Kurier der christlichen Mitte 2/ 2015

Willy Brandt (1913 – 1992)

war von 1969 – 1974 deutscher Bundeskanzler. Zu seinen Erwartungen, die er für die Siebziger Jahre hegte, gehörten auch „ernste Auseinandersetzungen zwischen den Kräften des Glaubens und des Wissens, zumal in den Bereichen des geistigen Lebens und der Politik“ (DT 16./17. Januar 1970). In einem Radio-Interview erzählte Brigitte Seebacher, seit 1983 mit W. Brandt verheiratet, auch vom Ende seines Lebens. Ich hatte mir daraufhin ihre Willy -Brandt -Biographie gekauft, die dem Leser den ehemaligen bedeutenden Politiker auch menschlich näher bringt. Allerdings fehlt darin das im Radio berichtete Detail von seinem Sterben, dass er in seiner Todeskrankheit einmal das Bett verlassen und sich angstvoll mit abwehrenden Händen in eine Ecke des Zimmers verkrochen habe.

König Baudouin von Belgien (1930 – 1993)

„Das Geheimnis seines Lebens“, diesen Titel gab Kardinal Suenens seinem Erinnerungsband an König Baudouin mit Einträgen aus dessen geistlichem Tagebuch. Am 9. Februar 1992 z.B. schrieb er: „ Herr, ich bin müde, nachts finde ich keine Ruhe und tagsüber lebe ich nicht genügend in Dir, daher all die Spannungen und Unausgewogenheiten.
Herr, lehre mich, mit Weisheit zu leben, ohne Dich aus dem Auge zu verlieren. Lehre mich, den Vater mit Dir anzubeten, mich ganz Deiner Mutter und Königin zu überlassen, und dort in der inneren Stille und totalen Hingabe zu verweilen. Lehre mich, Dir mein Leben zu schenken, ohne es zurückzufordern, sondern anzuerkennen, dass es Dir gehört.“
Der König ist in seiner spanischen Sommerresidenz in Motril 1993 gestorben. Man fand ihn leblos auf der Terrasse seiner

Villa, wohin er sich mit Vorliebe zurückzog, um zu beten, zu lesen und den Sternenhimmel zu beobachten. Er hatte sich eine kleine Sternwarte – nicht weit von da – eingerichtet, von wo er gerne den nächtlichen Himmel betrachtete. „Vater, mach´, dass ich durch die Betrachtung der Sterne noch gläubiger und bescheidener werde."
Der Leichnam des Königs wurde nach Schloss Laeken in Belgien überführt. Der Verstorbene wurde dort in militärischer Paradeuniform aufgebahrt mit dem Rosenkranz in seinen Händen, den er so geliebt hat. Die Predigt beim Beerdigungsgottesdienst vom Erzbischof von Brüssel. Kardinal Daneels, hatte drei Punkte: 1. Ein König nach dem Herzen der Menschen. 2. Ein König nach dem Herzen Gottes. 3. Glückliches Volk, das solch einen König hat.
(Quelle: Kardinal Suenens, König Baudouin – Das Geheimnis seines Lebens)

DIE HELDEN DER TITANIC

In den Geschichtsbüchern wird er nicht aufgeführt, er war kein berühmter Politiker und kein Bühnenstar, es wurde ihm auch kein Denkmal gesetzt. Eine kleine bescheidene Gedenkplatte im Kreuzgang des Klosters Scheyern trägt seinen Namen mit der lateinischen Inschrift: Josephus Peruschitz, O. S. B., der auf jenem Schiff Titanic fromm sein Leben hingab im 42. Lebensjahr und im 17. seines Priestertums und Ordensgelübdes.
Der Luxusdampfer Titanic, ein Wunderwerk der Technik galt als unsinkbar. Auf ihrer Jungfernfahrt war sie nach New York unterwegs, und man wollte einen Weltrekord in der kürzesten

Überfahrtszeit aufstellen. Als das Schiff noch in Belfast auf Dock lag, hatten die Werftarbeiter auf seinen Rumpf gepinselt: Ohne Papst und ohne Gott bauen wir dieses Boot. Die Titanic war ein schwimmender Palast. Man hatte es an nichts fehlen lassen. Nur gab es nicht genügend Rettungsboote; die reichten kaum für die Hälfte der Passagiere.
Mit diesem Schiff reisten der Benediktinerpater Josef Peruschitz und sein britischer Mitbruder Pater Bylen in der zweiten Klasse ihrer neuen Aufgabe in den Vereinigten Staaten entgegen.
Es gab Eiswarnungen, auch von einem deutschen Dampfer, doch dessen Telegramm fand keine Beachtung. Die Späher im Krähennest des Vormastes hatten keine Ferngläser, die waren weggeschlossen, und ein geheimnisvoller Dunst behinderte sie beim Ausguck. Um 23 Uhr 40 nahmen sie in 580 Metern Entfernung vor dem Schiff einen Eisberg wahr und alarmierten den ersten Offizier, der sofort das Ruder herumreißen und die Schotten schließen ließ. Bei fast voller Fahrt kam es zum Zusammenstoß. Der Schiffsrumpf platzte an sechs Stellen auf, so dass alle sechs Abteilungen des Vorderschiffs betroffen waren.
Die Gäste merkten vom Zusammenstoß nur ein leises Zittern, das durch das Schiff ging. Während unten im Maschinenraum bereits die Wassermassen hereinstürzten, wurden oben im Speisesaal der ersten Klasse noch Kaviar und Hummer serviert und Sekt getrunken, spielte das Salonorchester weiter.
Das Schiff galt ja als unsinkbar. Als dann die tödliche Gefahr erkannt wurde, kam es zur Panik. Die Rettungsboote reichten nicht aus. Zuerst wurden nur Frauen und Kinder in die Boote gelassen. Pater Peruschitz und sein Mitbruder Byles halfen, wo sie nur konnten. Man hat, laut Augenzeugen, auch Pater Peruschitz einen Platz in einem der Boote angeboten, doch lehnte er ab.
Wo war der Kapitän? Er stand schon bis zu den Achseln im Wasser, als er eine Frau mit Kind sah. Er fasste beide und schwamm

mit ihnen zum nächsten Rettungsboot. Als er sie in Sicherheit gebracht hatte, wollte auch er nicht aufgenommen werden, obwohl man ihn dazu drängte. Er verschwand mit seinem untergehenden Schiff in den eiskalten Fluten.
Die beiden Priester forderten die Todgeweihten auf, Akte der Reue über ihre Sünden zu erwecken und sich bereit zu machen, Gott von Angesicht zu Angesicht zu schauen. Sie beteten den Rosenkranz vor, während das Ende näher rückte. Als das letzte Rettungsboot hinab gelassen war, spielte die Bordkapelle noch den Choral. „Näher, mein Gott, zu Dir." Viele Passagiere knieten weinend nieder, manche beichteten noch. Die beiden Priester waren unablässig bemüht den Todgeweihten beizustehen, und bald den bereits im Wasser mit dem Tod Ringenden, bald den oben auf Deck Betenden die Lossprechung zu erteilen. Bevor auf der Titanic die Lichter ausgingen, das Heck des Schiffes wie ein zum Himmel gestreckter Finger hoch kippte und dann mit 1500 Menschen in der Tiefe des Nordatlantik versank, erteilten Pater Peruschitz und sein Mitbruder ihnen noch die Generalabsolution.
„Viele von den 750 Geretteten," – schreibt später eine Zeitung – „die von Ihren Booten aus zusahen, wie das Schiff in den Wellen verschwand, erzählten, sie würden nie in ihrem Leben vergessen, wie die beiden Priester mit ihren zum Segen erhobenen Händen inmitten einer betenden Schar untergingen."
Agnes Mac Goy gab zu Protokoll: „Man konnte nichts mehr sehen, aber man hörte weder Jammergeschrei noch Schreckensrufe. Nur die friedvollen Stimmen des Gebetes klangen herüber, als das Schiff unterging." – „Näher, mein Gott, zu Dir, näher zu Dir!" – so geschehen in der Nacht vom 14.auf 15, April 1912 zwischen 23 Uhr 40 und 2 Uhr 20.
(Quellen: Betendes Gottesvolk 3/1998. Die Tagespost vom 12. April 2012. Neue Bildpost 14./15 April 2012)

VOM LEBEN UND STERBEN GROSSER FRAUEN

Die 16 Karmelitinnen von Compiègne (+ 17.7.1794)

Ihr bescheidenes Kloster befand sich in unmittelbarer Nähe des Schlosses, wo der königliche Hof Frankreichs jedes Jahr einige Wochen verbrachte. Die Königin Anna von Österreich und Maria-Theresia von Österreich gehörten zu ihren prominenten Wohltätern.
Als die französische Revolution ausbrach, durfte die einzige Novizin durch Verbot vom 26. Oktober 1789 ihr Gelübde nicht mehr ablegen, weigerte sich aber, in die Welt zurückzukehren. 1790 wurden die Klöster zum Staatseigentum erklärt. Das Inventar des Klosters wurde von einer Kommission protokolliert, die Schwestern einzeln befragt, ob sie den Wunsch hätten, ihre Freiheit wieder zu erlangen. Alle Schwestern lehnten das ab. Die religiöse Situation wurde zunehmend ernster, als eine große Zahl von Priestern sich weigerte, den Eid auf die neue Verfassung abzulegen. Im September mussten die Schwestern das Kloster verlassen und durften keine Ordenstracht mehr tragen. Die Oberin hatte den Konvent in vier Gruppen aufgeteilt und in der Stadt Wohnungen für sie gemietet, die nicht weit von einander entfernt waren. So konnten sie ihr Ordensleben weiterführen. Auf dem Höhepunkt des Terrors (1793/94) hatte die Oberin sich in einem Weiheakt Gott für die Rettung Frankreichs angeboten, der auch von den anderen Schwestern unterschrieben wurde.
Am 21. Juni 1794 ließ das Revolutionskomitee die Wohnungen der Schwestern durchsuchen, überzeugt, dass sie fanatisch und königstreu seien. Die Schwestern wurden am 12. Juli gefesselt auf mehreren Karren nach Paris gebracht, und am 17. Juli vor

dem Revolutionsgerichtshof angeklagt und zum Tod verurteilt. Aus der Anklageschrift geht eindeutig hervor, dass ihre Treue zu ihrer Ordensberufung der wahre Grund ihrer gemeinsamen Verurteilung war.
Auf Karren wurden sie, begleitet vom johlenden Pöbel, zur Barrière du Tróne (Schlagbaum des Thrones), wo die Guillotine aufgestellt war, gebracht. Am Fuß des Schafotts erneuerten sie ihre Ordensgelübde, stimmten den Heiliggeist- Hymnus Veni Creator Spiritus an, knieten nieder, um den Segen der Priorin zu empfangen. Dann stiegen sie, als erste die Novizin und als letzte die Priorin zum Fallbeil hinauf. So gelangten sie vom „Schlagbaum" der Revolution zum himmlischen Thron. Am 10. September 1905 wurden sie selig gesprochen.
Gertrud von le Fort hat ihnen in der Novelle „Die Letzte am Schafott" (1931) ein literarisches Denkmal gesetzt.
(Quelle: Peter Manns (Herausgeber), Die Heiligen in ihrer Zeit Bd II)

Fürstin Amalie von Gallitzin (1748-1806)

Sie war erst drei Jahre als, als ihr Vater Samuel Reichsgraf von Schmettau, preußischer Generalfeldmarschall und Gesandter, Mitgründer der Berliner Akademie der Wissenschaften, ihr durch den Tod entrissen wurde. Vom fünften bis zum dreizehnten Lebensjahr wurde sie in einem Breslauer Nonnenkloster erzogen. „Wie mir´s einst mit dem Christentum ging:" – schreibt sie rückblickend – „Ich habe nichts als dummes Zeug davon aus dem Kloster behalten und glaubte, die ganze christliche Religion sei dummes, von sich zu werfendes Zeug." Die folgenden Jahre verbringt sie in einem französischen Pensionat in Berlin. Dort genoss sie die Atmosphäre der Salons und der Hofgesellschaft des Königs von Preußen, Friedrich II. Aber der Geist des Rokoko und der Aufklärung vermochten die tieferen Sehnsüchte ihres Herzens nicht zufrieden stellen. Sie las alles, was ihr an französischen Romanen in die Hände fiel, in der Erwartung, darin jene ideale höhere Menschlichkeit zu finden, nach der sie trachtete.

Während eines Aufenthaltes als Hofdame einer preußischen Prinzessin in Aachen, lernte sie einen zehn Jahre älteren russischen Fürsten kennen: Dimitri Gallitzin, den sie bald als Schöngeist bewunderte. Fürst Gallitzin war von Haus aus russisch-orthodox. Durch den Verkehr mit freigeistigen Philosophen, wie Voltaire und Diderot, war er seinem Glauben vollständig entfremdet Er schien ihr der Mensch zu sein, der ihr Streben nach menschlicher Vervollkommnung vollenden werde. Mit neunzehn Jahren heiratete sie ihn. Doch es wurde eine Enttäuschung. Der Fürst war gutmütig und gesellschaftlich gewandt. Aber es fehlte ihm an Tiefe und Charakterstärke. Die Stellung ihres Gemahls als Gesandter der Zarin Katharina II. verlangte, dass er in Wien, Paris, Berlin, und Den Haag Repräsentationspflichten erfüllte. Doch „die Zerstreuungen und Lustbarkeiten der großen Welt" ließen sie unbefriedigt. Der Philosoph Diderot, der mehrere Monate bei ihnen zu Gast war, schildert sie als „sehr lebhaft, sehr munter, sehr witzig und von gefälligem Äußeren; sie ist jung, gebildet und hochbegabt, hat viel gelesen, sie beherrscht mehrere Sprachen... spielt Klavier und singt wie ein Engel. Sie ist voll geistreicher und pikanter Bemerkungen und dabei sehr gutherzig... Da sie Kenntnisse und viel Scharfsinn besitzt, disputiert sie wie ein Löwe."

Als Diderot 1774 abermals – für fünf Monate – in ihrem Haus weilt, stellt er die Veränderung fest, die inzwischen mit der Fürstin vorgegangen war: „Sie verlässt selten das Haus, empfängt fast keine Gesellschaft, hat Privatlehrer für Geschichte, Mathematik, Sprachen... Sie gibt sich Mühe, ihrem Mann zu gefallen, überwacht selber die Erziehung ihrer Kinder, hat ihre Prunkkleider abgelegt, steht früh auf und geht früh zu Bett."

Auf ihre Bitte hin erlaubt es ihr Gatte, der in Den Haag russischer Gesandter war, sich ganz vom Hofe zurückzuziehen. Sie bezieht mit ihren beiden Kindern ein Bauernhaus abseits der Stadt. Über der Türe lässt sie die Inschrift anbringen „Niethuys". D.h. sie ist für Besucher nicht mehr zu Hause. In der Abgeschlossenheit reift ihr Geist zu einer höheren Stufe. Sie lernt den Ersten Sekretär des holländischen Staatsrates, Hemsterhuis, kennen, der doppelt so alt ist wie sie. Was ihr Mann ihr nicht bieten kann, bietet ihr dieser Liebhaber der antiken Kunst und Philosophie. Er flößte ihr eine schwärmerische Liebe für Platon ein, lehnt den Atheismus Diderots und anderer französischer Philosophen ab. Unter Hemsterhuis´ Einfluss lernt sie Gott, Freiheit und Unsterblichkeit als die höchsten Werte kennen. Aber Hemsterhuis lehnt eine Offenbarung ab.

Durch ihn gelangt die berühmte Schrift des großen Staatsmannes Franz Freiherr von Fürstenberg über die Schulreform im Bistum Münster in ihre Hände. In seinen Reformbestrebungen verordnete dieser den Gymnasien (1776) eine Förderung des Deutschunterrichts, der Geschichte, Mathematik und Psychologie. Auch Spiel und Sport sind darin vorgesehen.

Um ihren Kindern die bestmögliche Erziehung zuteil werden zu lassen, fährt sie 1779 für ein Jahr nach Münster. Franz Freiherr von Fürstenberg war Minister und Generalvikar des Bischofs von Münster, der zugleich auch Kurfürst von Köln war. Da der kurfürstliche Herr sich meist in Bonn aufhielt, war Fürstenberg die Regierung des Bistums Münster in weltlichen und geistlichen Belangen übertragen. Er eröffnete 1780 die Universität in Münster mit vier Fakultäten. Es folgten die Neuordnung der Volksschulen und der Ausbildung der Lehrer. Fürstenbergs Wirken fand in ganz Deutschland und auch im Ausland Beachtung und Bewunderung.

Die universale Bildung Fürstenbergs, seine Kunst der Menschenführung, all das machte auf Amalie von Gallitzin einen solchen Eindruck und begeisterte sie so sehr, dass sie sich entschloss, statt – wie geplant – am Genfer See, nun dauernd in Münster Wohnung zu nehmen. Fürstenberg hilft ihr beim Studium der Mathematik, Astronomie, Rechts-, Finanz- und Kriegswissenschaft, der Philosophie, Pädagogik und der römischen Klassiker. Aus der Bewunderung seinerseits und der Begeisterung ihrerseits wird wahre Liebe. Zwar hatte er nur die Subdiakonatsweihe. Aber er ist dadurch ebenso gebunden wie sie durch ihre Ehe. Die dadurch gebotene Grenze wird nie überschritten. Die anfänglich schwärmerische Zuneigung wird bald zu einer Seelenfreundschaft. Die erhaltenen 2000 (!) Briefe Fürstenbergs an Amalie von Gallitzin bezeugen, dass die seelische Beziehung zwischen beiden „von Anfang an unter dem Gesetz der Entsagung und der äußeren Distanz“ (Gisbert Kranz) stand. Mit der Zeit zielt beider inneres Streben immer mehr nach dem Aufgehen des eigenen Willens in den Willen Gottes, ja der Nachfolge Christi. Dabei hat die Fürstin offensichtlich die erzieherische Führung übernommen.
Sie kümmerte sich selbst um die Erziehung, Bildung und Unterricht ihrer Kinder, Dimitri und Marianne. Außer ihren eigenen Kindern erzog sie auch in ihrem Hause ihre Nichte Amalie von Schmettau, einen Sohn des Philosophen Jacobi und die vier Söhne des Erbdrosten, wie wenn es ihre eigenen Kinder wären. Alle auftauchenden Erziehungsschwierigkeiten besprach sie mit Fürstenberg. Ihre Zöglinge leitete sie im Geiste Rousseaus zu einem natürlichen Leben an und ging ihnen mit gutem Beispiel voran. Die Kinder lernten Schwimmen, sie ritt mit ihnen über Land. Sportliche Übungen sollten sie körperlich ertüchtigen und abhärten. Kein Wunder, dass die Münsteraner in der damaligen Zeit verdutzt waren über eine in der Werse (Nebenfluss

der Ems) badende und schwimmende Fürstin.
Die ersten Jahre in Münster war Amalie von Gallitzin noch keine gläubige Christin. „Ihre Weltanschauung war geprägt vom Platonischen Idealismus, vom Rousseauschen Naturenthusiasmus und von der Herderschen Humanitätsidee“ (Kranz).
Als gewissenhafte Mutter machte sie sich auch Gedanken um die religiöse Erziehung ihrer Kinder. „Ihnen meinen Unglauben mitzuteilen, das erlaubte mir mein Gewissen nicht, und sie ohne eigenen Glauben zu belehren, auch nicht.“ Darum folgte sie Rousseaus Rezept: sie lehrt sie alle Religionsgeschichten, „um sie in der Wahl ihres Glaubens ihrem eigenen Gewissen zu überlassen... Zu diesem Zweck musste ich notwendig bei einem näheren Studium mit der Bibel anfangen. Dies tat ich mit allem Ernst. Mein Unglaube blieb...“ In Phasen von Schwermut tröstete sie oft das Evangelium der Liebe. So nahm sie sich vor („zu verlieren hatte ich nichts, zu gewinnen vieles“), zu versuchen, Christi Lehre treu zu befolgen. Dadurch kam Amalie von Gallitzin zur Einsicht, dass man nicht durch Beweise zum Glauben kommt, sondern durch Gehorsam. Eine lebensgefährliche Krankheit, die sie an den Rand des Todes brachte, war ein weiterer Anstoß für ihre Wandlung. Der innerliche Vorgang dauerte vier Jahre. „Gott hat mich von den Pforten des Todes zurückgeführt, um mich vom geistlichen Tod zu befreien.“
Menschen, die den Glauben vorbildlich lebten, verhalfen ihr zu dieser Wandlung
Der Priester Bernhard Overbeck, ein begnadeter Pädagoge, spielte dabei eine besondere Rolle. Bei ihm legte sie 1789 eine Lebensbeichte ab und bat ihn, ihr Seelenführer zu werden, weil sie zur Überzeugung gekommen sei, „dass Gehorsam und Unterwerfung meiner Einsichten für meinen wankelmütigen, oft so unsicheren Geist, der einzige Weg der Beruhigung und Heiligung ist.“ Aus ihrem Tagebuch wird ersichtlich, wie unerbittlich

sie gegen die geheimen Regungen der Eitelkeit und des Stolzes angeht.
Ihre Lieblingsautoren waren fortan: Augustinus, Ignatius von Loyola, Theresa von Avila, Caterina von Siena, Tauler, Johannes vom Kreuz und Franz von Sales, auch wenn sie in Plato und Sokrates weiterhin Erzieher auf Christus hin sah und in deren Schriften sie Samenkörner des göttlichen Logos fand.
So wie Hemsterhuis und Fürstenberg gerät auch Overbeck in den Bann dieser einzigartigen Frau. Nach ihrem Tode schrieb er: „Sie war mir Tochter und Mutter und Schwester und Freundin". Sie hat Anteil an Overbecks „Anweisung zum zweckmäßigen Schulunterricht für die Schullehrer im Hochstift Münster" und unterstützte bedürftige Schullehrerfamilien. „Amalie von Gallitzin war wie ein Magnet, der viele Persönlichkeiten in ihr Haus zog" (Gisbert Kranz).
Im „Münsteraner Kreis" um Amalie von Gallitzin suchte man „gesunden Fortschritt mit aufrichtiger Gläubigkeit zu verbinden" (Kranz). Das trug „wesentlich zur Überwindung des aufklärerischen Rationalismus und zur Erweckung einer neuen Frömmigkeit bei" (Kranz) und beeinflusste ähnliche katholische Freundeskreise in Köln, Mainz, Tübingen, Landshut, München und Wien. Der Einfluss des „Gallitzin-Kreises" machte nicht an konfessionellen Grenzen Halt. Der Protestant Friedrich Leo-

pold Graf zu Stolberg-Stolberg, Lavater, Möser und viele andere evangelische Christen standen mit Amalie von Gallitzin in Verbindung. Der protestantische Philosoph Friedrich Heinrich Jakobi, der sie besuchte, nannte sie „eines der außerordentlichsten, reinsten und edelsten Wesen ...Sie hat ein wahrhaft fürstliches Gemüt, und jede Grazie steht ihr zur Seite, wenn sie nur winkt." Sömmering, der große Anatom und Physiologe stand mit ihr in Briefwechsel. Auch zu Matthias Claudius hatte die Fürstin innige Beziehungen. Sie weilte sogar einige Tage in dessen Wandsbecker Haus. Seine älteste Tochter Caroline beteuerte: „..von dem Augenblick an, in welchem ich sie sah, ist sie mein Leiter zu Gott gewesen."

Der „philosophische Überwinder der Aufklärung" Johann Georg Hamann, war begeistert, als er in den Kreis von Münster eingetreten war. Er nannte die Fürstin einmal den „Goethe ihres Geschlechtes". Mit Goethe hatte sie nicht nur den Geburtstag gemeinsam. Die erste Begegnung mit ihm hatte sie 1785 zusammen mit Fürstenberg, Hemsterhuis und Sprickmann bei einem Aufenthalt in Weimar. Goethe schrieb an Frau von Stein: „Es sind interessante Menschen, wunderbar, sie miteinander zu sehen." Und nach ihrer Abreise schrieb er an Jakobi über die Fürstin: „Diese herrliche Seele hat uns durch ihre Gegenwart zu mancherlei Gutem geweckt und bestärkt... Sie ist eine kostbare Seele, und es nimmt nicht Wunder, dass sie die Menschen so anzieht...Sie hat mir eine herzliche Neigung abgewonnen." Auch Amalie von Gallitzin schrieb in ihrem Tagebuch: „Goethe..., der mich als Mensch wahrlich begeistert und mein Herz berührt hatte, gab mir den schmeichelhaften Anlass, in Korrespondenz mit ihm zu treten, indem er mir nach meiner Rückkehr schrieb, ich allein hätte den Schlüssel seines lange verschlossenen Herzens gefunden, mir möchte er sich ganz öffnen, nach meinem gegenseitigen Vertrauen verlange ihn... Aber, da ich keinen wahrscheinlichen Nutzen, Zeitaufwand und vielleicht zu viel Beschäftigung für mein Herz darin mutmaßte, konnte ich mich zu keiner Antwort entschließen." Doch gingen herzliche Grüße, Zeichnungen und Bücher hin und her. Goethe besuchte die Fürstin 1792 in Münster. Davon berichtet er im nachhinein: „Ich wusste, dass ich in einen frommen, sittlichen Kreis hineintrat und betrug mich danach... Die Fürstin... war eines der Individuen, von denen man sich keinen Begriff machen kann, wenn man sie nicht gesehen hat...Vorzügliche Männer begleiten sie treulich und in einer solchen Gesellschaft war das Gute so wie das Schöne immerfort wirksam und unterhaltend... Das Leben füllte sich aus mit Religionsübungen und Wohltun; Mäßigkeit und Genügsamkeit sprach sich aus in der ganzen häuslichen Umgebung... Innerhalb dieses Elementes bewegte sich die geistreichste, herzlichste Unterhaltung ernsthaft durch Philosophie vermittelt, heiter durch Kunst..."

Sie überließ Goethe leihweise zum Studium ihre kostbare antike Gemmensammlung (das sind Edelsteine, in die Motive eingeschnitten sind). Später bat sie ihn, sich nach einem vermögenden Käufer für die kostbare Sammlung umzusehen, weil sie das Geld dringend brauchte für die vielen französischen Emigranten, die vor den Guillotinen der Revolution flüchteten und nur ihr nacktes Leben retten konnten. Für diese, Priester, Ordensleute und Adelige, die in Münster Zuflucht suchten, organisierte sie ein karitatives Hilfswerk, verteilte an die Mittel- und Obdachlosen Gelder und Sachspenden und versuchte vielen zu Stellungen zu verhelfen.

F. J. H. Schlosser überliefert: „Goethe sagte mir einmal, ..wie durch eine geheimnisvolle Macht finde er sich immer von neuem hingezogen zu jenen echt katholischen Naturen, die, befriedigt im festen und treuen Glauben und Hoffen, mit sich und anderen in Frieden leben und Gutes tun aus keiner anderen

Rücksichtnahme, als weil es sich von selbst versteht und Gott es so will. Vor solchen Naturen habe er dauernde Ehrfurcht, und er habe diese zum ersten Mal in seinem Leben gegen die Fürstin Gallitzin und in ihren Kreis von Freunden empfunden."
„Was Amalie bei Goethe nicht erleben konnte, das erlebte sie bei Goethes Jugendfreund, dem Dichter Friedrich Leopold Graf zu Stolberg, das allmähliche Hineinwachsen in die katholische Kirche" (Kranz). Auf dem Weg nach Italien besuchte er sie zusammen mit seiner Gattin Gräfin Sophie. Diese berichtet vom Eindruck, den die Begegnung auf sie machte: „Es ist unmöglich, herzlicher und natürlicher und liebenswürdiger zu sein als sie... Ihr Geist, ihre Seele, ihre Frömmigkeit erfüllen mit so inniger Bewunderung und Liebe...Man muss sie sehen, um zu fühlen, zu wissen, dass das, was ich sage und sagen könnte, unter der Wahrheit ist." An Pfingsten 1800 legte Stolberg zusammen mit seiner Gemahlin in der Hauskapelle der Fürstin Gallitzin in die Hände Overbecks das katholische Glaubensbekenntnis ab. Der Übertritt des gefeierten Dichters in die katholische Kirche war in gebildeten Kreisen Deutschlands eine Sensation. Graf Stolberg legte sein Amt als Kammerpräsident nieder und siedelte von Eutin nach Münster über, um in den Gallitzinkreis einzutreten, wo er an den geistigen, religiösen und politischen Bestrebungen dieses Kreises regen Anteil nahm. Allerdings zogen sich die Fürstin und ihr Freundeskreis die Feindschaft der Freimaurerloge zu. Als 1802 das Fürstbistum Münster seine politische Selbstständigkeit verlor rückte Blücher mit seinen preußischen Truppen in Münster ein. Blücher und die preußische Regierung verbündeten sich mit der Freimaurerloge. Es kam zu einem regelrechten Kulturkampf gegen die Katholiken. „Amalie von Gallitzin stand ihren wacker kämpfenden Freunden durch Rat und Tat bei" (Kranz).
Seit 1783 hatte sie nach einer schweren Erkrankung immer wie-

der alle möglichen körperlichen Leiden zu ertragen. In ihren Tagebüchern notiert sie heftiges Hüftschmerzenweh, Schlaflosigkeit, nervösen Druck im Kopf, viele qualvolle Stunden mit krampfartigen innerlichen Schmerzen. „Wie bald erfuhr ich, dass der, der äußerlichen Trost sucht, gar bald zuschanden wird!" Trotzdem gönnte sie sich daheim, als auch auf Reisen, keinerlei Bequemlichkeit. Sie hatte sich zur Pflicht gemacht, wöchentlich eine Nacht am Krankenlager eines armen Menschen zu wachen. Oft ging sie noch spät abends aus dem Haus, um einer notleidenden Familie Hilfe zu bringen oder einem Sterbenden beizustehen. Im Sommer 1805 weilte die Fürstin mehrere Wochen in Vreden (Westfalen), um die ihr befreundete schwerkranke Äbtissin Therese von Truchseß zu pflegen. Sie hatte sich dabei übernommen, sodass sie nach ihrer Rückkehr nach Münster nur einige Stunden des Tages außer Bett zubringen konnte. Seit März 1806 konnte die Fürstin ihr Lager überhaupt nicht mehr verlassen. In Gebet und Betrachtung versunken lag sie still da. Ja, sie erklärte, sie könne Gott nicht um Verminderung ihrer Beschwerden bitten. Gern ließ sie sich etwas Erbauliches vorlesen. Aber sie wählt den Lesestoff so aus, dass er auch den jeweils Vorlesenden interessieren oder ihm von Nutzen sein konnte Die Leiden der Kranken nahmen von Tag zu Tag mehr zu. Die Ärzte, die sich um sie bemühten, erklärten, dass sie mit ihrer Kunst am Ende seien.

Um Mitternacht des 28. April 1806 fühlte Amalie von Gallitzin, dass ihr Ende nahe sei. Sie ließ alle Hausgenossen wecken und sich im Krankenzimmer versammeln. Sie saß auf einem Stuhl, atmete rasch und mühsam, flüsterte – manchmal durch Schmerzenslaute unterbrochene – Gebete. Auf einmal sagte sie vernehmlich: „Ich segne Euch noch alle, meine Kinder" und nannte dann die Namen ihrer vertrautesten Freunde. Der Arzt Dr. Dussel bat Overbeck, die hl. Messe im Nebenzimmer zu feiern. Die hl. Ölung hatte sie auf ihren besonderen Wunsch schon früher empfangen und während ihrer Krankheit mehrmals wöchentlich kommuniziert. Overbeck hörte noch ihre Beichte und war gerührt durch die Demut und Reue, mit denen sie die oft früher schon gebeichteten Sünden bekannte. Während der hl. Messe flüsterte die Sterbende wiederholt: „Geschwind, geschwind", weil sie fürchtete die hl. Wegzehrung nicht mehr rechtzeitig empfangen zu können. Mit gefalteten Händen flüsterte sie zweimal: „Du weißt es, dass ich nichts habe, als was ich von Dir empfangen habe!" Als ihre Tochter ihr sagte, dass der Priester ihr nun den „Leib des Herrn" bringe, richtet sie sich ungeachtet ihrer großen Schwäche auf, faltete die Hände und „sah die heilige Hostie mit einem Blick der Sehnsucht, Liebe und Demut, des Dankes und des Trostes an, den ich nie vergessen werde" (Overberg). Nach der heiligen Kommunion verharrte die Fürstin eine Weile in stiller Anbetung, dann richtete sie sich mit Hilfe ihrer Tochter nochmals im Bett auf und rief dreimal laut und sehnsüchtig den Namen Jesus aus, neigte den Kopf zur Seite und verschied. Sie war am Ziel ihres Lebens angekommen. Man schrieb den 27. April 1806. Nicht in einer Fürstengruft, sondern auf dem Friedhof von Angelmodde wollte sie begraben sein, an dem Platz, wo man die Armen begräbt. „Die guten Leute, bei denen sie zu wohnen pflegte, und andere erzählten mir viel von ihr. Diesem hat sie Brot und Saatkorn verschafft, jenes Kinder in der Schule freigehalten, hier die junge Hausfrau, die sie vor einigen Jahren ins Haus aufgenommen und erzogen, ausgestattet, dort einer Familie ein Feld von 170 Reichstalern gekauft, überall Bibeln, Katechismen und andere gute Bücher verteilt, Hausrat gegeben usw. usw. ...Immer findet man ihren Grabhügel mit Blumen und mit Blüten bestreut, und auch aus der Stadt kommen Leute hin, die sich am Grab hinsetzen" (aus einem Brief Stolbergs).

Wie klein und erbärmlich im Vergleich zu ihr nehmen sich die Idole der heutigen Frauenemanzipation, wie z.B. Madame Simone de Beauvoir oder Alice Schwarzer, aus vor dieser wahrhaft großen und außergewöhnlichen Frau: Amalie Fürstin von Gallitzin.

(Quellen: Hanny Brentano, Amalie Fürstin von Gallitzin
Gisbert Kranz, Amalie von Gallitzin. Eine Frau schreibt Geschichte)

Ida Gräfin von Hahn–Hahn, Schriftstellerin und Wortführerin der Frauenemanzipation (1805-1880)

Es war eine Sensation in der literarischen Welt des 19. Jahrhunderts als 1851 der Berliner Verleger Alexander Duncker eine Gesamtausgabe ihrer Werke ankündigte und gleichzeitig in verschiedenen Zeitungen eine Anzeige erschien, in der dieselbe Autorin bekannt machte: „Eine neue Ausgabe jener Schriften wird nie erscheinen, da ich den Geist, in dem sie geschrieben sind, nicht mehr anerkenne." Dabei gehörten ihre Unterhaltungsromane und Reisebeschreibungen zu den Bestsellern ihrer Zeit. Ihre Bücher priesen nicht nur die freie Liebe, verfochten die Selbstbestimmung und Selbstverwirklichung der Frau, sie lebte auch dementsprechend. Ihre Ehe mit einem adeligen Cousin wurde bereits nach drei Jahren geschieden. Sie gebar ein körperlich und geistig behindertes Kind, das sie dann in Pflege gab, und wandte viel Geld für ihre Tochter Antonie auf. Sie lernte ihren langjährigen Lebensgefährten, Baron Adolf Bystram kennen. Zeitgenossen behaupten, sie habe ihn nicht geheiratet, weil sie die finanzielle Unterstützung ihres geschiedenen Mannes nicht verlieren wollte. Einige Jahre nachdem Ida Hahn-Hahn mit dem Baron Bystram Beziehungen aufgenommen hatte, trat ein weiterer Mann in ihr Leben ein, der sie heiraten wollte, der Demokrat Heinrich Simon. Dieser war wegen eines Duells zu lebenslängli-

cher Haft verurteilt worden, wurde aber bereits nach einem Jahr begnadigt und spielte im Parlament der Frankfurter Paulskirche eine Rolle. Doch zögerte sie ihn zu heiraten. Darum brach Simon die Verbindung mit ihr ab und Baron Bystram verzieh ihr die Schwärmerei für den bürgerlichen Demokraten.
Bystram ermutigte sie, literarisch tätig zu werden. Sie veröffentlichte 1835, 1836, 1837 Gedichtbände, deren Lyrik von Heinrich Heine beeinflusst war, aber keinen besonderen Anklang fanden. Darum verlegte sie sich auf Prosa. Ihr erstes Prosawerk „Aus der Gesellschaft" erschien 1838. Es folgten viele weitere. Ihr bekanntestes Werk „Gräfin Faustine" (1841) trägt neben fiktiven Elementen autobiographische Züge. In den frühen Romanen Hahn-Hahns „geht es oft um die Emanzipation der Frau, d.h. um die Emanzipation Männern gegenüber, nicht aber um die Emanzipation von sozialen Verhältnissen..."(S. Gruber/R. Zade).
Neben ihren Romanen schrieb sie Berichte von Reisen, die sie

zusammen mit Graf Bystram unternommen hat. Darin geht es neben der Schilderung von Naturschönheiten und Kunstbetrachtungen auch um die Selbstfindung der Autorin.

Ida von Hahn-Hahn hatte bis zu ihrer Konversion (1850) zur katholischen Kirche ein bewegtes Leben hinter sich. Bereits vor diesem für ihr weiteres Leben und Schaffen entscheidenden Schritt mehren sich in ihren Werken Bemerkungen ihrer Bewunderung für den katholischen Glauben. In ihren „Orientalischen Briefen" bekennt sie: „Ich habe große Vorliebe für den Katholizismus, darum weil er spricht: ich gebe die Lehre, wie sie seit Jahrhunderten von den Weisesten und Heiligsten verstanden, erklärt und fortgepflanzt ist, und wie sie bis zum Ende der Tage fortdauern wird."

„Äußerer Anlass für ihre Konversion war der Tod ihres Lebensgefährten Graf Bystram im Mai 1849 sowie die Revolution von 1848, die die gesellschaftlichen Verhältnisse, in denen sie groß geworden war, erschütterten" (Gruber/Zade).

Sie wandte sich an den Breslauer Fürstbischof Melchior von Diepenbrock. Der verwies sie an den damaligen Propst an der St. Hedwigskirche in Berlin, Wilhelm Emmanuel von Ketteler, den späteren Bischof von Mainz.

Die anfängliche Skepsis von Diepenbrocks über die Konversionsabsicht der in der liberalen, vom Kulturprotestantismus des 19. Jahrhunderts geprägten Bildungsschicht, gefeierten Schriftstellerin, kommt im Empfehlungsbrief des Fürstbischofs an Freiherr von Kettler noch deutlich zum Ausdruck: „ Ich habe ihr ...einen furchtbar ernsten Brief geschrieben; ihr die ganze Wahrheit augenscheinlich gesagt. Dass es mit bloßen ästhetischen katholisierenden Ansichten nicht getan sei, dass man sein ganzes liebes Ich daransetzen müsse, um ein lebendiges Glied der Kirche zu werden; dass sie insbesondere nach ihrem ganzen bisherigen Lebensgange nur in Sack und Asche als Büßerin vor den Pforten der Kirche erscheinen; dass sie in dem engen Felsengange die Schlangenhaut, darin sie bisher irisfarbig geschillert und womit der Teufel der poetisch-pantheistischen Weltverführung auch ihre Seele umstrickt – abstreifen müsse. Wenn sie so komme, dann werde sie Heil und Gnade finden wie jener demüthige Zöllner: denn eine Zöllnerin sei auch sie bisher gewesen, kauernd und lauernd auf allen Wegen und Stegen der Welt, um von allem, was vorüberging, den Tribut einzunehmen für ihre Eitelkeit und Selbstsucht. Dieser Götze müsse gestürzt, verbrannt werden; nur in solcher Feuergluth erscheine ihr die Herrlichkeit des Herrn und sein Heil usw. Ich war gespannt auf den Eindruck dieses furchtbar ernsten Briefes bei einem so verhätschelten, geschmeichelten weiblichen Wesen."

Nicht weniger wird vermutlich auch der Leser dieser Zeilen gespannt sein auf die Reaktion dieser selbstbewussten Dame von Welt. Sie antwortete dem Kirchenfürsten: „Ich las ihren Brief unter tausend brennenden Thränen und auf meinen Knieen; ich sagte immerfort: Es ist ganz richtig, so sündhaft bist du – eine Zöllnerin, oder, wie ich lieber sage, eine Sünderin, die um Gottes Gnade fleht."

Schließlich gewann der Fürstbischof bei weiterem Schriftverkehr dann doch den Eindruck, dass es ihr mit ihrer Bekehrung ernst ist. Und er teilt dem Probst von St. Hedwig mit: „Was die Frau Gräfin Hahn-Hahn betrifft, so hat eine fortgesetzte Korrespondenz mit ihr mir die tröstliche Überzeugung gewährt, dass es ihr mit ihrer Bekehrung wirklich hoher Ernst ist. Freilich wird es ohne manchen schweren Kampf nicht abgehen, bis sie ihre in dem Irrgarten des poetischen Pantheismus verwilderte innere Welt unter die strenge Zucht göttlicher und kirchlicher Gesetze und Übung bringt; aber der ernsthafte Wille ist doch da, und so wird die göttliche Gnade das Werk, welches sie in dieser hochbegabten Seele so merkwürdig und wunderbar begonnen, auch

wohl zum seligen Ziele führen, und Sie werden ihr darin mit liebevollem Beistande behilflich sein. Binnen Kurzem wird sie nun wohl nach Berlin kommen und sich bei Ihnen anmelden."
Nimmt es wunder, dass Ida von Hahn-Hahn, nachdem der Hohe Herr in Breslau ihr so den Kopf gewaschen hatte, mit Bangen dem Treffen mit dem Probst von St. Hedwig entgegensah? Doch der Fürstbischof, dem sie von ihrer Angst geschrieben hatte, „einem ganz fremden Manne so de prime abord meine Seele zu sagen" beruhigte sie, sie solle ja keine Furcht haben, „Sie (nämlich Ketteler) würden sie gewiss liebreich aufnehmen und sie nicht so „andonnern", wie ich es anfangs thun zu müssen geglaubt, damit nicht bloß ich, damit sie selbst sich erprobe; sie habe diese, für sie gewiss nicht leichte Probe würdig bestanden und so der katholischen Wahrheit den ersten Sieg eingeräumt; das werde Gott segnen u.s. w... Für den Unterricht in den Glaubenslehren wird sie wohl viele Zeit nicht in Anspruch nehmen, da sie geistig höchst begabt und von scharfem Verstande ist, auch in der letzteren Zeit mit katholischer Lektüre sich schon ernstlich befasst hat."
An ihren Bruder Ferdinand Graf von Hahn, der auch konvertierte, schrieb sie am 4.12.1849: „Ich habe in dieser Zeit die Bekenntnisschriften sämtlicher christlicher Kirchen Europas – die griechische mit ihren Zweigen abgerechnet – gelesen und muss immer von Neuem sagen: konsequent ist nur die katholische, und auch nur sie kommt mir wahrhaft menschenfreundlich vor..." Und am 16.1.1850 schreibt sie: „Ich weiß nur das: das Zelt ist abgebrochen, welches die Liebe in der Wüste der Welt für mich aufgeschlagen hatte; ich suche kein anderes; ich suche ein Haus für die Ewigkeit."
„Ketteler besucht mich zweimal wöchentlich; ich freue mich immer unbeschreiblich, wenn er kommt und unsere Conversation besteht darin, dass er spricht und ich weine; – das ist. genau das, was ich vom Priester begehre. Du weißt, eine Generalbeich-

te geht dem hl. Sakrament des Altars vorher; die macht mir viel zu schaffen, aber das ist mir sehr gesund"(26.2.1850).
„Jetzt ist es in folgender Weise festgesetzt: am Char-Dienstag lege ich das Glaubensbekenntnis der Katholischen Kirche nach den Beschlüssen des Concils von Trident ab; am Mittwoch die Beicht und am Donnerstag empfange ich die hl. Communion. Du kannst Dir vorstellen, dass die Beicht einer so stolzen Seele wie der meinen, furchtbar zu schaffen macht; aber all die Angst und Qual geht in der namenlosen Freude unter – der alleinseligmachenden Kirche alsdann anzugehören; eine Freude mit der ich gar keine andere zu vergleichen wüsste... Zu Deiner – oder vielmehr Nancys Beruhigung, will ich hinzusetzen: natürlich lehrt unsere Kirche, dass die Andersglaubenden durch Gottes unberechenbare Gnade selig werden können ... Seit 3 Wochen gehe ich jeden Morgen um 9 Uhr in die hl. Messe, die, wie Du weißt, ein Dank- und Bittopfer für Lebendige und Todte, für Gläubige und Ungläubige, für Gerechte und Ungerechte ist – eine ewig sich erneuernde Gnaden- und Liebesbezeugung zwischen dem Schöpfer und dem Geschöpf – die erhabenste religiöse Feier, welche je irgend ein Cultus verherrlichen kann – und die der abtrünnige Mönch von Wittenberg in seiner Brutalität verworfen hat... Wenn ich mit meinem stolzen Herzen, mit meinem unabhängigkeitsdurstigen Sinn, mit meiner Sehnsucht nach dem Unendlichen, mit meinem klaren Kopf mich der Kirche unterwerfe – wer, o Gott sollte es dann nicht können" (31.3.1850).
Ida von Hahn-Hahn lernte Latein, um Thomas von Kempis`„Imitatio Christi" (Die Nachfolge Christi), lesen zu können; vor allem ging es ihr dabei um das Verständnis der Vulgata (lateinische Bibelübersetzung), des Breviers (Stundengebet der Priester und Mönche) und der Kirchenväter.
Als Wilhelm Emmanuel von Ketteler Bischof von Mainz wur-

de, folgte sie ihrem Seelenführer in die Bischofsstadt am Rhein. Von ihm empfing sie dann auch das Sakrament der heiligen Firmung. Sie hatte sogar die Absicht, in Angers (Frankreich) bei der „Gemeinschaft der Kongregation der Ordensfrauen der seligen Jungfrau Maria von der Liebe des Guten Hirten" einzutreten.

„Mit Gottes Gnade habe ich in den anderthalb Jahren meines Hierseins eine tüchtige Schule durchgemacht; denn so wie ich mir das vor zwei Jahren träumte, aus der Welt ins Kloster gleichsam springen zu können – so geht das nicht! Ohne die tiefe Seelenkunde meines Seelenführers hätte ich diese Schule nie ausgehalten. Aber sie war mir ganz nothwendig"(7.4.1852).

Die Konversion der prominenten, weithin bekannten Autorin, die sie mit ihrer Bekenntnisschrift „Von Babylon nach Jerusalem" (1851) verteidigte, brachte ihr offene Ablehnung, Häme, Spott und Beschimpfung ein. Gottfried Keller hat sogar ein spöttisches Gedicht auf ihre Konversion verfasst.

In Mainz wurde Ida von Hahn-Hahn zunächst karitativ tätig. Sie gründete ein Kloster der Schwestern vom Guten Hirten, die sich sogenannter „gefallener Mädchen" und in Not geratener Frauen annehmen sollten. Bis zu ihrem Tod lebte sie ganz bescheiden darin in einer Klosterzelle. Die ehemals mondäne Dame glich ihre Kleidung der Tracht der Ordensfrauen an, obwohl sie nicht zum Orden gehörte. Über die Finanzierung des Klosters hinaus unterstützte sie u.a. den von Bischof Ketteler gegründeten Verein christlicher Mütter in Deutschland, den Gesellenverein, die Schulschwestern und Schulbrüder, das Marien-Waisenhaus und das St. Josephs-Knabenhaus, sowie andere kirchlich-karitative Vereine und Einrichtungen. Auch die Marienkapelle des Mainzer Domes, in der das Grab Bischofs von Ketteler sich befindet, verdankt ihre Ausschmückung und Restaurierung der Gräfin Ida von Hahn-Hahn.

Obwohl sie es eigentlich nicht vorhatte, wurde sie auch wieder schriftstellerisch tätig. Sie veröffentlichte zunächst religiös orientierte Bücher, vor allem volkstümlich gehaltene Lebensbeschreibungen von Heiligen und Kirchenvätern. „Bald verfasste sie dann auch wieder Romane, die zwar im katholischen Sinn geschrieben waren, aber dennoch nicht immer den Vorstellungen konservativer Kritiker entsprachen ... Allein die Schriften ihrer katholischen Werkphase umfassen etwa 45 Bände“ (Gruber/Zade). Dabei konnte sie gegen Ende ihres Lebens wegen der schwindenden Sehkraft ihrer Augen kaum noch schreiben. Ihr letztes Buch „Wahl und Führung“ erschien 1878. Die Geschichten ihrer Romane „drehen sich um Bekehrung zum Glauben, Bewährung im Glauben, Abfall vom Glauben“ (Gruber/ Zade). Der Erfolg ihrer Veröffentlichungen war beim katholischem Lesepublikum über Jahrzehnte hin beachtlich.
Über ihre letzten Tage berichtet Paul Leopold Haffner (Professor am Priesterseminar und Domkapitular, von 1886-1899 Bischof von Mainz): „Ihre Einrichtung blieb bis zu ihrem Tode so armselig als nur immer möglich. Was sie an Kleidern selbst machen konnte, besorgte sie selbst. Auch die Briefcouverte machte sie sich selbst, wenn es ging, und bis in die letzten Wochen ihres Lebens waren Handarbeiten ihr tägliches Werk. Sehr schmerzlich fiel es ihr, dass sie in dem letzten Jahre nicht mehr gehen konnte. Mit Mühe schleppte sie sich in die benachbarte Kirche von St. Stephan, in deren Kreuzgang sie im August des verflossenen Jahres sehr unglücklich fiel. Im Dezember bildete sich eine Herzerweiterung in bedenklicher Weise aus und führte ihren Tod am 12. Januar [1880] herbei. Die Schwestern und andere Frauen, welche die Gräfin in ihrer Krankheit umgaben, legen von der Geduld und Ergebenheit Zeugnis ab, mit der sie dem Tod entgegensah. Als die Oberin sie fragte, was sie der Herzogin von Braganza, welche sich nach ihr erkundigt, erwidern sollte, sagte sie: ‚Nun schreiben Sie

ihr, ich sei am Leibe von Elend, an der Seele voll Freude.´
Als ihr jemand die Worte vorbetete: .Dein Erlöser kommt,´ wiederholte sie dieselben und bemerkte: .O, da möchte ich die Hände schlagen! Mein Erlöser kommt!´ und als man ihr endlich sagte, dass eben die hl. Messe für sie gelesen werde und dass die Schwestern um eine glückselige Sterbestunde beten, sprach sie mit inniger Betonung: ‚O ja, eine glückselige Stunde, eine glückselige Stunde.´ Unter dem Gebete der frommen Ordensfrauen verschied die einst so gefeierte und glänzende Weltdame in der Armuth und Dunkelheit ihres Klosterstübchens, Nachmittags 1 ½ am 12. Januar 1880"(Haffner).
Ihrem Bruder Ferdinand hatte sie am 22. Juni 1867 anvertraut: „Dem Kinde, das vor 62 Jahren auf die Welt kam, ist es nicht an seiner Wiege gesungen, dass es in einer Klosterzelle am fernen Rhein den Abend seines Lebens zubringen werde. Und doch! Welch ein geheimnisvoller Zug geht durch unser Schicksal!
„Am Morgen des 14. Januar 1880 wurde Gräfin Ida Hahn-Hahn auf dem Kirchhof [Hauptfriedhof] zu Mainz begraben. Dem bescheidenen Sarge, welchen sechs arme Schwestern aus der Congregation des hl. Franziskus trugen, folgten außer dem Neffen der Verewigten, Grafen Ferdinand Hahn, sowie eine Anzahl Ordensfrauen und Geistliche, die Mitglieder der frommen Vereine, deren Wohltäterin sie seit dreißig Jahr war." (Haffner).
Wie ein Meteor war die berühmte Schriftstellerin am liberalen Nachthimmel des 19. Jahrhunderts aufgestrahlt, dann in die katholische Atmosphäre eine Weile glühend eingetaucht und – erloschen. Wer kennt heute noch ihren Namen? Vanitas vanitatum! Windhauch, Windhauch, alles ist Windhauch" (Kohelet 1). So vergeht der Ruhm der Welt. „Die Seelen der Gerechten aber sind in Gottes Hand"(Weisheit 3,1).
(Quellen: Sabine GRUBER; Ralph ZADE, „Von Babylon nach Jerusalem". Die Schriftstellerin Ida Hahn-Hahn (1805–1880) (=

Mainzer Perspektiven. Aus der Geschichte 6). Mainz 2011
In: Johann Michael RAICH, Wilhelm Emmanuel von KETTELER, Briefe von und an Wilhelm Emmanuel Freiherrn von Ketteler, Bischof von Mainz, Mainz 1879. Briefe Nr. 80 und 90.
Ida HAHN-HAHN, Ich hätte große Lust mit Ihnen zu zanken. Mainzer Briefe an Christoph Moufang, hg. und eingeleitet von Helmut HINKEL, Mainz 2014

Großfürstin Elisabeth Feodorowna, geb. Prinzesin von Hessen und bei Rhein (1864-1918)

Sie war die Tochter des Großherzogs von Hessen, Ludwig IV. und Alice Prinzessin von Coburg, einer Tochter der Königin Viktoria von England.

Als Mitglied des europäischen Hochadels heiratete sie, die „schönste Prinzessin Europas", den Großfürsten Sergej Alexandrowitsch, Sohn des Zaren Alexanders II. von Russland. Damit war sie Mitglied der kaiserlichen Familie. Ihr Mann wurde

1891 zum Generalgouverneur von Moskau ernannt. Als solcher war er äußerst unbeliebt, ja verhasst. Mit der illegalen jüdischen Bevölkerung Moskaus ging er besonders hart um. Auch war er mindestens teilweise für den Tod von mehr als 2000 Bauern bei den Krönungsfeierlichkeiten von Zar Nikolaus II. 1896 verantwortlich. Sein Hauptanliegen war es, jegliche revolutionäre Neigungen unter den Universitätsstudenten und Fabrikarbeitern zu unterdrücken. Als es in Folge des verlorenen Krieges gegen Japan in ganz Russland zu Unruhen kam, wurde er eines der ersten prominenten Opfer. Am 17. Februar 1905 wurde er bei der Ausfahrt aus dem Kreml durch eine Bombe buchstäblich in Stücke gerissen. Elisabeth kam als eine der ersten auf dem Roten Platz an und begann, eigenhändig die Leichenteile ihres Mannes aufzulesen. Trotz der schrecklichen Tragödie bewahrte sie Ruhe und Würde, besuchte den sterbenden Kutscher ihres Mannes im Krankenhaus. Damit der nicht merkte, dass sein Herr tot war, trug sie ein farbiges Kleid. Einen Tag nach Sergejs Ermordung besuchte sie auch den Attentäter – einen sozialrevolutionären Studenten – im Gefängnis. Was gesprochen wurde, weiß man nicht. Nur soviel, dass der Mörder sie fragte: „Wer sind Sie?" – „Ich bin die Witwe. Warum haben Sie das getan?" Dann wurde die Zellentür geschlossen. Allerdings ist bekannt, dass man den Attentäter, nachdem die Großfürstin die Zelle wieder verlassen hatte, bitterlich weinend antraf.

Als sich herumsprach, dass die beliebte und immer noch schöne Großfürstin erwog, sich in ein klösterliches Leben zurückzuziehen – sie war bereits 1890 aus Überzeugung zum großen Schmerz ihrer protestantischen Familie zum orthodoxen Glauben konvertiert – begegnete das dem Unverständnis der höheren Gesellschaft Russlands.

Nach dem tragischen Tod ihres Mannes kehrte sich die Großfürstin vom weltlichen Leben ab und widmete sich ausschließ-

lich dem Dienst an Gott und den notleidenden Menschen. Einen Teil ihrer berühmten Juwelen schenkt sie ihren Angehörigen und Freunden, den Rest verkaufte sie. Sie erwarb ein Grundstück im Stadtteil Ordynka und erbaute dort das „Martha-Maria-Haus der Barmherzigkeit" für eine von ihr gegründete Ordensgemeinschaft, die sich von den üblichen Klöstern dadurch unterschied, dass die Schwestern nicht in Klausur lebten, sondern in der Stadt Kranke und Bedürftige aufsuchten, um ihnen die benötigte Hilfe zu bringen.
Als Alleinerbin ihres Gatten war Elisabeth Feodorowna nun die reichste aller Großfürstinnen. Am 15. April 1910 überreichte Erzbischof Trifon ihr und mehr als zwanzig jungen Frauen den Schleier. Das Kloster am Südufer der Moskwa umfasste zwei Kirchen, ein Krankenhaus, ein Altersheim, ein Waisen- und Gästehaus, sowie ein Haus für die Geistlichen.
Zusammen mit einer Schwester besuchte Elisabeth den Stadtteil Chitrowka, in dem circa 20000 Menschen unter unglaublichen Bedingungen lebten. U.a. sammelte sie dort Kinder mit erblichen Krankheiten und brachte sie in ihr Krankenhaus, welches bald einen solchen Ruf genoss, dass die großen Kliniken Moskaus ihre schwierigsten Fälle dorthin schickten. Bald war sie als Priorin gezwungen, ein Heim für unheilbar Kranke einzurichten. Sie fürchtete sich nicht vor Ansteckung, wenn diese sie dankbar umarmen wollten. Und nahm selber die schmutzigsten und ekelhaftesten Arbeiten auf sich. Außerdem war sie eine – auch von anderen Krankenhäusern gesuchte – ausgezeichnete Operationsschwester. Dennoch führte sie ein weit strengeres Leben als ihre Mitschwestern. Sie schlief nur wenige Stunden ohne Matratze auf einem Brett. Erst als sie 1917 einmal erkrankte, gab sie diese Bußübung auf. Nachts besuchte sie oft das Tschudow-Kloster im Kreml, um am Chorgebet der Mönche teilzunehmen. Ihr Durst nach Vollendung in Christus wirkte ansteckend auf ihre Umgebung. Zusam-

men mit den Außenstationen stellte ihre Gründung ein großes Unternehmen dar, das sie erfolgreich leitete, ohne jemals vorher Erfahrungen in Geschäftsführung gemacht zu haben. Während des ersten Weltkrieges kamen die Gründung und Inspektion von Feldlazaretten sowie viele andere Arbeiten hinzu. Nur eine Persönlichkeit, die bereit war, sich selbst vergessend zu opfern, konnte das alles bewältigen. Das einfache Volk von Moskau dankte es der Priorin, indem es sie liebevoll Matuschka (Mütterchen) nannte.
Elisabeths geistliche Klugheit bewährte sich auch in der strengen Auswahl der Novizinnen. Mit Recht hielt sie Rasputin, der am Zarenhof großen Einfluß besaß, nicht für einen Abgesandten Gottes sondern eher des Satans. Rasputin war kein orthodoxer Mönch, auch kein orthodoxer Christ, er war Chlyst (Geißler), einer im 17. Jhdt. entstandenen Sekte, die den Anspruch erhob, das Christentum in seiner ursprünglichen Form wiederherzustellen.
Nach der kommunistischen Revolution erschien im April 1918 ein Kommando in gepanzerten Wagen, das die Priorin verhaftete. Ein letztes Mal erteilte sie ihren geistlichen Töchtern den Segen. Alle weinten, nur sie selbst nicht. Begleitet von ihrer Dienerin, Mitschwester und Freundin, Warwára (Barbara) bestieg sie den Wagen. Zunächst wurden sie in einem Nonnenkloster in Perm gefangengehalten. Elisabeth Foedorowa schrieb noch einen Brief an Vater Mitrofan und zwei an den Patriarchen Tichon, damit dieser für sie vegetarische Kost erbitte.
Am 1. Mai 1918 wurde sie und ihre Begleiterin nach Jekaterinburg gebracht. Von dort wurden die beiden Schwestern nördlich von Jekaterinburg in Alapajewsk mit anderen Adeligen in ein Schulhaus eingesperrt. An Sonnabenden und Sonntagen sangen die Gefangenen nach dem Gedächtnis die Matutin und Vesper. Elisabeth Feodorowna betete viel und begann, die anderen auf den „feierlichen Wohnungswechsel“ (in den Himmel) vorzubereiten.

Lenin befürchtete, bei einer Befreiung durch die Truppen des Admirals Koltschak, die gegen die Roten kämpften, würden die Mitglieder der Familie Romanow (Zarengeschlecht) zu „lebenden Bannern" werden.
Am 18 Juli wurden die Gefangenen aufgefordert, Lastwagen zu besteigen. Die Fahrt ging nach Sinjatschicha. Unterwegs stimmte die Priorin das Magnificat an, und die Gefangenen konnten es unbehelligt durch die Wachmannschaft singen. Als Elisabeth Feodorowna über den Wipfeln eines Tannenwaldes das Licht der Abendsonne erblickte, sang sie den Hymnus der orthodoxen Kirche: „Sei gegrüßt, du mildes Licht."
In der Nähe eines verlassenen Grubenschachtes mussten die Gefangenen aussteigen und wurden nacheinander in den Schacht hinunter geworfen. An seinem Rand kniet die Priorin nieder und betete auf deutsch mit lauter Stimme: „Lieber Gott, vergib ihnen, denn sie wissen wirklich nicht, was sie tun!" Nachdem alle Gefangenen in den Schacht gestürzt waren, warfen die Soldaten einige Handgranaten hinterher. Während der Nacht und während des folgenden Tages hörten die Bauern der Umgebung Gesänge, die aus der Tiefe drangen. Sie wagten sich wegen der vielen roten Soldaten in der Gegend aber nicht an die Grube heran.
Beim Eintreffen der sogenannten „weißen Armee" Admiral Koltschaks wurden Nachforschungen über den Verbleib der Gefangenen angestellt. Ein Schwarzbrenner von Wodka und seine Freunde hatten die Autokolonne mit den Gefangenen gesehen. Der Mönch Serafim stieg zusammen mit einigen Soldaten der Weißen Armee in den 25 bis 30 Meter tiefen Schacht, um die Toten zu bergen. Am 9. Oktober fand man die Leiche von Schwester Warwara und am 11. den Leichnam von Elisabeth Feodorowa. Sie, Schwester Warwara und der Großfürst Paul Kontantinowitsch hatten die drei Finger der rechten Hand

gefaltet, als wollten sie das Kreuzzeichen machen. Die Priorin hatte einen Schädelbruch erlitten, die anderen waren an Hunger und Durst gestorben. Das ergab die Autopsie.
In der Nacht vom 16. auf 17. Juli waren in Jekaterinenburg bereits Zar Nikolaus II. und seine Frau Alexandra – die Schwester Elisabeths – samt dem Thronfolger Alexej und dessen vier jüngere Geschwister Olga, Tatjana, Maria und Anastasia ermordet worden. Unter dem Nachlass der Umgebrachten befindet sich im Archiv des KGB auch ein Zettelchen, auf das die 12jährige Anastasia ein rührendes Gebet für die sie bewachenden Bolschewiki geschrieben hatte.
Da Vater Serafim wusste, wie sehr die tote Großfürstin das Heilige Land geliebt und verehrt hatte, machte er das Gelübde, ihre Leiche und die ihrer Mitschwester nach Jerusalem zu bringen. Das geschah auf abenteuerliche Weise. Die Reise der Särge von der Kathedrale Alapaewsk bis Peking dauerte von Juli 1919 bis April 1920. Hier wurden die Särge gewechselt und es zeigte sich, dass der Körper der Großfürstin vollständig erhalten war. Beide Särge wurden vorläufig auf dem protestantischen Friedhof in Peking beigesetzt.
1921 wurden dann die Särge nach Jerusalem überführt, wo sie im Januar 1922 unter großen Feierlichkeiten in der Krypta der Maria-Magdalena-Kirche am Fuße des Ölbergs ihren endgültigen Platz fanden. Diese Kirche liegt nur wenige Schritte oberhalb des Gartens Gethsemani und ist eine Privatstiftung der russischen kaiserlichen Familie, vor allem des Gemahls Elisabeths. Zur Einweihung dieser Kirche hatte das fürstliche Paar eine Wallfahrt nach Jerusalem gemacht. Elisabeths besonderes Anliegen um Kindersegen blieb jedoch unerfüllt.
Im Zusammenhang mit ihrer Heiligsprechung durch die russisch-orthodoxe Auslandskirche (1981) wurden die Gräber Elisabeths und Schwester Warwaras geöffnet. Dabei stellte sich

heraus, dass die Leiber der ermordeten Gottesdienerinnen in je fünf Särge gebettet waren. Der äußere Sarg war aus Eichenholz, dann kamen zwei Zinnsärge, dann ein hölzerner Sarg und zuletzt ein Metallsarg.
Bei der Öffnung der Särge wurden die Anwesenden durch den ausströmenden Duft überrascht. Auch nach Lüftung des Raumes verschwand der Duft nicht, da dieser von den Reliquien ausströmte. Der Stoff der Bekleidung war durch und durch feucht, hervorgerufen durch eine Flüssigkeit, welche die Reliquien ausscheiden. Ein Phänomen, das auch beim hl. Nikolaus von Myra und beim hl. Scharbel Machluf und anderen Heiligenreliquien auftritt.
(Quellen: Orthodoxe Rundschau Nr. 53 – 1. Vierteljahr 1982; Manuskript eines Vortrages von Joyce Porter, gehalten vor der Hessischen Familiengeschichtlichen Vereinigung e.V. in Darmstadt am 5. Oktober 1985)

Hildegard Burjan (1883-1933)

Hildegard Lea Burjan, geborene Freund, ist eine für Österreich, seine Menschen und Gesetzgebung bedeutende Frauengestalt. Geboren wurde sie 1883 in Görlitz, der Hauptstadt der Lausitz im damaligen Preußisch-Schlesien, als Tochter des jüdischen, aber konfessionslosen Kaufmanns Abraham Adolf Freund. Ihre Mutter Berta entstammte der angesehenen jüdischen Familie Sochaczewska. In Görlitz besuchte Lea die Volksschule. Als ihre Eltern nach Berlin übersiedelten, ging sie dort in die „Charlottenschule“, ein Mädchenlyzeum. Im Jahre 1899 wurde der Vater Generalvertreter deutscher Textilfabriken in der Schweiz. Die Familie nahm Wohnung in Zürich und Hildegard Lea besuchte dort die Großmünsterschule. Am 19.März 1903 erlangte sie in Basel mit Auszeichnung die Matura. Von 1903 – 1908 war Hildegard Lea

Freund an der Philosophischen Fakultät der Zürcher Universität eingeschrieben, studierte Germanistik und nahm auch an Kursen des Moralpädagogen Friedrich Wilhelm Forster teil und des Kulturphilosophen Robert Saitschik. Die konfessionslos Aufgewachsene, aber immer schon nach dem Ideal einer ethischen Persönlichkeit strebende Hildegard Lea Freund empfing von diesen beiden Professoren starke Impulse für ihr Suchen nach dem Sinn und Zweck des Lebens. Vor allem für Professor R. Saitschik war sie jugendlich schwärmend begeistert. Durch ihn, der selber an der Schwelle zur katholischen Kirche stand, kam sie mit dem katholischen Glauben in Berührung. Doch kam es noch nicht zu einer Konversion. Sie wollte nicht eine so wichtige Lebensentscheidung abhängig von persönlichen Neigungen und der Begeisterung für Professor Saitschik fällen. Sie ging darum 1905 nach Berlin und belegte an der dortigen Universität die Fächer Sozialpolitik und Nationalökonomie. Gleichzeitig vertiefte sie sich in das Studium der katholischen Glaubenslehre.

Es gab auch noch einen weiteren, für sie wichtigen, Grund, warum sie nach Berlin ging. Im Januar 1905 hatte sie bei einem Beethoven-Konzert in der Züricher „Tonhalle" den Technikstudenten Alexander Burjan kennen gelernt. Er entstammte einem ungarischen jüdischen Elternhaus, das ebenso völlig religionslos war, wie Hildegards Familie. Auch er hörte bei seiner Suche nach dem Sinn des Lebens Vorlesungen der Professoren Forster und Saitschik.

Es ist auffallend, wie viele Konvertiten zum Christentum im 19. Jahrhundert aus bürgerlichen jüdischen Familien kamen, die im Zuge der Emanzipation ihre Religion verloren hatten. Nicht alle hatten das Glück wie Hildegard Lea Freund und Alexander Burjan an gläubige Professoren geraten zu sein. Manche gerieten im Gefolge von Lessings Ringparabel in „Nathan der Weise" vom Regen in die Traufe. Mit seiner Ringparabel stellte der nämlich die Wahrheitsfindung infrage und brachte darin seine Einstellung zum christlichen Glauben unmissverständlich zum Ausdruck. Allerdings wollte er „von der öffentlichen Meinung sich als Freund des Christentums verstanden wissen", und wollte „es nicht leiden, dass man ihn aus seines Vater Hause würfe" (J.M. Göze). Aber er schrieb insgeheim an seinen Freund Moses Mendelsohn: „Sie allein dürfen und können ...so schreiben und sprechen ... als alle anderen ehrlichen Leute, die den Umsturz des abscheulichen Gebäudes von Unsinn nicht anders als unter dem Vorwande, es neu zu unterbauen, befördern können."(zitiert bei Eta Linnemann, Gibt es ein synoptisches Problem?)

Gegen den Willen ihrer Eltern verlobten sich Hildegard und Alexander am 17. März 1905. Nach Abschluss seiner Studien am Eidgenössischen Polytechnikum in Zürich bekam Alexander Burjan im November 1905 eine erste Anstellung bei der AEG in Berlin. Am 2. Mai 1907 heirateten die beiden vor dem Standesamt in Berlin-Charlottenburg und zusammen mit seiner jungen Frau Hildegard mietete Alexander Burjan eine Wohnung in Berlin. Am 8. Februar 1908 schloss Hildegard ihr Studium an der Philosophischen Fakultät der Universität Zürich mit dem Dr. phil. ab. Sie konnte auch weiter ihren wissenschaftlichen Interessen nachgehen und an der Berliner Universität Nationalökonomie und Sozialpolitik studieren, weil ihre Mutter war nach dem Tod von Abraham Freund zu ihrer Tochter gezogen war und den Haushalt führte.

Neben dem Studium an der Universität widmete sich Hildegard Burjan intensiv religiöser Literatur. So wuchs sie immer mehr in katholisches Denken hinein. Bei einem siebenmonatigen Aufenthalt im Berliner St. Hedwigkrankenhaus, wo sie sich vier großen und mehreren kleineren Operationen unterziehen musste, beeindruckte sie das selbstlose Wirken der katholischen Ordensschwestern tief. Dadurch wurden die letzten gefühlsmäßigen Hemmungen gegen eine Konversion abgebaut. Sie gestand später: „So etwas wie diese Schwestern kann der natürliche, sich selbst überlassenen Mensch nicht vollbringen. Friedrich Forster und Reinhold Saitschik konnten mich nicht (von der Richtigkeit des katholischen Glaubens) überzeugen, da habe ich nun aber (an den Schwestern) das Wirken der Gnade erlebt. So konnte mich nichts mehr (von der Konversion) zurückhalten."
Ein ganz schwerer gesundheitlicher Rückschlag brachte sie an den Rand des Todes. Die ärztliche Kunst schien völlig am Ende zu sein, da ereignete sich am Ostersonntag, dem 11. April 1909, eine plötzliche Heilung, die sie als ausgesprochenes Wunder empfand. Sie erbat sich einen Priester, der ihr den abschließenden Konvertitenunterricht erteilen sollte. Am 11. August 1909 wurde sie in der Marienkapelle des St. Josephskrankenhauses in Berlin-Ost getauft. Ihre Schwester Alice schrieb später 1954 in einem Brief: „Nach ihrer Konversion war Hildegard mir und der Familie gegenüber gar nicht anders. Ein einziges Mal im Leben hatte ich das Gefühl, dass sie mich für den Katholizismus gewinnen wollte. Sie erklärte mir vieles und wir sprachen stundenlang darüber. Als ich aber am Schluss sagte, dass für mich der Übertritt unmöglich wäre, sagte sie ganz freundlich: ‚Ich habe dir alles gesagt, weil ich erst, seit ich katholisch bin, wirklich glücklich bin, und da ich dich lieb habe, würde ich dich auch gerne so glücklich sehen.' Während eine mir nahestehende Freundin, die auch zum Katholizismus übergetreten war,

mich immer wieder drängte, auch zu konvertieren, kam meine Schwester Hildegard nach meiner Weigerung nie mehr auf diesen Punkt zurück. Aber sie war deswegen nicht weniger gütig und liebevoll zu mir."

Als Alexander Burjan eine Stelle als Oberingenieur bei der österreichischen Telephonfabrik A.G. in Wien angeboten bekam, zog das junge Paar im August 1909 dorthin. Kurze Zeit nach der Übersiedelung in die österreichische Bundeshauptstadt wurde Hildegard zu ihrer und ihres Gatten Freude schwanger. Die Ärzte dagegen waren entsetzt, sie hielten die Schwangerschaft nach so kurzer Zeit nach den vielen und schweren Operationen für eine absolute Lebensgefahr. Darum rieten sie ihr zur Abtreibung. Mit absoluter Entschiedenheit lehnte Hildegard Burjan das ab. „Das wäre Mord! Wenn ich sterbe, bin ich eben ein Opfer meines Mutterberufes, aber das Kind soll leben." Am 27. August 1910 brachte Hildegard Burjan eine Tochter zur Welt, die in der Taufe den Namen der Caritasheiligen Elisabeth erhielt. Die Entbindung war sehr schwer und mit einer Gehirnembolie verbunden. Mutter und Kind blieben jedoch am Leben. Vier Tage vor der Geburt des Kindes hatte sie zu ihrer ganz großen Freude die Taufe ihres Mannes erlebt. Der echte und starke Glaube seiner Gattin, den er in all den schweren Tages ihrer Krankheit bewunderte, veranlasste ihn, alle noch bestehenden Bedenken gegen die Konversion zu überwinden.

Nach all den schweren Erkrankungen und Operationen sollte ihr weiteres Leben nie ohne Schmerzen sein. Das Leben von Dr. Hildegard Burjan in Wien war körperlich ein Leidensweg, aber stand ganz unter der Auswirkung der Gnade des Glaubens, den sie empfangen hatte. Aus der Kraft des christlichen Glaubens stellte sie sich restlos in den Dienst der Kirche und der sozial benachteiligten und notleidenden Mitmenschen. Als erste und einzige christliche Frau zog sie 1919 als Abgeordnete in das österreichische Parlament. Sie nahm diese schwere Belastung aus christlicher Verantwortung auf sich, um auf die soziale Gesetzgebung Einfluss nehmen zu können. Sie wurde – laut Kardinal Pfiffl, dem damaligen Wiener Erzbischof, – „das Gewissen des Parlaments“.

„Während ihrer politischen Tätigkeit im österreichischen Nationalrat setzte sie sich in unzähligen Reden, Vorträgen und Schulungskursen im Sinne des katholischen Glaubens für soziale Gerechtigkeit und christliche Sittlichkeit ein. Sie engagierte sich für die Fürsorge und soziale Hilfe an sittliche Entgleisten, an geschlechtskranken Frauen und Mädchen, sie sorgte sich um Hilfe für ledige Mütter und deren Kinder, sie stellte sich hilfsbereit und fördernd der Bahnhofsmission und den Mädchenschutz an die Seite. Sie kümmerte sich um Unterkunft für obdachlose Frauen, sie gründete die Schwesternschaft ‚Caritas socialis‘ und war dieser Gemeinschaft Führerin und Mutter“(Holböck). Das unermüdliche Schaffen dieser edlen, selbstlosen Frau verzehrte ihre ohnedies schwer angeschlagenen Lebenskraft und führte zu ihrem allzu frühen Tod am 11. Juni 1933, den sie tapfer bejahte: „Mein Sterben ist ein einziges großes Deo gratias!“ Ihre Seligsprechung erfolgte am 29. Januar 2012 in Wien.
(Quelle: Ferdinand Holböck, „Wir haben den Messias gefunden!")

Yvonne-Aimée de Jésus (1901-1951)

Es ist unglaublich, aber wahr: Das Heilige Offizium hatte 1960 ein Verbot der kirchlichen Druckerlaubnis „jeder eventuellen künftigen Publikation über Mutter Marie-Yvonne“ verhängt. Unter Kardinal Franjo Seper wurde dieses Verbot 1980 aufgehoben, mit der Auflage, dass das Manuskript der künftigen Biographie vor der Veröffentlichung der Glaubenskongregation vorgelegt wird. Laut Kardinal Ratzinger, dem späteren Präfekten der

Glaubenskongregation, war das damalige Publikationsverbot der Sorge entsprungen, dem Risiko schwärmerischer Übertreibungen zuvorzukommen.

Yvonne Beauvais, die im Jahre 1927 Schwester Yvonne-Aimée de Jésus bei den Barmherzigen Augustiner-Krankenschwestern wurde, war die Gründerin der Föderation der Klöster ihres Ordens und deren erste Generaloberin.

In Frankreich gilt Mutter Yvonne-Aimée als eine Nationalheilige, weil die Klinik, in der sie die Verletzten beider Kriegsgegner pflegte, allen Notleidenden offen stand. Sie rettete das Leben zahlreicher Widerstandskämpfer. Damit setzte sie ihr eigenes Leben und das ihrer Mitschwestern aufs Spiel, zumal sie auch hinter den deutschen Linien abgesprungene verletzte Fallschirmspringer der Alliierten in der von ihr erbauten Klinik betreute. Sie erhielt von General Charles de Gaulle persönlich den Orden der Ehrenlegion.

Doch ist das nur der äußerlich wahrnehmbare Bereich ihres durch totale Hingabe an Gott geprägten Lebens. Mit zehn Jahren unterstellte Yvonne ihr ganzes Leben der Liebe zu Jesus Christus. Erfüllt von der unwiderstehlichen Sehnsucht, „Ihn mehr als alles andere zu lieben“, verband sie die Liebe zu Gott von frühester Kindheit an mit der Liebe zu den Nächsten, vor allem den Armen, ihren ersten Freunden.

Von Kindheit an hatte sie immer wieder unter Unverständnis, Misserfolgen, Anschuldigungen und Verleumdungen zu leiden. Nicht nur das: Während sie durch ihr charmantes Wesen die Menschen bezauberte und mit zahlreichen übernatürlichen Gnadengaben (Charismen) ausgezeichnet war, wurde sie oft Nachts – wie der Pfarrer von Ars – von schweren dämonischen Quälereien belästigt. Wie Pater Pio und Don Bosco hatte sie die Gabe der Bilokation (wenn ein Mensch im Zustand der Ekstase gleichzeitig an einem weit entfernten Ort anderen sichtbar erscheint und mit ihnen spricht). Auch ertrug sie unsichtbare Stigmata (spürbare Wundmale des gekreuzigten Heilandes). Mit zehn Jahren schreibt sie – mit ihrem Blut (!) – einen Pakt mit Jesus: *O mein kleiner Jesus, ich schenke mich Dir ganz und für immer. Ich möchte immer das, was Du möchtest. Ich werde alles tun, was Du mir zu tun aufträgst. Ich werde nur für dich leben. Ich werde im Stillen arbeiten und, wenn Du willst, werde ich im Stillen leiden. Ich flehe Dich an, aus mir eine Heilige zu machen, eine sehr große Heilige, eine Märtyrerin. Lass mich immer treu sein. Ich will viele Seelen retten und dich mehr als alles auf der Welt lieben, mehr als alle anderen Menschen, aber ich will auch ganz klein sein, um Dir mehr Ruhm zu schenken. Ich will Dich besitzen, mein kleiner Jesus, und Dich ausstrahlen. Ich will nur Dir gehören, aber vor allem will ich Deinen Willen tun.*

Deine kleine Yvonne 1. Januar 1911

Zehn Jahre später: Man schreibt das Jahr 1921. Ihre Mutter, Madame Beauvais, hatte beschlossen, dass Yvonne heiraten sollte. Das war im damaligen Bürgertum hohe Pflicht der Eltern, ihre Töchter zu verheiraten. Dabei zieht es sie selber zum Ordensleben. Madame Beauvais findet mehrere Brautwerber. Sie stellt sie Yvonne vor. Ohne Erfolg. Es ist amüsant in der Biographie ihre Bemerkungen zu den einzelnen zu lesen. Ein verwandter Jesuitenpater und geistlicher Berater von Madame Beauvais unterstützt das mütterliche Ansinnen mit seiner priesterlichen Autorität. „Du bist zur Ehe geschaffen!" beendet er im April 1921 ein Gespräch mit Yvonne. Sie gibt sich Mühe zu gehorchen. In den Osterferien begegnet sie ihrem besten Kinderfreund. Robert ist Medizinstudent und gleichaltrig und Yvonne schätzt ihn. Sie verloben sich insgeheim.
Doch traurig spricht sie mit dem Herrn: „Ich habe zweifellos nicht die erforderlichen Qualitäten, um eine gute Ordensschwester abzugeben. Und außerdem sagt man mir, ich solle gehorchen; also muss ich heiraten ...Du willst mich ja nicht, Herr, da man mir eine Ordensberufung abspricht".Dann erkrankte Robert an Tuberkulose – eine Geisel, der die Medizin damals noch machtlos gegenüberstand. Er schreibt ihr: „Du weißt wie schwerwiegend und wie gefährlich diese Krankheit ist... und welchen Folgen ich Dich und unsere Kinder aussetzen würde. Ich habe nicht das Recht dazu. Mit gebrochenem Herzen gebe ich Dir mein Wort zurück" (Juni 1921).
Nun erwacht Yvonnes Liebe. Sie schreibt ihm, den sie vor allen anderen Brautwerbern erwählt hat: „Ich liebe Dich und will nur Dich, Robert. Ich werde niemals einen anderen heiraten." Madame Beauvais, hat keine Ahnung von der geheimen Verlobung und stellt ihr unterdessen weitere Bewerber vor.
Im Dezember 1921 erkrankt Yvonne an Paratyphus. Um sich nach der schweren Krankheit zu erholen, rät ihr der Arzt ei-

nen Aufenthalt auf dem Land. Man empfiehlt ihr die Klinik der Augustiner-Krankenschwestern in Malestroit (Bretagne). Während dieses Aufenthaltes (19. März bis 12. Juni 1922) hat sie ihr entscheidendes Berufungserlebnis am Dreifaltigkeitssonntag. Von da ab durchlebt sie mystische Höhen und Tiefen verbunden mit körperlichen unerklärlichen Krankheitssymptomen. Ihr Seelenführer sagt ihr am 1.August, dass sie aufgrund ihrer erfahrenen mystischen Begnadungen sich auf die Revanche des bösen Feindes gefasst machen muss. Er irrte sich nicht. Bereits wenige Tage später setzen die nächtlichen Quälereien des Widersachers ein. Am 10. August schreibt sie: „Der Teufel ist mehrmals gekommen und hat mich gequält, aber ich hatte keine Angst mehr....ich bin so glücklich für die Seelen, für die Priester leiden zu dürfen!“

Die Gerüchte über die merkwürdigen mystischen Phänomene Yvonnes kommen dem für Malestroit zuständigen Bischof von Vannes, Monsignore Alcime Gouraud, zu Ohren. Sie wird vorgeladen und muss einundeinviertel Stunde Rede und Antwort stehen. In Sorge wegen der ungewöhnlichen Bedeutung, die man bei den Augustinerinnen Yvonne beimisst, verbietet ihr der Bischof, Malestroit aufzusuchen. Im Gehorsam hat sie das Opfer gebracht, ohne die Hoffnung aufzugeben, eines Tages wieder mit der Gemeinschaft von Malestroit in Verbindung treten zu können.

Doch hat sie im Jahre 1923 einen Traum, den sie ihrem Seelenführer, P. Crétée, auf dessen Rat hin getreu mitteilt: „Ich sah mich als Ordensschwester und reiste. Ich war Augustinerin (die Augustinerinnen aber reisten nicht) und ich sah, wie Flugzeuge große Zylinder auf Züge und Bahnhöfe warfen, die alles zerstörten und in Brand setzten. Ich sah grün gekleidete Männer in den Zug steigen und wieder aussteigen. Man hätte sagen können, dass sie Militärkleidung trugen ... Mein Herz war zusammengeschürt und ich vernahm eine bedeutungsschwere, sanfte Stimme, die sagte: „Das wird die Prüfung, die große Prüfung sein. Bete, bete viel, vor allem für die Priester und die Gefangenen." Das war 1923, lange Zeit vor dem zweiten Weltkrieg.

Sowohl die spürbaren Leiden der Passion Christi als auch die bösartigen Zufügungen des Teufels gehen weiter. Am ersten Freitag in der Fastenzeit,14. März 1924, kommt es zu auch außen wahrnehmbaren Stigmata an Händen und Füßen, die schmerzen und bluten. Aus der Seitenwunde (vier Zentimeter lang und schmal) rinnt ziemlich viel Blut.

Doch der Bischof bleibt hart: „Ich denke, dass der Teufel das alles in ihnen gewirkt hat." An eine Freundin schreibt sie: „Ich werde viel für den Bischof beten und Jesus wird ihn erleuchten." Der Herr hat sie wissen lassen, dass „mir die Menschen, die ich auf der Welt am meisten liebe, viel Leid zufügen werden" schreibt sie am 9. Sept. 1924 an P. Crétée.

Auf Anordnung von Bischof Gouraud muß sie sich Dezember 1924 einem Exorzisten von Paris zur Kontrolle stellen. Die erste Frage des gestrengen Jesuiten P. de Tonquédec.SJ lautet: „Haben Sie daran gedacht, dass alles nur die Folge ihrer Einbildungskraft sein könnte?" Genau das hat sie sich selber immer wieder gefragt und nach Zeichen ausgeschaut. Am nächsten Tag wird ihr ein solches zuteil. Sie sieht wie in der Hauskapelle aus der Seite der Herz-Jesu-Statue Blutstropfen rinnen. Anwesende Personen tupfen die Blutstropfen mit einem Stück Stoff ab und bewahren sie auf.

Der Generalvikar der Diözese, der auch Superior der Gemeinschaft der Augustinerinnen ist, Abbé Picaud, kommt im April 1925 zur Visitation und erlaubt ihr in Malestroit zu bleiben. Er sagt ihr seine Einwände und Befürchtungen. Er notiert: „Ich habe ihr sichtlich zugesetzt. Sie litt sehr darunter und weinte schluchzend. Sie verließ mich tief betrübt." Als sie ihn am nächs-

ten Abend um den Eintritt in Malestroit bittet, sagt er: „Die außergewöhnlichen Phänomene, die sich bei ihnen zeigen, sind mit dem Gemeinschaftsleben nicht vereinbar."
Über all dem vergisst Yvonne ihre Armen nicht. Sie versucht für sie Geld zu verdienen. Aber ihre Gesundheit erlaubt es ihr nicht mehr als Hausmädchen oder Köchin zu arbeiten. Eine andere Möglichkeit, Romane und Novellen zu veröffentlichen, untersagt ihr der Seelenführer. Daraufhin malte und verkaufte sie Bilder an ein Geschäft im Pariser Stadtteil Saint-Sulpice. Doch der Laden, geht in andere Hände über und der Nachfolger führt den Verkauf ihrer Bilder und Gemälde nicht weiter. „Jesus nimmt mir alle Mittel, um für meine Armen Geld zu verdienen! Und ich brauche es doch! Was soll ich machen?"
Da wird sie eingeladen in einem Salon der Umgebung ein Konzert zu geben und Pater Crétée ermutigt sie hinzugehen. „Wenn ich spiele, geht meine ganze Liebe in den Bogen; ich lasse alle Saiten vor Liebe vibrieren., ich lasse meine Seele, meinen Glauben, meine Hoffnung, meine Liebe durch meine Geige übersetzen...
ER versteht es und das genügt mir. Die Welt, die sicherlich solche besondere Art des Spielens nicht gewöhnt ist, applaudiert. Sie weiß nicht, dass all diese Melodien Liebeslieder sind. Das ist der Grund, dass ich Erfolg habe. Es ist wegen IHM." Auch wenn es sie immer mehr Überwindung kostet, ihre Konzerte sind die einzige Möglichkeit, die ihr bleibt, um ihre Armen aus der Ferne zu unterstützen. Eine ihrer Schützlinge in Paris war dabei, mit ihren zwei Kindern auf dem Arm in die Seine zu gehen.
Im April 1925 hält der Exorzist in Le Mans Fastenpredigten und lässt sie zu sich rufen. „Er war freundlich, trocken und kühl. Er frage sich, ob ich die Wahrheit sage, oder ob ich nicht einfach eine Komödiantin bin... Er will etwas sehen. Wenn er nichts sieht, wird er nicht glauben", schreibt sie Abbé Picaud. Am Os-

tersonntag ist der Exorzist sehr freundlich. Er entschuldigt sich quasi: Er wollte nicht sagen sie sei eine Komödiantin. Es sei seine Pflicht, nicht ohne Beweise zu glauben, was sie ihm gesagt habe und dass es notwendig sei, dass sie sich von einem Arzt untersuchen lasse. Es müsse festgestellt werden, ob die am Körper wahrnehmbaren Spuren der teuflischen Attacken nicht von ihr durch irgendein Instrument sich selbst beigebracht worden seien. Die ärztlichen Untersuchungen waren für sie beschämend, sie wurden an ihr bis in den Intimbereich vorgenommen.
Nach Ostern ordnet Bischof Gouraud an, dass sie jeglichen Kontakt mit ihrem Seelenführer P. Crétée aufgibt, weil der als der Urheber zum Abschweifen ins Wundersame gilt. Yvonne gehorcht und bringt dieses für sie größte Opfer, „ich will Jesus auch beweisen, dass ich IHN liebe..." (25. April 1925).
Der Exorzist, P. de Tonquédec, bleibt nach wie vor skeptisch, selbst als er miterlebt, wie sie an der Dornenkrönung teilhat und sieht, wie Blut von ihrer Stirn rinnt. Auch dieses Zeichen überzeugt ihn nicht. Immer wieder muss sie Fragebogen ausfüllen und Selbstbeobachtungen anstellen. Letzteres ist ihr besonders zuwider, weil es ihre Aufmerksamkeit von Jesus ablenkt. Eine neuerliche Untersuchung durch einen Neurologen ergibt, dass der Nervenarzt sie für „sehr normal" findet. Das hatte früher auch ein anderer Arzt bereits schon festgestellt.
Am 5. Januar 1927 erhält sie einen von Msgr Picaud unterzeichneten Brief, er war inzwischen Weihbischof geworden. Darin wird ihr mitgeteilt, dass mit dem Einverständnis von Bischof Gourand an eine Aufnahme in das Kloster der Augustinerinnen von Malestroit nicht mehr zu denken ist. Sie könne aber nach ihrem freien Belieben in jede andere Gemeinschaft der Augustinerinnen eintreten und die betreffende Oberin um Aufnahme bitten. Wie sich unter dramatischen Umständen herausstellte (der Brief hatte plötzlich angefangen zu brennen), war der Brief eine

Fälschung des Teufels. Man sandte ihn an den Weihbischof. Der zeigte ihn dem Bischof. Der war beeindruckt. Nach Erhalt dieses (gefälschten) Briefes antwortet Weihbischof Picaud sofort: „Der Teufel hat sich im eigenen Netz verfangen ... da sich das Wüten des Teufels gegen ... Ihren Eintritt in Malestroit bezieht, kann es als ein Argument zu Ihren Gunsten angesehen werden."

Nach all den Widerständen und Verzögerungen kann Yvonne am 18. März 1927 als Postulantin bei den Augustinerinnen in Malestroit eintreten. Dort wird sie am 10. September eingekleidet. Wer meint, sie habe damit die Leidenszeit hinter sich, irrt: Im Kloster erwarten sie neue leidvolle Prüfungen. Die will ich hier übergehen. Ihre Erlebnisse bei den Armen in der „Roten Zone" rings um Paris bringt sie unter dem Pseudonym „Monette" heraus. Das Buch wird zum Bestseller. 1931 gründet sie eine Zeitschrift „Die augustinische Jugend". Am 29. September 1931 legt sie ihre ewigen Gelübde ab.

Es werden ihr zunehmend neue Aufgaben übertragen. Schon vor ihrem Eintritt in Malestroit hatte sie Anregungen für die Erneuerung des klösterlichen Lebens gegeben. Es begann alles mit tiefgehenden Bekehrungen und Beendigung von Streitigkeiten. Bereits 1932 hat das Kloster 35 Novizinnen, in denen sie als Novizenmeisterin vor allem die Liebe zu wecken sucht. Sie verpackt ihre Ratschläge mit Humor, ja Poesie. Manchmal reizt das die jungen Schwestern zu schallendem Lachen. „Ich mag keine Heiligkeit, die zu schnell wächst, das ist grünes Holz. Es kann zu Hochmut führen. Unsere Armseligkeiten dienen uns als Erfahrung, als Demütigung. Jesus liebt die Seelen, sich nicht entmutigen lassen und immer wieder neu anfangen" (aus ihren Notizen). „Ich sage ihnen bei Vorträgen und in der Rekreation (gemeinsame Erholungspausen) Dinge, die ihnen gut tun, die ihre Seele weit machen und die sie Gott mehr lieben lassen"

Eine Novizenmeisterin eines anderen Klosters, wo die Schwestern von Malestroit bei einem Gastaufenthalt sind, bewundert ihren freien und kraftvollen Stil. Sie äußert sich: „Ich wäre glücklich einige Zeit in Malestroit zu verbringen, um sehen, wie man den Menschen formt und auch den Geist schult. Hier (in unserem Kloster) bringt man uns vor allem bei zu zittern."

Schwester Yvonnes Charme und ausstrahlende Freude lassen nichts erahnen, von den inneren Prüfungen und Quälereien und ihren Gesundheitsproblemen, die sie erleidet. Die vertraut sie nur ihrem Seelenführer Weihbischof Picaud an. Das ist der Preis für ihr außergewöhnliches Leben und Wirken. „Ich bin ein Eselchen. Ich kenne mich selbst. Ich weiß um meine Fehler, aber ich habe auch die Stockhiebe gern. Das ist alles, was ich verdiene. Sie werden es mir ermöglichen, eines Tages meinen Jesus anzuschauen."

Als am 2. Mai 1935 die Wahl einer neuen Oberin ansteht, schlagen die Schwestern Yvonne-Aimeè einstimmig als Oberin vor. Sie ist 33 Jahre alt, hat weder das erforderliche kanonische Alter noch auch eine genügend lange Professzeit. Sofort wird in Rom um eine Ausnahmegenehmigung nachgesucht. Die bereits am 6. Mai eintrifft.

Nach der 300-Jahrfeier des Klosters am 5 August 1935 nimmt die Idee einer Föderation der „Augustinerkrankenschwestern von der Barmherzigkeit" immer mehr Gestalt an. Als eine der jüngsten Oberinnen schlägt sie eine Föderation nach dem Vorbild der Trappisten und Benediktiner vor, bei der jedes Ordenshaus seine Autonomie (Selbstverwaltung) behält. Am 15. November1939 werden die Statuten nach Rom gesandt. Doch Rom zögert, eine Organisation unter unabhängigen Frauenklöstern zu genehmigen, zumal das weder eine Grundlage im Kirchenrecht, noch einen Vorläufer in der Geschichte hat. Es wird eine lange Wartezeit. Schließlich gestattet Rom die Föderation „ad experimentum". Der zweite Weltkrieg ist ausgebrochen. Sie hält

sich gerade in Kanada auf, um die Augustinerinnen in Québec über die geplante Föderation zu informieren. Auf der Rückfahrt nach England wird das Schiff 36 Stunden lang von einem deutschen U-Boot verfolgt.
Im Mai 1940 greifen die Deutschen Frankreich an. Am 9. Juni treffen die ersten Verwundeten ein. Am 22. Juni besetzen die deutschen Truppen Malestroit. Ein deutscher Oberst beschlagnahmt das Krankenhaus. Mutter Yvonne appelliert an seine Ehre „Wir werden Betten für ihre Soldaten aufstellen, aber wir werden unsere zivilen Kranken nicht vor die Tür setzen.“ Die Sache scheint verloren, Doch der deutsche Oberst ruft: „Sie Herzensfrau!“ und ändert den Beschlagnahmungsbefehl ab.
Am 16. Februar 1943 wird sie in Paris von der Gestapo festgenommen. Sie wird nach Folterung auf wundersame Weise – wie einst Petrus – aus dem Gefängnis befreit. Abends um 21 Uhr taucht sie plötzlich in der „Oase“ (ein von ihr gegründetes Institut) in Zivilkleidung ohne Kopftuch und Mantel auf. An ihrem Rücken sind Blutspuren. Eine Schwester verbindet die Wunden. Im Jahr 1922 hatte sie einen vorausahnenden Traum: „Ich sah mich im Gefängnis. Ein Engel kam und befreite mich; ich trug Zivilkleidung.“ (Brief vom 16. August 1922 an Pater Crétée).
Das Jahr 1943 brachte ihr weitere Prüfungen. Ein Priester, ein Freund von Malestroit, der selber eine Gemeinschaft gegründet hatte, fühlte sich durch den Erfolg von Mutter Yvonne-Aimée, die so viele Berufungen hatte, gestört. Er verdächtigte sie, es gehe bei ihr nicht mit rechten Dingen zu – wie bei der 1487 geborenen Klarissin Magdalena vom Kreuz, deren Erfolge auf einem Pakt mit dem Teufel beruhten. Er hatte eine ganze Sammlung von Anklagepunkten verfasst und drohte, sie beim kirchlichen Gericht anzuzeigen, wenn sie nicht ihr Amt niederlege. Es war ein Schock für sie. Dass ein Freund zu ihrem Feind wurde, verursachte ihr große Unsicherheit und Leid.

Der Priester bestellt sie mehrmals zu einem Treffen, das durch irgendwelche Umstände nicht zustande kommt. Schließlich kommt es doch zu einer Aussprache und er bittet sie kniefällig um Verzeihung.
Anscheinend hatten die Deutschen Wind bekommen, dass das Kloster Widerstandskämpfern und verletzten Fallschirmspringern der Alliierten Asyl bot. Darum wurde das Krankenhaus und das Kloster öfter durchsucht. Einmal kleidete Mutter Yvonne zwei davon in Nonnentracht und setzte sie auf die Empore in der Hauskapelle, wo sonst die alten Schwestern saßen. Ein anderes Mal organisiert sie einem amerikanischen Fallschirmspringer einen Fluchtweg nach Spanien
Als der Chef der Widerstandsbewegung, General Luis Audibert um Asyl bittet, wird er in einem Zimmer des Krankenhauses untergebracht. Die vielen Briefe und Boten die er empfängt, werden jedoch von den deutschen Besatzern bemerkt. Mutter Yvonne-Aimée fürchtet um seine Sicherheit und will ihm mit falschen Papieren die Flucht nach Paris ermöglichen. Doch er begnügt sich damit im Vertrauen auf das Glück des Hauses nur seinen Namen zu wechseln. Bei der Durchsuchung findet man in seinem Koffer etwas, das ihn verrät. Er wird verhaftet und kommt ins Konzentrationslager Buchenwald. Von den neun Generälen, die in Buchenwald interniert waren, haben nur zwei überlebt. Louis Audibert ist einer davon. Er ist überzeugt, dass er sein Überleben einer deutschen Schwester verdankt, die ihm heimlich eine Tafel Schokolade zugesteckt hatte. Von allen in Malestroit Versteckten wurden nur drei erwischt, die den Rat von Mutter Yvonne-Aimée nicht befolgt hatten.
Elf Tage nach der Landung der Alliierten spürt sie eine unmittelbare drohende Gefahr. Mit einem feierlichen Akt weiht sie das Kloster der Muttergottes und beschließt, dass alle Ordensschwestern in Zukunft den Namen Maria tragen werden. Am

nächsten Tag greifen die deutschen Truppen dieses Gebiet um Saint-Marcel an. Das Kloster, das als Stützpunkt der Fallschirmspringer diente, wird verschont. Elf verletzte deutsche Soldaten werden in die Klinik gebracht und notoperiert. Das dürfte den Zorn der Deutschen auf das Kloster ein wenig besänftigt haben. Nach Kriegsende erhält Mutter Yvonne-Aimée fünf Auszeichnungen von verschiedenen Organisationen, auch von den Regierungen Englands und den USA. Am 22. Juli überreicht ihr General de Gaulle persönlich, noch bevor er die Offiziere auszeichnet, das Kreuz der Ehrenlegion, den höchsten Orden der Republik. In ihrem Jahresrundbrief (1945) schreibt sie: „Wenn wir alles getan haben, was wir tun konnten, ohne uns in die Politik einzumischen, sondern aus Nächstenliebe, haben andere mehr als wir ihr Leben riskiert, und keinen Lohn auf Erden erhalten... Eines Tages werden sie diesen Lohn erhalten und er wird schöner sein als alle Kreuze der Erde, denn Gott lässt sich niemals an Großmut übertreffen."

Im August 1946 tagt in Malestroit das Gründungskapitel der Föderation. Vertreten sind 30 Klöster: 22 in Frankreich, zwei in England, sechs in Südafrika.

Unter dem Vorsitz des Bischofs von Vannes, Monseigneur Le Bellec, wird Mutter Yvonne-Aimée am 21. August einstimmig zur Generaloberin gewählt. Bereits am nächsten Tag kommt per Telegramm die Approbation durch die Religiosenkongregation aus Rom. Am 7. Oktober, dem Rosenkranzfest, trifft die schriftliche Approbation der Statuten für zwölf Jahre ein. Ihr Amt als Priorin von Malestroit gibt sie zurück. So kann sie sich künftig ganz der Föderation widmen.

Am 13. Dezember 1946 empfängt sie Pius XII. in Sonderaudienz. Der Papst misst diesem neuen Modell einer Föderation große Bedeutung bei, die er durch die Apostolische Konstitution Sponsa Christi vom 21 November 1950 sanktioniert. Dieses

Projekt, das früher im Ruf stand, dem Kirchenrecht entgegengesetzt zu sein, wird nun vom Apostolischen Stuhl empfohlen.
Nun ist Mutter Yvonne-Aimée für 32 Klöster mit 1500 Ordensfrauen verantwortlich. Alle Augustinerinnen in Frankreich, England und Südafrika – nur das Kloster in Kanada nicht – gehören der Föderation an. Zwar ist sie nun von der Doppelbelastung zwischen Schwestern, Novizinnen, Kranken und Ärzten befreit. Sie findet wieder jene Einsamkeit, nach der sie sich sehnt, dafür aber auch ein großes Maß an Verwaltungsarbeit und viele Schreibereien, die weniger dankbar sind als das Gemeinschaftsleben. Viel Überwindung kosten ihr die vielen Besuche. „O, wie gerne würde ich nur noch mit Gott reden", gesteht sie einer Schwester. Ihr Verhalten im Ordensrat ist: Sie legt die Dinge präzise dar, ohne an ihrer Absicht festhalten und fragt: „Wie denken Sie darüber?" Sie nötigt ihre Sichtweise nicht auf. Trotz ihrer Erschöpfung bleibt sie für andere anregend. Ihre triumphalen augenscheinlichen Erfolge hat sie in der Nacht teuer bezahlt, wo sie sich oft in großer Unsicherheit und ohne persönliche Befriedigung allein im Vertrauen auf Gott vorantastete.
Ihr Amt ist schwer, denn viele Klöster bitten um Hilfe und die Ordenseintritte in Malestroit reichen nicht mehr aus, um allen beizustehen, zumal die Berufungen zurückgehen. „Wenn es in unseren Klöstern keine Postulantinnen mehr gibt, so deshalb, weil wir aufgrund unseres übergroßen Einsatzes im Krankendienst nicht mehr das Ordensleben sicherstellen können, auf das sie ein Recht haben", schreibt sie an eine Oberin.
Ein weiterer Grund ist der Einfluss der „Katholischen Aktion" in Frankreich, die propagiert, man könne in der Welt besser für das Reich Gottes wirken als im Kloster. Priester halten sogar junge Menschen, die einen Ruf zum Ordensleben spüren, direkt davon ab, ins Kloster zu gehen.
Für Mutter Yvonne-Aimée beginnt 1948 eine neue geistliche

Etappe. Ihre Vereinigung mit Christus wird immer stärker, bis hin, dass Mitschwestern sie wie von Innen heraus leuchten sehen. Ein Phänomen, das auch von einigen anderen Heiligen bezeugt ist, z.B. vom Bruder Konrad von Parzham. Gleichzeitig geht der körperliche Verfall unaufhörlich voran. Im Dezember 1948 wird sie bettlägerig. Sie weigert sich irgendwelche Schmerzmittel zu nehmen. Am 16. Februar 1949 muss sie sich der Operation der Gebärmutter unterziehen. Die Schmerzen ließen nach und drei Wochen nach der Operation konnte sie ihren ersten Ausgang in den Garten machen. Man hat den Eindruck, dass sie wieder auflebt. Schwester Yvonne-Aimée wahrt den Anschein, aber einer Freundin vertraut sie an, dass es für sie „das pure Leiden, ohne irgendeinen Trost“ ist.
Die Ärzte verordnen ihr eine lange und wirkliche Rekonvaleszenz, fern von allen Mühen und Sorgen des Amtes. Sie fährt nach England in eines der Klöster der Föderation und lernt wieder Englisch, weil sie mit ihren „englischen Töchtern genauso unbefangen möchte sprechen können wie mit den anderen“.
Nach ihrer Rückkehr macht sie einen guten Eindruck, aber die Krebsgeschwulst zehrt an ihr. Am 6. September 1949 muss ihr die linke Brust abgenommen werden. Durch eine Venenentzündung schwillt der linke Arm doppelt so dick an, die Schmerzen greifen auf den Rücken und den rechten Arm über. Die Schmerzmittel rufen bei ihr oft die gegenteilige Wirkung hervor als das normalerweise der Fall ist. Die Ärzte befürchten, dass eines Tages auch Morphium bei ihr nicht mehr wirken wird. Der Arzt staunt über ihre klaglose Geduld und ihr Lächeln. Außer den Krankheiten hat er auch Spuren weiterer mysteriöser Leiden entdeckt, jene, die Yvonne-Aimée bereits 1922 erlitt, als der böse Feind sie schlug. Der Arzt weiß nichts von ihren innersten Leiden: Die geistige Nacht, die sie erfährt, die wie eine eisige Mauer aus „dichter Finsternis“ sie umgibt, „wie einen langen

Gang aus Eismauern, an denen nichts haften bleiben kann.“ Einer Freundin vertraut sie an: „Ich bin mit der Seele und dem Leib in der Kelter.“ Im Februar 1950 gesteht sie der Schwester Marie de la Croix: „Ich habe in meinem Leben viel gelitten, aber nie so wie jetzt...es ist eine endlose Nacht, ein Abgrund der Hoffnungslosigkeit.“ Dennoch bewahrt sie Humor: „Wie schön wird es sein, in den himmlischen Gärten spazieren zu gehen...ohne Briefe beantworten zu müssen“ (März 1950 an Abbé Labutte).
Die Ärzte verordnen ihr eine dreimonatige Erholung im Süden. Sie verbringt aber nur einen Monat im Haus der Kamillianer in Théoule. Sie begleitet zwei Ordensschwestern, die nach Natal aufbrechen, bis nach England, und erholt sich dort einige Tage. Zum Ende des Heiligen Jahres 1950 schreibt sie im Rundbrief an die Klöster:„Intensivieren wir unser geistliches Leben, nicht durch ein Übermaß an Gebeten...sondern durch eine größere Vereinigung unseres Willens mit dem Willen Gottes. Darin liegt alles.“
Für Februar 1951 steht eine Reise nach Südafrika auf dem Programm. Mitten in den letzten Vorbereitungen für die Reise, die bis 8. Juli dauern soll, erleidet sie am 6. Februar 1951 eine Gehirnblutung. Der Hausgeistliche hatte gerade noch Zeit, ihr die Krankensalbung zu geben, bevor sie verschied. So ging ihr außergewöhnliches Leben, ganz gewöhnlich zu Ende. Das Wunderbare daran war nur Zugabe.
Als man sie früher einmal fragte, wie sie am liebsten sterben würde., antwortete sie: „Das ist mir egal, wenn es nur auf eine Weise ist, die IHM die größte Ehre macht .und, soweit es möglich ist, denen die mich lieben, am wenigsten Schmerzen bereitet.“
(Quelle: René Laurentin, Yvonne-Aimée de Jésus. Geschichte einer großen Liebe)

Hedwig Kronsteiner (1872-1940)

Sie war kein berühmter Star, sondern eine einfache Frau aus dem Volke und Mutter von elf Kindern. Ihr Sohn Hermann erzählt, wie eines Tages dieser tapferen Frau ihre zahlreiche Kinderschar zur großen Versuchung wurde:

„Einmal sagte ich in meiner Vorwitzigkeit zur Mutter, dass wir so viele Kinder seien. Der Gedanke kam mir vielleicht, weil der Hunger uns wieder einmal sehr zusetzte. Da gestand mir die Mutter folgendes:

„Freilich war es schwer – besonders einmal. Es waren schon neun Kinder da, da merkte ich, dass ein zehntes im Kommen war. Eine unserer Nachbarinnen sagte zu mir: 'Frau Kronsteiner, schon wieder – aber da gibt's doch etwas dagegen – ich helfe Ihnen schon...' Zuerst war ich empört – dann aber überfiel mich die Versuchung, es vielleicht doch machen zu lassen. Ich war zutiefst erschrocken, dass ich so etwas überhaupt dachte. Aber je mehr Zeit verging, desto mehr setzte mir der Gedanke zu und ich hörte immer wieder die Stimme der Nachbarin: Ihr könnt ja eure neun Kinder kaum ernähren und noch eines – das muß verhungern... verhungern..."

Ich wusste weder aus noch ein – ich wagte weder den Vater noch den Herrn Pfarrer zu fragen – bis dahin hatte ich gar nicht gewusst, dass es so schwere Versuchungen geben könnte.

Als es ganz arg wurde und ich mir nicht mehr zu helfen wusste, ließ ich alles liegen und stehen und lief – ich war gerade beim Kochen am Herd – hinüber in die Kirche, kniete mich zum Muttergottesaltar, schaute weinend zu ihr hinauf mit stillem Gebet: Muttergottes, was soll ich denn tun, hilf mir doch! Und da war mir, als schaute sie mich an und sagte: Mach es doch wie ich und sag einfach: Siehe, ich bin die Magd des HERRN!

Und sogleich war alles klar und gut und ich eilte wieder zurück

zum Herd, niemand hatte mich gesehen. Und dann kamst du, Hermann, als zehntes Kind und wie haben wir uns alle gefreut – und es war der 25. März, als du kamst, ein Marientag, Mariä Verkündigung, wo es im Evangelium doch auch heißt: Siehe, ich bin die Magd des Herrn.' "
Hermann Kronsteiner wurde Priester und Komponist kirchenmusikalischer Werke. In diesem Zusammenhang erinnere ich mich, in den 50er Jahren gehört zu haben, dass ein Medizinprofessor in seiner Vorlesung den Studenten folgendes Problem vorgelegt habe: „Der Mann Alkoholiker, die Frau an Tuberkulose erkrankt, erwartet ihr fünftes Kind. Wie würden Sie entscheiden?" Die Hörer entschieden in diesem Fall für eine Abtreibung. Daraufhin sagte der Professor: „Meine Damen und Herren, sie haben eben Beethoven abgetrieben!"
Wer weiß, wie viele Beethovens, Mozarts, Bruckners, Wagners, Da Vincis, Nobelpreisträger und potentielle Heilige heute in Europa Jahr für Jahr abgetrieben werden. Das Abendland mit seiner einst hochstehenden Kultur schafft sich ab!
Mutter Hedwig Kronsteiner, geb. Anthofer starb am 19. April 1940. Von ihren 11 Kindern wurden 4 Ordensschwestern, einer Ordensbruder bei den Steyler Missionaren, zwei wurden Priester, Kirchenmusiker und Komponisten.
Hermann Kronsteiner erzählt auch wie seine Mutter starb:
„Die Mutter fürchtete sich sicher nicht vor dem Tod. Sprach sie doch oft: ‚Auf´s Sterben freu´ ich mich eigentlich, steht doch schon in der Heiligen Schrift: Und am letzten Tags wird sie lachen – nämlich die Hausfrau – und eine Hausfrau bin ich ja.'
Es kam der 19. April des Jahres 1940, ein Freitag. Die Mutter stand, wie seit langem gewohnt, um 4 Uhr früh auf, hielt ihre morgendliche Gebetsstunde, ihr „Gespräch mit Gott". Um 7 Uhr besuchte sie mit ihrem „Schott"(deutsche Übersetzung der lateinischen Messgebete für den jeweiligen Tag) die Heilige Messe

und empfing die Heilige Kommunion. Diese war auch, ohne dass sie es ahnte, ihre „Wegzehrung". Den Tag über verbrachte sie als „Großmutter" in Gesellschaft und mit Betreuung ihres Enkels, des kleinen Otto. Um 8 Uhr abends gingen Vater und Mutter – wie alle Tage – in ihr Schlafzimmer zum Familienfoto, beteten eine Zeit lang still, dann segneten sie jedes Kind (auf dem Foto) mit Kreuz und Weihwasser. Dann gaben sie, auch wie gewohnt, einander das Segenskreuz auf die Stirn. Hierauf beteten sie das übliche Weihegebet. Das war ihr letztes gemeinsames Beten und ihr Abschied. Ohne dass sie es wussten.
Nachher begab sich die Mutter allein in ihre Küche und wollte sich noch ihren Kaffee kochen.
Da muss es gewesen sein: es überkam sie eine Ahnung, dass ihre Tage, ja Stunden gezählt sind, ja dass es vielleicht nur mehr Minuten sind....
Da muss sich die Mutter gedacht haben, ein Letztes will ich noch sagen, aufschreiben – Briefpapier, Feder und Tinte lagen immer bereit. Aber sie nahm sich nicht mehr Zeit, dies herbeizuholen.
‚Ich hab nicht mehr viel Zeit – wohin soll ich es schreiben... ja, da liegt eine Postkarte, vor einigen Tagen geschrieben vom Hermann, jetzt Kaplan in Siemering bei Steyr, da ist noch ein Plätzchen frei...' Und dahin schrieb sie, mit Bleistift nur, sehr schwach aber klar ihr Letztes... Mache mit mir, was Du willst; nur gib, dass ich Dich vollkommen liebe."
(Quelle: Hermann Kronsteiner, Eine Mutter und 11 Kinder)

Mutter Makária (1926-1993)

Sie ist eine von den „Unmündigen", deretwegen Jesus den Vater gepriesen hat, weil Er ihnen offenbarte, was ER den Weisen und Klugen verborgen hat. Geboren wurde die Tochter des Ehepaares Artemev am 13. Juni 1926 im Dorf Karkovo westlich von Mos-

kau. In der Taufe bekam sie den Namen Feodósia (die von Gott Gegebene). Als russisch-orthodoxe Nonne hieß sie später Makária (die Selige). Als der Priestermönch sie aus dem Taufwasser hob, sprach er die prophetischen Worte: „Ein gutes Mädchen. Es wird am Leben bleiben, aber es wird nicht gehen können."
Zunächst begann das Kind schon früh zu laufen. Doch plötzlich vermochte die Eineinhalbjährige ihre Beine nicht mehr zu strecken, hatte beim Auftreten große Schmerzen, verlor die Fähigkeit, sich aufrecht zu halten, und konnte schließlich sich nur noch kriechend fortbewegen.
Kein Arzt konnte helfen und so brachte die zwei- dreijährige Feodosisa meist unter einem alten Bett zu. Ohne menschliche Zuwendung, ungewaschen und ungekämmt, kaum angekleidet, mit nackten Füßchen, suchte die vernachlässigte Kleine nach Brotkrumen unter dem Tisch. Von der Mutter und den Geschwistern musste sie oft hören: „Wenn doch Gott dich nur zu sich holen würde!"
Der einzige Trost der kleinen Feodosia war, wenn der Vater sie auf den Schoß nahm, während er aus der Bibel vorlas. Auch wenn sie nicht alles verstand, so drang doch vieles von dem, was sie hörte, tief in ihre Seele ein. Und bald wurde diese innere. geistliche Welt, der vertraute Umgang mit Engeln und Heiligen, zu ihrer einzigen Freude. Niemand ahnte etwas davon. Mit fünf Jahren lehrte die Gottesmutter sie beten. Da sie ja die Schule nicht besuchen konnte, bat sie weinend: „Himmlische Mutter, ich bin krank und werde nie lesen und schreiben lernen. Bitte lehre und erleuchte Du mich!"
Eines Morgens wachte die achtjährige Feodosia nicht auf. Sie war kalt und leblos. Der Vater brachte sie rasch ins Krankenhaus. Die Ärzte erklärten: „Wenn das Kind in 14 Tagen nicht aus dem komaartigen Schlaf erwacht, ist es wirklich tot." Während Feodosia bereits im Zimmer für die Toten lag, wurde ihrer Seele vom Schutz-

engel der Himmel gezeigt. Beinahe 60 Jahre später erinnerte sich Mutter Makaria noch an Einzelheiten, wie sie 14 Tage lang die Wärme, die überströmende Freude und die Heiligkeit des Paradieses erleben durfte, wie sie vielen Engeln und Heiligen, alle strahlend jung und in farbenprächtigen Gewändern, begegnete. „Mir wurde auch eine riesige durchsichtige, goldene Kirche gezeigt. Warum gibt es denn in dieser Kirche keine Ikonen? Fragte ich, worauf die Heiligen antworteten: Weshalb Ikonen? Wir sind doch hier alle lebendig gegenwärtig! Die Schönste unter allen war die Gottesmutter. Weinend flehte ich sie an: Bitte, heile meine Beine oder lass mich hier bleiben. Doch die himmlische Zarin erwiderte: ‚Du kannst jetzt noch nicht bleiben, denn du wirst auf Erden noch gebraucht. Ich werde dich nie verlassen', versprach sie mir." Dann beschenkte die Gottesmutter sie mit dem Charisma (Gnadengabe) der Heilung. Feodosias Körper erwärmte sich wieder, und nach dem Erwachen am 14. Tag kroch sie aus dem Totenzimmer. Bei ihrem Anblick waren alle starr vor Entsetzen. Bis zum Alter von elfeinhalb Jahren sah das Mädchen im Traum immer Heilige, die ihr Anweisungen gaben und sie besondere Gebete lehrten, um damit Wasser und Öl zu segnen für die Heilung der Menschen. Feodosia war erst knapp zwölf Jahre alt, als die Gottesmutter ihr erlaubte, Menschen mit körperlichen und seelischen Leiden zu empfangen. Maria erschien den Leidenden im Traum und drängte sie, im Haus der Artemevs um Heilung zu bitten. Als Erste kam eine Frau aus dem Nachbardorf Novikove mit ihrem blinden Hahn. „Wo ist die Babuschka (Großmutter), die heilt?", fragte sie den Vater Artemev. „Hier gibt es keine Babuschka, sondern ein Mädchen!", war die knappe Antwort. Skeptisch musterte die Frau „das kleine dürre Ding" und betete verlegen mit Feodosia, ehe diese den Hahn mit Weihwasser besprengte. Sofort konnte der Hahn sehen, und die Nachricht verbreitete sich wie ein Lauffeuer. Bald kamen die Bauern von nah und fern, um ebenfalls für ihr krankes Vieh Heilung zu erlangen. Auf die Frage, ob sie nicht auch kranke Menschen heilen könne, gab Feodosia den Bittstellern Weihwasser mit und dazu noch eine Reihe von Gebeten, die sie daheim verrichten sollten. Die Kranken wurden alle gesund!

In den 30er Jahren wurden unter den Kommunisten fast alle orthodoxen Kirchen geschlossen, in Kinos, Lagerhallen oder dergleichen umgewandelt beziehungs-weise einfach gesprengt. In einem Dorf in Kasachstan zeigten mir die Leute den Hügel wo einst ihre Kirche stand, die von den Kommunisten zerstört wurde. In Moskau hat man die große Erlöserkirche auf dem roten Platz ebenfalls gesprengt, um an deren Stelle ein Schwimmbad zu errichten. Bischöfe, Priester, Mönche und Gläubige verschleppte man in Straflager, wenn man sie nicht schon vorher umbrachte.

Während des Zweiten Weltkrieges besetzten deutsche Truppen im August 1941 auch Karpovo. Alle Familienmitglieder der Artemevs waren an der Front oder waren geflüchtet. Nur die behinderte Feodosia hatte man hilf- und nahrungslos allein zurückgelassen. Zudem lieferten die verzweifelten Dorfbewohner alle Kleinkinder, die sie auf der Flucht in die Wälder nicht mitnehmen konnten, bei Feodosia ab. Es waren 36 an der Zahl. Was tat die Fünfzehnjährige? „Ich zündete sieben Lampen und zwölf Kerzen an, nahm einen Säugling auf den Arm und begann kniend zu Gott zu beten."

Als deutsche Soldaten eindrangen und das Haus in die Luft sprengen wollten, flehte Feodosia sie an: „Könnt ihr wirklich so herzlos sein und alle meine Kinder umbringen?" Ein deutscher Offizier erwiderte mit Hilfe eines Dolmetschers lachend: „Deine Kinder! Wie kann ein Mädchen so viele Kinder haben?" Weil er gehört hatte, in diesem Haus lebe jemand mit prophetischer Gabe, fragte er: „Sag, kleines Mädchen, wo ist meine Frau und was macht

sie?“ – „Sie geht durch große Bedrängnisse, aber es wird leichter werden für sie“, antwortete Feodosia. Der Offizier sagte anschließend: „Wir haben noch nie jemanden wie dich beten sehen!“ Und er stellte ihr einen Schutzbrief aus, den sie ans Fenster klebte.
Als die deutschen Soldaten abgezogen waren und die Leute ins Dorf zurückkehrten fanden sie ihr Häuser weitgehend von anderen Familien besetzt. Auch in das Haus der Artemevs kamen Fremde, die Feodosia mitleidslos auswiesen: „Kriech in das Nachbardorf, dort wird man dir helfen.“ Doch in Zagolovka gab es niemanden, der das verkrüppelte Mädchen mit dem zerrissenen Kleid und den blutenden Beinen aufnahm. „So schleppte ich mich weinend in einen Schuppen und legte mich ins Heu. Im Winter grub ich mir manchmal ein Loch in den Schnee und verkroch mich zum Schlafen darin wie ein Tier. Ich trank nur schmutziges Wasser, aß eine Handvoll Schnee und Birkenbast oder im Sommer Pilze, Beeren, Gras und Feldblumen, da mir nur selten jemand ein Stück Brot gab. Bei alldem betete ich ununterbrochen zu Gott.“
Diese Zeit von einem Jahr und elf Monaten überlebte sie nur durch ein Wunder. Denn der Herr wollte ihr Anteil schenken an Seinem Erlöserleiden, der von sich sagte: „Die Füchse haben ihre Höhlen und die Vögel ihre Nester; der Menschensohn aber hat keinen Ort, wo er sein Haupt hinlegen kann.“ Gott gab Feodosia alle Kraft und allen Trost. 1943 sagte ihr die Gottesmutter dann: „Nun hast du lange genug auf der Straße gelebt. Jetzt sollst du ein Zuhause bekommen. Du wirst heute jemanden treffen.“
Tatsächlich nahm die 72-jährige Nonne Natalia, die von den Kommunisten aus ihrem Kloster vertrieben worden war, das Mädchen noch am selben Tag bei sich in Tjomkino auf. Bis zum Tod von Mutter Natalia hatte Feodosia es über 30 Jahre lang gut bei ihr. In der vom Gebet getragenen Atmosphäre des Hauses fand das Mädchen zu seiner endgültigen Berufung, legte auf-

grund des bolschewistischen Regimes heimlich die Gelübde als gottgeweihte Jungfrau ab und nahm später als orthodoxe Nonne den Namen Makária an.
Während Feodosia früher nur ab und zu von Bittstellern aufgesucht wurde, so setzte Mitte der Vierziger Jahre ein nicht enden wollender Zustrom von Besuchern ein. Stalin hatte ja während des „vaterländischen Krieges" der orthodoxen Kirche gewisse Erleichterungen zugestanden. So kamen dann mit Autos, per Bus oder Zug von überall her Russen, Ukrainer, Tataren und Zigeuner. Orthodoxe Bischöfe suchten ebenso Hilfe wie einfache Gläubige. Juden, Atheisten und selbst Besessene suchten Mutter Makaria auf und suchten bei ihr Hilfe. Es kamen sogar welche, die in Zauberei und Hexerei verstrickt waren. Diese brachten ungeahnte Leiden über die kranke Nonne. Alle erwarteten körperliche oder geistliche Hilfe von dieser schwachen Frau, die gekrümmt und wie ein armes Häuflein Elend im Bett lag. Von dort aus erfüllte sie fast 50 Jahre lang treu ihre Berufung bis zu ihrem Tod.
Einmal fragte Makaria die Gottesmutter, die ihr oft erschien: „Mutter, warum hast Du Dir einen Krüppel wie mich ausgesucht?" Die Antwort Mariens war: „Ich habe mich überall umgesehen und keine Bessere gefunden als dich. Du bist die Auserwählte." – „ Ach, was für eine Auserwählte könnte ich schon sein? Mein Lebtag verbringe ich im Bett!" – „Ja, du bist meine Vollkommene." – „Was Du mit vollkommen meinst, verstehe ich nicht", erwiderte Makaria, während sie sich ehrfürchtig vor der Gottesmutter verneigte, „aber alle Leiden will ich gerne annehmen und tragen. Leiden, das kann ich."
Einem geistlichen Sohn vertraute Makaria an: „Gott hat eine so nutzlose Person wie mich zum Leiden erschaffen. Man darf ihn nicht kränken. Ich kannte nichts außer meinem Bett. Noch lange werde ich hier liegen, IHN anschauen und für alle leiden.

So kann man hundert Jahre verbringen.“ Sie umfing mit ihrem Leiden ganz Russland.
Im Laufe ihres Lebens war Makaria oft krank. Schon mit 20 Jahren hatte sie alle Zähne verloren. Und als 31-jährige lag sie mit einer Nierenentzündung fünf Monate im Krankenhaus. (Ich selbst habe sowjetische Spitäler und Altenheime Anfang der 90er Jahre gesehen. Im Vergleich dazu sind unsere westlichen Krankenhäuser Luxushotels.) Als Makaria fünf Monate im Krankenhaus lag, schauten sowohl Ärzte und Krankenschwestern als auch Mitpatienten in ihrem geistigen Hunger gerne bei ihr vorbei. Einer nach dem anderen wollte von ihr beten lernen, und heimlich schrieben sie sich ihr Gebetbuch ab, was strengstens verboten und somit höchst gefährlich war.
Wenn Kranke und Leidende an Mutter Makarias Bett traten, wusste sie auf Grund ihrer Herzensschau mehr über die Besucher als diese über sich selbst. Trotzdem hörte sie ihnen geduldig zu und tröstete sie. Vor allem betete sie immer mit den Rat- und Hilfesuchenden und ermutigte sie auf den Herrn und Seine Mutter zu vertrauen, ehe Heilungen geschahen. „Ich bringe sie alle zu Christus, der sicher einmal zu mir sagen wird: Makaria, alle möglichen Leute hast du zu Mir gebracht; die einen bestahlen dich, andere nutzten dich aus. Ich aber werde nur bitten: Herr, erbarme Dich ihrer aller!“ Oft sagte sie schlicht und einfältig:„Matuschka (Mütterchen) wird beten. Ja, ich werde beten, und dir wird es besser gehen. An mir gibt es nichts, was nicht schmerzt, aber ich bitte die Gottesmutter, den Schmerz von euch zu nehmen und mir zu geben. Ich habe solches Mitleid mit euch! Ihr seid alle meine Kinder.“ Eines Tages kam eine Frau in schlechter Absicht und küsste heuchlerisch Makarias Hand., die sofort anschwoll. Als einige ihrer geistigen Kinder protestierten: „Mütterchen, du weißt doch, was manche Menschen, die kommen, im Sinn haben. Warum lässt du solche herein?“

Die gütige Dulderin antwortete: „Es wäre nicht richtig, sie nicht einzulassen. Alle dürfen kommen. Wir müssen doch mit allen barmherzig sein!“
Auch in den stillen Nachtstunden betete Mutter Makaria immerwährend, und ihr Gesicht wurde strahlend. „Ich weiß nicht was es heißt, nachts zu schlafen! Ich habe einfach keine Zeit dazu!“ Wenn man sie tagsüber extrem müde sah und ihr zuredete, sich doch ein wenig auszuruhen, erwiderte sie nur still: „Und wer wird leiden? Das ist doch meine Aufgabe, zu leiden. Mir geht es immer gut. Nur dem Eigenwilligen geht es schlecht.“
Der weltberühmte Kosmonaut Juri Gagarin, der 1961 als erster Mensch die Erde umrundet hatte, war mehrmals unter Makarias Besuchern. Laut der offiziellen sowjetischen Gottlosenpropaganda soll der „Held der Sowjetunion“ nach seiner Rückkehr zur Erde gesagt haben, er sei nirgendwo da draußen im All Gott begegnet. Sein Heimatdorf Gschatsk wurde nach ihm in „Gagarin“ umbenannt. Von dort kamen die sogenannten „Gagariner“ oft in das 80 kam entfernte Tjomkino zu Mutter Makaria. Auch die Mutter des ersten Astronauten, eine Melkerin, war viele Male unter ihnen. Sie hatte ihrem Sohn berichtet, dass die heiligmäßige Nonne von ihrer Rente nicht leben könne. „Gagarin kam mehrmals auf Krankenbesuch zu mir“, erzählte Makaria. „ Das letzte Mal war er Anfang März 1968 da; wir redeten lange miteinander. Er sagte: Ich werde für Sie eine Rente beantragen, denn es ist nicht gerecht, dass Sie so wenig bekommen. Er war ein einfacher Mann, gut und schlicht wie ein Kind. Damals sagte ich ihm: Juri, fliege nicht mehr! Du darfst nicht mehr fliegen! Er gehorchte mir nicht und starb.“ Am 27. März 1968 kam Gagarin bei einem Flugzeugunglück mit 34 Jahren ums Leben.
Zu den Leiden von Mutter Makaria gehörte auch, dass nach dem Tod von Mutter Natalia, die sie bei sich aufgenommen hatte, Frauen aus der Umgebung ihre Pflege, den Haushalt und die Be-

treuung der Besucher übernommen hatten. Man hätte erwarten können, dass diese Frauen sich fürsorglich um sie kümmerten. Aber von wenigen Ausnahmen abgesehen waren die mit ihrer anmaßenden und groben Art eine zusätzliche Qual für Makaria. Obwohl gut bezahlt, waren diese „Betreuerinnen“ unzufrieden und stahlen Geld und Lebensmittel, die Heilung Suchende brachten. Sie schimpften und schrieen die Wehrlose an, ließen sie absichtlich hungern und dürsten, reagierten nicht auf die Hilferufe der gegen ihr Lebensende fast Erblindenten. Manche betrieben sogar schwarze Magie, so dass die Öllampen plötzliche alle grundlos erloschen. Wohl ein Symbol für den geistigen Kampf gegen die Berufung der erleuchteten Makaria. Die „Helferinnen“ warteten ungeduldig auf deren Tod. um ihr Haus an sich reißen zu können. „Der Teufel bedient sich ihrer, indem sie schimpfen und fluchen“, sagte sie ohne Groll. „Ich aber sitze nur auf meinem Bett oder ziehe die Decke über meinen Kopf. Ich liege da und sage kein einziges Wort. Ich muss schweigen. Ich bete nur, denn ich bin ein so unbedeutender Mensch. Ich greife nie jemanden an, sondern bin still und bete. Ich bemühe mich, die himmlischen Beschützer nicht zu beleidigen. Ich unterwerfe mich allen.“

Gegen Lebensende der Kranken schliefen diese gehässigen Frauen sogar in Makarias Zimmer und ließen kaum noch jemanden zu ihr. Nur selten durften ihre geistigen Kinder oder Pilger mit ihr sprechen oder ihr helfen. Wehrlos wie ein Kind war sie den Launen ihrer „Betreuerinnen“ ausgeliefert. „Ich bin schwach, und sie quälen mich. Aber ich hege keinen Groll gegen sie, sondern bete: Gottesmutter, vergib allen, die mich so schlecht behandeln.“

So bewahrheitete sich eine ihrer Voraussagen: „Ich werde sehr einsam sein, von allen verlassen.“

Etwas vom Außergewöhnlichsten in Mutter Makarias Leben

war ihr vertrauter Umgang mit der Gottesmutter, der himmlischen Zarin. Zeitweise erschien Maria ihr täglich, umgeben von feinen Blütendüften. Sie setzte sich zu ihr auf ein kleines Holzbänkchen vor dem Bett und tröstete die Kranke liebevoll.
In den letzten Jahren, als noch viele Kranke zu ihr kamen, konnte sie den Menschenandrang kaum mehr bewältigen. Da beklagte sie sich öfter bei der Gottesmutter. „Da strich sie mir stets sanft über den Kopf und sagte: Dulde noch ein bisschen! Du hast deine Aufgabe noch nicht ganz erfüllt, und darum nehme ich dich noch nicht zu mir. Schon längst hätte ich dich geholt, aber ich habe niemanden gefunden, der bereit wäre, deinen Platz einzunehmen. Dulde also noch. Nimm Leiden auf dich, damit die Menschen nicht verloren gehen. – Und weil es nicht irgendjemand ist der darum bittet, sondern die himmlische Zarin, dulde ich."
„Ich hoffe einmal im Himmel zu sein, und wäre es nur am äußersten Ende. Matuschka braucht nicht viel Platz! Nach meinem Tod werde ich sehr viel helfen dürfen. Ich werde zur Gottesmutter sagen: All diese sind meine Kinder, nimm sie an!"
Als die 67.jährige Mutter Makaria am 18. Juni 1993 starb, waren ihre letzte Worte: „Betet und fastet – darin liegt das Heil!"
Bis zum Jahr 2003 trafen circa 5000 Dankesbriefe und Zeugnisse aus 208 Städten Russlands ein, die im Hinblick auf die Heiligsprechung an die zuständige Diözese Smolensk weitergeleitet wurden. Geistige Kinder errichteten, entsprechend den Prophezeiungen Mutter Makarias, auch eine schöne Holzkirche in Tjomkino, die am 8, August 2007 eingeweiht wurde.
(Quelle: Triumph des Herzens II/2012)

DIE LETZTEN TAGE DER IM NÜRNBERGER PROZESS VERURTEILTEN

Ein evangelischer Pastor, der die inhaftierten ehemaligen Großen des dritten Reiches während der Zeit des Nürnberger Prozesses seelsorglich betreute, als sie 1945/1946 vor dem Tribunal der Siegermächte standen, berichtet:

Es waren 21 Angeklagte. Sechs wählten die römisch-katholische Kirche als geistliche Stütze, fünfzehn zogen den Beistand von protestantischer Seite vor. Streicher, Jodl, Heß und Rosenberg besuchten nie einen Gottesdienst, obgleich sie vorgaben, an einen Gott zu glauben.

Eine Doppelzelle im zweiten Stock wurde zu einer kleinen Kapelle eingerichtet, wo die Gottesdienste gehalten werden konnten. Ein früherer Oberstleutnant der SS war unser Organist sowohl bei den katholischen als auch bei den protestantischen Zusammenkünften. Am Ende meines Aufenthaltes fand er Christus und nahm am Abendmahl teil. Das einfache Evangelium vom Kreuz hatte sein Herz umgewandelt.

Frank, Seyß-Inquart, Kaltenbrunner und von Papen besuchten die katholischen Versammlungen. Keitel, von Ribbentrop, Raeder, Dönitz, von Neurath ,Speer, Schacht, Frick, Funk, Fritsche, von Schirach, Sauckel und Göring waren unter meiner Zuhörerschaft.

Wir sangen drei Lieder, dann folgte die Schriftlesung, darauf eine kurze Ansprache und zum Schluß das Gebet mit Segen.

Keitel, von Ribbentrop, Sauckel, Raeder, Speer, Fritsche und von Schirach nahmen teil am Tisch des Herrn.

Saucke1 war der erste, der sein Herz dem Evangelium öffnete. Er war der Vater von zehn Kindern und hatte eine gläubige Frau. Nach einigen Besuchen knieten wir an seinem Bett, und er betete das Gebet des Zöllners: „O Gott, sei mir Sünder gnädig". Ich weiß, dass er es so meinte. Dann baten Fritsche, von Schirach und Speer um Zulassung zum Abendmahl. Gott hat durch sein Wort und seinen Geist mächtig an ihren Herzen gewirkt, und als reuige Sünder durften sie die Vergebung Christi annehmen.

Raeder war ein eifriger Bibelforscher, der stets mit für ihn unklaren Bibelstellen zu mir kam, und auch er nahm bald mit uns am Abendmahl teil.

Keitel, der Chef des Wehrmachtsstabes, bat mich, seinen Dank denen zu überbringen, die daran gedacht hatten, ihnen als Missetätern geistliche Hilfe zukommen zulassen. Unter Tränen sagt er: „Sie haben mir mehr geholfen, als Sie vermuten. Möge Christus mir beistehen!" Bei von Ribbentropp fand ich zuerst keinen Zugang; aber später fing auch er an, die Bibel zu lesen.

Am 1. Oktober 1946 folgte die Verkündigung der Urteile: Göring, von Ribbentrop, Keitel, Kaltenbrunner, Rosenberg, Frank, Frick, Streicher, Sauckel, Jodl und Seyß-Inquart wurden zum Tode durch den Strang verurteilt. Heß, Funk und Raeder erhielten lebenslängliches Gefängnis, von Schirach und Speer 20 Jahre, von Neurath 15 und Dönitz 10 Jahre, von Papen, Schacht und Fritsche wurden freigesprochen.

In den Annalen des Gerichts steht dieser Tag verzeichnet als „das jüngste Gericht". Als eine Gunst der „großen Vier" (die verbündeten Sieger) durften die Verurteilten noch einmal mit ihren Frauen sprechen. Es waren schwere Augenblicke für uns alle. Ich hörte, wie von Ribbentrop seine Frau versprechen ließ, die Kinder in der Furcht des Herrn zu erziehen. Sauckels Gattin mußte ebenfalls das Gelübde ablegen, ihr Kinder nahe am Kreuz groß werden zu lassen. Göring fragte, was sein Töchterchen Edda über Vaters Verurteilung gesagt habe, und musste hören, dass das Kind hoffe, seinen Papa im Himmel wiederzu-

sehen. Er selbst war in diesem Augenblick gerührt, und zum ersten Mal sah ich bei ihm Tränen. Er erzählte mir später, dass er schon gestorben sei, als die Tür seiner Zelle sich hinter seiner Frau geschlossen habe.
Tag und Nacht blieben wir nun bei denen, deren Seelen uns Gott anvertraut hatte. Bei einigen wiederholten wir unseren Besuch vier - oder fünfmal am Tage. Von Ribbentrop las während des größten Teils des Tages in seiner Bibel. Keitel wurde am meisten von den Stellen bewegt, die von der erlösenden Kraft des Blutes Christi sprachen. Sauckel war sehr erschüttert, und manchmal meinte er, dass er vor der Vollstreckung des Urteils erliegen würde. Stets betete er in seiner Zelle laut sein Lieblingsgebet: „O Gott, sei mir Sünder gnädig!"
Diese drei feierten zum letzten Mal in ihrer Zelle das Abendmahl. Gott hat ihre Herzen verändert, und jetzt angesichts des Todes beim Verlust aller materiellen Dinge und auch ihres unwürdigen Lebens, durften sie die Verheißungen Gottes für einen armen Sünder erfassen.
Am Abend vor der Hinrichtung, die auf den 16. Oktober 1946 festgesetzt war, hatte ich eine lange Unterhaltung mit Göring. Ich wies ihn auf die Notwendigkeit hin, sich bereitzuhalten, Gott zu begegnen. Im Laufe des Gesprächs machte er aber verschiedene Bibelwahrheiten lächerlich und weigerte sich anzunehmen, dass Christus für Sünder starb. Es war eine bewußte Leugnung der Kraft des Blutes Jesu. „Tot ist tot", das waren ungefähr seine letzten Worte. Als ich ihn zum Schluß auf sein kleines Mädchen hinwies, das ihn im Himmel wiederzusehen hofft, antwortete er: „Es glaubt auf seine Art, ich auf die meine."
Eine Stunde später hörte ich viele aufgeregte Stimmen, und dann vernahm ich, dass Göring sich das Leben genommen hatte. Sein Herz schlug noch, als ich in seine Zelle kam, aber auf eine Frage, die ich an richtete, erhielt ich keine Antwort mehr.

Eine kleine leere Ampulle lag auf seiner Brust. So ging er hinüber in die Ewigkeit.
Und dann brach die letzte Stunde für die zehn anderen an. Nun, da Göring nicht mehr da war, musste Ribbentrop als erster den Gang zum Galgen machen. Bevor er die Zelle verließ, sagte er, dass er sein Vertrauen auf das Blut des Lammes setze, das die Sünde der Welt wegnimmt, und bat Gott, seiner Seele gnädig zu sein. Dann kam der Befehl, in den Hinrichtungsraum zu gehen. Seine Hände waren gefesselt. Er stieg die dreizehn Stufen, bis zum Platz der Hinrichtung hinauf und musste dann seinen Namen angeben. Hierauf bekam ich Gelegenheit, ein letztes Gebet zu sprechen.
Auch Keitel ging, auf Gottes vergebende Gnade vertrauend, hinüber in die Ewigkeit.
Dann wurde Sauckel hereingeführt, der mit einem letzten Gebet sein sündiges Leben mit der Ewigkeit vertauschte.
Frick versicherte mir kurz vor dem Tod, dass auch er an das reinigende Blut Jesu glaube, und, dass er während unserer Gottesdienste Jesus Christus persönlich begegnet sei.
Der letzte unserer Gruppe war Rosenberg, der stets allen geistlichen Beistand abgewehrt hatte. Auf meine Bitte für ihn beten zu dürfen, sagte er lächelnd: „Nein, danke." Er lebte ohne Gott und starb auch ohne Gott.
Noch will ich Streichers Ende berichten. Zuerst weigerte er sich, seinen Namen zu nennen, und als der Augenblick seiner Hinrichtung da war, nannte er den Namen seiner Frau und ging darauf mit einem „Heil Hitler" in die Ewigkeit hinüber.
[Quelle: Fax vom 15.08.2005 +49 8381 82807] (Tel 0049-171-1196532)

Rudolf Hess trat bereits 1920 der nationalsozialistischen Partei bei. Er war am Hitlerputsch 1923 beteiligt und saß mit Hiter auf der Festung Landsberg in Haft. Dort wirkte er mit an der Abfassung von Hitlers Buch „Mein Kampf".1933 wurde er „Stellvertreter des Führers". Als 2. Nachfolger Hitlers (nach Göring) bestimmt, hatte er maßgeblichen Anteil am Ausbau des Hitlerkultes. Während des zweiten Weltkrieges flog er mit einem speziell dafür präparierten Flugzeug von Augsburg nach England, um Großbritannien für Friedensverhandlungen zu gewinnen, mit dem Ziel einer gemeinsamen Politik gegen die Sowjetunion. Am 10. Mai 1941 sprang er in Schottland mit dem Fallschirm ab, wurde gefangengenommen und 1946 vom Internationalen Gerichtshof in Nürnberg zu lebenslänglichem Gefängnis verurteilt.

Der Evangeliumsrundfunk Wetzlar berichtete, dass 1964 Colonel Eugene Bird, Kommandant dieses Kriegsverbrechergefängnisses in Berlin-Spandau wurde. Zwei Jahre später war nur noch Rudolf Heß, der Stellvertreter des Führers, der einzige Insasse. Für den überzeugten Christen Eugene Bird ist selbst Heß ein Mensch von Gott geschaffen. Eines Tages ruft Heß den Gefängnisdirektor zu sich und bittet ihn, das Vaterunser vorzulesen. Heß hatte bis dahin nichts mit der Kirche zu tun gehabt – Hitler war sein Gott. Aber das war der Anfang seiner Hinwendung zum christlichen Glauben. Später erlaubt Heß sogar, dass ihm der Gefängniskaplan Bibelverse vorliest. Colonel Bird ist überzeugt: Das Wort Gottes kam nicht leer zurück.

Als Colonel Bird 1974 sein Amt als Gefängnisdirektor niederlegt, bleibt der Kontakt zu Heß und dessen Betreuern bestehen. Im Sommer 1987 treffen sich Bird, der Gefängniskaplan und einige Freunde im Berliner Hotel Kempinski und beten. Da geschieht etwas Unerwartetes: Gott macht ihnen deutlich, dass Rudolf Heß Jesus Christus als seinen Erretter annehmen wird. Und Gott hat eine weitere aufrüttelnde Botschaft für diese Männer: Der einzige Grund weswegen Heß es bis jetzt nicht

getan hat, war: Keiner hat ihn gefragt. Daraufhin besucht der Gefängniskaplan in der folgenden Woche Heß im Gefängnis. Ob er Jesus Christus als seinen Erretter annehmen wolle? Und Rudolf Heß, der Stellvertreter von Adolf Hitler, sagte ja! Wenige Tage später erfährt die Welt vom Tod des 93jährigen.
Die alliierte Behauptung, Hess habe Selbstmord begangen, wurde von Augenzeugen und Sachverständigen in Zweifel gezogen. Der ehemalige Direktor von Berlin-Spandau Bird ist überzeugt, dass Geheimdienste daran interessiert waren, Rudolf Hess zu beseitigen. Neue Archivfunde aus England deuten nämlich darauf hin, dass die britische Regierung die deutschen Friedensangebote von Anfang an torpedierte. Churchill spielte auf Zeit, um die USA und die Sowjetunion mit in den Krieg zu ziehen.
(Quellen: ERF, Wetzlar
DVD Geheimakte Heß, Lebenswissen Verlag GmbH D 40723 Hilden)

„SS-Obersturmbannführer **Herbert Kappler**, Chef der Polizei im von den Deutschen besetzten Rom, ließ auf Befehl Hitlers am 24.3.1944 in den Ardeatinischen Höhlen 335 Zivilisten erschießen als Vergeltung auf einen Bombenanschlag der italienischen Resistanza, bei dem 33 Südtiroler Soldaten des Polizeiregimentes „Bozen“ ums Leben gekommen waren. Sein Gegenspieler war der irische Priester Monsignore Hugh O´Flaherty, Mitglied des vatikanischen Heiligen Offiziums. Er organisierte Hilfe für die Juden Roms und aus deutscher Gefangenschaft entflohene alliierte Soldaten und von der Gestapo gejagte Widerstandskämpfer. Das blieb den Deutschen nicht lange verborgen. Kappler suchte des Priesters habhaft zu werden, hatte sogar Befehl gegeben ihn zu erschießen. O´Flaherty konnte außerhalb des Vatikans nur noch unter allen möglichen Verkleidungen sich dem entziehen. Es wurde ein regelrechtes Katz- und Maus-Spiel

des Monsignore bei seinen Hilfsaktionen und der SS Kapplers. Nach dem Krieg kam es zum Prozess gegen die Verantwortlichen der Geiselerschießungen. SS-Obersturmbannführer Herbert Kappler wurde 1948 zu lebenslänglicher Gefängnishaft verurteilt.
Wer ihn regelmäßig monatlich in der Haft besuchte, war der Priester Monsignore O´Flaherty, der Kapplers Frau und seinen beiden Kindern in den Wirren des Krieges zur Flucht aus Rom in die Schweiz verholfen hatte. Im Gefängnis bekehrte sich der ehemalige SS-Chef Roms zum katholischen Glauben und wurde 1959 von seinem früheren Gegenspieler O´Flaherty getauft."
(Quelle: Brockhaus Lexikon und DVD „Der Priester und der Standartenführer – Im Wendekreis des Kreuzes")

Der SS-General **Oswald Pohl**, saß im Kriegsverbrecher-Gefängnis Landsberg am Lech ein. Er war zuständig für die Hinterlassenschaften der vielen Tausenden, die in den Gaskammern der Konzentrationslager von Belzeck, Treblinka und Sohibor ermordet wurden. Pohl schrieb an die Kommandanten von sechzehn Vernichtungslagern, „dass das in allen Konzentrationslagern anfallende Menschenhaar der Verwendung zugeführt wird, damit es zu Industriefilzen verarbeitet und zu Garn versponnen werden kann". Das Gericht der Siegermächte verurteilte ihn zum Tod am Galgen. Auch er fand in der Kerkerhaft zum Glauben.
Nach dem ersten Weltkrieg hatte er in seiner Verzweiflung die Bibel, die ihm fremd blieb, ins Feuer geworfen und auf der Suche nach dem Sinn des Lebens, diesen im Nationalsozialismus gefunden. In der Haft gewann er Vertrauen zum katholischen Gefängnispfarrer Karl Morgenschweis. Von ihm erhielt Bücher, die ihm Einsichten in die katholische Glaubenswelt finden ließ, so von Karl Adam und Romano Guardini. Und durch ihn wur-

de der ehemalige General der Waffen-SS mit Genehmigung des Augsburger Bischöflichen Ordinariates in die katholische Kirche aufgenommen. „Nun erschloss sich ihm das Mysterium der Kirche durch das Sakrament der Eucharistie. Es geschah Ähnliches wie damals zu Emmaus. Der Herr hatte den Zweien die heiligen Schriften so ergreifend erschlossen, dass ihre Herzen erglühten – doch erkannt haben sie ihn erst beim Brotbrechen" (Max Rösler). Von Jugendtagen an waren Pohl die heiligen Texte der Bibel vertraut, doch sie hatten ihn nicht gepackt, hatten nicht sein Leben bestimmt, ihn nicht das Verwerfliche seines Tuns erkennen lassen. Ins Feuer hatte er die Bibel geschmissen. Jetzt aber langte das Feuer nach ihm selbst, ließ ihm das Herz entbrennen, denn er fand – wie Morgenschweis berichtet – „die klare und sichere Erkenntnis, dass nur dort allein der wahre Christus sein kann, wo ER in der Eucharistie lebt." Nach Pohls eigenen Worten wurde jene Stunde für ihn entscheidend, „in der ich als Nicht-Katholik das tiefe Geheimnis, das in der heiligen Eucharistie verborgen liegt, erahnte und die lebendige Gegenwart des in der katholischen Kirche, dem corpus Christi mysticum, weiterlebenden Christus spürte. Der Augenblick der Wandlung erfüllte mich mit sehnsüchtiger Liebe... Ich war unversehens in den Mittelpunkt der katholischen Glaubenswelt geraten, als habe mich Gott gleich in das Zentrum seiner Offenbarungen führen wollen: die Auferstehung Seines gekreuzigten Sohnes und Gegenwart des Auferstandenen im Allerheiligsten Sakrament." Von der Eucharistie aus öffnet sich ihm das Geheimnis der Kirche, die Dogmen, Heiligen- und Marienverehrung.

So gelangte er, bereits in der blutroten Jacke der zum Galgen Verurteilten, zum Höhepunkt seines Lebens: „Nach gehöriger Unterweisung in der katholischen Glaubenslehre durch unseren Gefängnisgeistlichen legte ich am Sonntag Sexagesima 1950 meine Lebensbeichte vor ihm ab. Am gleichen Tage erlebte ich

die Gipfelstunde meines Lebens in der Feier meiner ersten heiligen Kommunion." Nach dem Bericht seines Seelsorgers lebte Fohl bis zum sehr nahen Ende seines Lebens „wie ein Mönch in seiner Zelle, betend und opfernd."
Seine Aufzeichnungen für den Gefängnisgeistlichen sind 1950 im Verlag Alois Girnth, Landshut, erschienen unter dem Titel „Credo, mein Weg zu Gott". In seinem Schlusswort betonte er noch einmal den geheimnisvollen Zusammenhang von Eucharistie-Erfahrung und Kirchenzugehörigkeit.
(Quelle: Max Rösler in der TAGESPOST: „Schon zum Galgen verurteilt, erkannte er das Geheimnis der Eucharistie")
Auch die Bekehrung dieser Nazigrößen und Kriegsverbrecher ist ein Wunder, ein großes Wunder der Gnade Gottes.

„BEIM HERRN IST BARMHERZIGKEIT UND REICHE ERLÖSUNG" (PS 130,7)

Es war ganz am Anfang der neunziger Jahre, kurz nachdem der „Eiserne Vorhang" gefallen war. Für die schwergeprüfte Kirche der früheren Tschechoslowakei lockerten sich die Fesseln der kommunistische Verfolgung. Militante Atheisten wagten nicht mehr so ohne weiteres, Gläubige zu diskriminieren. Vielmehr bemühten sich nun auch kommunistisch eingestellte Politiker, sich mit den vom Heiligen Vater neu ernannten Bischöfen zu arrangieren und zusammenzuarbeiten. Dabei kam es zu folgender Begebenheit, die uns zeigt, dass Gottes Barmherzigkeit uns immer umfängt, vor allem dann, wenn wir tief gefallen sind.
Der Bürgermeister einer ostslowakischen Stadt bat den Bischof, einen seiner Priester, der zugleich auch Arzt sein sollte, zu beauftragen, zu den zahlreichen Prostituierten der Stadt über die

gesundheitlichen Risiken der Prostitution zu sprechen. Tatsächlich gab es einige solcher Priester, die in der Verfolgungszeit geheim geweiht worden waren und als staatlich bezahlte Ärzte ganz unauffällig, aber segensreich priesterlich gewirkt hatten. Der Bischof entschied sich für Jan, einen aufgeschlossenen und erfahrenen Priester. Jan war keineswegs erfreut, diese heikle Aufgabe zu übernehmen. Er dachte sich: Muss ich mich jetzt auch noch mit diesen da abgeben und mich sogar noch um solche kümmern! Doch er nahm den bischöflichen Auftrag an und begab sich zur abgemachten Zeit ins „Dom Kultury" (Kulturhaus), eine Art Gemeindesaal. Dort waren auf Veranlassung des Bürgermeisters die betreffenden Mädchen und Frauen versammelt.
Vorher aber ging er noch in die nahegelegene Kirche vor den Tabernakel. Da geschah etwas Wunderbares. Jan war als Priester und Arzt ein durch und durch nüchterner Mensch. Noch nie in seinem Leben hatte er in seiner Seele die Stimme des Herrn vernommen und auch nicht im geringsten daran gedacht, dass ihm das je passieren könnte. Aber als er vor dem Tabernakel betete und in seiner Lustlosigkeit klagte: „Mein Gott, muss ich wirklich zu diesen da sprechen?", da vernahm er ganz überraschend in seinem Inneren die milden Worte: „Jan, Johannes, warum sagst du diese da und solche ? Du hast nicht für sie gelitten. Ich aber habe für sie gelitten, und Ich bin für sie gestorben. Ich trage sie alle als weiße Lilien in Meinem Herzen. Sage ihnen das!"
Von dieser barmherzigen Liebe tief erschüttert, konnte Jan die Tränen kaum mehr zurückhalten. Er bemühte sich jedoch, sich zu fassen, denn die Frauen warteten auf seinen Vortrag. Jetzt aber war er ganz anders eingestellt, denn in den wenigen Augenblicken, da er die Stimme des Herrn vom Tabernakel her vernommen hatte, wurde er innerlich wie verwandelt. Mit einer völlig anderen Gesinnung der Barmherzigkeit und des Mitleides – nicht des Urteilens – ging er nun und hielt den Vortrag.

Am Schluss konnte er sich dazu durchringen, den Mädchen und Frauen auch das zu erzählen, was er über sie gedacht und was der Herr für sie gesagt hatte: „Ich trage sie alle als weiße Lilien in Meinem Herzen, und Ich habe für sie gelitten und bin für sie gestorben." Da ging ein Schluchzen durch die Reihen: alle versprachen, ihr Leben zu ändern, und jene, die getauft waren baten um das Sakrament der Beichte.
(Quelle: Triumph des Herzens III/ 2003)

DIE MACHT DES WORTES GOTTES

In der TAGESPOST war das Interview mit dem ehemaligen Anführer einer Autoschieberbande und Mörder veröffentlicht. Darin berichtet er, dass ihm ein Sozialarbeiter eine Bibel in die Hand drückte. Eine innere Stimme sagte ihm: „Nimm und schlag auf!" Und der erste Satz, auf den er beim Aufschlagen der Bibel stieß, lautete: „Wenn wir unsere Sünden bekennen, ist er treu und gerecht: er vergibt uns die Sünden und reinigt uns von allem Unrecht" (1 Joh 1,9). Daraufhin warf er das Buch vor Entsetzen in die Ecke. Denn damit hatte er nicht gerechnet. Doch es gärte in ihm weiter: „Sollte mir Gott wirklich alle Sünden vergeben haben?" In seiner Verzweiflung, darüber Gewissheit zu erlangen, hörte er wiederum diese Eingebung: „Nimm und schlag auf!" Da las er im Epheserbrief die Stelle: „Ihr wart tot infolge eurer Verfehlungen und Sünden. Ihr wart einst darin gefangen, wie es der Art dieser Welt entspricht ... Gott aber, der voll Erbarmen ist, hat uns, die wir infolge unserer Sünden tot waren, in seiner großen Liebe, mit der er uns geliebt hat, zusammen mit Christus wieder lebendig gemacht. Aus Gnade seid ihr

gerettet“ (Eph 2,1 ff).
Kurz vor seiner Taufe macht er sich Gedanken, welcher der drei großen Konfessionen er beitreten solle. Er hatte die Wahl zwischen römisch-katholisch, protestantisch und orthodox. „ER sagte mir, beschäftige dich mit der Kirchengeschichte.“ Es wurde ihm dabei deutlich, dass „sich durch die Jahrhunderte ein rotes Band zog, Petrus und die Päpste. Da wurde mir klar, es gibt eigentlich nur eine Kirche, alles andere sind kirchliche Gemeinschaften, die sich durch eine Form des Ungehorsams von ihr abgespalten haben.“
Nach 15 Jahren Haft wurde er in die Freiheit entlassen: bekehrt, getauft und überzeugter Katholik. 2009 gründete er das Hilfswerk „Maria HILFT“ für straffällig geworden Jugendliche, die nach ihrer Haftentlassung kein Zuhause mehr haben, das sie erwartet.
(Quelle: Die Tagespost 8. April 2015
Hartung/ Fasel, Du musst daran glauben. Vom Mörder zum Menschenretter)

VIER SCHÜSSE AUF EIN KREUZ

In der Pfarrkirche von Molina di Quosa, einem Dorf in der Gegend von Pisa, wird ein ehrwürdiges Kreuz aufbewahrt. Es ist weit herum bekannt als das „Kruzifix des Deutschen“.
An einem Freitagabend im Juni 1944 ereignete sich folgendes im Restaurant „Beim Enzio“. Gegen 22 Uhr war noch eine feucht-fröhliche Gesellschaft bei Wein und Spiel beisammen. Unter ihnen ein Deutscher, Leutnant Heinrich Lohse. Er war ein verbissener Feind des italienischen Volkes und spottete bei

jeder Gelegenheit über Religion, Papst und katholische Kirche.
An jenem Abend ließ Lohse, geladen vom südlichen Wein, auf einmal ein fürchterliches Donnerwetter von Flüchen und Schimpfworten los. Zum Glück verstanden es die Einheimischen nicht. Plötzlich zog er seine Pistole, richtete sich auf und zielte auf das Kreuz an der Wand und feuerte ab. Vier Schüsse krachten. Die Anwesenden wurden bleich vor Schrecken. Der erste Schuss streifte die linke Hand des Gekreuzigten und zermalmte die Finger. Der zweite Schuss zerbrach das rechte Bein unterhalb des Knies. Der dritte und vierte Schusszerrissen den Unterleib des Korpus auf der rechten Seite. Nach diesem letzten Schuss hallte das satanische Lachen Lohses durch die Weinstube.
Sein Fahrer, Pietro Georgis, ein Turiner, war Zeuge der schauerlichen Tat. Gleich nach dem ersten Schuss floh er in Deckung aus Furcht, der Unhold könnte in seinem Wahnsinn die Pistole auch noch auf die Menschen richten. Er sah, wie Lohse nach den Schüssen das Kreuz von der Wand riss, es anspuckte und mit gotteslästerlichen Flüchen auf den Fußboden warf.
Acht Tage später. Wieder ein Freitag. Nachmittags gegen 2 Uhr fuhr der Leutnant in Richtung Florenz. Am Steuer des offenen Wagens saß Pietro Georgis, als plötzlich vier amerikanische Jagdflugzeuge am blauen Himmel erschienen. Zwei davon kamen im Sturzflug auf das Auto zu. Georgis stoppte und floh hinter eine nahe Mauer in Deckung. Leutnant Lohse aber, wie von einer unsichtbaren Macht gebannt und gelähmt, rührte sich nicht. Er blieb wie angewurzelt neben dem Auto stehen. Salve auf Salve krachte. Der Leutnant erhielt einen ersten Streifschuss an die linke Hand, der ihm den Finger wegriss, dann zwei Kugeln rechts in den Unterleib, und die vierte Kugel zerschmetterte das rechte Bein genau unter dem Knie. Vier Schüsse hatte Lohse auf das Kreuz an der Wand gefeuert, und vier hatten ihn getroffen.

Die amerikanischen Jagdflugzeuge verschwanden in der Ferne. Pietro zitterte am ganzen Leib. Er sprang herbei und sah den Leutnant in seinem Blute liegen. Im Geist sah er das zerschossene Kreuz in der Weinstube, sah wie Lohse an den gleichen Stellen verwundet war, wo seine gotteslästerlichen Schüsse den Gekreuzigten getroffen hatten.
Ein Priester, der ebenfalls in der Nähe in Deckung gegangen war, eilte herbei und beugte sich über den Sterbenden. Er wusste nichts vom Kreuzesfrevel. Er hörte, wie er später gestand, den Leutnant einige Worte murmeln ..., verstand aber nur: „Das ist Gottes Hand." Der Glaube der Kindheit wurde bei Lohse wieder wach. Pietro sah, wie sein Leutnant gleichsam um eine Riesenschuld abzuzahlen, sich das Kreuz der Erlösung auf Stirne, Mund und Brust zeichnete.
Das geschändete Kreuz wurde in die Pfarrkirche gebracht, und dort wird es bis heute sorgsam aufbewahrt. Zehn Jahre nach der grausigen Tat brachte eine italienische Zeitung (1954) einen Bericht, wonach Tausende von Gläubigen das „Kruzifix des Deutschen" – wie die Leute es nennen – in einer feierlichen Prozession verehrten. Diese Geschichte offenbart Gottes Gerechtigkeit und Barmherzigkeit. Unbegreiflich, doch unendlich groß!
Vor einigen Jahren konnte mir ein Schweizer Verwandter durch einen Bekannten einen Gebetszettel aus der Pfarrkirche von Molina di Quosa mit der Geschichte des Kreuzes besorgen.
(Quelle: Eismann/Wiggers, Vorlesebuch zum Katholischen Katechismus Bd I)

„GOTT LÄSST SEINER NICHT SPOTTEN."

Die größte Zeitung Messinas brachte 1908 in der Ausgabe zum Heiligen Abend einen Leitartikel, in dem alles, was Christen am Weihnachtsfest heilig ist, geschmäht und verspottet wurde. Am Schluss des Artikels stand in fettgedruckten Buchstaben: „Geh´, Jesulein, zeig uns doch, ob du existierst! Schick uns doch ein Erdbeben, wenn du kannst!" Diese Gotteslästerung schlug man auch noch an Straßen und Plätzen an. Weder die Polizei, noch der Magistrat schritten dagegen ein.

Am 28. Dezember 1908, morgens um 6 Uhr 23 rissen drei gewaltige Erdstöße die Bewohner aus dem Schlaf. Eine Springflut hob draußen auf dem Meer große Schiffe in die Luft und schleuderte sie wie mit Titanenfaust kilometerweit wieder ins Wasser oder ans Land. Augenzeugen berichteten, dass nur ein einziges Haus das Beben überstanden hat. Brände brachen aus. Was das Beben noch nicht zerstört hatte, wurde durch die Explosion des großen Gaskessels vernichtet. 60000 Menschen kamen bei dieser Katastrophe ums Leben. Beim Aufräumen des riesigen Trümmerfeldes konnte man noch da und dort an den Hausruinen die gotteslästerlichen Plakate sehen: „Lieb´ Jesulein, schick´ uns doch ein Erdbeben, wenn du kannst!

(Quelle: Eismann/Wiggers, Vorlesebuch zum kathol. Katechismus Bd I)

ZUR HÖLLE UND ZURÜCK

Die US-amerikanische Schweizer Ärztin Kübler-Ross, ist bekannt geworden durch ihre Bücher, in denen sie Erlebnisse veröffentlicht von bereits klinisch Toten, die wieder reanimiert wurden. Alle ihre Gewährsleute berichten von lichten und beseligenden Nahtoderfahrungen. Auch ein Cousin von mir in Zürich hat eine solche Erfahrung gemacht und sagte mir: Seitdem habe er keine Angst mehr vor dem Tod.
Gegen diese einseitige Darstellung wendet sich der amerikanische Herzspezialist Dr. med. Maurice S. Rawlings seinem Buch „Zur Hölle und zurück". Darin berichtet er (Seite 41-43) über sein umwerfendes Erlebnis aus dem Jahr 1977. Bei der Untersuchung mit dem EKG wurden mit einem 48-jährigen Landbriefträger immer schneller werden Übungen gemacht, um festzustellen, ob irgendwo ein Herzinfarkt schwelt. Der Monitor zeigte plötzlich eine gefährlich beschleunigte Herzfrequenz an, darauf folgte eine sehr lange Pause, dann extrem langsame, in Abständen kommende Herzschläge – und dann die Nulllinie. Aber der Patient redete zunächst munter weiter. Bei den Wiederbelebungsbemühungen fing er jedes Mal zu röcheln an, sobald der Arzt aufhörte, auf die Brust zu drücken, um den eingeführten Herzschrittmacher zu regulieren, und das Herz hörte auf zu schlagen. Aber auf einmal schrie er laut: „Nicht aufhören! Ich bin in der Hölle! Ich bin in der Hölle!" Der Arzt hielt das für eine Halluzination. „Um Gottes willen hören sie nicht auf! Jedes Mal wenn sie loslassen, bin ich wieder in der Hölle!" Als er auch noch darum bat: „Beten Sie für mich!", da reichte es dem Arzt. Er solle gefälligst den Mund halten, schließlich sei er Arzt und kein Pfarrer oder Psychiater. Doch auf die erwartungsvollen Blicke der assistierenden Krankenschwester hin, musste der Arzt

ein Gebet erfinden. Und, wenn auch nur zum Schein, betete er vor: „Jesus Christus, Gottes Sohn – los, sagen Sie es! – bewahre mich vor der Hölle, und wenn Du mich am Leben bleiben lässt, will ich für immer Dir gehören.“ Dann geschah etwas Merkwürdiges, das beider Leben veränderte. Doch, lassen wir den Arzt selber zu Wort kommen: „Charlie erlebte eine gründliche Bekehrung...Ich war bis ins Mark erschüttert. Das zum Schein gesprochene Gebet hatte nicht nur Charlies Seele getroffen, sondern der Schuss war nach hinten losgegangen und hatte mich ebenfalls erwischt ... Seitdem hat Charlie drei permanente Herzschrittmacher überlebt, und es fällt mir immer noch schwer zu glauben, dass mein armseliges Gebet den Weg zu meiner eigenen Bekehrung bereitet hat.“
(Quelle: Maurice S. Rawlings, Zur Hölle und zurück, Verlag C. M.. Fliß ISBN 3-931188-06-X)

OKKULTISMUS, SPIRITISMUS, EXORZISMUS

Mancher aufgeklärte und moderne Mensch gleicht dem Schaf, das sagt: „Früher meinte ich immer die Welt sei am Weidezaun zu Ende. Heute, wo ich aufgeklärt bin, weiß ich: ‚Die Welt ist in Wirklichkeit da hinten am Waldrand zu Ende‘.“ (Jörg Müller)
Okkultismus beruht auf dem Glauben an übermenschliche Seelenkräfte und die Existenz von Geistern, die man sich dienstbar machen will.
Spiritismus ist der Versuch mit Geistern in Verbindung zu treten (z.B. Totenbeschwörung), um durch sie zu außergewöhnlichen Erfahrungen und Fähigkeiten zu gelangen. So hat zum Beispiel König Saul durch die Hexe von En-Dor den Geist des verstorbenen Propheten Samuel beschwören lassen, um den Ausgang

der bevorstehenden Schlacht zu erfahren. Siehe 1 Sam 28. In der Bibel werden solche abergläubischen Praktiken ausdrücklich verurteilt, weil sie dem 1. und 2. Gebot Gottes widersprechen.
Beim Exorzismus werden durch Gebete und Befehl im Namen Jesu Christi Menschen von Belästigungen und der Gewalt des Teufels und der bösen Geister befreit.
In Rom gibt es einen Priester, Gabriele Amorth, der seit zwanzig Jahren als Exorzist tätig ist mit der Befreiung von Menschen, die dämonischen Einflüssen ausgesetzt sind. Er hat seine Erfahrungen veröffentlicht, nicht um der Sensation willen, sondern um Menschen zu warnen, sich nicht leichtfertig durch okkulte und spiritistische Praktiken dämonischen Einflüssen auszusetzen. Ich bringe am Schluss die Titel seiner Bücher.
Pater Amorth unterscheidet verschiedene Stufen von dämonischem Wirken. Der niedrigste Grad sind Belästigungen, wie sie zum Beispiel der Pfarrer von Ars jahrelang erleben musste, und „Verseuchungen", wo in Häusern oder Wohnungen, die merkwürdigsten Dinge passieren. So zum Beispiel schaltet sich das Licht, der Fernsehapparat, elektrische Hausgeräte von selbst ein oder aus zu unvorhergesehenen Momenten. Die Wasserhähne drehen sich von selbst auf und zu, ohne dass jemand sie berührt. Bilder reißen sich von der Wand los und fliegen durch das Zimmer zur gegenüberliegenden Wand, Möbel kippen um oder verschieben sich von selbst. Wenn Pater Amorth dort den Exorzismus gebetet und den Ort ausgesegnet hatte, gab es Ruhe.
Die nächste Stufe sind Quälereien und dann die dritte Stufe: die fürchterlichen Fälle von Besessenheit, wie ich sie im Kapitel „Teuflische Besessenheit und Exorzismus" weiter hinten schildere.
Pater Amorth schreibt, heute gäbe es solche Vorkommnisse viel mehr als vor fünfzig Jahren, da viele Jugendliche nicht mehr in

die Kirche gehen, sondern an spiritistischen Sitzungen teilnehmen, Magier und Kartenlegerinnen aufsuchen und mit dergleichen okkulten Dingen sich beschäftigen. Es gibt Menschen, die mit Hilfe der Magie glauben, höhere Mächte beeinflussen zu können, denen sie aber in Wirklichkeit dienen müssen. Es gilt, laut Pater Amorth, Jugendliche davor zu warnen, um sie vor den damit verbundenen Gefahren zu schützen. „Wer mit Magiern oder der Magie verfallenen Kartenlegern verkehrt, geht mit diesen Personen eine Bindung ein und durch sie mit dem Teufel. All diese Bindungen muss man abbrechen ... Manchmal ist die Art der Bindung heimtückischer, beinahe unbewusst. Man gibt den kleinen Finger, wenn man aus Neugier oder Leichtsinn einer satanistischen Versammlung beiwohnt, man lässt ein Glas oder ein Geldstück sprechen, will den Magier spielen, wie man den Zauberkünstler spielen würde..."(Amorth). Man öffnet damit sozusagen die Tür für den Dämon, statt ihm die Tür vor der Nase zu zuschlagen.
(Quelle: Gabriele Amorth, Ein Exorzist erzählt)

Literatur:

1. *Jörg Müller, Verwünscht, verhext, verrückt oder was?* (Als grundlegende Information aufschlussreich.)
2. Eine umfassende Darstellung: *Reinhold Ortner, Die Finsternis trägt den Namen LUZIFER. Symptome – Ursachen - Diagnose – Fallbeispiele .*
3. *Gabriele Amorth, Ein Exorzist erzählt*
4. *G. Amorth, Neue Berichte eines Exorzisten*
5. *G. Amorth, Memoiren eines Exorzisten*
6. *Prof. Dr. Georg Siegmund (Hrsg) Der Exorzismus der katholischen Kirche Authentischer lateinischer Text nach der von Papst Pius XII. erweiterten und genehmigten Fassung mit deutscher Übersetzung und Einführung ISBN 3-7171-0796-8*

DIE KAMPFAUSRÜSTUNG GEGEN DEN BÖSEN FEIND

Von den Aposteln sind uns Regeln überliefert, wie man sich richtig gegenüber dem bösen Feind, dem Teufel und seinen Helfershelfern, verhalten soll.

1. Im 1. Petrusbrief steht: „Seid nüchtern und wachsam! Euer Widersacher, der Teufel, geht umher wie ein brüllender Löwe und sucht, wen er verschlingen könne. Leistet ihm Widerstand in der Kraft des Glaubens“(1. Petr 5,8).

„Nüchtern“, das heißt, man sollte skeptisch sein. Nicht alles, was an schlimmen Dingen passiert, ist unmittelbar auf den Teufel zurückzuführen. Aber es gilt auch, wachsam zu sein. Denn, wie der Apostel Paulus schreibt, „Tarnt sich der Satan als Engel des Lichtes“ (2 Kor 11,14), um uns hereinzulegen, indem er die Sünde als etwas Gutes und für uns Vorteilhaftes hinstellt. Er argumentiert sogar – wie bei der Versuchung Jesu in den Wüste – mit frommen Bibelsprüchen.

2. Im Epheserbrief (6,11-17) verweist uns Paulus auf die „Waffenrüstung Gottes“, mit der wir den „listigen Anschlägen des Teufels widerstehen“ können: „Gürtet euch mit der Wahrheit und zieht den Panzer der Gerechtigkeit an.“ Damit ist die Wahrheit des Evangeliums gemeint. Sie schützt vor der Lüge des „Vaters der Lüge“, wie Jesus den Teufel nennt. Mit dem „Panzer der Gerechtigkeit“ meint Paulus die uns von Gott in der Taufe geschenkte rechte Beschaffenheit, die heiligmachende Gnade, durch die wir Gott wohlgefällig sind. Vor allem mit dem „Schild des Glaubens“ kann man „die feurigen Geschosse des Bösen abwehren“. So hat ja auch der Apostel Petrus es geschrieben: „Widersteht dem Teufel tapfer im Glauben.“ Der Apostel Paulus rät,

den „Helm des Heiles“ aufzusetzen. Der Glaube schützt – wie ein Helm den Kopf – gegen die Schläge des Feindes und lässt den Kampf heil überstehen. Mit dem „Schwert des Geistes“, dem Wort Gottes, können wir sogar zum Gegenangriff übergehen. Gott hat uns also bestens ausgerüstet. Mit der „Waffenrüstung Gottes“ sind wir nicht wehrlos im Kampf mit dem bösen Feind. Wer allerdings den „Gürtel der Wahrheit“ oder den „Panzer der Gerechtigkeit“ ablegt, indem er lügt oder unrecht tut, der macht sich mit dem Teufel gemein. Wer dagegen den „Helm des Heiles“ (Glauben) aufbehält, wahrhaftig ist und recht handelt, macht gemeinsame Sache mit Gott, der den Sieg verleiht.

3. Wenn tatsächlich ein begründeter Verdacht auf dämonische Hintergründe besteht, sollte man sich an einen Priester wenden. (Verdacht auf dämonische Belastung kann sich ergeben, wenn beim Auftreten merkwürdiger Phänomene, zuvor okkulte Praktiken, Drogenkonsum, Kontakte mit Spiritisten und Magiern vorkamen.) Wenn sich kein Priester findet, kann man sich an die im Buch von Pater Dr. Jörg Müller SAC „Verwünscht, verhext, verrückt oder was?“ angegebene Adresse wenden.

4. Im Alltag ist keiner hilflos dämonischen Einflüssen ausgeliefert, wenn er okkulte Praktiken meidet, z.B. Tischrücken, Kartenlegen, vor allem keinen Umgang pflegt mit Menschen, die solche Dinge praktizieren oder sich als Gurus, Magier oder Hexen ausgeben.

5. Jesus hat uns empfohlen: „Wachet und betet!“ Darum gilt, wachsam und nicht leichtsinnig zu sein. Eines Tages kam ein Vater mit einem vom Dämon besessenen Jungen zu Jesus und sagte: „Ich habe schon deine Jünger gebeten, ihn auszutreiben, aber sie vermochten es nicht...wenn du es kannst, hilf uns, hab Mitleid mit uns. Jesus sagte zu ihm: Wenn du kannst? Alles kann, wer glaubt. Da rief der Vater des Jungen: Ich glaube, hilf meinem Unglauben! Als Jesus sah, dass die Leute zusammenlie-

fen, drohte Er dem unreinen Geist: Ich befehle dir, du stummer und tauber Geist: Verlass ihn, und kehr nicht mehr zurück! Da zerrte der Geist den Jungen hin und her und verließ ihn mit lautem Geschrei. Der Junge lag wie tot auf dem Boden, so dass die Leute sagten: Er ist gestorben. Jesus fasste ihn an der Hand und richtete ihn auf, und der Junge stand auf. Als Jesus nach Haus kam und sie allein waren, fragten ihn seine Jünger: Warum konnten wir den Dämon nicht austreiben? Er antwortete: Diese Art kann nur durch Gebet ausgetrieben werden" (Mk 9 18 – 29).

6. Es gibt zahlreiche Mittel, sich vor dämonischen Einflüssen zu schützen: und zu wehren: a) Das regelmäßige Morgen- und Abendgebet, mit dem man sich unter den Schutz Gottes stellt, b) Mit einer regelmäßigen guten Beichte entziehst Du Dich dem Einfluss des Bösen. c) Auch das Kreuzzeichen, mit dem man sich segnet. d) Den heiligen Namen Jesus aussprechen, z.B. „Gelobt sei Jesus Christus!" e) Die Gottesmutter, die Siegerin in allen Kämpfen Gottes, anrufen, z.B. „O Maria ohne Sünde empfangen, bitte für uns, die wir unsere Zuflucht zu Dir nehmen". f) Das Gebet zum heiligen Erzengel Michael, z.B. „Heiliger Erzengel Michael, stehe mir bei gegen die Mächte der Finsternis!" g) Den heiligen Schutzengel anrufen. Vergleiche das „Schutzengelwunder im 20. Jahrhundert" oben auf Seite 48-49, h) Weihwasser nehmen i) geweihte Kreuzchen und Medaillen (siehe die Geschichte auf Seite 57-59) tragen, aber nicht als Talisman, sondern im Vertrauen auf die Fürbitte dessen, der auf der Medaille dargestellt ist. Denn der allmächtige Gott hört auf die Fürbitte seiner Heiligen. Und ER ist mächtiger als alle Mächte der Hölle. Wer auf der Seite Gottes steht, ist immer auf der Seite des Stärkeren. Das zeigen die vielen Wundergeschichten dieses Buches. Sie geben uns Mut.

Gebet zum heiligen Erzengel Michael

Heiliger Erzengel Michael, verteidige uns im Kampf. Gegen die Nachstellungen und die Bosheit des Teufels sei du unser Schutz! Gott, der Herr, gebiete ihm, so bitten wir flehentlich. Du aber, Fürst der himmlischen Heerscharen, stürze den Satan und die anderen bösen Geister, die zum Verderben der Seelen die Welt durchschweifen, in der Kraft Gottes hinab in die Hölle. Amen.

TEUFLISCHE BESESSENHEIT UND DER EXORZISMUS

Die schlimmste Weise teuflischer Belästigung, ist die Besessenheit. Dabei ergreift der Satan Besitz vom Körper des Menschen. Spricht durch ihn mit Grabesstimme und zwingt dem Leib des Menschen seinen Willen auf. Aber von der Seele kann er nicht Besitz ergreifen, wohl aber den Menschen mit dämonischer Gewalt furchtbar quälen. Die folgenden Beispiele sind nicht erfundene Gruselgeschichten, sondern tatsächlich passiert.

Während des zweiten Weltkrieges hatte in einem Trierer Lazarett der Seelsorger Jesuitenpater Adolf Rodewyk es mit einer von Dämonen besessenen Krankenschwester zu tun. Alles begann damit, dass die Großmutter das Baby verfluchte. Den Wortlaut des Fluches will ich nicht berichten, weil er so unglaublich grässlich ist. Nacheinander fuhren dann Dämonen ein, die sich Kain, Nero, Abu Gosch (das war ein Banditenführer) Beelzebub, Lucifer nannten. Der Priester, der damals das Baby taufte – so bekannten die Dämonen – habe das Exorzismusgebet, das im Taufritus vorgesehen war, nur für eine bloße Zeremonie gehalten und nicht die ernste Absicht gehabt, die Teufel auszutreiben. Magda (Name geändert) bekam von diesen Dämonen solche Schläge zugefügt, dass der ganze Rücken grün und blau war. Sie fügte sich und anderen mit einem Rasiermesser Schnitte bei. Auch der Stabsarzt, der in den Fall eingeweiht wurde, kam zum Urteil: „Hier haben wir etwas Metaphysisches vor uns."

Der Pater hatte vom Trierer Bischof den Auftrag bekommen, den Exorzismus vorzunehmen. Das sind Gebete, bei denen im Namen Jesu, dem bzw. den Dämonen befohlen wird, diesen Menschen zu verlassen. Bei Magda wirkte der Exorzismus so, dass ein Dämon sie verließ, dafür aber ein anderer kam. Wenn Nero ausfahren musste, kamen dann an seiner Stelle Herodes und Barabbas. Im Evangelium wird ja an vielen Stellen davon berichtet, das Jesus Dämonen ausgetrieben hat. Auch sprach Er davon, dass, wenn der böse Geist ausgetrieben sei er hingehe und sieben andere Geister hole, die noch schlimmer sind als er selbst und diese dann einziehen und sich niederlassen und die Taten dieses Menschen dann schlimmer sind als die ersten. Vergleiche Matthäusevangelium 12, 43-45.

Im Falle Magdas war der Exorzismus deshalb so schwierig, weil der Weg ihres Lebens „mit Sünden gepflastert ist", wie Abu Gosch einmal sagte. So hatte sie heilige Hostien geschändet, indem sie welche unter den Altarteppich legte, damit sie der Priester bei der Feier der heiligen Messe zertreten musste. Andere Hostien hatte sie an Hühner verfüttert. In der Nazizeit wurde sie bald in der nationalsozialistischen Schulungsarbeit eingesetzt und besorgte ihren Auftragsgebern heilige Hostien, an denen diese der Jugend demonstrierten, dass Gott hier nicht zugegen sei, indem sie die Hostien vor den Augen der Zuhörer zerbrachen und schändeten.

Mit einem durch und verdorbenen Mann lebte sie zeitweilig zusammen und hatte sich mit ihm in aller Form dem Teufel verschrieben. Dafür machten die beiden sich Schnitte in den Unterarm und ließen ihr Blut in den gleichen Becher träufeln und unterschrieben damit gemeinsam den Pakt mit dem Teufel. Braucht man sich da zu wundern, dass Pater Rodewyk vier Jahre lang mit den Dämonen kämpfen musste, weil diese ihre sichere Beute nicht hergeben wollten? Doch Magda konnte von acht Dämonen befreit werden und mit Gott versöhnt sterben. In seinem Buch „Besessenheit heute" schildert P.Adolf Rodewyk SJ Einzelheiten dieses von häufigen Rückschlägen begleiteten schwierigen Kampfes. Ich würde jedem Priester empfehlen, dieses Buch zu lesen. Aber man bekommt es nur noch im Antiquariat.

Ein Besessenheitsfall in China

Dieses zweite Beispiel stammt aus den dreißiger Jahren des letzten Jahrhunderts. Es wird von einem Steyler Missionar berichtet. Pater Kalvey, SVD schreibt: „Nicht selten hörte man in der Zeit vor der Herrschaft der Kommunisten das Wort: ‚Der Teufel ist unser bester Missionar.' Als kritische Deutsche nahmen wir diese Mitteilungen unserer Vorgänger nicht sehr ernst, hielten vielmehr die Italiener für allzu leichtgläubig. Doch im Laufe der Zeit sahen wir uns gezwungen, ihnen recht zu geben, nachdem wir unsere eigenen Erfahrungen hatten machen müssen."

Die Geschichte spielt 1930/31 in Junan, einer Stadt in der Provinz Honan (China). Frau Lau-Tién-Wei hatte zusammen mit anderen Frauen an einem Jahrmarktfest die üblichen Besuche in den Pagoden (Götzentempeln) gemacht Während des Aufenthaltes im Tempel stellten sich bei Lau Tién die ersten Anzeichen von Besessenheit ein. Bei einem Angriff einer Räuberbande (1929) suchte Frau Lau Tién mit ihren Eltern in der Innenstadt von Junan Unterschlupf in einem alten Tempel. Darin hatten zuvor Soldaten ihr Quartier aufgeschlagen und die 16 Götzen-

bilder des Tempels zerstört, weil sie nicht mehr an die Macht der Götzen glaubten.
Nach ihrer Rückkehr in die östliche Vorstadt von Junan mehrten sich die Anzeichen von Besessenheit. Eine Stimme sprach aus ihr, die vorgab, die Stimme eines Geistes zu sein. Dieser verlangte von ihr, ihm ein Zelt zu errichten und darin Weihrauch zu opfern. Auch solle sie die buddhistischen Fasttage halten. Dafür versprach ihr der Geist, dass er ihr helfen werde, Kranke zu heilen, wahrzusagen und anderes mehr. Sobald sie die an den buddhistischen Fasttagen verbotenen Speisen zu sich nahm, musste sie alles sogleich wieder erbrechen. Sie wurde immer schwächer und konnte kaum mehr essen. Die chinesischen Ärzte konnten ihr nicht helfen und rieten ihr: „Geh zu den Bonzen!“ (buddhistische Mönche). Aber auch die Bonzen waren machtlos gegenüber den eigenartigen Erscheinungen. Nun fragten ihre Eltern bei bekannten Christen in der Nachbarschaft an, ob sie vielleicht helfen könnten. „Freilich“, sagten die, „wenn es der Teufel ist, dann hoffen wir wohl mit ihm fertig zu werden.“ Die Christen kamen in die Wohnung der Familie Wei, beteten und versprengten Weihwasser und das Teufelswesen verschwand. Doch das Gebet der Christen wirkte nur für einige Zeit. Dann meldete sich der böse Geist wieder. Die Christen trieben ihn von neuem aus. Das wiederholte sich mehrere Male. Daraufhin meldeten die Christen den Fall ihrem Pfarrer Pater Heier SVD. Die Familie Wei hatte sich inzwischen entschlossen, den christlichen Glauben anzunehmen, nachdem sie die Macht der Christen über die Dämonen kennen gelernt hatte. Sie entfernten die Götzenbilder und alles, was zu deren Verehrung diente, aus ihrem Haus und begannen, die Kirche der katholischen Mission regelmäßig zu besuchen.
Pater Heier beauftragte seine chinesischen Schwestern, sich Lau-Tién-Wei anzunehmen. Als sich die diabolischen Attacken

wieder einstellten, konnten diese von den Schwestern mit Gebet und Weihwasser zur Ruhe gebracht werden. Wegen der häufigen Anfälle entschloss sich der Pater, die Sache selbst in die Hand zu nehmen und lud Frau Lau Tién ein, in die Missionsstation zu kommen, wo sie in der Abteilung für Frauen unter ständige Kontrolle gestellt werden konnte. Zunächst blieb ihr Zustand normal, so dass der Pater die Mission für einige Zeit verließ, um andere Missionsstationen zu besuchen. Als er wieder zurückkehrte hatte Frau Lau Tien einen so starken Anfall, dass die Schwestern ihn zu Hilfe riefen. Er war erstaunt über den schrecklichen Anblick. Die Frau stöhnte und ächzte, wie nur die Verdammten in der Hölle stöhnen können, dann lachte sie wieder so wahnsinnig und verzweifelt, wie nur die Verdammten irrsinnig lachen können.

Sie antwortete auf Fragen und schwatzte so eigenartig, als ob zwei Personen in ihr steckten. Pater Heier gab ihr den priesterlichen Segen, der aber ohne Wirkung blieb. Daraufhin ging er sein Brevier (priesterliches Gebetbuch) holen, in dem sich eine Formel des sogenannten kleinen Exorzismus befand. Inzwischen versuchten die Schwestern und Katechistinnen (Religionslehrerinnen) der Mission Frau Lau Tien zu beruhigen. Sie aber verfluchte alle und lachte sie aus. Als der Priester zurückkam, begann er unauffällig den Exorzismus zu beten. Bevor Pater Heier noch die Einleitungsgebete zum heiligen Erzengel Michael beendet hatte, beruhigte sich Frau Lau Tien und legte sich auf eine Lagerstätte, mit dem Gesicht zur Wand. Als der Priester an die eigentlichen Worte des Exorzismus kam: „Im Namen und in der Kraft Jesu Christi, unseres Gottes und Herrn und auf die Fürsprache der unbefleckten Jungfrau und Gottesmutter Maria ... unternehmen wir zuversichtlich den Kampf gegen die Angriffe und Arglist Satans“, begann Lau Tien zu gähnen , wandte sich um, öffnete die Augen und blickte den Priester an, stand auf und machte des heilige Kreuzzeichen. Das alles wirkte auf Pater Heier so überraschend und überwältigend, dass er nicht genug über die Kraft des Exorzismusgebetes der Kirche staunen konnte. Doch der Pater traute dem Frieden nicht. Schon eine halbe Stunde später wurde er wieder gerufen. Dasselbe Stöhnen und fürchterliche Lachen wie früher. Während Pater Heier den Exorzismus betete, rief Frau Lau Tien plötzlich: „Shénfu (Priester), gib mir die Taufe, dann wird alles recht werden!" Eigentlich hatte der Pater die Taufe zu einem späteren Termin vorgesehen. „Gut, in Gottes Namen", sagte der Priester. Alle gingen mit ihm zur Kirche, und dort taufte er Lau Tién auf den Namen Maria, zu Ehren der allerseligsten Jungfrau Maria. Maria Tién war überglücklich und frohen Herzens. Sie war überzeugt, nun vollständig befreit zu sein. Aber schon am nächsten Tag wurde der Pater zweimal gerufen. Maria Tien wurde erneut von ihrem Dämon beunruhigt. Der Priester stellte nun die im großen Exorzismus vorgesehenen Fragen: „Was bist du? Wer bist du?" Darauf kam die Antwort: „Ich bin ein Rachegeist. Im Hause Lau Tiéns haben sie meinen Altar zerstört. Lau Tién brennt mir keinen Weihrauch mehr und macht keinen Kotau [ehrende Verbeugung] mehr vor mir." Dann fragte der Priester den Dämon nach seinem Namen. Auch das ist im offiziellen Exorzismus so vorgesehen. Antwort des Dämon: „Ich habe keinen Namen", und fuhr fort: „Sonderbar, früher konnte ich in ihr Herz eindringen und jetzt kann ich es nicht mehr." Durch den Exorzismus im Taufritus wird das Herz des Täuflings der Gewalt Satans entrissen und die Seele wird durch das Sakrament der Wiedergeburt (Taufe) ein Tempel des Heiligen Geistes, so lange nicht der Christ durch eine schwere Sünde dem Teufel wiederum die Tore seines Herzens öffnet. Pater Heier setzte dem Dämon mit weiteren Fragen zu: „Du bist mir ein feiner Teufel, wenn du nicht einmal einen Namen hast! Mit der Gnade und im Namen Gottes werde ich dich aus deinem Wohnsitz vertreiben."

Bei diesen Worten wurde das Stöhnen und Jammern noch lauter. Es gelang dem Priester Maria Tién wieder in den normalen Zustand zurückzuversetzen. Nach Sonnenuntergang wurde der Pater wieder zur gequälten Frau gerufen. Der Pater: „Wie konntest du es wagen, wieder zurückzukehren?" Der Dämon: „Oh, ich bin nicht fort gewesen. Ich habe dort am Haupteingang gewartet, bis du fortgegangen bist." Ein erneuter Exorzismus befreite Maria Tién wieder von ihren Plagegeist, so dass sie die ganze Nacht ruhig schlafen konnte. Der nächste Tag, ein Sonntag verlief zunächst ruhig. Der Priester und die Schwestern fasteten an diesem Tag und hielten Nachmittags Anbetungsstunden, um den Himmel zu bestürmen und die Befreiung dieser geplagten Frau zu erlangen. Doch am Abend musste der Priester wieder gerufen werden. Bei dieser Gelegenheit sagte der Dämon: „Ich gehe fort, ich gehe fort und werde nimmer, nimmer wiederkommen." Aber er hielt nicht Wort, was beim „Vater der Lüge" üblich ist.

Der Priester versuchte von nun an die Seele seines Schützlings auf die erste Beichte und die erste heilige Kommunion vorzubereiten. Am 19.Mai 1930 legte sie ihre erste Beichte ab und empfing zum ersten Mal in ihrem bisher kummervollen Leben den Leib Christi in der heiligen Kommunion. Aber das Glück dieses Tages sollte der Neuchristin und dem Priester teuer zu stehen kommen. Die darauffolgenden Attacken waren geradezu dramatisch. Die Schwestern mussten die Frau, die um sich schlug und trat, mit Gewalt in die Kirche tragen. Der Dämon wehrte sich buchstäblich mit Händen und Füßen dagegen. Denn sobald Maria Tién in die Kirche kam, hatte er anscheinend keinen Einfluss mehr auf sie. Aber nach der ersten Beichte und der ersten heiligen Kommunion wurde er selbst in der Kirche aktiv. Der Dämon hatte nunmehr volle Gewalt über ihren Körper.

Pater Heier schickte einen Boten nach Chumatién, um die dortigen Patres über die jüngsten Ereignisse zu unterrichten und sie um Hilfe zu bitten. Auch wollte er von ihnen Rat, wie er sich verhalten solle. Auch an Pater Kalvey in Sinyáng hatte er geschrieben. Der warnte ihn zur Vorsicht: er solle nicht an eine teuflische Besessenheit glauben, wenn sie nicht ganz sicher erwiesen sei. Daraufhin schrieb Pater Heier einen ausführlichen Brief und berichtete Genaueres über das Benehmen der Frau und die Anzeichen die ihm für Besessenheit zu sprechen schienen. Nach drei Tagen kamen die Patres Rosenbaum und Irsigler auf Pferden in die Mission von Junan. Es war der 21. Mai 1930. Bei ihrer Ankunft fanden sie Maria Tién in einem schrecklichen Zustand. Pater Heier ließ sie daher in die Kirche tragen, wo sie für kurze Zeit zu sich kam und die beiden Missionare begrüßte und sich entschuldigte, dass sie ihnen so große Unannehmlichkeiten bereite.

Die drei Priester beratschlagten, was zu tun sei und beschlossen, so lange zu beten, bis der Dämon sein Opfer freigebe. Maria Tién saß in der Kirche in einem bequemen Sessel. Tag und Nacht beteten nun Gruppen von Christen mit einem der drei Priester für Maria Tién. Pater Irsigler ritt nach Chumatién zurück, um von dort aus an den Apostolischen Vikar Monsignore Froewis zu telegraphieren und von ihm die Erlaubnis zu bekommen, den großen offiziellen Exorzismus anzuwenden Die Erlaubnis kam am 23. Mai. Die Patres begannen sofort mit dem feierlichen Exorzismus. Er dauerte jedesmal wenigstens eine halbe Stunde. Bis Mitternacht wiederholten sie ihn dreimal. Der Dämon verließ zwar die Frau, kam aber wieder. Am 24. Mai wurden die Angriffe des bösen Geistes bereits schwächer und weniger zahlreich. Aber das Beten und Bewachen wurde fortgesetzt. Bald sprach der Teufel aus Maria Tién, bald war sie selber Herr über sich. Die beiden Patres standen schließlich ratlos da und wussten nicht mehr, was sie noch tun könnten. Pater Rosenbaum ging so weit, dass er sagte. „ Ich würde mir selbst alle meine Sünden von ihm sagen lassen, wenn er nur dafür ausfahren möchte.“ (Man muss wissen, dass das vorkommt, und der Teufel die Sünden des Exorzisten bekannt macht, um ihn zu blamieren und abzuschrecken, den Exorzismus zu wiederholen.) Dann ging der Pater hinüber zum Altar Unserer Lieben Frau von Lourdes und gelobte der Gottesmutter zehn heilige Messen zu feiern und zwanzig Rosenkränze zu beten: „O unbefleckte Gottesmutter, hilf uns doch, den Kopf dieses Ungetüms zu zertreten!" Um Mitternacht kam es wieder zu einer schweren Attacke des Dämons. Pater Heier betete wieder den feierlichen großen Exorzismus und zwar mit Erfolg! Die Frau kam nach einem müden Gähnen wieder zu sich. Seitdem war sie vollkommen normal. Und der Pater war der Überzeugung, der Sieg sei nun endgültig errungen.

DIE MACHT MARIENS ÜBER DIE DÄMONEN

Die Geschichte der Maria Lau Tién Wei war aber nach der Austreibung des Dämons doch noch nicht zu Ende, wie Pater Heier angenommen hatte. Zur Erholung nach all dem Erlittenen schickte er sie nach Chumatién. Dort erlaubte Pater Dominik Wittwer, dass sie bei den chinesischen Schwestern der Heiligen Familie wohnen dürfe. Anderthalb Wochen ging alles gut. Doch dann erlitt Maria Tién erneut dämonische Attacken. Die Dinge wurden sogar schlimmer als zuvor Am 15. Juli 1930 stand es sehr schlimm um Maria Tien. Sie wurde in die Kapelle der Schwestern gebracht. Dort wandte sie sich plötzlich um, deutete auf die Kapellentür und rief mit tiefer Stimme: „Seht ihr ihn nicht dort an der Türe stehen? Er ist es, der mich ruiniert hat." Die Wende kam am folgenden Tag, dem Fest Unserer Lieben Frau vom Berge Karmel. Zur linken Seite des Altares hing ein großes schönes Bild der „Immerwährenden Hilfe".

Es ist die bekannte griechische Ikone, auf der die Gottesmutter mit dem Jesuskind auf dem Arm dargestellt ist. Oben links und rechts halten zwei Engel die sogenannten Leidenswerkzeuge, das Kreuz, Lanze und Schwamm.
Von nun an kam es zu einer Art Zwiesprache zwischen dem Dämon und diesem Bild. Gefragt, wen die Frau auf dem Bild darstelle, antwortete er, er kenne sie nicht. Er bezeichnete die Gottesmutter immer nur mit „Sie", um den Namen Mariens nicht aussprechen zu müssen. SIE werde ihn in die Hölle stoßen. Dann wies er drohend mit den Händen von Frau Tién auf das Bildnis hin und erklärte offen, dass für ihn nun die Zeit der Spielereien zu Ende sei und dass SIE die ganze Angelegenheit nun in ihre Hand nehme, dass SIE vom Bilde aus ihre Befehle erteile und er jetzt gezwungen sei, zu bekennen. Darum wurde er gleich nach seinem Namen gefragt. Er sei Changping, die verworfene Seele dieses Mannes. Er gestand auch, dass er nicht allein sei, sondern dass noch andere böse Geister sich im Körper von Maria Tién aufhielten, sie müssten aber alle weichen. Und SIE auf dem Bilde werde sie jetzt alle in die Hölle jagen. In den nächsten Tagen werde einer nach dem anderen kommen und verurteilt werden. Auch ihm werde es so ergehen. Im ganzen seien sie vierzehn (!) Dämonen.
Im Markusevangelium (16,9) und im Lukasevangelium (8,2) wird berichtet, dass Jesus aus Maria von Magdala sieben Dämonen ausgetrieben habe. Nun wird auch verständlich warum der Dämon nicht bereit war, in der ersten Phase seinen Namen zu nennen, eben um zu verbergen, dass sie mehrere waren. Es lohnt sich einmal im 5. Kapitel des Markusevangeliums die dramatische Geschichte des Besessenen von Gerása zu lesen. Der hatte, als Jesus ihn fragte, wie er heiße, angegeben: „Mein Name ist Legion, denn wir sind viele" (Mk 5,9). Die Steyler Missionare in China mussten ein Vierteljahr und Pater Rodewyk in Trier

musste vier Jahre lang mit den Dämonen kämpfen, bei Jesus genügte ein einziger Befehl, und sie mussten weichen.
Nachdem der Dämon die Macht Mariens offen bekannt hatte, musste er gehen. Maria Tien war frei und heiter. Aber siehe da nach zehn Tagen trat wieder die dämonische Besessenheit auf Dieser Dämon wurde wie sein Vorgänger vor zehn Tagen vom Bild der Gottesmutter von der „Immerwährenden Hilfe" völlig beherrscht. Es entspann sich eine Art Unterhaltung zwischen ihm und dem Bild. Er sagte: „Zweifel? – Wer zweifelt? – Ah, der Shenfu (Priester) zweifelt? Der Shenfu glaubt nicht an das Wunder". Dann wird Pater Dominik zurecht-gewiesen, weil er Changping nicht geglaubt habe, dass die allerseligste Jungfrau nun die Sache selber in die Hände nehmen wolle. Er ermahnte die Umstehenden, sie sollten keine Furcht haben, sie bräuchten nur zu glauben und davon überzeugt sein, dass die Heilige Mutter die vierzehn Dämonen endgültig vertreiben werde.
Dieser Dämon nannte sogar seinen Vor- und Zunamen: Sah-Whangdi-Lucifer. Dann weinte er und sagte, er müsse nun zur Hölle, laut dem Befehl jener auf dem Bilde – Maria Tién gähnte – und der Dämon war weg.
Das alles hatte sich ereignet während Pater Wittwer abwesend war. Die Schwestern berichteten ihm, was vorgefallen war. Doch er fand es eigenartig, denn es widerstrebte den theologischen Vorstellungen und religiösen Empfinden des Paters. Ausgerechnet Luzifer sollte Botschaften von der Heiligen Jungfrau übermitteln? War das nicht widersinnig und albern? Der Pater kämpfte mit sich. Da aber mehrmals versichert worden war, dass der Glaube wesentlich zum erwünschten Erfolg beitrage, betete Pater Dominik oft an diesem Tage: „Herr, ich glaube, hilf meinem Unglauben!"
Ich kann die folgenden Auftritte der einzelnen noch kommenden Dämonen hier nicht bringen. Im Buch sind das zwanzig

Seiten. Es waren insgesamt vierzehn böse Geister, davon waren nur vier wirkliche Teufel, während die übrigen zehn sündige und zur Hölle verurteilte Seelen waren. Sie mussten ihre Lebens-geschichte erzählen, wie sie als Betrüger, Räuber, Entführer und Mörder zu Höllenkandidaten geworden seien. Vom 30. Juli bis zum 5. August 1930 mussten sie nacheinander kommen, und bevor sie ausfuhren ihren Namen und ihre Verbrechen nennen, die sie begangen hatten. Auch eine Frau war darunter, die „Große Tochter". Sie hatte ein lasterhaftes Leben geführt und am Ende sich im Zusammenhang mit einem Ehebruch vergiftet. Zum Teil gaben sie Ort und Adresse an, wo sie gelebt und ihre Verbrechen begangen hatten. Pater Heier konnte einiges nachprüfen und feststellen, dass es stimmte.
Am 5. August 1930, dem Fest Maria Schnee, war der letzte der bösen Geister zum Ausfahren angesagt. Man traf Vorbereitungen für den Dankgottesdienst in der ärmlichen Kapelle. Pater Dominik lud Pater Heier ein zu kommen, um Zeuge zu sein und das Dankhochamt zu feiern. Nach dem Frühgottesdienst wurde Maria Tién wieder vom Dämon befallen. Er weigerte sich zunächst, seinen Namen zu nennen. Pater Dominik ermahnte ihn: „Du fragst jetzt die Heilige Mutter, was sie von deiner Persönlichkeit sagt." Der Dämon lauschte zum Bilde hin und sagte dann mit verstellter Verwunderung: „Sa...tan, Luzifer! Sie sagt Satan, Lucifer." Nachdem er seinen Namen genannt hatte, gab er ruhig und resigniert eine kurze Übersicht über diesen besonderen Fall von Besessenheit: „Ich bin der letzte der vierzehn. Über vier Jahre haben wir uns des Körpers der Maria Tién bemächtigt. Wohin sie auch immer ging, wir waren bei ihr. Von Anfang an haben wir schwer gearbeitet, ihre Seele zu gewinnen, aber wir haben verloren. Ich bin der letzte der Schar, der zurück zur Hölle muß. Die anderen sind mir schon vorausgegangen. Alle vierzehn schickt die heilige Mutter in die Hölle." Maria

Tién sank zusammen und der Dämon war ausgefahren. Etwa fünf Minuten lang lag sie wie tot am Boden. Dann kam sie zu sich, ging an ihren Platz und kniete nieder. Sie wusste nichts von all dem, was sich mit ihr zugetragen hatte. Der Dankgottesdienst wurde abgehalten für einen solch herrlichen Triumph über die Mächte der Finsternis, den der Heiland Jesus Christus und seine himmlische Mutter ermöglicht hatten.
Diese tatsächliche Geschichte zeigt: Der Himmel ist stärker als wir – auch stärker als die Dämonen.
(Quelle: Benedikt Stolz, Die Macht Mariens über die Dämonen)

EINE TEUFELSPREDIGT

Nikolaus Wolf von Rippertschwand (1756-1832) aus dem Schweizer Kanton Luzern, war Familienvater, Bauer, Großrat. Und ab seinem fünfzigsten Lebensjahr hatte der gestandene Mann von echter Frömmigkeit die Gabe der Krankenheilung. Der intelligente Bauer, der als junger Mann in den Wintermonaten aus den Klosterbibliotheken sich Bücher auslieh und studierte, brachte seinen Hof Rippertschwand zu einem ansehnlichen Musterbetrieb. Die Bauern aus der Nachbarschaft kamen zu ihm, um in materiellen und anderen Belangen bei ihm Rat zu holen. Sie wählten ihn 1803 zum Mitglied des Großen Rates. Der damalige „moderne" Zeitgeist forderte ihn zum kämpferischen Widerspruch heraus. So trat er mutig dem aufgeblasenen Regens des Luzerner Priesterseminars entgegen. Abends, wenn alle zu Bett gegangen waren und es still im Hause wurde, zog er sich nach getaner Arbeit in ein Nebenstübchen zurück, um bis spät in der Nacht zu beten. Seine Frau Barbara kam dann leise und fand ihn, so ins Gebet versunken, dass er sie nicht sel-

en überhörte. Eines Nachts redete er noch lange mit ihr: „Ich meine, wir Männer müssten, anstatt nur zu politisieren, uns regelmäßig zum Gebet zusammentun. Das müsste eine Armee geben, die mehr ausrichtet als Napoleon mit seinen Soldaten." Die große Stube des Bauernhauses wurde zur Kirche, in der ein Gebetskreis von Männern sich traf.
Nikolaus machte die Erfahrung der Segens- und Heilungskraft des Namens Jesu zunächst an sich selbst. Dann aber, weil er glaubte diese nicht für sich selbst bekommen zu haben, setzte er diese Gnadengabe auch für andere ein. So kam es, dass er immer wieder zu Kranken gerufen wurde oder Heilungssuchende zum Hof Rippertschwand kamen. Das erste was er tat, war in dem Kranken den Glauben an die Kraft des Namens Jesu zu wecken. Ein junger Mann aus dem Zugerland kam zu ihm, um Hilfe für seinen dem Tod geweihten lungenkranken Freund zu bitten. Dem sagte Vater Wolf: „Ich kann nicht helfen, aber Gott kann helfen!" Und er fuhr fort: „Wenn man mit einem senfkörnleingroßen Glauben Berge versetzen kann, wird wohl ein solches Übel zu heilen sein!" Als der Bittsteller zaghaft erwiderte: „Wir glauben ja, dass Gott helfen kann," schaute ihm Wolf mit seinem klaren Blick auf den Herzensgrund und erklärte: „Es ist nicht genug, dass man glaubt, Gott könne helfen. Das glaubt jeder, der an Gott glaubt. Man muss glauben, dass Er uns wirklich hilft, weil Er uns ja versichert hat, dass Er uns alles gewähren wolle, um was wir Ihn bitten werden."
Viele hundertmal nahm Nikolaus Wolf den oft stundenlangen Weg auf sich, wenn er zu einem Kranken gerufen wurde und betete bei jedem Schritt. Wenn er an das Krankenbett trat, sagte er: „Zur Ehre des heiligen Namens Jesu, zum Heile der Menschen, zum Sturz der Hölle." Zuerst fragte er oft die Kranken, ob sie glaubten, dass Jesus ihnen helfen könne. Dann betete er mit ihnen Akte des Glaubens, der Hoffnung und der Liebe: „Mein

Gott, ich glaube an Dich, weil du der wahrhaftige Gott bist. Mein Gott, ich hoffe auf Dich, weil Du der getreue Gott bist. Mein Gott, ich liebe Dich von ganzem Herzen, weil Du der unendlich gute Gott bist, und es reut mich von Herzen, Dich beleidigt zu haben mit meinen Sünden." Er besprengte die Anwesenden mit Weihwasser und betete mit allen zu Ehren der heiligen fünf Wunden Jesu fünfmal das Vaterunser. Immer wieder mahnte er die Kranken, auf die Hilfe im Namen Jesu unbegrenzt zu vertrauen. Meistens trat sofort die Besserung ein, so dass das Volk von Wundern sprach. Wer aber Vater Wolf einen Wundertäter nannte, der kam bei ihm nicht gut an: „Gott allein kann helfen, wir müssen nur Glauben haben", war seine Antwort.
Nikolaus Wolf hatte auch Macht über die Dämonen. Am 26. August 1811 wurde eine vom Teufel besessene Frau auf den Hof zu Rippertschwand gebracht: Anna Wirtenbergerin aus Bonndorf im Schwarzwald. Diese Frau war weit herum Gesprächsstoff im Volk. Vater Wolf spürte, dass er es hier nicht nur mit einer armen, bedauernswerten Person zu tun hatte. Auf Befehl des charismatischen, mit übernatürlichen Gaben ausgestatteten, Mannes musste der Teufel durch sie „predigen". Alle, die dabei waren und zuhörten, erschauerten. Die wichtigsten Wahrheiten über Sünde, Tod, Himmel und Hölle sprach ein anderer durch diese besessene Frau. Für den Abend rief Nikolaus Wolf Zeugen zusammen: Kaplan Geißhüder und Wolfs Schwiegersohn Bühlmann, damit vor diesen nochmals die Teufelspredigt stattfinde. Allen im Hause, Knechten und Mägden, sowie Schnittern, die sich zur Zeit der Ernte hier aufhielten, befahl er, sich in der großen Stube einzufinden. Als alle beisammen waren, gebot Vater Wolf: „Lasst uns auf den Knien bitten, dass Gott zulässt, der Teufel möge nochmals die Predigt halten wie am Nachmittag." Alle knieten nieder. Es waren 17 Personen. Sie beteten ein Va-

erunser. Dann wurde die Frau hereingeführt und Vater Wolf musste ihr dreimal befehlen: „Sage uns noch einmal, was Gott zu sagen befohlen hat. Was ER dir nicht zu sagen befohlen hat, darüber schweige!" Trotzig und hasserfüllt stand die Frau da. Beim dritten Mal zuckte sie zusammen. Nun ertönte wieder diese merkwürdige, raue und männliche Stimme aus ihr. Sie sprach langsam, oft wiederholte sie das Gesagte, so dass der Hausvater alles aufschreiben konnte.

„Ich muss Dir etwas sagen. Ich muss dir sagen, wie wir die Menschen verführen in dieser Zeit. Wir geben den Menschen ein: Es ist nicht so, wie man lehrt und glaubt und die Alten geglaubt haben. Dummheit ist das. ...Die wahre Religion ist nicht so. Man muss auf die Vernunft hören ... Was man nicht begreifen kann, muss man nicht glauben. Dann verwerfen sie die wahre Religion und machen sich selbst eine. Denn es ist ihnen leicht zu sagen: Es ist kein Gott, tot ist tot. Das ist Weiberglauben. Torheit ist das. Ich will Reichtum sammeln, auf welche Art ich kann. Ich will Wollust und Freuden auf dieser Welt genießen nach meinem Verlangen und alles tun, was ich will."

Mit flackerndem Blick schaute die Besessene zum Muttergottesbild und fuhr fort: „Was die Verehrung und Fürbitte der großen Frau betrifft (der böse Feind spricht den Namen Maria und auch Jesus nicht aus, ist aber gezwungen sie die „große Frau" zu nennen), was sie betrifft, geben wir den Menschen ein: Was nützt das? Das ist nicht das Wesentliche! ... Wir geben ihnen ein: Der Rosenkranz nützt nichts. Das ist Gewohnheit, das ist Geplapper, ein Altweibergebrumm. Das ist nicht das Wesentliche. Man muss andere Gebete nehmen. Doch der Rosenkranz ist ein großer Schrecken für die Hölle...

Auch ist es unser Werk, die (kirchlichen) Festtage aufzuheben. Was nützt das? Es sind ja Tage der ...Verschwendung. Es ist bes-

ser, diese Tage werden abgeschafft. Viele würden an diesen Tagen ihre Andacht machen, dem Gottesdienst beiwohnen, und zögen die Barmherzigkeit des Allerhöchsten herab...
Hauptsächlich greifen wir die Priester an und sagen: Der Teufel hat keinen Einfluss, besonders aber nicht auf körperliche Dinge. Sie bedenken nicht, was für eine Gewalt sie in ihrer Weihe empfangen haben...
Wenn die Großen dieser Welt Zusammenkunft in wichtigen Dingen halten, so kommen wir auch zahlreich zusammen und halten Rat... Wenn sie nicht im Gebet und Glauben durch Gott uns verjagen, so ist ihr Werk unser. Fangen sie aber ihr Werk mit Gott an und verjagen uns,... so ist ihr Werk Gottes Werk.
Die Taufe und die Beichte sind das Schrecklichste für uns. Vor der Taufe ist die Seele unser, in der Taufe wird sie uns entrissen .Aber die Beichte ist viel schrecklicher für uns, denn dort haben wir die Seele schon in den Klauen und sie wird uns aus denselben gerissen. Wir geben den Menschen ein: Was willst du beichten? Was willst du es einem Menschen sagen? Er ist auch nur ein Mensch wie du. Oder wir machen, dass er sich so schämt, es zu sagen und nicht beichten kann. Überwindet er sich aber, so ist das die schrecklichste Sache für uns."
Beim Sterben eines Menschen würden die Teufel ihn in Verzweiflung versetzen wegen der Menge und Größe seiner Sünden, die übel angewandte Zeit und flößten ihm Furcht ein vor der strafenden Gerechtigkeit Gottes. „Aber wenn die große Frau (die Muttergottes) kommt, dann müssen wir augenblicklich davon. Sie pflegt ihn (den Sterbenden) wie eine zärtliche Mutter ihr Kind. Solch einem Menschen wird es wohl, ja, solch einem Menschen wird es wohl. Ist er gestorben, so trägt sie seine Seele in den Himmel. Da ist dann Freude im Himmel. So ist es auch, wenn wir eine Seele in die Hölle tragen können, dann freuen sich die Teufel..."

Jetzt weißt Du auch, warum wir im „Gegrüßet seist Du Maria" beten: „Heilige Maria, Muttergottes, bitte für uns Sünder jetzt und in der Stunde unseres Todes."

„Ich muss dir auch noch von den Freuden des Himmels sagen: Aber o wehe, o wehe, für mich ist ewig keine Hoffnung mehr, o wehe mir! Die größte Freude im Himmel ist es, das Angesicht Gottes zu schauen." Wenn er (der Teufel) nur wenigstens für kurze Zeit dieses Glück hätte, würde er bereit sein, dafür alle mögliche irdische Pein zu erdulden.

Über das Morgengebet sagte der Teufel: Wenn der Mensch den Tag mit dem Gebet beginne und der Absicht, alles zur Ehre Gottes zu tun, so sei der Tag für den Teufel verloren, wenn er aber den Tag ohne Gebet anfange und ohne die gute Meinung, alles zur Gottes Ehre zu vollbringen, so sei der Tag des Teufels. Vgl. oben das Kapitel über Anton Bruckner

Große Künstler, wie Johann Sebastian Bach, haben ihre Werke bewusst zur größeren Ehre Gottes geschaffen. Der fromme Anton Bruckner hat seine letzte Symphonie „Dem lieben Gott" gewidmet und angeordnet, dass für den Schluss, den er nicht mehr vollendeten konnte, das von ihm früher vertonte Te Deum (Großer Gott, wir loben Dich) aufgeführt werde.

Auch über den Wert der heiligen Messe predigte der Teufel: „Wenn ihr Menschen wüsstet, was Großes das Opfer ist, welches durch den Gesandten im Namen des Größten, dem Allerhöchsten, dargebracht wird, ihr würdet diesem Opfer anders beiwohnen, als ihr es tut."

Man beachte, wie der Teufel den Namen Jesu und Gottes vermeidet, so wie er auch den Namen Marias vermieden hat. Die fürchtet er ebenso wie das Kreuzzeichen und das Weihwasser.

Ich habe aus der langen „Teufelspredigt", die bis Mitternacht dauerte, hier nur einige Ausschnitte gebracht. Den Wortlaut habe ich kursiv gedruckt. Man kann die ganze „Teufelspredigt"

nachlesen in dem Büchlein von Ida Lüthold-Minder, Die Macht des Gebetes, Leben und Wirken des Niklaus Wolf von Rippertschwand, Seite 28-39. Auch von anderen Besessenheitsfällen werden ähnliche „Teufelspredigten" berichtet.
Es ist nicht bekannt, wie viel Nikolaus Wolf in dieser Nacht noch gebetet hat, damit die Frau am nächsten Tag, den Hof befreit von ihrer Besessenheit, verlassen konnte. Vater Wolf hat anscheinend später von diesem schauderhaften Vorkommnis nicht mehr gesprochen, wohl weil er wusste, dass all zu viele in diesem außergewöhnlichen Ereignis nur ihre Sensationslust zu befriedigen suchen.
(Quelle: Georges Huber, Nikolaus Wolf)
„Ich ermahne die Leute, keinen Morgen das Schlafzimmer zu verlassen, ohne zuvor auf den Knien ein eifriges Gebet verrichtet zu haben. Erst dann, so sage ich, könne man den Tag im Namen Jesu anfangen und Gottes Beistand in allen Geschäften und Verpflichtungen erwarten. Ich ermahne sie, den Tag nicht ohne Gebete und Reue zu beenden." (Niklaus Wolf von Rippertschwand)

DIE KRAFT DES EXORZISMUS

Severin von Lama, ein Exorzist, berichtet dass nach dem durch das Münchener Abkommen 1938 erfolgten Anschluß des Sudetenlandes an das deutsche Reich Adolf Hitler dort mehrere Städte besuchte und von der deutschen Bevölkerung mit unvorstellbarem Jubel empfangen und wie ein Abgott verehrt wurde. Es gab damals aber auch Leute, die davon überzeugt waren, dass Hitler vom Teufel besessen ist. Darum mischte sich Pater von

Lama mit noch einem Priester in Zivilkleidung beim Führerbesuch einer sudentendeutschen Stadt unter die frenetisch tobende Menge. Beide Priester beteten leise einen Exorzismus und Hitler erlitt einen Ohnmachtsanfall. Die Priester fuhren daraufhin in die nächste Stadt voraus, wo ebenfalls eine Huldigung für den Führer stattfinden sollte. Sie warteten dort wiederum mit dem Exorzismusgebet auf Hitler. Doch der erschien nicht zur Veranstaltung. Adolf Hitler hatte ja wie eine Art Witterung für bedrohliche Situationen. So konnte er sich mehreren Attentatsversuchen. entziehen, indem er unerklärlicher Weise – wie z.B. beim Bombenanschlag im Münchener Bürgerbräuhaus – den Ort vorzeitig verließ.

DAS GRABTUCH VON TURIN

Im Dom von Turin (Norditalien) wird in einer besonderen Kapelle ein Tuch aufbewahrt, das als das Leinentuch verehrt wird, in das Jesus nach seinem Tod eingehüllt ins Grab gelegt wurde. Die Evangelisten Matthäus, Markus und Lukas und Johannes berichten, dass Josef von Arimathäa, ein reicher und vornehmer Ratsherr, sich vom römischen Statthalter Pontius Pilatus den Leichnam Jesu erbeten hat. „Und er nahm ihn vom Kreuz und hüllte ihn in ein Leinentuch und legte ihn in ein Felsengrab, in dem noch niemand bestattet worden war“ (Lk 23,53).
Alle Merkmale des Tuches von Turin lassen darauf schließen, dass es sich dabei tatsächlich um das Grabtuch Jesu handelt. Es ist 442 Zentimeter lang und 113 Zentimeter breit. Darauf sind schattenhaft die Umrisse eines gefolterten und gekreuzigten Mannes zu erkennen, und zwar die Vorderseite und die Rück-

seite der Gestalt.
Seit über hundert Jahren beschäftigen sich damit Fachleute der verschiedensten Wissenschaften. Im Jahre 1898 hatte nämlich der Jurist und Bürgermeister von Asti, Secondo Pia, Fotoaufnahmen davon machen können. Damals steckte die Fotografie noch in den Anfängen. Als Secondo Pia die 50 x 60 cm große Fotoplatte aus dem Entwicklerbad nahm, sah er zu seiner Überraschung auf der Platte klar und deutlich das Bild des auf dem Tuch abgebildeten Leichnams. Auf dem Leinentuch kann man nämlich die Gestalt nur schattenhaft erkennen.
Im Jahre 1931 machte dann ein führender Berufsfotograf, Guiseppe Enri, mit modernster technischer Ausrüstung ausgezeichnete Aufnahmen, die auch siebenfache Vergrößerungen von Details zuließen.
Textilhistoriker konnten nun feststellen, das es sich bei dem Tuch um ein Gewebe handelt, das in der Zeit Jesu zu den sehr teuren Stoffen gehörte. Josef von Arimathäa war, wie der Evangelist Matthäus überliefert, ein reicher Mann. Die Jünger Jesu hätten ja so schnell das Geld dafür wohl nicht aufbringen können, zumal sie sich versteckt hielten.
Kunsthistoriker haben durch Vergleiche mit Christusdarstellungen großer Meister ermittelt, dass wir im Turiner Tuchbild etwas anderes vor uns haben als irgendein Christusbild der Kunstgeschichte.
Auch Gerichtsmediziner haben das Abbild untersucht. Sie konnten anhand der Geiselspuren auf dem Rücken sogar die Art der römischen Geiseln feststellen, mit denen von zwei Seiten auf den Mann eingeschlagen worden war. Im Gesicht ist die rechte Wange so angeschwollen, dass das Augenlied dadurch zugeschwollen ist. Das muss von einem Schlag ins Gesicht herrühren. Die Nasenspitze weist eine Schürfung auf und das Nasenbein scheint gebrochen zu sein, was durch einen Sturz aufs

Gesicht hervorgerufen sein kann. Ebenso ist die Kniescheibe verletzt, was beim Hinfallen passiert sein muss. Auf den Schulterblättern sind handflächengroße Schürfungen zu erkennen, die vom Kreuzesbalken herrühren müssen. Der zur Kreuzigung Verurteilte musste nur den Querbalken tragen, an den er mit den Armen gefesselt war. Der Längsbalken stand bereits am Hinrichtungsort. Die Nagelwunden befinden sich nicht in den Handflächen, sondern in der Handwurzel. Ein französischer Chirurg hat mit amputierten Armen experimentiert. Wenn die Nägel durch die Handflächen getrieben werden, reißen diese durch das Körpergewicht, während in der Handwurzel sich Sehnen kreuzen, die den Angenagelten halten können. Auffallend ist, das nur vier Finger der Hand abgebildet sind. Das rührt daher, dass der Nagel in der Handwurzel einen Nerv trifft, der den Daumen nach innen zur Handfläche einknicken lässt. Der Leichnam weist auch eine große Wunde unter den Rippen auf, aus der Blut und eine wässrige Flüssigkeit herausgeflossen sind, die durch den Lanzenstich zugefügt ist.
Am Kopf sind blutende Verletzungen durch Einstiche zu erkennen., was von der Dornenkrone verursacht ist. Im Johannesevangelium wird überliefert, dass die Soldaten einen Kranz aus Dornen flochten, den sie Jesus aufsetzten, ihm einen purpurroten Mantel umlegten, ihn als Judenkönig verspotteten und ihm ins Gesicht schlugen. Bei Matthäus kann man sogar nachlesen, dass sie ihm einen Stock (als Szepter) in die Hand gaben, ihm als König huldigten und dann mit dem Stock auf den Kopf schlugen.
All das, was auf dem Grabtuch zu sehen ist, passt zu dem, was die Evangelien über die Kreuzigung Jesu berichten.
Experten der NASA erstellten mit ihren Apparaten eine dreidimensionale Abbildung des auf dem Tuch sichtbaren Köpers her. Dabei entdeckte man, dass auf den Augenlidern des Gekreuzig-

ten Münzen lagen, die man dem Toten aufgelegt hatte, um die Augen geschlossen zu halten. Münzforscher konnten diese auf Grund von besonderen Merkmalen als römische Münzen aus der Zeit des Pontius Pilatus stammend erkennen.
Der Zürcher Kriminologe, Professor Max Frey, konnte Blütenpollen, die am Tuch hafteten, unter dem Elektronenmikroskop von Pflanzen feststellen, die vor allem in der Gegend um Jerusalem wachsen. Aufgrund der verschiedenen Pollen konnte er so den Weg aufzeigen, den das Tuch aus den Wüstengebieten der Jerusalemer Umgebung über Syrien, Konstantinopel, Südfrankreich nach Europa genommen haben muss. Dazu unternahm Professor Frey eigens mehrere Forschungsreisen in die betreffenden Gegenden.
Im Laufe der letzten hundert Jahren ist eine eigene Wissenschaft entstanden um das Grabtuch von Turin, die sogenannte Sindologie. Forscher (bis zu 400) der verschiedensten Fachgebiete trafen sich mehrmals auf speziellen Kongressen, um ihre Ergebnisse auszutauschen und zu diskutieren.
Großes Aufsehen erregten 1988 Zeitungsberichte, wonach die sogenannte Carbon-14-Testmethode, mit der man das Alter archäologischer Funde näher bestimmen kann, ergeben habe, dass das Turiner Grabtuch aus der Zeit zwischen 1260 und 1390 stammen würde. Das widersprach allen seitherigen Forschungsergebnissen.
Wie konnte es zu einem solchen Testergebnis kommen? Das Tuch war 1532 in Chambéry einem Brand ausgesetzt, bei dem der Silberschrein, in dem es aufbewahrt wurde, an einer Ecke geschmolzen ist und Löcher hineinbrannte. Nachweislich reagieren Leinenfasern in der Hitze mit Wasser und Kohlendioxid aus der Luft. Dabei hat sich der C-14 Gehalt in der Faser dem Gehalt des C-14 in der Atmosphäre des Brandjahres 1532 angeglichen, so dass die Altersbestimmung verfälscht wird. Das wur-

de danach auch experimentell an einem Stoff aus dem Jahre 200 überprüft. Die Gegner der Echtheit hatten zu früh triumphiert. Zumal die Entdeckung der Münzabbilder auf den Augenlidern, die in das Jahr 29 verweisen, den Ergebnissen der Carbon-14-Tests widersprechen.
Das große Rätsel aber ist, wie konnte es zum Abbild des Gekreuzigten auf dem Turiner Tuch kommen? Die Untersuchung der Blutspuren ergab, dass der Leichnam des Gekreuzigten keine Spuren der Verwesung aufweist, ferner, dass er nicht länger als 36-40 Stunden in dem Tuch gelegen haben kann. Die unverletzten Blutkrusten und das unbeschädigte Textilgewebe deuten auf eine Entmaterialisierung des Leichnams hin, als er das Tuch verlassen hat, ohne an den angeklebten Stellen irgendwelche Verzerrungen oder Beschädigungen des Stoffes zu hinterlassen. Die Verfärbung der Fasern des Tuches, die das Bild ergeben, sind durch heiße Strahlen entstanden. Aber wie kann es aus einem toten Körper zu einem solchen „Strahlenblitz“ kommen? Viele Forscher in den USA und Europa haben die Frage untersucht. Sie sind übereinstimmend zu dem Ergebnis gekommen, dass ein Vorgang stattgefunden haben muss, bei dem sich die Struktur der Atome verändert haben muss. Dabei muss es zu einer Energieexplosion gekommen sein, einem Aufblitzen des Leichnams innerhalb einer Nanosekunde (milliardste Sekunde), die das Körperbild auf dem Tuch verursacht hat. Für die Wissenschaft ist dieser Vorgang unerklärlich. Es ist das Wunder aller Wunder: Die Auferstehung Jesu von den Toten. Das Grabtuch von Turin ist somit nicht nur ein Dokument des Todes Christi, sondern auch seiner Auferstehung, sozusagen seine Sterbeurkunde als auch seine Auferstehungsurkunde.
Schon die Tatsache ist ein Wunder für sich, dass das Tuch zweitausend Jahre überstanden hat, Kriegszüge und Eroberungsfeldzüge, den Brand in Chambery (1532) und zuletzt, die Brandka-

tastrophe am 12. April 1997, wo das Feuer in der Kapelle, dem Aufbewahrungsort des Tuches, ausgebrochen war, das auf den angrenzenden Königspalast übergriff und enormen Schaden anrichtete. Als die Feuerwehr ankam, brannte schon die Kuppel des Domes lichterloh. Dem Feuerwehrmann Mario Trematore gelang es unter Einsatz seines Lebens, den Schrein mit dem Grabtuch zu retten.

(Quellen: Francis Fialas SJ, Die Datierung des Turiner Grabtuches nach Münzen des Pontius Pilatus.
O. Scheuermann, Das Tuch. Neueste Forschungsergebnisse zum Turiner Grabtuch.
Zehentbauer, Jesus? Die Ergebnisse der Grabtuchforschung.
W. Waldstein, Neueste Erkenntnisse über das Turiner Grabtuch.
Gertrud Wally, Er sah und glaubte.)

DAS ANTLITZ AUF DEM MUSCHELSEIDENTUCH

Zu den kostbarsten Stoffen der Antike gehört Byssus, ein feines Gewebe, das aus den Haftfäden mancher Muscheln hergestellt wurde, mit denen sie sich an Steinen festhalten.. Diese Fäden sind dünner als ein Frauenhaar und wurden zu einem hauchdünnen durchsichtigen Gewebe verwoben.

In Manoppello, einem abgelegenen Städtchen in den Abruzzen (Italien), befindet sich in der Kirche der Kapuziner seit 500 Jahren ein Tuch aus diesem durchsichtigen Gewebe, auf dem ein Gesicht zu sehen ist. Die Mönche verehren es als das wahre Antlitz Jesu. Papst Clemens XI. hat 1718 für sieben Jahre allen Pilgern, die zu diesem Heiligtum wallfahren, einen „vollkommenen Ablass“ aller zeitlichen Sündenstrafen eingeräumt. Zu allen

Zeiten haben Bischöfe und Kardinäle, auch Kardinal Meissner von Köln, eine private Pilgerreise dorthin unternommen.
Seit fast zweitausend Jahren gibt es Gerüchte über ein „nicht von Menschenhand gemaltes Bild" Christi, das sogenannte „Schweißtuch der Veronika". Es war wie ein Magnet, das Millionen von Rompilgern anzog. Beim Neubau der St. Peterskirche hat man 1506 damit begonnen einen Pfeiler des Petersdomes als Tresor für dieses „Kronjuwel der Christenheit" (Badde) zu errichten. Während der Bauzeit verschwand jedoch diese kostbare Reliquie. „Ein unglaublicher Kriminalfall des Barockzeitalters verwandelte das Bild der Bilder in eine Legende". Der Journalist und Buchautor Paul Badde ging auf Spurensuche und hat nicht nur das geheimnisvolle Tuch sondern auch noch anderes, damit Zusammenhängendes, ausfindig gemacht. Das veröffentlichte er im Jahr 2005 unter dem Titel „Das Muschelseidentuch". Was Badde darüber in unterhaltsamen Journalistenstil berichtet, ist unglaublich, aber wahr.
Auch der heilige Pater Pio und sein Ordensbruder Domenico spielen darin eine Rolle. Als Pater Dominico am Sonntag, dem 22. September 1968, morgens gegen 6 Uhr zur Kirche kam, um das Portal zu öffnen, fand er auf dem Rückweg Pater Pio in der ersten Bankreihe des Chores kniend vor dem Volto Santo, wie das Tuch mit dem Heiligen Angesicht in Italien genannt wird. Pater Pio lebte aber damals im 200 Kilometer entfernten San Giovanni Rotondo. Jedoch ist von Pater Pio gut bezeugt, dass er die Gabe der Bilokation, d.i. der gleichzeitigen Anwesenheit an zwei verschiedenen Orten hatte. Pater Domenico fiel aus allen Wolken und traute seinen Augen nicht und fragte, was er hier mache. Pater Pio gab ihm zur Antwort: „Bete für mich! Und auf Wiedersehen im Paradies!" P. Domenico antwortete entgeistert: „Gelobt sei Jesus Christus!" Rund zwanzig Stunden später starb Pater Pio in seiner Klosterzelle, die er schon seit langem nicht mehr verlassen hatte. Er war noch einmal in der Nacht vor sei-

nem Tod zum Tuch mit dem Antlitz dessen gekommen, den er bald von Angesicht zu Angesicht im Himmel schauen durfte.
Von Pater Domenico ist zu berichten, dass er einmal als kaum Zehnjähriger, wie ein übermütiger Bengel, der Schulfrei zu verkünden hat, am 12. Januar 1915 in die Klasse hineingerufen hatte: „Heute Nacht wird es ein Erdbeben geben!" Als er am nächsten Morgen mit seinem Vater um halb acht Uhr die heilige Messe besuchte, kam es zum schlimmsten Erdbeben seit Menschengedenken in jener Gegend. Die Kirche stürzte ein und begrub Vater und Sohn unter den Trümmern. Ein unbekannter Mann mit blutbedecktem Gesicht rettete die beiden aus dem Schutt. Emilio Petrarca, so hieß der Junge damals, sah den Unbekannten nicht mehr, bis er als Pater Domenico im Jahre 1964 als Pilger nach Manoppello kam. Während er vor dem Muschelseidentuch stand und das Heilige Antlitz mit frommer Scheu betrachtete, erkannte er: „Das ist der Mann, der mich 1915 gerettet hat! Das ist sein Gesicht!" Fünfzig Jahre nach seiner Rettung ließ er sich deshalb von seinen Oberen nach Manoppello versetzen, um den Rest seines Lebens dem Volto Santo zu dienen, dessen überirdische Schönheit er mit den Farben und der Zeichnung von "Schmetterlingsflügeln" verglich.
„Ich persönlich – das können Sie ruhig schreiben" – sagt Pater Lino vom Kloster der Kapuziner in Manoppello: „habe gesehen, wie Padre Domenico jeden Morgen um vier Uhr schon im Gebet vor dem Volto Santo kniete. Er hat mehr Zeit als jeder andere davor verbracht!"
Je nachdem, von welcher Stelle aus und unter welchem Winkel man das Seidenbild ansieht, ob im Licht oder Gegenlicht, immer erscheint es anders. Darum können Photographien den unmittelbaren Eindruck, mit welchem es den Betrachter anblickt, nicht wiedergeben. Ja, es erscheint auf Photos im Vergleich mit dem hoheitsvollen, edlen Antlitz auf dem Turiner Grabtuch we-

nig schön, für manche Betrachter sogar hässlich. Doch ist es mit dem von Turin deckungsgleich, mit dem Unterschied, dass die Augen geöffnet sind, und wir somit nicht das Gesicht eines Toten sondern Lebenden vor uns haben.
Rätselhaft und ungeklärt ist, wie es zum Bild auf dem Tuch von Manoppello kommen konnte. Das Gewebe weist keine Farbspuren auf, zumal Farbe auf den spinnwebendünnen Fäden nicht haften bleibt. Wir haben es nicht mit einer Seidenmalerei zu tun. Im Unterschied zum Grabtuch von Turin ist es durchsichtig und von der Vorder- und Rückseite her zu betrachten.
Auch Papst Benedikt XVI. hat am 1. September 2006 Manoppello besucht und vor dieser kostbaren Reliquie gebetet. Ein Jahr darauf hat er ein Gebet für Manoppello veröffentlicht. Daraus stammen die folgenden Sätze: „Stilles Antlitz des leidenden und auferstandenen Jesus, geliebt und angenommen verwandelt es Herz und Leben... Deine Augen blicken auf uns voller Zärtlichkeit und Erbarmen... Heiliges Antlitz Christi, Licht, das die Finsternis des Zweifels und der Trauer lichtet... geheimnisvoller Blick, der nicht aufhört sich auf die Menschen und Völker zu senken... mach uns zu Pilgern Gottes in dieser Welt, dürstend nach dem Unendlichen und bereit für die Begegnung des Jüngsten Tages, wenn wir Dich, Herr, von „Angesicht zu Angesicht“(1 Kor 13,12) sehen werden und in Ewigkeit in der Herrlichkeit des Himmels schauen dürfen.“
(Quelle: Paul Badde, Das Muschelseidentuch)

DIE DREI EINZIGARTIGEN WUNDER GOTTES AN MARIA

Die Kirche feiert im Kirchenjahr drei große Marienfeste: am 8. Dezember das Fest der „Unbefleckten Empfängnis Mariens", am 25. März: „Mariä Verkündigung" und am 15. August „Mariä Himmelfahrt". Jedem der drei Feste liegt ein einzigartiges Wunder Gottes zugrunde.

1. Das Wunder der unbefleckten Empfängnis

Um das Wunder der unbefleckten Empfängnis zu verstehen, muss man das 3. Kapitel des 1. Mosesbuches, der Genesis, aufschlagen. Dort wird vom Sünden-fall der Stammeltern berichtet. Gott spricht das Strafurteil über Adam und Eva, aber zuerst über die Schlange, den Teufel. Der Urteilsspruch über den Teufel lautet: „Feindschaft will ICH setzen zwischen dir und der Frau, zwischen deiner Nachkommenschaft und ihrer Nachkommenschaft. Sie wird dir den Kopf zertreten und du schnappst nach der Ferse" (Gen 3,15). Das Wort Nachkommenschaft ist doppeldeutig. Es kann die Einzahl (ein Kind) und die Mehrzahl (Kinder) bedeuten. Die Erklärer der Heiligen Schrift sind sich einig, dass damit Jesus, der Erlöser, gemeint ist, der Sohn Mariens. Er ist derjenige, der den Teufel am Kreuz besiegt. Und Jesus wird vom Fersenbiß der Schlange tödlich getroffen. Er stirbt den Kreuzestod. Aber gerade dadurch „zerstört er die Werke des Teufels" (1. Joh 3,8).
In der St. Ignazkirche in Mainz steht auf dem Muttergottesaltar eine Marienstatue: Maria hat des Jesuskind auf dem Arm. Dieses stößt einen Speer auf den Kopf der Schlange, die sich zu Füßen der Gottesmutter ringelt. Der Künstler hat das obere Ende

des Speeres als Kreuz gestaltet. Er hat damit die Bibelstelle von der Feindschaft zwischen dem Teufel und der Frau und ihrem Nachkommen bildlich dargestellt. Die Erklärer des Heiligen Schrift nennen diese Bibelstelle das „Protoevangelium", das erste Evangelium, weil darin bereits der Erlöser unmittelbar nach dem Sündenfall angekündigt ist.

Darin setzt Gott Feindschaft zwischen dem Teufel und der Frau. Die Frau, die Mutter des Erlösers, Maria, wird von Gott zur Feindin des Teufels gemacht. Sie ist das Gegenbild zur Eva. die mit ihrer Sünde zur Freundin des Teufels wurde. Maria hat mit der Sünde nichts zu tun. Gott hat es so gefügt, dass sie von Anfang an, schon vom Moment an, da sie im Mutterschoß empfangen wurde, frei von der Befleckung durch die Sünde der Stammeltern, die sogenannte Erbsünde war. Das war ein besonderes Wunder der Gnade Gottes, das Gott „im Hinblick auf den Erlösertod ihres Sohnes" gewirkt hat. Wir nennen es die „unbefleckte Empfängnis Mariens". Bei ihrer Erscheinung in Lourdes (1858) hat die Gottesmutter sich der Bernadette als „die unbefleckte Empfängnis" vorgestellt.

Das Wunder der „unbefleckten Empfängnis" Mariens ist deshalb so einzigartig, weil Gott sie als einzige von allen Menschen vor der Erbsünde bewahrt hat. Alle übrigen Menschen kommen belastet mit der Erbschuld Adams und Evas zur Welt. Durch die heilige Taufe werden wir von der Erbsünde befreit und Kinder Gottes. Vorher „waren wir von Natur aus Kinder des Zornes wie die anderen" schreibt der Apostel Paulus im Epheserbrief (2,3).

Als am 5. August 1930 der letzte der vierzehn Dämonen, Satan-Lucifer, in Chumatien die Chinesin Maria Tien besessen hielt, kletterten einige Schulkinder von außen zum Fenster herauf, um zu sehen, was drinnen vor sich ging. Unter ihnen waren auch zwei ungetaufte Kinder. Wie ein wildes Tier stürzte sich der Teufel auf diese zwei. Beinahe wäre er durch das Fenster

gestiegen, wenn er nicht von den im Klassenraum Anwesenden davon abgehalten worden wäre. Es hatte sich auch sonst immer wieder gezeigt, dass die verschiedenen Teufel eine ungetaufte Person mitten unter vielen Christen sofort ausfindig machten. Sie äußerten eine gewisse Freude, wenn sie diese entdeckten und erklärten sie als zu ihnen gehörig. Das zeigt, wie die Taufe, die Jesus den Aposteln aufgetragen hatte aus Feinden Gottes Kinder Gottes macht.
Maria war das von Anfang an, sie brauchte nicht erst getauft zu werden. Sie war und blieb durch Gottes Gnade die Sündenlose. In der Ostkirche wird sie darum als die „Panhágia", die ganz Heilige, verehrt. An ihrem Fest am 8. Dezember betet die Kirche deshalb: „Großer und Heiliger Gott, im Hinblick auf den Erlösertod Christi hast Du die selige Jungfrau Maria schon im ersten Au-genblick ihres Daseins vor jeder Sünde bewahrt, um Deinem Sohn eine würdige Wohnung zu bereiten. Höre auf ihre Fürsprache: Mache uns frei von Sünden und erhalte uns in Deiner Gnade, damit wir mit reinem Herzen zu Dir gelangen."

2. Das Wunder der Menschwerdung Jesu Christi in der Jungfrau Maria

Dieses einzigartige Wunder feiert die Kirche am 25. März am Fest „Mariä Verkündigung" (im neuen Kalender heißt es „Verkündigung des Herrn). Im Evangelium des heiligen Lukas (1,26-38) wird uns berichtet, dass der Engel Gabriel von Gott zu einer Jungfrau Namens Maria in Nazareth gesandt wurde, die die Verlobte Josephs, eines Nachkommen aus dem Hause David war. Der Auftrag des Engels war es, Maria mitzuteilen, dass sie von Gott dazu erwählt war, die Mutter des Messias zu werden. Dieses Christuskind, das fromme Menschen im jüdischen Volk seit Jahrhunderten erwarteten, sollte nicht einen Menschen

zum Vater haben, wie alle anderen Menschenkinder vorher und nachher. Sondern der Heilige Geist sollte in der Jungfrau Maria das einzigartige Wunder der Menschwerdung des Gottessohnes bewirken. Gott ist ein Gott der Wunder wirkt und bei dem nichts unmöglich ist. Joseph sollte nicht der leibliche Vater sondern der Pflegevater Jesu sein. Maria gab dem Engel die Antwort: „Siehe, ich bin die Magd des Herrn, mir geschehe, wie du es gesagt hast." Durch dieses gläubige Jawort gab sie ihre Zustimmung zum Erlösungsplan Gottes.
Im Matthäusevangelium klärt ein Engel Joseph im nächtlichen Traumgesicht darüber auf, dass dieses Kind, das Maria seine Verlobte erwartet, vom Heiligen Geist ist, und dass sein Name JESUS sein solle, weil er sein Volk von seinen Sünden erlösen werde. Zu allen Zeiten gab und gibt es Menschen, die dieses einzigartige Wunder der Menschwerdung Christi nicht glauben. Aber das braucht uns nicht irre zu machen. Schlimm ist es, wenn andere darüber spotten und dreckige Witze machen. Dann kann man in aller Ruhe sagen: „Das verbitt ich mir! Du schmähst meinen Glauben. Damit beleidigst du nicht nur mich, sondern Gott. Das ist unanständig von dir! Einem Moslem gegenüber würdest du das nicht wagen." Schließlich ist „für Gott nichts unmöglich"! (vgl. Lk1, 37)
Die Kirche betet an diesem Fest der Verkündigung: „Gott, Du bist groß und unbegreiflich. Nach deinem Willen ist dein ewiges Wort im Schoß der Jungfrau Maria Mensch geworden. Gläubig bekennen wir, dass unser Erlöser wahrer Gott und wahrer Mensch ist. Mach uns würdig, Anteil zu erhalten an seinem göttlichen Leben."

3. Das Wunder der Himmelfahrt Mariä

Genau muss es heißen „der leiblichen Aufnahme Mariens in den Himmel." Dieses Wunder feiern wir am 15. August. Zum rechten Verständnis der Einzigartigkeit dieses Geschehnisses hilft uns das, was der Apostel Paulus im 15. Kapitel des 1. Korintherbriefes schreibt. Es handelt von der Auferstehung Jesu Christi. In diesem Zusammenhang kommt Paulus auch auf die Auferstehung der Toten zu sprechen. „Wie in Adam alle sterben, so werden in Christus alle lebendig gemacht werden. Es gibt aber eine bestimmte Reihenfolge. Erster ist Christus, dann folgen, wenn Christus (wieder)kommt, alle, die zu ihm gehören." (1 Kor 15, 22/23). Der Apostel bezeugt hier die Auferstehung des Leibes bei der Wiederkunft Christi am Ende der Welt. Die Heiligen sind jetzt schon mit ihrer Seele bei Gott im Himmel. Ihre Seele erfährt jetzt schon die Freuden des Himmels. Einst werden sie aber auch mit ihren aus dem Tode erweckten und verklärten Leibern an der himmlischen Glückseligkeit teilnehmen dürfen.

Der Apostel Paulus spricht im 15. Kapitel des 1. Briefes an die Korinther von einer „Reihenfolge". Christus ist jetzt schon mit seinem auferstandenen Leib im Himmel. „Dann folgen alle, die zu IHM gehören." Wer gehört mehr zu IHM als seine Mutter, die allerseligste Jungfrau Maria, sie, die ohne alle Sünde war, die IHN geboren hat. Ihr Leib sollte nicht verwesen, sondern jetzt schon in die Herrlichkeit des Himmels aufgenommen werden. Das ist das dritte einzigartige Wunder, durch das Gott die Muttergottes ausgezeichnet hat vor allen anderen Menschen. Das ist der Glaube der Kirche seit Jahrhunderten. Die großen heiligen Lehrer der Kirche haben darüber gepredigt. Dieser Glaube wurde bestätigt durch die häufigen Erscheinungen der Gottesmutter, gerade auch in den letzten hundertfünfzig Jahren. Seit

1500 Jahren wird das Fest in der Ostkirche und seit 1400 Jahren wird es auch in der römisch-katholischen Kirche gefeiert. Am 1. November 1950 hat Papst Pius XII. als Glaubenssatz (Dogma) feierlich verkündet, dass Maria mit Leib und Seele in die himmlische Herrlichkeit aufgenommen wurde. An ihrem Fest betet die Kirche: „Allmächtiger, ewiger Gott, Du hast die selige Jungfrau Maria, die uns Christus geboren hat, vor aller Sünde bewahrt und sie mit Leib und Seele zur Herrlichkeit des Himmels erhoben. Gib, dass wir auf dieses Zeichen der Hoffnung und des Trostes schauen und auf dem Weg bleiben, der hinführt zu Deiner Herrlichkeit."

Damals haben Leute gefragt, ob das denn nötig sei, diese Glaubenswahrheit zum Dogma zu erheben. Ich erinnere mich, dass P. Eduard Haups SJ gesagt hat, wir wüssten nicht, was für Zeiten noch auf uns zukämen, die u.U. so schlimm wären, dass allein der Ausblick zur mit Leib und Seele in den Himmel aufgenommenen Gottesmutter vielen Menschen Trost und Zuversicht sein würden. Niemand hatte damals vermutet, welche Welle von Kriegen, Revolutionen, Terroranschlägen, millionenfache Flüchtlingsnot, Naturkatastrophen, Wirtschaftskrisen und Skandale seit den 60er Jahren das ausgehende 2. Jahrtausend und zu Beginn des 3. Jahrtausends ganze Erdteile erschüttern würden. All das war damals unvorstellbar. Wer ahnte, dass trotz der Erfindung des Penicillins man nun der Seuchen doch nicht Herr geworden ist? Plötzlich trat die Aidsseuche auf, für die es bis heute noch kein Gegenmittel gibt.

Wenn wir die drei einzigartigen Wunder, die Gott an Maria gewirkt hat, glauben, geben wir damit Gott die Ehre, der so einzigartige Wunder tut.

WARUM ERSCHEINT MARIA ?

Der Evangelist Johannes berichtet, dass unter dem Kreuze Jesu unter anderen Frauen, die Jesus aus Galiläa gefolgt waren, auch Maria, die Mutter Jesu und der Lieblingsjünger Johannes standen. Als Jesus seine Mutter dastehen sah, sagte er: „Frau, siehe da dein Sohn" und zu Johannes: „Siehe deiner Mutter!" Und von der Stunde an, nahm Johannes Maria zu sich. Die Kirchenlehrer sind von jeher der Auffassung, dass Johannes stellvertretend für alle Jünger von Jesus seiner Mutter anempfohlen wurde und umgekehrt Maria dem Johannes anvertraut wurde, der für die Jünger beim Kreuze stand. Somit ist Maria, wie das 2. Vatikanische Konzil sagt, auch „Mutter der Kirche".
Eine Mutter sorgt sich liebevoll um ihre Kinder. Wenn Kinder in Not und Bedrängnis sind, wird eine Mutter ihnen zu Hilfe kommen. Wenn Kinder gar in Gefahr geraten, wird sie diese warnen. Genau das tut auch Maria. Gott lässt sie erscheinen, um uns zu warnen und zu bitten umzukehren, wenn wir auf falsche Wege geraten. Die Botschaft von Fatima ist ein Beispiel dafür. Eine Mutter lässt ihre Kinder nicht im Stich, auch dann nicht, wenn sie auf Abwege geraten sind.
Folgendes Beispiel zeigt das. Da saßen 1916 in einem holländischen Hotel drei Männer beisammen, zwei Musiker und ein Priester: Max Reger, der berühmte Werke für Orgel komponiert hat, ein polnischer Kollege und dessen Bruder, ein Priester. Max Reger hatte im Laufe seines Lebens nicht mehr nach seinem katholischen Glauben gelebt. Aber eines hatte er beibehalten. Er betete jeden Tag das „Gegrüßet seist du Maria". Als die drei Herren sich spät abends trennten, bat Reger den Priester noch um ein Gespräch, das bis tief in die Nacht hinein dauerte. Ob er

gebeichtet hat, weiß ich nicht. Jedenfalls fand er zum Glauben seiner Kindheit zurück. Zum Dank vertonte er das Salve Regina (Sei gegrüßt, o Königin, Mutter der Barmherzigkeit) und legte fest, dass dies bei seiner Beerdigung gesungen werde.
Max Reger war damals schon von Ahnungen seines Todes erfüllt. Im Gegrüßet seist Du, Maria beten wir ja in der zweiten Hälfte: „Heilige Maria, Muttergottes, bitte für uns Sünder jetzt und in der Stunde unseres Todes." Und das Salve Regina endet mit der Bitte. „Und nach diesem Elend zeige uns Jesus, die gebenedeite (gesegnete) Frucht deines Leibes." Max Reger starb wenige Monate nach diesem nächtlichen Gespräch am 11. Mai 1916 an Herzversagen. Die Gottesmutter, die er täglich mit dem „Gegrüßet seist du, Maria" angerufen hatte, wird sein Gebet bestimmt nicht unerhört gelassen haben.

DAS WUNDER AUF DEM HUDSON-FLUSS IN NEW YORK

Fred Berretta befand sich auf Geschäftsreise in New York. Er war Banker und hatte gerade 20 Minuten Zeit, bevor er seine Kollegen traf. In seinem Hotelzimmer kam ihm die Idee, seine Aktentasche aufzuräumen, was er schon lange nicht mehr getan hatte. Dabei fiel ihm ein Büchlein in die Hände, das er vor Jahren in seine Seitentasche verstaut hatte. Es handelte vom Beten des Barmherzigkeitsrosenkranzes. Er erinnerte sich, dass er diesen vor Jahren ein paarmal gebetet hatte. Aber bis zum 15. Januar 2009 war es halt nur ein gutes Vorhaben, das unter Tabellen, Börsenberichten und Angelegenheiten, die ihm weit wichtiger erschienen, verlegt worden war.

Vor zwei Wochen hatte Fred einen Vorsatz für das neue Jahr gefasst. Er wollte in diesem Jahr religiös in bessere Form kommen. Hier im Hotelzimmer ergab sich ihm die Gelegenheit, diesen Vorsatz in die Tat umzusetzen. Darum vertiefte er sich in das Büchlein und betete den Rosenkranz der göttlichen Barmherzigkeit. Diese Form des Gebetes war der heiligen Faustina Kowalska in den 30-er Jahren in einer Reihe von visionären Erlebnissen offenbart worden. Die Zeit von 15 Uhr gilt darin als die Stunde der großen Barmherzigkeit, in der Jesus nach dem Bericht des Evangelisten Matthäus am Kreuze starb.
Das sollte ihm wieder in Erinnerung kommen, als er unter 155 Personen an Bord des Flugzeuges vom La Guardia Airport mit Ziel Charlotte, seiner Heimatstadt in North Carolina, startete.
Da er bis zum Einchecken noch zwei Stunden Zeit hatte, besuchte er um 12 Uhr die heilige Messe in der St. Patricks-Kathedrale in Manhattan und ging danach nebenan in den Laden für Geschenkartikel. Dabei kaufte er sich unter anderem das Buch „Vinnys sieben Geheimnisse der Eucharistie", in dem mit Zitaten aus dem Tagebuch der heiligen Faustina die Glaubenswahrheiten der heiligen Messe erklärt werden. Was weiter geschah, lassen wir ihn selber berichten:
„Ich nahm ein Taxi zum Flughafen. Mein Flug war ungefähr 15 Minuten verspätet. So saß ich da und begann Vinnys Buch zu lesen. Dies Buch fesselte mich wirklich. Ich bestieg das Flugzeug und las weiter. Als wir zur Startbahn rollten, legte ich das Buch weg, schloss meine Augen und begann mir Gedanken zu machen über das, was ich eben gelesen hatte. Dann hörte ich den Aufprall, dann die Explosion und danach wurde das Flugzeug heftig geschüttelt."
(Neunzig Sekunden nach dem Start wurde das Flugzeug durch einen Schwarm von Gänsen getroffen.) „Ich konnte den Rauch sehen, der aus dem linken Triebwerk austrat. Man konnte den

Geruch des Flugbenzins wahrnehmen."
Sobald Fred – er war selber Privatpilot – merkte, dass auch das zweite Triebwerk nicht mehr funktionierte, verspannte er sich, so wie alle anderen um ihn herum auch. Er vernahm einige Schreie aus der Kabine. „einige von uns sahen einander an. Es gab nichts zu sagen. Ich wusste, das einzige, was ich tun konnte, war beten."
Was er sich auch bewusst war: Dieses geschmeidige, hochleistungsfähige Flugzeug wurde plötzlich zu einem 73 Tonnen schweren Gleiter, der über einem der dicht besiedeltsten Gebiete des Landes schnell an Höhe verlor. Irgendwo und irgendwie, sehr bald, würde diese Maschine mit rund 200 Stundenkilometern Geschwindigkeit am Boden auftreffen. Die Chancen zu überleben waren fast null.
Fred dachte an seine Familie, wie hart sein Tod für sie sein würde. Was ihn dabei besonders schmerzte, war die Sorge um sie. Er dachte daran, was in diesen Jahren für sein tieferes Hineinwachsen in den Glauben im Weg gestanden hatte: Sein mangelndes Vertrauen auf Gott. Er hatte sich einmal eingebildet, zu den Giganten (Größten) des Handels zu gehören. Er vertraute darauf, Geld würde Sicherheit und Seelenruhe verleihen. Doch die Wirtschaftskrise hatte dem den Boden entzogen, samt vielen seiner Ersparnisse der letzten zwanzig Jahre. An Weihnachten erkannte der „halbherzige Katholik" in seinem Herzen, dass die einzige Sicherheit in der Welt in Gott gefunden werden kann. Das führte zu seinem Neujahrsvorsatz und ließ ihn im Hotelzimmer den Rosenkranz beten. Das führte auch dazu, Vinnys Buch zu kaufen und sich bei geschlossenen Augen auf seinem Sitz 16 A zu überlegen, wie real Gott ist, wie Er uns liebt und will, dass wir zu IHM mit Vertrauen zurückkehren. Und plötzlich fiel ihm ein, dass eben um 15 Uhr die Stunde der Großen Barmherzigkeit ist und er möglicherweise in weni-

US AIRWAYS

gen Sekunden sterben würde. Zum ersten Mal vertraute er Gott wirklich. Zwar war er geschockt, gleichzeitig aber verspürte er einen tiefen inneren Frieden. Gott hatte ihm zugestanden, in seiner Aktentasche das Büchlein der Göttlichen Barmherzigkeit zu finden. Gott hatte ihn zum Buch von Vinny geführt. Gott tat all dies – so dachte Fred – um ihn auf den Tod vorzubereiten.
„Bereiten Sie sich für den Aufprall vor", hörte er den Piloten über die Lautsprecheranlage sagen. Er krümmte sich in seinem Sitz, um sich für den Aufprall abzustützen. Er betete um Gottes Erbarmen. Dann betete er zwei Ave Maria (Gegrüßt seist Du Maria) und ein Vaterunser und auch zum Erzengel Michael, als das Flugzeug auf das Wasser auftraf, anhielt und auf und ab dümpelte wie ein Spielzeug in einem Kinderbassin.
Die Medien berichteten von der Notlandung des Fluges 1549 vom 15. Januar 2009 auf dem Hudson-Fluss. Niemand wurde ernstlich verletzt Politiker und Nachrichtensprecher bezeichneten dies als das „Wunder auf dem Hudson". Denn in der Geschichte der Luftfahrt konnte noch nie ein Flugzeug auf dem Wasser notlanden, ohne dass es Todesopfer gab. Bildberichte zeigten den Airbus, der behutsam auf dem kalten Hudson-Fluss trieb und sich wie ein Wal bewegte. Die Passagiere standen auf den Flügeln des Flugzeuges und warteten auf Hilfe. Der Pilot Chesley Sullenberger und die Besatzung wurden in den Medien als Helden gefeiert.
Wovon die Medien nichts berichteten: Dass Fred Berretta in dieser äußersten Notlage die Verheißung wieder einfiel, die Jesus zur heiligen Faustina sagte: „Dies ist die Stunde der großen Barmherzigkeit. In dieser Stunde kannst du wegen der Verdienste meines heiligen Leidens alles für dich selbst und für andere erbitten." Als der Boden in Sichtweite war blickte Fred auf seine Uhr. Es war 15.30 Uhr, die Stunde der Großen Barmherzigkeit!
„Ich betete mit jeder Faser, voller Ergriffenheit und Aufrichtig-

keit, die ich aufbringen konnte: Gott, habe bitte Erbarmen mit uns!"
Das war das eigentliche Wunder. „Unter den misslichsten Bedingungen, die ich mir vorstellen konnte, lehrte mich Gott, was wahrer Friede ist und dass er gefunden werden kann, wenn man Gottes Willen annimmt. Und dass wir in unserem Leben das Beste versuchen und Gott die Führung übergeben sollten." Gott tat mehr, als Fred auf den Tod vorzubereiten: Gott bereitete ihn für das Leben vor. Auch das war ein Wunder.
(Quelle: Schweizer Fatima-Bote 4/ 2009)

MACHT ÜBER TIERE UND NATUR

Auch wenn die Kirche P. Paul von Moll (1824 – 1896) noch nicht heiliggesprochen hat, wirkte der leutselige Benediktinerpater weit über seine Heimat Flandern hinaus. Seine Liebe galt den Armen und Leidenden ebenso wie den Großen der Welt und nicht nur den Menschen, auch den Tieren. Die Ärzte hatten den Lungenkranken bereits aufgegeben. Da erschien ihm Jesus in Begleitung seiner Mutter, der allerseligsten Jungfrau Maria, des heiligen Joseph und des heiligen Benedikt. Während Maria ihn an der Hand nahm, legte der Heiland seine Rechte auf seinen Kopf und sagte zu ihm: „Sei geheilt! Von nun an sollst du zum Trost einer großen Zahl von Menschen leben. Ich gewähre dir alles, was du für andere von Mir erbitten wirst." Und augenblicklich war er gesund.
Pater Paul, mit bürgerlichem Namen Franz Luyks, übte diese ihm übertragene göttliche Sendung bis zu seinem Lebensende fast 40 Jahr lang getreu aus, wobei seine Person gänzlich zurücktrat. Er wollte nur Zeuge und gehorsames Werkzeug Gottes sein.

Hunderte in der Klosterkirche von Steenbrugge zurückgelassen Krücken künden davon. Einen Schwerbehinderten forderte er auf: „Junge, häng deine Krücken an den Sockel des hl. Benedikt, dann wirst du gehen können!" Der tat es und lief im nächsten Augenblick weinend aus der Kirche. Einem anderer trug der Mönch auf: „Bei der heiligen Wandlung nimm deine Krücken und leg sie auf die Kommunionbank!" Der Betreffende tat es und war geheilt. Jemand hat treffend bemerkt: „Man möchte fast glauben, dieser Pater wirkt aus Gewohnheit und zum Zeitvertreib Wunder."
Wie erstaunt war einmal ein junger Mann, der nachts um 1 Uhr zur Klosterpforte kam, als Pater Paul ihm schon ausgehbereit öffnete, um ihn zu seinem sterbenden Bruder zu begleiten. Disem sagte der Mönch nach der Krankensalbung: „Es war höchste Zeit! Wäre ich nicht gekommen, hätten Sie diese Nacht nicht überlebt. Nun aber werden Sie gesunden werden und ein hohes Alter erreichen."
Eines Sonntags verkündete er in Steenbrugge von der Kanzel: „Ich werde nicht mehr lange hier sein. Alle, die etwas bedrückt, und alle, die um ihr Vieh besorgt sind, sollen zu mir kommen. Ich werde allen helfen dürfen."
Ein Gutsbesitzer aus der Nähe von Steenbrugge erinnerte sich: „Er war wirklich die Güte in Person, ein wahrer Vater für uns, der selbst die geheimsten Wünsche erfüllte. Sein Kommen war jedes Mal ein Segen. Auch mit den Tieren hatte er Mitleid. Als ein Kalb im Stall am Verenden war, neigte er sich über das kaum mehr atmende Tier, streichelte es sanft und sagte: „Es geht ihm schon besser. Ja, es scheint geheilt zu sein. Gebt ihm zu trinken!" Als wir dem Kalb einen Eimer Wasser hinstellten, sprang es auf, trank in vollen Zügen und war munter, als wäre nichts gewesen."
Es gäbe unzählige Beispiele, die zeigen, wie machtvoll Pater Paul

bei Viehseuchen, bei Gefahr für die Ernte bei Unwetter und Hagelschlag oder bei Plagen auf dem Acker durch Raupen. Spinnen, Schnecken oder Ungeziefer helfen durfte.
Als zum Beispiel in einem Futterrübenfeld verschiedene Arten von Insekten großen Schaden anrichteten, wandte sich der Besitzer an den weithin bekannten Wundertäter. Der trug ihm auf: „Vergrab zwei Benediktusmedaillen an den diagonal gegenüberliegenden Ecken deines Feldes!" Der Bauer gehorchte und prägte sich genau ein, wo die beiden Medaillen lagen. um das kostbare Andenken an Pater Paul wiederfinden zu können. Und siehe da, am nächsten Tag waren keine Insekten mehr auf dem Feld. Von Neugierde getrieben grub der Bauer die Medaillen aus. Und die waren von zigtausend vertrockneten Insekten umgeben. Sorgfältig bewahrte er die einmalige „Insektensammlung" auf und trug sie schließlich als Beweis der Wundermacht des frommen Paters in das Benediktinerkloster.
Selbst nach seinem Tod ereigneten sich auffallende, von Tierärzten bestätigte Wunder, wenn Bauern ihren kranken Tieren voll Vertrauen eine Medaille, einen Brief, ein Sterbebild des Wundertäters auflegten oder im Stall anbrachten.
Auch in viele belgische Klöster, Krankenhäuser, Heime und Gefängnisse brachte der gute Pater Trost. Überall wirkte er Heilungen mit solcher Demut und Natürlichkeit, dass man den Eindruck gewann, es sei das Selbstverständlichste der Welt für ihn. Ebenfalls nutzte der Pater seine zahlreichen Zugreisen, um Mitreisende mit unerwarteten Gnaden zu beschenken. Im Wartesaal des Bahnhofs Brügge erlebte ein Benediktiner aus der englischen Abtei Downside folgendes: „Wir saßen schweigend da, als ein Ordensmann eintrat, sein Benediktinerhabit mag wohl einmal schwarz gewesen sein; auch sein Hut war alt und seine Schuhe abgetragen. „Das ist Pater Paul von Steenbrugge" flüsterte mir ein Priester zu. Und ich freute mich, den guten Mann

zu sehen, von dem ich schon so viel gehört hatte. Da kam ein altes Mütterchen herein, ging geradewegs auf den Pater zu und bat, ihn bald im Kloster aufsuchen zu dürfen. „Erzählen sie mir doch ihre Sorgen hier“, ermutigte er sie. „Aber mein Zug kommt gleich. erwiderte die alte Frau. „Keine Sorge“. prophezeite der Pater, „er wird 20 Minuten Verspätung haben!“ Als der Stationsvorsteher das hörte, lachte er schallend. Doch die Frau begann dem gebeugten Mönch ruhig ihre Anliegen vorzutragen. Mit exakt zwanzig Minuten Verspätung kam der Zug.
Ein andermal streikte auf einer Bahnfahrt von Antwerpen nach Stabroek die Dampflokomotive bereits nach acht Kilometern. Die Reisenden stiegen aus und nutzten die Zeit bis ein Ersatzteil gebracht würde, zum Picknick auf freiem Feld. Pater Paul ging zu den Maschinisten, die ratlos bei der Lokomotive standen und warteten. Von einem der herumstehenden Mitreisenden erbat er kurzerhand den Spazierstock und steckte ihn in das erstbeste Rohr und stocherte darin herum. Dann wandte er sich an die Maschinisten: „Das Rohr scheint verstopft zu sein. Reinigen sie es doch!“ Die beiden lachten hell auf über den alten Mönch, der mit einem Spazierstock eine Dampflokomotive reparieren wollte. Auch die anderen Dabeistehenden schüttelten den Kopf. „Versuchen Sie es!“ befahl der Pater. „Vorwärts mit der Maschine! Sie wird laufen, denn ich bin es, der es Ihnen sagt!“ Nun gehorchten die zwei wie von einer höheren Autorität gedrängt. Und zum größten Erstaunen aller setzte sich der Zug in Bewegung.
Es gab auch solche, die sich über den „Medaillenkrämer“ lustig machten und spotteten. Meistens aber genügte ein einziger Blick des Heiligen, und die ihn verkannt, verleumdet oder verfolgt hatten, brachen überwältigt in die Knie und folgten ihm in den Beichtstuhl, wo er ihnen die geheimsten Sünden ihres Lebens enthüllte.
Von außen betrachtet sah manches spielerisch aus. Doch alles

hat seinen Preis.
„Erst am letzten Tag wird man erfahren, was ich gelitten habe. Nachts kommt der Satan oft und quält mich, aber ich muss mich nicht beklagen, denn die Gottesmutter tröstet mich", vertraute der Pater einer Ordensfrau an. Oft betete er bei Kranken und litt innerlich mit, dass Schweißperlen ihm auf die Stirne traten. Mehr als einmal hörte man ihn sagen: „Diese Gnade zu erlangen, hat mich viel gekostet."
Als einmal ein alter Mann sich mühevoll in der Klosterkirche zu Pater Paul hinschleppte, ließ er ihn stehen und betete erst zweimal den Kreuzweg, ehe er dem Greis sanft die Stöcke abnahm und sie zur Statue des heiligen Benedikt legte. Nun war es der Alte, der seinerseits mühelos und dankbar den Kreuzweg ging. Oft kam der seeleneifrige Priester erst nach 23 Uhr aus dem Beichtstuhl. Sein Briefapostolat – täglich trafen bis zu 30 Briefe bei ihm ein – erledigte er nachts. „Nehmen Sie es mir nicht übel, wenn ich mich kurz fasse, denn mir fehlt die Zeit. Ich bin überladen mit Arbeit und Bergen von Briefen!"
Das Geheimnis, warum er doch alles sorgfältig erledigen konnte, verriet er einem Vertrauten: „Ich bin immer verbunden mit meinem lieben Herrn. Er selbst ist es, der mir diktiert, was ich schreiben soll. Jeden Brief begann er mit den gleichen Worten: „Aus Liebe zu Dir, o Jesus!" Es war sein Bestreben auch andere dazu anzuregen, Arbeit Mühsal, Kreuz und Leid aus Liebe zu Jesus anzunehmen. „Wenn Du keine oder nur wenig Liebe fühlst, murre nicht. Der Teufel sucht ja alles in seiner Macht Stehende, um Dich von der Liebe zu Jesus abzubringen. Sage dann innerlich: „O Jesus, ich fühle keine Liebe, aber in der Hoffnung, dass DU mir mehr Liebe schenken wirst, nehme ich das mit Liebe an."
Einem engen Freund aus Oostkamp versprach er: „Wenn ich einmal im Himmel bin, dann bitte erst recht! Ich werde dann

Zeit genug haben, mich um Dich zu kümmern und meine Macht wird dann noch größer sein." Er hielt Wort! Bis heute geschehen Wunder an seinem Grab in der Abteikirche von Termonde. Von allen Seiten treffen Zeugnisse von Gebetserhörungen ein.
Pater Paul von Moll starb am 24. Februar 1896. Warum sollten nicht auch wir einen solchen Fürsprecher bei Gott anrufen?
(Quelle: Triumph des Herzens II/2014)

UNSCHULDIG ZUM TOD VERURTEILT

Der Franziskanerpater Gereon Goldmann ist ein Mensch, der als Soldat 1939 – 1947 unglaubliche Wunder erlebt hat. Wenige Monate vor seinem Tod habe ich ihn noch persönlich kennen gelernt. Sein Buch „Tödliche Schatten – tröstliches Licht" ist spannend wie ein Kriminalroman.
Daraus stammt folgende Episode: Im Januar 1944 geriet er in Süditalien als Sanitätsfeldwebel in Kriegsgefangenschaft und wurde in einem Lager in Algerien zum Priester geweiht. Schon das ist ein Wunder, denn der Feldwebel Karl Goldmann hatte damals als Franziskanerfrater Gereon nur die philosophischen Semester hinter sich, aber noch gar kein theologisches Studium absolviert. Das aber ist für die Zulassung zur heiligen Weihe eine Voraussetzung Wie er als Soldat überhaupt in den Vatikan zur Privataudienz zu Papst Pius XII. kam und von ihm die Genehmigung bekam, dass ihn jeder Bischof an jedem Ort der Welt zum Priester weihen dürfe, ist unglaublich.
Nach seiner Weihe schickte ihn der für Nordafrika zuständige Erzbischof als Seelsorger für die deutschen Kriegsgefangenen nach Marokko. Auf dem Weg dorthin wurde er – als Kriegsgefangener trug er noch die deutsche Uniform mit den Abzei-

chen eines Feldwebels – von Franzosen aus dem Elsass beinahe gelyncht. In dem ihm zugewiesenen Gefangenenlager Ksar es Souk gab es 1500 Mann Unteroffiziere und Feldwebel. Es war ein regelrechtes Nazilager. Der französische Kommandant lies die deutsche Selbstverwaltung gewähren, so dass beim Morgenappell jeweils mit „Heil Hitler“ gegrüßt wurde. Als die gewahr wurden, dass er Priester sei, wurde für ihn die Situation immer unerträglicher. Darum trug er sich mit dem Gedanken, seine seelsorglichen Bemühungen in diesem Lager aufzugeben, da sie auf die Ablehnung der Insassen stießen, die überwiegend Nazis waren.

Bei seinen Reisen – immer mit einem französischen Wachsoldaten begleitet – traf er im Atlasgebirge auf eine französische Einsiedlerin, die in einer Höhle wohnte, tagsüber unten in einem Tal Aussätzige betreute und nachts stundenlange Anbetung in ihrer Grotte hielt. Als er ihr von den Zuständen im Lager berichtete und seiner Absicht dort wegzugehen, lies sie sich den Namen des feindseligsten Nazi geben. Sie wolle für seine Bekehrung beten. Nach drei Monaten kam dieser Mann eines Abends und sagte, er sei katholisch und wolle beichten. Pater Gereon warf ihn kurzerhand hinaus. Es solle kommen, wenn es hell sei und alle ihn sehen könnten. Das tat er dann wirklich morgens nach dem Appell. Pater Geron zweifelte, ob er es ehrlich meinte. So gab er ihm eine öffentliche Kirchenbuße auf, ehe er ihn nach vielen Wochen zur Beichte zuließ. In der Zwischenzeit musste er sonntags vor dem Altar stehen, damit alle ihn sehen konnten. Als dann der Tag seiner Beichte und der Wiederaufnahme in die Kirche kam, gab es fast einen Skandal. Er wolle öffentlich beichten, denn er habe jahrelang auch öffentlich gegen die Kirche gearbeitet. Das geschah dann vor der ganzen Gemeinde. Es war eine unglaubliche Sache, dass dieser Feind Gottes im Lager sich vor dem Altar niederkniete und um Vergebung bat. Nach

ihm kamen an diesem Tag auch noch andere. Das ganze Lager kannte nur ein Gespräch, die Bekehrung dieses Mannes. Als Pater Gereon das der Einsiedlerin mitteilte, meinte sie nur, das sei doch klar, sie habe ja jede Nacht sechs Stunden lang für ihn gebetet.
Ein Priester, der ihn besuchte und die große Veränderung im Lager sah – man hatte diesen früher mit Steinwürfen aus dem Lager vertrieben – sagte ihm: „Beten sie täglich, dass das große Kreuz, das auf Sie wartet, nicht zu schwer werden möge." Solch unglaubliche Seelsorgeerfolge werde er mit besonders viel Kreuz und Leid bezahlen müssen. Und so kam es auch.
Eines Tages wurde Pater Gereon nach der heiligen Messe von zehn französischen Soldaten vom Altar weg verhaftet, gefesselt und mit Handschellen aus dem Lager gebracht. Am Lagertor war die Naziprominenz voller Freude lachend und höhnend versammelt. Nun sei der falsche Priester entlarvt, und der Mörder von Dachau bekomme nun seine Belohnung.
Er wurde vor ein Militärgericht gestellt und aufgrund der von 27 Erznazis unter Eid gemachten Aussagen, er sei der Henker von Dachau gewesen, wurde Pater Gereon zum Tod verurteilt. Nun hatte er die Quittung für seine erfolgreiche priesterliche Arbeit im Lager.
Am 27. Februar 1946 kam ein französischer Offizier in seine Zelle und eröffnete ihm, das Urteil sei rechtskräftig. Die vielen Zeugenaussagen hätten das Gericht überzeugt. Am nächsten Morgen werde er um 3 Uhr erschossen. Einige Gefangene, die das mitbekamen, „beglückwünschten" ihn zu seiner schnellen „Himmelfahrt". Der Offizier, der noch dabeistand, wollte wissen, warum die so lachten. – „Weil ich nun vor allen anderen in den Himmel darf", antwortete Pater Gereon. Der Offizier schaute ihn skeptisch an. „In den Himmel? Glauben Sie wirklich an den Himmel?" – „Ja, ich bin fest überzeugt, dass ich morgen

früh dort sein werde."
Pater Gereon sprach fließend Französisch, somit bekamen die dabeistehenden Franzosen das mit und sahen ihn verwundert an. Der Offizier fragte: „Himmel? Wie ist es denn da?" Pater Gereon konnte sich nicht verkneifen zu sagen, dass er leider noch nicht dort gewesen sei, aber er würde ihm, wenn er ihm seine Adresse gebe, von dort oben eine schöne Ansichtskarte senden. Der Offizier schüttelte missbilligend den Kopf. Doch kam er mehrmals am Nachmittag immer wieder mit der gleichen Frage, wie es denn im Himmel sei und ob es ihn wirklich gebe.
Am nächsten Morgen um 2.30 Uhr kamen vier Soldaten mit Fackeln in die Zelle. Der Offizier vom Vorabend war dabei, verlas nochmals den Befehl zur Exekution und befahl ihm aufzustehen. Pater Gereon hatte nicht die geringste Lust, zu seiner eigenen Hinrichtung zu gehen und sagte, er sei zu schwach, man müssen ihn schon tragen.
Da geschah etwas Unglaubliches. Der Offizier stutzte einen Augenblick, als ob er überlege, drehte sich zu den vier Soldaten um und gab ihnen den Befehl, den Raum sofort zu verlassen und von außen abzuschließen. Keiner solle es wagen, die Tür zu öffnen, bevor er es ausdrücklich befehle.
Als die Soldaten draußen waren, – nur eine Fackel, in einen Ring an der Wand gesteckt, erhellte spärlich die Zelle – kam der Offizier mit blankgezogenen Säbel auf den Pater zu. Der dachte, er werde ihn nun hier an Ort und Stelle töten. Der aber legte die Schneide an die Kehle und fragte: „Sie gehen jetzt wirklich in den Himmel!" Der Pater wagte – den scharfen kalten Stahl auf der Haut – kaum zu atmen und sagte mit leiser Stimme: „Ich hoffe es ganz fest."
Da geschah etwas Unerwartetes. Der Offizier legte den Säbel zur Seite, schnallte sein Koppel (Gürtel) ab, legte den Stahlhelm auf den Boden, umklammerte mit eisernem Griff die Hände Gere-

ors und keuchte: „Pater, ich möchte beichten!“ Der dachte, der muss übergeschnappt sein. Doch der packte ihn an den Armen noch fester – der Pater hätte vor Schmerz schreien mögen – und drängte: „Beichten! Jetzt sofort!“ Doch P. Gereon entgegnete: „Hier in Meknes sind mehrere französische Priester dafür zuständig, bei denen Sie beichten können. Warum denn bei mir, den Sie nachher erschießen müssen?“ – „Gerade darum, weil Sie nachher in den Himmel gehen!“
Er bat unter Tränen um die Beichte, bei der er schon so viele Jahre nicht mehr gewesen sei. Nun endlich habe er den Mut dazu. P. Gereon nahm ihm die Beichte ab und gab ihm die Lossprechung. Der küsste die Hände des Priesters und sagte, er sei von seiner Unschuld überzeugt, aber der Befehl sei von höchster Stelle gekommen. Pater Gereon hatte noch zwei heilige Hostien bei sich, die er vor der Exekution zu nehmen gedachte. Und sagte ihm, er könne gemeinsam mit ihm die heilige Kommunion empfangen. Der Offizier konnte sich kaum noch halten vor Weinen und bekannte, nun sei er endlich nach vielen Jahren im Frieden.
Da hörte man draußen lautes Gerede. Eiligst schnallte sich der Offizier sein Koppel um, steckte den Säbel in die Scheide, und kaum hatte er den Helm aufgesetzt, wurde die Tür geöffnet. Draußen standen einige Offiziere, die aufgeregt mit ihm redeten. In seinem übermüdeten Zustand konnte der Pater nicht gut verstehen, was sie mit überstürzter Eile sagten. Jedenfalls nahmen sie die Fackel aus dem Ring an der Wand und schlossen die Türe zu. Erschöpft schlief Pater Gereon ein.
Nach ein paar Tagen kam der französischer Priester, der ihn davor bewahrt hatte, dass er von den Elsässern gelyncht wurde, und erzählte freudestrahlend, was alles passiert war: Aus Paris sei ein Anruf gekommen, dass der Papst beim französischen Botschafter Maritain in Rom die Beschwerde vorgebracht habe,

warum man einen deutschen Soldaten töten wolle, den er selbst zur Priesterweihe empfohlen habe. Aufgrund dieses Anrufes aus Rom hatte das in Paris befindliche Büro für alle Gefangenen überall in den Gefangenenlagern nach dem Feldwebel Karl Goldmann gesucht und ihn gerade noch in der Nacht der vorgesehenen Exekution ausfindig gemacht. Ohne die lange Beichte des Offiziers wäre es schon zu spät gewesen.
Man muss aber auch den Hintergrund all der unglaublichen Erlebnisse von P. Gereon Goldman wissen: Er war als Bub in Fulda Messdiener bei den Englischen Fräulein (heute Maria-Ward-Schwestern). Eines Tages kam er morgens ganz traurig in die Sakristei. Seine Mutter waren soeben gestorben. Die Sakristanin, Schwester Solana May, bat die Oberin Mutterstelle bei dem Buben einnehmen zu dürfen. Und sie machte mit dem lieben Gott einen „Vertrag", sie wolle zwanzig Jahre lang für den kleinen Karl beten, damit er Priester werde. Auch holte sie sich noch Verstärkung bei anderen Schwestern. Ihre Zahl wuchs auf 200 Beterinnen an. Sie führte Buch darüber. Wenn eine starb, notierte sie: „Betet im Himmel weiter."
Auch diese Geschichte zeigt die Macht des Gebetes.
(Quelle: Gereon Goldmann ofm, Tödliche Schatten – tröstliches Licht)

DIE MARIENERSCHEINUNGEN VON ZEITOUN

Mir liegt ein Bericht von P. Jerome Palmer OSB vor, der vom amerikanischen Verleger Culligan, einem großen Verehrer der Muttergottes, gebeten wurde, nach Kairo zu reisen, um dort Unterlagen über die Erscheinungen in Zeitoun zu sammeln.

Die Kirche der Heiligen Maria, befindet sich zwischen der Khaligasse und der Tomanbeystraße in Kairo. In der Nacht vom 2. auf 3. April 1969 fand eine erste Erscheinung statt. Zwei Mechaniker der städtischen Garagen, gegenüber der Kirche waren die Ersten, die etwas Außergewöhnliches bemerkten. Sie erblickten eine weißgekleidete Nonne oberhalb der Kuppel mitten auf dem Dach. Es sah aus, als würde diese sich an das Kreuz der Kuppel anklammern. Zuerst dachten sie, die Gestalt, die sie sahen, hätte die Absicht sich herunterzustürzen. So lief der eine Arbeiter davon, um den Pfarrer zu holen. Der andere verständigte die Rettungsgesellschaft. Erst der Priester begriff, als er an Ort und Stelle war, um was es sich hier handelte. Und seit dieser Nacht wurden Hunderte von Erscheinungen an dieser Stelle beobachtet. Hunderttausende Menschen verschiedener Religionen, unterschiedlicher Rassen und aus verschiedenen Ländern haben die Heilige Jungfrau erblickt.
Gewöhnlich werden die Muttergotteserscheinungen durch geheimnisvolle Licht-erscheinungen eingeleitet. Diese Strahlen erscheinen manchmal oberhalb der Kirche, oberhalb und unterhalb der vier Kuppeln, am Rande der Kirche, manchmal in den Wolken, die sich gelegentlich über der Kirche verdichten. Keinerlei Geräusch begleitet diese Lichter. Doch sobald sie gesehen werden, erhebt sich ein Freudengeschrei aus der Menge, die sich in den Straßen und Gassen um die Kirche versammelt hat. Die Muttergottes selbst erscheint im Aufstrahlen eines hellen Lichtes, wie ein Flächenblitz, der manchmal den Erscheinungen um eine Viertelstunde vorausgeht. Er ist von einer sehr starken Helle, dass es oft unmöglich ist, die Gesichtszüge „Der Frau" zu erkennen.
Zuschauer beschreiben die Lichter, die um die Erscheinung aufleuchten als einen „Kreis von Scheinwerfern" oder als „fallende Sterne" oder auch als leuchtende" Diamanten", die um die sich bewegende „Frau" herumwirbeln.
Der koptische Bischof sagt, die große Kuppel auf der Kirche wer-

de manchmal durch diese „himmlischen Lichter" erleuchtet. Ein andermal überzog das Licht, das aus einer der kleinen Kuppeln hervorbrach, die ganze Kirche. Bischof Gregorius berichtete, dass in einer Nacht ein Übermaß an Weihrauchwolken durch die verschlossenen und versiegelten farbigen Glasfenster der hohen Kuppel quollen, soviel, dass Millionen von Weihrauchgefäßen notwendig wären, eine solche Menge hervorzubringen. Immer wieder werden auch von Augenzeugen geheimnisvolle Wolken erwähnt, die über der Kirche schweben, selbst dann, wenn der übrige Himmel wolkenlos ist.

Weiter berichten die Augenzeugen von taubenähnlichen Vögeln, die vor, während und nach der Erscheinung um diese herum gesehen werden. Sie sind größer als Wild- und Haustauben. Der Direktor des Zoos von Kairo wurde zugezogen. Er erklärte, dass es keine Tauben sein könnten, denn diese würden nachts bekannter Weise nicht fliegen. Vor allem flögen sie viel zu rasch und ohne die Flügel zu schlagen. Nur ein einziger Zuschauer, den man unter Tausenden befragte, wollte gesehen haben, wie die Tauben mit den Flügeln schlugen. Sie gleiten herab und um die Erscheinung herum. Niemals lassen sie sich auf dem Dach oder auf Bäumen nieder. Manchmal waren sie scheinbar wie Wolkengebilde in der Luft zerflossen. Ihre Zahl war verschieden. Sie erschienen einzeln, zu Paaren, zu dritt oder auch in großen Gruppen. Manchmal flogen sie in Form eines Kreuzes. Einmal flogen zwölf von den Vögeln in Reihen zu je sechs.

Diese Vögel sind rein weiß und verströmen Licht. Sie wirken wie von Innen erleuchtet. Man kann sie sowohl innerhalb der glanzvollen Erscheinung als auch gegen den dunklen Himmel oberhalb der Erscheinung sehen. Die verschwinden geheimnisvoll wie sie kamen ohne jedes Geräusch.

Lichter und Vögel sind immer die Vorboten der Erscheinungen. Die Muttergottes selbst erscheint dann in verschiedenen Haltun-

gen. Sie verändert sich von Nacht zu Nacht. Doch die Tausende, die sie jedesmal sehen, berichten immer übereinstimmend über die jeweilige Erscheinung.
Zuerst sah man „Die Frau“ oberhalb der Kirchenkuppel mit Schleier und langem Gewand, wie man von den anderen Erscheinungen in Lourdes, Fatima zu berichten pflegt. Keine Farbe, nur Licht ist sichtbar. Bischof Athanasius schildert dies als blauweiß, etwa so, wie die Farbe des Himmels an einem heißen, klaren afrikanischen Tag.
„Die Frau“ steht nicht bewegungslos. Sie beugt sich schweigend und wie grüßend zur Menge herab. Segnend bewegt sie die Arme und hält den Menschen manchmal einen Olivenzweig entgegen....
Einmal erschien „Die Frau“ innerhalb eines großen Lichtballes, der von der Kuppel am nördlichen Ende des Daches hervorbrach, unter der sich in der Kirche die Marienikone befindet. Dabei sah man nur die halbe Gestalt, wie ein flaches zweidimensionales Bild. Dieses Bildnis erhob sich dann und verschwand in das helle Licht des Mondes., der über der Kirche stand....
„Die Frau“ erschien auch mit einer strahlenden Lichtkrone über ihrem Haupte. Doch die Krone ist nicht immer da. Selbst wenn sie in einer Nacht mehrere Male zu sehen ist, es kommt nicht selten vor, - dann mag sie einmal die Krone tragen, ein anderes Mal nicht.
Die Dauer der Erscheinungen wechselte von Nacht zu Nacht. Manchmal hielt die Erscheinung mehrere Stunden an. In der Nacht vom 9. Juni 1969 währte die Erscheinung von 9 Uhr abends bis gegen 4.30 Uhr früh. Zeugen berichten, sie konnten heimgehen, um andere Familienmitglieder zu holen.
Während die Erscheinungen zuerst fast nächtlich gesehen wurden, fanden sie dann im Durchschnitt von drei Nächten innerhalb einer Woche statt. Obwohl kein Schema festgestellt werden konnte für die Zeit der Erscheinungen, fand doch wenigstens immer am

Sonntagmorgen bei Sonnenaufgang, eine Erscheinung statt. Auch scheint es, als wären die Festtage der Muttergottes, von denen es laut koptischen Kalender zweiunddreißig gibt, von der Erscheinung bevorzugt worden."

Den obigen kursiv gedruckten Text habe ich wörtlich aus dem mir vorliegenden Bericht von P. J. Palmer OSB, Zeitoun – Die Frau kehrt nach Ägypten zurück – übernommen. Darin sind eine ganze Reihe Aussagen von Zeugen verschiedenster Herkunft, sozialen Stellung und Religion enthalten. Ferner ist dokumentiert die amtliche Verlautbarung des koptisch-orthodoxen Patriarchen Kyrillos VI., ebenso der kurze Bericht der ägyptischen Regierung. In der Verlautbarung des katholischen Patriarchen Kardinal Stephanus I. heißt es: „Es handelt sich hier ohne Zweifel um eine wirkliche Erscheinung, die von vielen Gläubigen der Koptischen Kirche, denen man völliges Vertrauen schenken kann, beglaubigt wurde..." Auch der Leiter der örtlichen Evangelischen Kirche Dr. Ibrahim Said, Repräsentant aller evangelischen Kirchen in Ägypten, hat offiziell erklärt, dass die Erscheinungen der Heiligsten Jungfrau auf Wahrheit beruhen. Die Erscheinungen endeten 1971.

Von der allerersten Nacht an gab es in Zeitoun überwältigend viele Heilungen. Daraufhin wurde sofort von seiner Heiligkeit Kyrillos VI. eine Kommission aus sieben Ärzten und Professoren bestehend, eingesetzt, um Berichte und Aussagen bezüglich dieser Heilungen zu sammeln.

Aus den überprüften Berichten durfte P. Jerome Palmer mit Erlaubnis von Dr. Shafik Malek, dem Vorsteher dieser Kommission, einige Stellen in seinem Buch: „Zeitoun – Die Frau kehrt nach Ägypten zurück" veröffentlichen.

(Quelle: P, Jerome Palmer OSB, Zeitoun. Die Frau kehrt nach Ägypten zurück.)

KEHRT „ DIE FRAU“ ERNEUT NACH ÄGYPTEN ZURÜCK?

In der Februar-Ausgabe des VATCAN magazins 2010 berichtet Prälat Joachim Schroedel, der Seelsorger der katholischen Gemeinde von Kairo, dass im Stadtteil El Warraq, seit dem 10. Dezember 2009 – für einige Tage – über dem Dach einer orthodoxen Kirche, wiederum es „zu höchst seltsamen Lichtphänomenen“ gekommen sei. Einige Schwestern der Kongregation vom Heiligen Karl Borromäus hätten ihm berichtet, mit eigenen Augen die Jungfrau Maria gesehen zu haben. Noch nie hätte er die Schwestern, die er seit 15 Jahren begleite, „so aufgeregt, aber auch so gespalten, erlebt. Für einige stand es fest, dass die Gottesmutter Christen und Muslimen...erschienen ist, für andere könnten es ja auch „Spielereien“ gewesen sein. „Was kann man denn heute mit der Technik alles anstellen!“, sagte eine der kritischen Stimmen.
Ein Sprecher der orthodoxen Diözese von Gisa meinte zu der Erscheinung, dass es sich um „Maria mit leuchtendem weißen Kleid, königlich blauem Gürtel und einer Krone über ihrem Kopf“ handele. Über der Krone sowie zu beiden Seiten der Erscheinung sollten zudem die Turm- und Dachkreuze immer wieder in einem übernatürlichen Licht aufleuchten.
Wenige Tage nach den Phänomenen erklärte der Patriarch der koptisch-orthodoxe Kirche Shenuda III : „Die Themen, worüber das ganze Volk momentan spricht, sind das Licht, die Tauben, die Jungfrau Maria und die Erscheinungen der letzten Tage... Diese drei Themen möchte ich heute mit euch besprechen. Wir leben in einer materiellen Welt auf der Erde. Es existiert aber eine andere, spirituelle Welt des Lichtes, himmlische Bewohner oder himmlische Welt....Wir können auch Besuche von der anderen Welt empfangen. Und dieser Besuch ist auch ein Licht. Deswegen

erscheint die Heilige Jungfrau als Lichtkörper, jedoch mit einem klaren Aussehen. Die Tauben, die erscheinen, leuchten und entsprechen keinen natürlichen Tauben... Diese Erscheinung kann niemand verleugnen, denn es waren mehrere Tausenden von Menschen anwesend. Derjenige, die diese Erscheinung theoretisch verleugnet, vergisst die Menschen, die bei dieser Erscheinung dabei waren, welche sie mit eigenen Augen gesehen und bejubelt haben... Die Visionen hängen vom Glauben ab. Der einfache Mensch, der nicht kompliziert ist, ist würdig, so etwas zu sehen. Aber der komplizierte Mensch wird durch seine kompliziert Art daran gehindert."

Prälat Schroedel schreibt dazu: „Diese Worte des Patriarchen müssen etwas erläutert werden. Schon immer gab und gibt es in Ägypten außerordentliche religiöse Phänomene. Im Frühjahr 1968 kam es über den Kuppeln der nahe gelegenen koptischen Marienkirche von Zeitoun in Kairo allabendlich zu Lichterscheinungen, unter anderem zu der einer „Frau in weißem Licht", die von hunderttausenden christlichen und muslimischen Zeugen gesehen wurden. Der Legende nach soll es sich bei der Kirche um jenen Ort handeln, an dem sich die Jungfrau Maria bei ihrer Flucht nach Ägypten unter einem Baum ausruhte. Diese Erscheinungen von Zeitoun wurden noch im selben Jahr vom koptisch-orthodoxen Patriarchen Kyrillos VI. und vom katholischen Patriarchen Stephanos I. für glaubwürdig erklärt.

Immer wieder wurde dabei darauf verwiesen, dass nicht nur Christen, sondern auch Muslime diese Phänomene beobachtet hätten. Der 2005 verstorbene evangelischen Theologe und Professor Dr. Otto Meinardus, einer der führenden Gelehrtem auf dem Gebiet der Koptologie, hat selbst diese damaligen Phänomene gesehen und sie dem Autor dieses kleinen Artikels ausführlich beschrieben... Die Orientalen haben einen Sinn für das Transzendente, mehr als der aufgeklärte Westler.

Wenn dazu Phänomene wie die in Zeitoun oder nun in Warraq Muslime und Christen vereinen, kann und sollte dies auch ein Segen für Ägypten sein. Für Tage schien es, als ob auch Religionsfriede eingekehrt sei, denn die Gottesmutter hatte es geschafft, daß sich – so sagten es mir die Borromäerinnen – Christen und Muslime weinend und dankbar in den Armen lagen.
Wir Westler behandeln solche Ereignisse mit größter Skepsis. Und oftmals wird argumentiert, man brauche solche übernatürlichen Ereignisse oder Phänomene nicht. Doch wenn es stimmt, dass durch die Menschwerdung Gottes in Jesus Christus, durch Maria, der Jungfrau, – wieder ein solch in den Augen der Westler „unmögliches" Ereignis – Gott zeigt, dass er eben nicht „rein geistig" bleibt, sondern auch durch ganz reale, weltlich sichtbare und doch wunderbare Ereignisse Kunde von sich bringt, dann können wir zumindest wachsam bleiben."
(Quelle: VATICAN magazin 2/2010)

WARUM ERSCHEINT MARIA IN DEN LETZTEN 175 JAHREN SO OFT?

Die Häufigkeit der Muttergotteserscheinungen im 19. und 20. Jahren ist auffallend. Ausgerechnet in einer Zeit, da viele Menschen aufgrund moderner Ansichten, den Glauben infrage stellen, ja alles, was die naturwissenschaftlichen Erkenntnisse übersteigt, .bestreiten, kommt es zu solchen unbestreitbaren himmlischen Demonstrationen.
Kirchlich anerkannt sind z. B. die Marienerscheinungen in der Rue du Bac von Paris (1830), die zur „Wundertätigen Medaille" führten, La Salette (1846), Lourdes (1858), Fatima (1917), Beauraing (1932), Banneux (1933).
Hinzu kommt die menschliche Tränen vergießende Mariensta-

tue von Syrakus (1953). und seitdem an vielen anderen Orten dieses unerklärliche Phänomen tränenvergießender Marienbilder und Figuren der „Rosa Mystica". Mir liegt eine Liste von circa 100 solcher Vorkommnisse in den verschiedensten Ländern und Erdteilen vor. Selbst wenn ein Teil von „frommen" Betrügern – das gibt es leider auch – manipuliert sein sollte, so bleiben doch noch genügend unbestreitbare Fälle, die nachdenklich machen.

Vor allem die Botschaften, die z.T. bei den Erscheinungen gegeben wurden, sind beachtenswert. Es geht vor allem um die Bekehrung, Buße für die Sünden, Gebet und Fasten. Da werden die alten biblischen Aufrufe der Propheten und auch Jesu selber erneut in Erinnerung gerufen. „Maria als Gesandte ihres Sohnes kommt, um die Welt zur Umkehr zu rufen, weil „es eilt". Unschwer lässt sich weltweit ein Zerfall der Moral feststellen, Glaubensschwund Menschenrechtsverletzungen, kriegerische Auseinandersetzungen und wachsendes Herrschaftsmonopol mafioser Vereinigungen sind nicht zu übersehen. In diesem Chaos mahnt der Himmel die Menschheit zum Umdenken..." (Jörg Müller).

Manche Theologen weisen darauf hin, dass in einer „Epoche des Teufels" (A. Böhm) es nur zu verständlich ist, wenn die in der Offenbarung des Johannes mit Sonne, Mond und Sternen geschmückte himmlische Frau dem „feuerroten Drachen, der alten Schlange, die Teufel oder Satan heißt und die ganze Welt verführt" (Offb. 12,9), entgegentritt.

So gesehen, sind die Marienerscheinungen auch Zeichen der Hoffnung. In diesem Kampf, da der Drache in seinem Zorn Krieg führt „mit den Kindern der Frau, die den Geboten Gottes gehorchen und am Zeugnis Jesu festhalten" (Offb 12,17), sind wir vom Himmel nicht verlassen. Freilich, wir müssen auf den Ruf der Muttergottes hören.

(Quellen: Rudolf Graber, Marienerscheinungen
Jörg Müller. Warum erscheint Maria so oft?)

DAS WEIHNACHTSWUNDER VON 1914

Aus den vielen Veröffentlichungen anlässlich des Ausbruchs des ersten Weltkrieges. vor hundert Jahren soll hier ein wunderbares Ereignis aus jenem schauerlichen Geschehen, das ganz Europa in seinen Fundamenten erschütterte, gebracht werden.
Im Dezember 1914 war aus den anfänglich schnellen Offensiven ein Stellungskrieg geworden. Seit Wochen lagen sich die gegnerischen Truppen der Deutschen auf der einen Seite und der Franzosen und Engländer auf der anderen Seite in sogenannten Schützengräben oft nur in 50 Meter Entfernung gegenüber.
Am 24. Dezember war es ohne Gewehr- und Granatfeuer, im Gegensatz zu den vorhergehenden Adventstagen, ruhig beblieben. Zwischen Deutschen und Engländern war man vereinzelt übereingekommen am Heiligen Abend nicht aufeinander zu schießen. Doch belauerte man sich misstrauisch, weil man vermutete, der Gegner würde das Fest zum einem Überraschungsangriff benutzen. Auch wenn dieser ausblieb, kam es doch an diesem Abend zu einer Überraschung an einem kleinen Frontabschnitt in Flandern, wo Schotten und Franzosen den Deutschen gegenüberlagen.
Als der Nebel sich verzogen hatte und der klare Sternhimmel sich über dem Kampfgebiet wölbte, da ertönte eine kleine Mundharmonika aus einem Schützengraben und einige Landser sangen das alte Weihnachtslied „Stille Nacht, heilige Nacht“. Und dann geschah das Wunder: Aus den feindlichen Schützengräben kam es als Echo zurück. Aber nicht in Deutsch, sondern auf Englisch „Silent night, holy night“ und auf Französisch „“Douce nuit, sainte nuit“. Zu diesem internationalen Chorgesang und gegenseitigem Jubel stellten einige Männer Lichtchen und Tannenbäumchen auf die Brustwehr der Gräben. Nicht nur das, sie

winkten sich zu und einige wagten sich sogar aus der Deckung heraus und schritten zaghaft durch den Stacheldrahtverhau auf einander zu. Langsam folgten ihnen immer zahlreicher ihre Kameraden in das Niemandsland, um sich mit dem „Gegner“, der nun auf einmal keiner mehr zu sein schien, freundschaftlich zu treffen.
In der „Todeszone“ zwischen den feindlichen Linien lachten und tranken die Männer aus Sachsen, Bayern, der Gasgogne und den Highlands miteinander, die Tags zuvor sich noch als erklärte Feinde gegenübergestanden und aufeinander geschossen hatten. Selbst die Sprachbarrieren wurden durch Gesten weihnachtlichen Friedens überwunden, wenn diese sich eigentlich noch im Gefecht befindlichen Einheiten sich gegenseitig die Hände reichten, Zigaretten schenkten oder gar vereinzelt Adressen austauschten, um sich nach dem Krieg gegenseitig besuchen zu können.
Es war dies keine Meuterei unterer Dienstgrade, sondern der allgemeine Wunsch nach Frieden war spontan zum Ausdruck gekommen. Denn auch die jeweiligen Frontoffiziere behandelten sich wie Ehrenmänner, die wohlwissend darum, dass es eigentlich illegal war, einen mehrtägigen Waffenstillstand vereinbarten.
Der Zeitraum der Feuerpause wurde dazu genutzt, die Toten würdig zu bestatten und dem Gegner ein einigermaßen frohes Fest zu ermöglichen. Berühmt wurde dabei vor allem ein besonderer Handel zwischen einem Regiment der deutschen Reichwehr und dem Royal Welsh Fusiliers, welche im Austausch mehrerer „Christmas Puddings“ ein volles deutsches Bierfass erhielten.
In jenen Tagen kam wohl noch ein letztes Mal der tief christliche Charakter des völkerverbindenden Weihnachtsfestes zum Vorschein, als nach den Verbrüderungsszenen zwischen den

Fronten auf freiem Feld ein gemeinsamer mehrsprachiger Feldgottesdienst abgehalten wurde.
Wäre es nach den Männern gegangen, die an jenem Frontabschnitt in Flandern am Heilige Abend 1914 aus den Schützengraben gestiegen und friedlich aufeinander zugeschritten sind, dann wäre die Urkatastrophe des 20. Jahrhunderts am Fest der Geburt Christi, des Friedensfürsten, vorbei gewesen.
(Quelle: Der Gerade Weg, Zeitschrift der kathol. Jugendbewegung 4, 2014)

UNGLAUBLICHE VORKOMMNISSE IN ISRAEL

Michael Greenspan, ist amerikanischer Drehbuchautor, Produzent und Regisseur. Über 20 Jahre hat er in Israel gelebt, u. a. als Korrespondent für den Nachrichtensender CNN. Er ist ein großer Kenner des Nahen Ostens und spricht fließend Hebräisch. Als CNN den Enthüllungsjournalisten beauftragt, einer Reihe von Berichten im Israel des 20. Jahrhunderts auf den Grund zu gehen, macht Greenspan sich auf eine spannende Reise durch das Heilige Land.
Dabei stößt er u. a. auf folgende wunderbare Vorkommnisse:
Im Oktober 1973 gerät in finsterer Nacht auf den Golanhöhen der Panzerkommandant David Janiv mit seinen Männern in ein syrisches Minenfeld. Jeder Schritt kann sie das Leben kosten. Sie stochern mit den Messern, wie sie es in der militärischen Ausbildung gelernt haben, nach den im Boden vergrabenen Sprengkörpern, um sie dann zu entschärfen. Ein zeitraubende Arbeit. Plötzlich kommt ein geheimnisvoller Sturm auf, der sie fast mitreißt. Als er vorüber ist, trauen die israelischen Soldaten

ihren Augen kaum. Der starke Sturmwind hat die eben noch 20- 30 cm tief vergrabenen Minen freigelegt. Und sie konnten nun unbeschadet aus dem Minenfeld heraus gelangen. Glücksfall oder göttliches Wunder?.
(Quelle: Michael Greenspan, Gegen jede Wahrscheinlichkeit DVD Nr. 1)

DAS WUNDER VON 1948

M. Greenspan führte auf dem Ölberg mit Blick auf die Heilige Stadt ein Interview mit Gershon Barkochba, dem Historiker und Spezialisten für die Geschichte des Unabhängigkeitskrieges. Der berichtete ihm: „ Als der jüdische Staat am 15. Mai 1948 gegründet wurde, hatten wir nur einen Panzer, einen!
Wir hatten nur drei gepanzerte Fahrzeuge, drei!. Wir hatten fünf Kanonen, und die waren nicht einmal hier; ihre Lieferungen aus Europa unterwegs, fünf Kanonen! Wir hatten keine Bomber, noch nicht einmal ein Flugzeug.
Sieben arabische Nationen hatten uns mit einer großen Armee umzingelt. Sie waren sicher, dass es nur wenige Stunden, maximal ein paar Tage dauern würde, und die Juden würden alle abgeschlachtet ins Meer geworfen. Es war unglaublich. Es war nicht einfach. Der Krieg dauerte ein Jahr.
Wir hatten ungefähr 6000 Opfer, das waren 1 Prozent unserer jüdischen Bevölkerung. Das ist mehr als andere Völker im zweiten Weltkrieg. Doch wir überlebten. Es war ein großer Sieg. Warum? Nicht weil wir stark waren. Wir gaben unser Bestes, um stark zu sein und Flugzeuge und Panzer zu beschaffen. Wir kauften sie während des Krieges. Doch da oben gibt es JEMANDEN, der entschieden hatte, dass die Zeit reif war. DER

sagte: „Sie werden den Preis zahlen, es wird schwer werden. ICH möchte sehen, dass sie sich anstrengen und ICH werde ihnen helfen!"

Am Freitag war der jüdische Staat gegründet worden. Am Montagabend waren im jüdischen Viertel 1800 Juden belagert. Und der Palmach, die stärkste Kraft, die wir im Unabhängigkeitskrieg hatten, entschied, dass wir hineingehen sollten. Am Montagabend eroberten sie den Berg Zion. Am Morgen standen fünf unserer Soldaten vor dem Berg Zion und Tausende von Arabern starteten den Gegenangriff.

„Ich habe nur fünf Kugeln", sagte der eine. „ Ich habe noch sechs" der andere. „Ich habe nur noch vier" der dritte. „Vielleicht haben wir eine Chance für wenige Minuten. Dann stehe uns Gott bei!" – Einer von ihnen, er hieß Shimon Rappoport, erzählt, dass sie die letzte Kugel abschossen. – Sie waren sicher, das war das Ende, sie würden abgeschlachtet werden. – Und als die Araber merkten, dass die Schießerei aufhörte, begannen zu rufen: „Tötet die Juden!" Und rannten auf die Stellung zu. Doch plötzlich schrieen sie: „Ibrahim! Ibrahim! (Abraham, Abraham) und rannten weg. Die Israelis hatten keine Ahnung, was passiert war.

Der Cousin von Shimon Mordechai hat neun Jahre später im Sechstagekrieg gekämpft. Und er erzählte mir, dass er im Unabhängigkeitskrieg Sanitäter gewesen war, und einer der Soldaten ihm seine Geschichte erzählte. Er war israelischer Panzerfahrer und plötzlich begann einer der Panzercrew zu schreien. Sie fragten ihn, was los sei. Er schrie nur vor Angst, fuhr mit seinem Panzer zur Seite und raste mit ihm durch die Wüste. Der Kommandeur, der ihr Zugführer war, befahl ihm zu stoppen, denn die ganze Kolonne war ihm gefolgt. Er fragte: „Was ist los, warum schreien Sie so?" Der Soldat sagte: „Sie haben nicht gesehen, was da auf der Straße stand?" Der Kommandeur fragte ihn, wovon er rede. – „Ich sage Ihnen, das war ein Riesenkerl, er sah aus wie ein Monster. Er stand mitten auf der Straße und fuchtelte mit seiner Hand. Ja, ich bekam solche Angst, dass ich zur Seite bin und wegfuhr." – Er hatte gerade zu Ende geredet, als die Straße, auf der die Kolonne fahren sollte, plötzlich bombardiert wurde

Möglicherweise war der „Riesenkerl" der Erzengel Michael, „der große Fürst, der einsteht für die Söhne des Volkes" Israel und der in einer „Zeit der Bedrängnis, wie es keine je gab, seit es Völker gibt, sich erhebt", so ist es im Buch Daniel 12,1 vorausgesagt.

Ein paar Tage später ging Shimon Rappoport mit seinem Cousin, Ira Rappoport, auf dem Berg Zion und erzählte ihm seine Geschichte von vor 19 Jahren. Da saß auch ein Araber und hörte ihm zu. Er kam herüber und fragte: „Moment mal, Sie haben vor 19 Jahren hier gekämpft?" – „Ja." – „Das glaube ich nicht. Ich war einer der angreifenden Araber." – „Sie haben versucht mich zu töten." –„Ich habe versucht Sie zu töten." Und sie gaben sich die Hand. – Dann fragte Shimon: „Warum sind Sie damals weggelaufen? Wir hatten doch keine Munition mehr. Der Araber sagte: „Das glaube ich nicht. Sie haben nicht gesehen, was da drüben war?" – „Wovon reden Sie?" – „Sie haben das wirklich nicht gesehen? – „Wovon reden Sie?" – Der Araber sagte: „Auf Ihrer Seite stand ein Riesenkerl. Wir waren sicher, das war Abraham, Euer Patriarch, Euer Vater. Wir bekamen Angst und liefen weg." Unglaublich!

Ich bin Militär, bin Oberstleutnant, Kommandeur eines Panzerbataillons, und ich stehe mit beiden Beinen auf dem Boden. Doch manchmal, wenn ich eine Schlacht nachvollziehe, dann finde ich Unerklärliches. Sogar Leute, die mitkämpften, glauben es nicht. Es gibt keinen Sinn. Etwas anderes ist hier passiert.

Soweit das Interview

(Quelle: M. Greenspan, Gegen jede Wahrscheinlichkeit DVD Nr. 2)
Im Psalm 124 heißt es: „Hätte sich nicht der Herr für uns eingesetzt, - so soll Israel sagen - , hätte sich nicht der Herr für uns eingesetzt, als sich gegen uns Menschen erhoben, dann hätten sie uns lebendig verschlungen, als gegen uns ihr Zorn entbrannt war. Dann hätten die Wasser uns weggespült, hätte sich über uns ein Wildbach ergossen. Dann hätten sich über uns die Wasser ergossen, die wilden und wogenden Wasser. Gelobt sei der Herr, der uns nicht ihren Zähnen als Beute überließ."

DAS STORCHENWUNDER VON JAVNE

Dort ereignete sich im Jahr 1915 folgendes: Ein riesiger Heuschreckenschwarm fiel über die Felder des Dorfes her. Die Bewohner versuchten sie mit allen Mitteln, die sie hatten, zu verscheuchen. Die Kinder bekamen schulfrei und versuchten sie mit Blechdeckeln zu vertreiben und machten einen Höllenlärm. Andere schlugen mit Besen und Stöcken auf die gefräßigen Insekten ein. Ohne Erfolg. Die ganze Ernte drohte vernichtet zu werden. Es war wie mit der Heuschreckenplage in der Bibel. Am Abend gingen alle nachhause, um am nächsten Morgen die Tiere, die alles fraßen, die Früchte, die Blätter, die Stängel, weiter zu bekämpfen. In der Nacht beteten viele um ein Wunder. Am nächsten Morgen schaute einer der Bauern aus dem Fenster. Er traute seinen Augen kaum. Draußen auf den Feldern lag etwas wie eine weiße Decke. Er konnte nicht entdecken, was das war. Er lief hinaus und schlug Alarm. Die Felder waren voll weißer Störche, die die Heuschrecken auffraßen. Es waren so viele Störche, dass wenn einer aufflog, er fast keinen Platz fand, um

zu landen. So dicht waren die Störche beieinander. Drei Tage hindurch fraßen die Störche die Heuschrecken bis keine mehr übrig war. Dann verschwanden sie so schnell wie sie gekommen waren. Die Felder brachten in den nächsten Jahren so viele Früchte hervor wie nie zuvor. Die nächsten drei Jahre waren sie die ertragreichsten in ganz Galiläa.
(Quelle: M. Greenspan, Gegen jede Wahrscheinlichkeit, DVD Nr. 4)

LEGENDE ODER TATSÄCHLICHES WUNDER?

Seit dem Jahr 70, seit der Zerstörung des Tempels lebten Juden in Pekijim, einem Dorf in Galiläa. Dort trifft M. Greenspan die älteste Bewohnerin des Dorfes, die ihm folgende Geschichte erzählte: Es war im Jahr 1921. Alle im Dorf schliefen, außer dem Rabbi. Die Leute ahnten nicht, dass einige Araber aus dem Nachbardorf vorhatten, mitten in der Nacht die seit der Zerstörung des zweiten Tempels von Juden aus der ganzem Umgebung bewohnte Siedlung zu überfallen, die Männer zu töten und die Frauen zu rauben, alles zu plündern und anzuzünden. Die Terroristen schlichen aus dem östlich gelegenen Wald heran, damit sie erst gesehen würden, wenn sie schon da wären. Aber als sie die Lichtung betraten, sahen sie plötzlich große Gestalten in langen Gewändern. Sie hielten sie für Wachen. Also umrundeten sie das Dorf und versuchten einen Zugang von der steilen felsigen Seite vom Süden her. Als sie hinaufstiegen, sahen sie noch mehr von diesen mächtigen Gestalten. Die Terroristen gaben nicht auf und umkreisten das Dorf, um von der nördlichen Seite über den jüdischen Friedhof ins Dorf zu gelangen. Auf dieser Seite konnten sie schon von weitem gesehen werden. Als sie anfingen auf das Dorf

zuzustürmen, tauchten plötzlich eine ganze Reihe von diesen Gestalten auf. Sie hoben riesige feurige Schwerter in die Luft, die alles hell erleuchteten. Die Araber ließen vor Schreck die Waffen fallen und rannten in den Wald. Rabbi Jeschua, der aus dem Fenster das sah, war genau so überrascht. Es war das letzte Mal, dass die Araber versuchten, dem Dorf Pekijim so etwas anzutun. Als M. Greenspan der alten Frau gegenüber äußerte: „Das klingt wie ein Märchen." Bestand die darauf: „Es ist kein Märchen! Mein Großvater erzählte es meinem Vater und der erzählte es mir. Es ist ein Wunder des Himmels!"
Nach solchen Ergebnissen seiner Recherchen besuchte der Journalist zum ersten Mal seit seiner Kindheit eine Synagoge und zieht Bilanz über das, was er an wunderbaren Vorkommnissen in Israel erfahren hat. Der bekennende Agnostiker (einer der die Existenz des Übernatürlichen zwar nicht unbedingt bestreitet, aber für unerkennbar hält) sagt: „Meine Suche nach Wundern in Israel hat ein Fenster in meiner Seele geöffnet, von dem ich nicht wusste, dass es da ist."
(Quelle: M. Greenspan, Gegen jede Wahrscheinlichkeit, DVD Nr. 4)

VERSÖHNUNG STATT HASS

Habib und seine Familie leben seit Generationen in Bethlehem. Er war dort geboren wie Jesus, bei dessen Geburt die Engel „Frieden den Menschen auf Erden" sangen. Habib war mit Leib und Seele Palästinenser. Er hasste die Juden, vor allem als sie die 7 Meter hohe Mauer bauten. Früher konnte er mit seinen Freunden mehrmals in der Woche nach Jerusalem fahren. Von Bethlehem bis zur Jerusalemer Altstadt waren es nur ganze 10 Kilometer. Aber jetzt dauerte es einen Monat, um die Einrei-

segenehmigung zu erhalten. Habib hätte sich am liebsten der Hamas angeschlossen. Und sei es nur, um vielleicht eines Tages ein Loch in die verhasste Mauer zu sprengen. Doch die nahmen ihn nicht, weil er einer christlichen Familie angehörte.
Habib hätte nichts dagegen gehabt, Muslim zu werden. Aber die „evangelikalen" Christen, die er kannte, waren aus seiner Sicht fast genauso schlimm wie die Juden. Sie waren für ihn „Verräter" der palästinensischen Sache, nur um ein paar Leute „bekehren" zu können.
Aber am meisten hasste Habib die israelischen Soldaten, vor allem jene, die an der Mauer Dienst taten. Als die Mauer neu war, pflegte er seinen Groll auf die „bösen anderen". Doch nach ein paar Monaten hatte er das System, wie man nach Jerusalem reisen konnte, heraus und hielt seine Papiere in Ordnung. Er wurde nachdenklich, wenn er an einen Israeli dachte, der am Kontrollpunkt seinen Dienst versah. Der Mann passte nicht in die Schablone, die er sich vom israelischen Militär zurechtgemacht hatte. Dieser Soldat war nicht wie die anderen. Er war freundlich. Er hieß Danny. Und jedes Mal, wenn Danny nach seiner Familie sich erkundigte, hatte Habib den Eindruck, dass er das ernst meinte. Selbst mürrischen Leuten gegenüber verhielt sich Danny höflich wie ein Fremdenführer. Doch Habib erzählte niemandem von der wachsenden Faszination, die dieser israelische Soldat an der Mauer auf ihn machte.
Aber dann passierte das Unglück mit der Schrotflinte, deren Schuß ein Loch in Habibs Magen gerissen hatte. Dabei wollte er doch morgen mit zur Taubenjagd gehen. Seine Eltern kamen hereingestürmt und fanden ihn auf dem Boden in einer Blutlache liegen. „Im Krankenhaus können die mich nicht retten!", keuchte Habib. „Bringt mich zum Kontrollpunkt!" – Hatte sein Sohn den Verstand verloren, dachte der Vater. – „Fahrt mich da hin!" – „O Gott, hilf!", weinte die Mutter. Während der Vater

seinen schwerverletzten Sohn versuchte vom Boden aufzuheben, fing auch Habib an zu beten: „Bitte, Gott, laß Danny Dienst haben, wenn wir da ankommen!“
Als sie auf den Kontrollpunkt zurasten, verlangsamte der Vater das Tempo, um die Soldaten nicht nervös zu machen. Wer weiß, was sonst noch passieren könnte. Dem Vater entging – trotz seiner Angst um das Leben seines Sohnes – nicht das freundliche Gesicht des Soldaten, der an das Auto trat. „Das ist er!“, krächzte Habib auf dem Rücksitz.
Danny bückte sich und schaute durch das Seitenfenster des Wagens. Als er den Zustand Habibs sah, öffnete er die hintere Türe und hockte sich neben den Kopf des Schwerverletzten. „Habib, sag niemandem einen Ton!“ Er zog seinen Militärausweis aus der Hemdentasche und gab ihn Habib. „Hier, nimm und fahrt direkt zur Hadassah-Klinik auf dem Skopusberg. Du und ich wir sind ungefähr gleich groß und sehen uns ähnlich. Sie werden keine Fragen stellen. Macht das, jetzt sofort!“
Habib packte die Hand mit dem Militärausweis. „Dafür werfen sie dich aus dem Militär, Danny!“ – „Das ist mir egal. Fahr, mein Freund!“
Im Hadassah-Krankenhaus glaubten die Ärzte nichts anderes, als dass sie einen israelischen Soldaten operierten, der bei einem Schießunfall verletzt worden war. Als der rechtmäßige Besitzer des Militärausweises am nächsten Morgen in die Klinik kam, um den Patienten zu besuchen, begann durchzusickern, was geschehen war.
Als gar die israelische Regierung Danny nicht bestrafte, sondern wegen seiner mutigen Tat für den Frieden auch noch auszeichnete, bekam Habibs Judenhass den nächsten Dämpfer. Und was Habibs Vorurteile am stärksten infrage stellte, war, dass die Ärzte und Krankenschwestern ihn auch weiterhin freundlich und menschlich behandelten, obwohl sie jetzt wussten, dass er ein

Palästinenser war.
In der Woche seiner Genesung beschäftigte ihn eine Frage: Warum hat Gott mich vor dem sicheren Tod gerettet? Bestimmt nicht, damit er sich einer radikalen Gruppe wie der Hamas anschloß, die Israel vernichten will. Aus dem Gazastreifen schossen sie immer wieder mit Raketen auf israelisches Wohngebiet. Die Israelis reagierten darauf mit Vergeltungsschlägen auf Hamasziele. Um die Zivilbevölkerung zu schonen, kündigten sie den Bewohnern der Häuser kurz zuvor an, sie sollten sich schnell in Sicherheit bringen. Doch die Hamas zwang sie drin zu bleiben, schlossen sie sogar ein und bedrohten sie mit ihren Waffen, sodass sie das Gebäude nicht verlassen konnten. Es sollten möglichst viele Zivilisten beim Angriff der Israelis umkommen, während die Hamas-Kämpfer sich in Kellern und Bunkern versteckten. So sollte das Ansehen Israels geschädigt und die öffentliche Meinung der Welt gegen den Judenstaat aufgebracht werden.
In der dritten Woche seines Krankenhausaufenthaltes beschäftigte ihn die Frage, warum ihn Gott gerettet hatte, wieder vor dem Einschlafen. Als von der Tür aus Licht in sein Zimmer fiel, dachte Habib, eine Krankenschwester mache ihre Runde, um nach den Patienten zu schauen. Doch da merkte er, dass das Licht von einem Mann ausging, der zu ihm sagte: „Habib, ich liebe dich!" Und das Licht, das von diesem Mann kam, erfüllte Habib mit tiefem Frieden und unaussprechlichem Glück.
Als er aufwachte, lag er in seinem Zimmer im Krankenhaus und wusste – dieser Mann war Jesus! Dieses Erlebnis wiederholte sich mehrmals. Habib besorgte sich eine Bibel und las im Laufe der nächsten Woche das ganze Neue Testament.
Nun war seine neue Frage: Wie konnte ich Jesus die ganze Zeit verpassen? War er doch in der gleichen Stadt geboren wie sein Erlöser. Heute ist Habib ein überzeugter Christ. Und Danny? „Danny ist wie ein Bruder zu mir. Ich hab wegen unserer

Freundschaft Drohungen bekommen und musste schließlich das Westjordanland verlassen, weil ich mit einem Juden befreundet bin, der mir das Leben gerettet hat."
Habib hat sich einer Gruppe von Menschen angeschlossen, die eine andere Einstellung als die Hamas-Kämpfer haben, zu denen er sich im Hass auf die Juden vor seiner Bekehrung hingezogen fühlte. Heute riskiert er im Dienste einer Versöhnungsbewegung zwischen Juden und Palästinensern sein Leben, um Mauern niederzureißen die nicht aus Beton sind. – Unglaublich, aber wahr.
(Quelle: Tom Doyle/Webster, Träume und Visionen)

DIE WUNDERBARE GESCHICHTE DES OSWALD RUFEISEN

Oswald Rufeisen wurde 1922 im südpolnischen Krakau geboren Seine Eltern waren fromme galizische Juden. Im Alter von zwölf Jahren schloss er sich der zionistischen Jugendbewegung an. Sein Idealismus gehörte Palästina. Kurz vor Kriegsausbruch 1939 schafft er sein Abitur. Der Abiturient wird Schuster. Auf der Flucht vor den deutschen Truppen kommt er nach Wilna. Bei einer Razzia wird er von der Straße weg verhaftet. Von circa 900 bis 1000 Leuten blieben nur 12 am Leben. Alle waren Schuster. Nach sechs Wochen wurde er nach Hause geschickt. Als er wieder bei einer Razzia verhaftet wurde, konnte er als einziger von 60 Personen flüchten und tauchte bei einem Bauern unter. Nach sechs Monaten kam er durch einen Tierarzt nach Mir. Dort wurde er 1942 Dolmetscher beim deutschen Polizeichef Reinhold Heim, der ihn zu seinem Sekretär machte. Dass Oswald Rufeisen Jude war, wusste niemand. Er gab sich als Schlesier polnischer Herkunft und als Katholik aus. Er bekam eine schwarze Uniform, wurde als Dolmetscher Unteroffizier der aus einheimischen Kräften von den Deutschen rekrutierten „Schutzmannschaft". Damit unterstand er dem Reichsführer Himmler, dem Chef der SS und der deutschen Polizei. Er legte den Eid auf den Führer ab. Und schon war der junge Jude Rufeisen, „des Teufels Adjutant". Als solcher erlebte er erstmals, wie acht jüdische Jugendliche, die man hinter eine Scheune führte, erschossen wurden. Er hatte die Leute von der bevorstehenden Razzia warnen lassen, aber infolge eines Missverständnisses flohen sie nicht. Dieses Erlebnis war für Oswald Rufeisen ein Schock.

Die Juden wurden in einem Schloss als Getto außerhalb von Mir eingesperrt. Und Oswald hat ihnen erbeutete russische Waffen hineingeschmuggelt, damit sie u. U. um ihr Leben kämpfen konnten. Im Juli 1942 wurde er Zeuge eines Gesprächs, in dem ein höherer SS-Führer mit seinem Polizeichef die Liquidierung dieser Juden für den 13. August besprach. Rufeisen verständigte seine jüdischen Freunde im Getto und riet ihnen zur Flucht. Er selbst gab an die Deutschen eine falsche Nachricht, als ob sich Partisanen an einem bestimmten Ort in der entgegengesetzten Richtung aufhielten. Daraufhin wurden sämtliche Polizeieinheiten bis auf vier Wachen abgezogen, um die Partisanen aufzuspüren. Dadurch konnten dreihundert der im Getto gefangenen Juden fliehen. Sie sprangen nachts aus den Fenstern. Während 500 schon so apathisch waren, dass sie sich nicht mehr zur Flucht entschließen konnten.

Es kam zu einem Gespräch seines Chefs Reinhold Heim mit ihm: „Du warst der Einzige, der um die bevorstehende Aktion wusste. Warum hast Du sie verraten? Ich habe dir so vertraut!" Daraufhin gestand Rufeisen: „Ich hielt es für meine Pflicht unschuldige Menschen zu warnen." – „Das verstehe ich", sagte Heim. „ Ich habe noch nie einen Juden erschossen und werde es

auch nicht tun. Doch einer muss es ja tun. Befehl ist Befehl!“ Am nächsten Tag gestand ihm Oswald: „Ich bin Jude.“ Der Chef, der ihm wie ein Vater zum Sohn gewesen ist, war perplex und ließ ihn ein schriftliches Geständnis machen und reiste ab. Um die höheren Dienststellen darüber zu informieren?
In einem günstigen Augenblick am Abend gelang es Rufeisen zu flüchten. In einem polnischen Nonnenkloster in unmittelbarer Nähe der Polizeistation fand er Unterschlupf. Dort hatte er zum ersten Mal Berührung mit dem Christentum. Durch das Lesen des Neuen Testamentes kam er zur Überzeugung, dass Jesus von Nazareth der wahre Messias ist und dass er nicht gegen sein Volk sich versündige, wenn er IHM anhänge. Oswald Rufeisen bat um die Taufe. Da kein Priester da war, hat ihn eine der Schwestern getauft. Damit nicht der Eindruck entstehe, er habe sich taufen lassen, um bei den Schwestern aufgenommen zu werden, ging er weg. Aber alle in der Gegend haben ihn erkannt. Darum kehrte er nach vier Tagen wieder in das Kloster zurück und blieb 14 Monate in diesem Versteck. Da die Gefahr bestand, dass er entdeckt würde, verließ er zum zweiten Mal das Kloster und ging in den Wald zu den Partisanen. Bei den russischen Partisanen erhielt er wegen Tapferkeit mehrere Auszeichnungen.
Nach dem Krieg stand ihm die Welt offen. Doch er zog sich in ein Kloster zurück und studierte Theologie. In Krakau wurde er 1952 als Karmelitermönch zum Priester geweiht. Aus Oswald Rufeisen wurde Pater Daniel Rufeisen Als er 1958 nach Israel kam, wurde er nicht als Held sondern als Abtrünniger empfangen. Durch mehrere Gerichte versuchte er vergeblich als Jude anerkannt zu werden. Er bekam zwar die israelische Staatsbürgerschaft, aber nicht die Anerkennung als Jude. Im Kloster Stella Maris auf dem Karmelberg oberhalb Haifa, dem Ursprungsort des Karmeliterordens, fand er sein Zuhause. Seine Pfarrei

im Norden Israels umfasste 7000 Gläubige der verschiedensten Nationalitäten, denen er in acht Sprachen als Seelsorger diente. Manchmal vertauschte er sein Ordensgewand mit Zivilkleidung, um als Fremdenführer für seine Armen Geld zu verdienen. Einige Male bin ich ihm in Israel begegnet. Einmal konnte ich Pater Daniel gewinnen, für eine Mainzer Pilgergruppe abends am See Genesareth von sich und seiner Tätigkeit zu berichten. In seinem Leben zeigt sich die wunderbare Vorsehung Gottes.

STAUNENSWERTES IN DER NATUR

Die Bienen als bessere Mathematiker

In der Mathematik hatten wir auch sogenannte Minima- und Maximarechnungen lösen gelernt. Wie das geht, habe ich längst vergessen. Die Bienen jedoch vergessen das nie. Sie bauen die Zellen ihrer Honigwaben nach diesem Prinzip, obwohl sie keine einzige Mathematikstunde besuchen. Sie geben den Zellen die Form eines sechseckigen Prismas. Auf diese Weise schaffen sie bei geringstem Materialaufwand, den größtmöglichen Rauminhalt für den Honig. Doch wie groß müssen die Winkel der Flächen sein? Der französische Naturforscher Réaumur (+ 1757) maß die Winkel und fand heraus, dass die stumpfen Winkel jeder Zelle 109 Grad und 28 Minuten, die spitzen hingegen 70 Grad und 32 Minuten betragen. Réaumur wollte diese Frage auch theoretisch lösen und formulierte sie folgendermaßen: „Gegeben ist ein sechseckiges Gefäß, geschlossen durch drei rautenförmige Platten. Wie groß müssen die Winkel der Grundflächen sein, damit das Gefäß bei geringstem Materialaufwand den größten Raum enthält?“ Die äußerst komplizierte Berechnung

ergab: Die abschließenden Rauten müssten stumpfe Winkel von 109 Grad und 26 Minuten und die spitzen 70 Grad und 34 Minuten haben. – Die Bienen hätten sich demnach nur um 2 Minuten verrechnet. Doch damit ist die Geschichte noch nicht zu Ende. Als einmal ein Schiff strandete, musste sich der Kapitän vor dem Seegericht verantworten. Er hatte doch Messinstrumente, Seekarten und Logarithmentafel an Bord. Warum hat er den Kurs falsch berechnet? Der Kapitän verteidigte sich. Er hätte seine Berechnungen richtig gemacht und dennoch sei es zu diesem Unglück gekommen. Seine Berechnungen hatten einen falschen Längengrad ergeben. Man rechnete nach und alles stimmte. Und trotzdem war das Ergebnis falsch. Damals gab es noch keine Computer. Endlich kam man dahinter. Die Logarithmentafel enthielt einen Fehler. Und jetzt folgt die Sensation! Der Fehler der Logarithmentafel wurde berichtigt. Und mit der verbesserten Logarith-mentafel wurden auch die Winkel der Zellen der Bienenwaben nachgerechnet. Der stumpfe Winkel muss 109 Grad und 28 Minuten betragen und der spitze hingegen 70 Grad und 32 Minuten aufweisen. Nicht die Bienen, die Mathematiker hatten sich geirrt!
Woher haben die Bienen diese Intelligenz? Die Evolution reicht als Erklärung dafür nicht aus. Es muss eine höhere Intelligenz geben, die ihnen diesen Instinkt verliehen hat.
(Quelle: Tihamér Tóth, Mit offenen Augen durch Gottes Natur. S. 53)

Pfadfinder im Dunkeln ohne Nachtsichtgerät

Auf der Wiese, die unseren Novizen und Scholastikern als Fußballplatz dient, behindern Maulwurfshügel die jungen Sportler beim Spiel. Keiner von ihnen ahnt, was sich unter dem Rasen abspielt, während sie auf dem Rasen dem Ball nachjagen. Im-

mer wieder schafft es ein Maulwurf, der selbst nur 120 Gramm wiegt, eine Erdmasse, die sein Gewicht um das circa Zwanzigfache übertrifft, hochzudrücken. In nur einer einzigen Minute wühlt er sich 20 Zentimeter durch die Erde. Um Vergleichbares zu leisten, müsste unsereiner in der selben Zeit einen zwei Meter langen Tunnel mit bloßen Händen graben. Sage und schreibe schafft dieser kleine Kraftmeier in 20 Minuten sechs Kilogramm Erde an die Oberfläche. „Kein studierter Tiefbauingenieur könnte eine vortrefflichere unterirdische Festung ersinnen, wie sie der fast blinde Maulwurf im Dunkel der Erde anlegt. Da gibt es Lauf- und Fluchtwege und einen sorgsam ausgepolsterten „Kessel" als Schlafraum. Ein senkrechter Schacht führt zum „Brunnen" in die Tiefe, und es mangelt auch nicht an einem Toilettenraum, damit kein Laufgang verschmutzt wird! Noch nie hat das Tier solch einen Bau gesehen, und dennoch gräbt es ihn exakt nach Plan, einem Plan, der ihm als fertiges „Programm" vererbt wurde, der aber dennoch erforderliche Anpassungen an die besonderen Umweltverhältnisse erlaubt.
Das Überraschendste aber birgt die Vorratskammer, die ebenfalls in keinem Bau fehlt. Es sollen darin schon an die tausend lebende Regenwürmer entdeckt worden sein, von denen keiner entfliehen konnte. Der Grund: Unser Maulwurf trennt mit der Geschicklichkeit eines Neurochirurgen jedem Wurm eine bestimmte Anzahl Körperringe am Körperende mitsamt ihren Nervenknoten ab, indem er ihn exakt an der richtigen Stelle durchbeißt! Dadurch wird der Wurm gelähmt, er kann nicht fliehen und nicht verwesen, da er ja wie in Narkose weiterlebt." (Quelle: Wolfgang Kuhn, Von der Weisheit der Unvernünftigen. Instinktleistungen als angeborene „Intelligenz")

„Die Himmel erzählen die Herrlichkeit Gottes“ Ps 19,2

Nicht nur der Maulwurf unter dem Rasen gibt Anlass zum Staunen. Auch wenn wir nachts den Sternenhimmel über uns betrachten, müssten wir eigentlich ins Staunen geraten über die unvorstellbaren Entfernungen, Größen und Kräfte, die dort oben herrschen. Was da als kleine Sternlein funkelt, sind Himmelskörper, die ein Vielfaches größer sind als unsere Sonne. So besitzt der Sirius eine 40fache Sonnenleuchtkraft, mehr als die doppelte Sonnenmasse und das Siebenfache ihrer Raumgröße. Dennoch wird sein Licht für uns – infolge seiner großen Entfernung – von der Sonne 17milliardenmal überstrahlt. Um diese Riesenentfernungen zu beschreiben, gebraucht man nicht mehr den Kilometermaßstab sondern man misst in Lichtjahren. Ein Lichtjahr ist die Entfernung, die das Licht in einem Jahr zurücklegt. Der Lichtstrahl durchläuft in einer Sekunde 300.000 Kilometer. Ein Lichtjahr beträgt schon 9 ½ Billionen km, das sind 63.000 Sonnenfernen. Das Licht legt den Weg von der Sonne zu uns in 8 ½ Minuten zurück. Der nächste Fixstern nach unsere Sonne (nur von der südlichen Erdhälfte aus zu sehen) Alpha Centauri – ist bereits 4 ½ Lichtjahre von uns entfernt., das sind mehr als 40 Billionen km. Eine Saturn V-Rakete bräuchte bei einer Höchstgeschwindigkeit von 40.320 Stundenkilometern 26.471 Jahre, um die Entfernung eines Lichtjahres zurückzulegen,

Wenn man nachts zum Polarstern hinaufblickt, sieht man einen Stern, der eine Million mal größer ist als unsere Sonne. Aber er erscheint uns nur so klein, weil er 400 Lichtjahre von uns entfernt ist. Mit dem bloßen Auge könnten wir in dieser Entfernung unsere Sonne nicht mehr wahrnehmen. Nur mit Riesenteleskopen wäre sie noch wie ein Lichtpünktchen sichtbar. Wenn man den Polarstern, diese Riesensonne, abschalten könnte wie eine Lampe, würden wir ihn noch 400 Jahre leuchten sehen, bis der letzte Strahl von dort bei uns einträfe und wir dann merkten, dass er erloschen ist. Bei solchen Vorstellungen und Entfernungen wird einem geradezu schwindlig. Dabei ist das erst unsere allernächste Umgebung im Weltall. Was wir als „Milchstraße“ am nächtlichen Himmel über uns sehen, sind 150 Weltsysteme, „Sternhaufen“ von Zehntausenden bis 1 Million Sonnen wie zu einem großen Ballspiel um einen gemeinsamen Mittelpunkt kreisend. Die Zahl der ungeheuren Sonnenbälle im Weltall beträgt nach Schätzungen der Astronomen etwa 50 Trilliarden (5 mit 23 Nullen). Und alle sind pausenlos in Bewegung – durchschnittlich 10 bis 100 km pro Sekunde – durch Tausende von Jahrmillionen.

Vielleicht vermittelt Dir das eine schwache Ahnung von der Größe der Schöpfung – vielmehr von der Größe dessen, der das geschaffen hat und den wir im Glaubensbekenntnis als den „Schöpfer Himmels und der Erde“ bekennen. Der Apostel Paulus schreibt an die römische Christengemeinde: „Seit Erschaffung der Welt wird seine unsichtbare Wirklichkeit an den Werken der Schöpfung mit der Vernunft wahrgenommen, seine ewige Macht und Gottheit“ (Röm1,20).

Auf Erden rennen ein paar „Helden“ auf dem Spielfeld um einen Ball – und Millionen Zuschauer geraten außer sich und rasen vor Begeisterung. Doch wer berauscht sich angesichts dessen, was da an viel Großartigerem Nacht für Nacht am himmlischen „Spielfeld“ abläuft?

Als am 4. Oktober 1957 die Sowjets den ersten Satelliten „Sputnik“ mit einer Rakete in 300 km Höhe schossen und um die Erde kreisen ließen und damit den Amerikanern zuvorkamen, bestürmten mich die Buben des 5. Schuljahres in der Religionsstunde: „Herr Kaplan, haben Sie´s schon gehört, die Russen haben den Sputnik ins All geschossen?“ Da malte ich einen großen Kreis an die Tafel und in die Mitte einen Punkt. „Ihr Buben,

wenn dieser Kreis hier den Umfang der Sonne darstellt und in der Mitte da der Punkt unsere Erde, dann würde der Mond – ich malte einen kleineren Kreis hinein – noch innerhalb des Sonnenballs um die Erde kreisen." Da rief ein Junge spontan: „Ei, da können die Russen mit ihrem Sputnik ja daheim bleiben!"
Ludwig van Beethoven (+1827) hat mit seinem Choral „Die Himmel rühmen des Ewigen Ehre und seiner Hände Werk kündet das Firmament" ehrfürchtigem Staunen über den Sternenhimmel künstlerischen Ausdruck verliehen.
In den letzten Jahrzehnten hat man Milliarden von Dollars in die Weltraumforschung gesteckt, Flüge zum Mond unternommen, Raumsonden ins All geschickt, die jahrelang zu fernen Himmelskörpern unterwegs sind. Der Treibstoff für deren Raketen hätte dazu gar nicht ausgereicht. Darum hat man die Anziehungskraft der Planeten, an denen die Sonden vorbeikommen, als Antrieb genützt. Man will wissen, wie die in unserem Sonnensystem kreisenden Planeten beschaffen sind, um Rückschlüsse auf das Entstehen der Erde machen zu können. So konnte man zum Beispiel den Saturn mit seinen ihn umgebenden Ringen genauer erforschen. Die Sonde Huygen-Cassini war 7 Jahre unterwegs um die 1,4 Milliarden Kilometer Entfernung zurückzulegen. Das Ergebnis: Saturn ist ein riesiger Ball mit einer Atmosphäre aus Helium und Wasserstoff vor allem. Im Inneren des Saturn sind diese Gase verdichtet, zunächst ein Gemisch von flüssigem Wasserstoff und Helium, dann – durch den immensen Druck – eine metallische Heliumschicht und im Innersten ein eisenreicher Kern, der so groß ist wie unsere Erde. Die Ringe – nur wenige Meter dick – bestehen aus Staub- und Eispartikeln, die ihn im innersten Ring mit 80000 Stundenkilometern Geschwindigkeit umkreisen. Die Schwerkraft hat diese Ringe geschaffen. Aber nicht nur das: Während unsere Erde nur einen Mond hat, wird Saturn von circa 60 (!) Monden umkreist,

die einen Durchmesser von 50 km bis 300 km haben.
Unsere Erde ist ein einzigartiges Wunder im Sonnensystem. Von der Gewalt und Unwirtlichkeit des Weltalls trennt uns nur eine hauchdünne Gasschicht, die Erdatmosphäre. Durch sie haben wir Luft zum Atmen und Wasser zum Trinken. Sie hält die Erdoberfläche warm und lebensfreundlich. Der Wasserdampf und der Sauerstoff der Atmosphäre sind von fundamentaler Bedeutung für das Leben auf unserem Planeten Erde. Die Zusammensetzung unserer Atmosphäre ist einzigartig und einmalig unter den Planeten. Sie speichert nicht nur die Wärme der Sonne, sondern schützt uns auch vor ihrer tödlichen Wirkung. Deshalb gibt es lebensfreundliche Bedingungen auf der Erde und haben wir keine Eiswüste.
Wenn ich im Video die Bilder aus dem Universum betrachte und die Erklärungen dazu höre, habe ich das Bedürfnis Haydns „Schöpfung" oder Bachs Oratorium „Lobe den Herrn" oder Bruckners Te Deum aus der neunten Symphonie mir zu Gemüte zu führen.
(Quellen: Johannes Maria Lenz, Reise ins Weltall
außerdem: DVD „Die Wunder unseres Sonnensystems")

„Jedes Wunder lässt Raum für Skepsis Sonst wären wir als menschliche Wesen ja nicht länger frei. Gott wollte uns aber frei. Darum gab ER uns den freien Willen. Auch bei offensichtlichen Wundern gibt es deshalb immer die Möglichkeit zu sagen: „Oh, ich bin skeptisch und bleibe skeptisch." Rabbi Gabriel Hagai
(Quelle: VATICAN magazin 8/9 2014)

UNGLAUBLICHES UND SCHEINBAR WIDER-SPRÜCHLICHES IN DER BIBEL

Vorbemerkung zur biblischen Redeweise

Gott übersteigt die Vorstellungskraft des Menschen. Auch die menschlichen Begriffe können nur in analoger Weise, d.h. vergleichsweise und unzulänglich auf Gott übertragen werden. Gottes Wesen übertrifft eben alles Sein. Darum war es den Israeliten verboten, Bildnisse von Gott zu machen (Ex 20,4). Gott ist jedoch keine blutleere Gedankenkonstruktion. Die Bibel spricht von Gott als dem „lebendigen und wahren Gott" (1 Thess 1,9). Um der Gefahr zu entgehen, dass Gott dem Menschen fremd und unwirklich erscheint, gebraucht die Bibel an vielen Stellen sogenannte anthropomorphe Aussagen. So wenn z.B. von Gottes Auge, Ohr, Gottes (mächtigen oder strafenden) Arm und seiner (gütigen) Hand die Rede ist oder wenn Gottes Verhalten vermenschlichend geschildert wird, ER z.B. lacht, spottet, zürnt oder es IHN reut. Solche anthropomorphen Aussagen wollen Gott nicht vermenschlichen, sondern sein Wesen und Wirken eindruckvoll den Menschen nahe bringen. Trotz solcher naiven Ausdrucksweise ist Gott über jegliche menschlichen Gemütserregungen erhaben. Darum ist an den einschlägigen Bibelstellen zu fragen, was sich hinter einer solchen bildhaften Sprache jeweils verbirgt. So z.B. wenn in Gen 3, 8 Gott „beim Tagwind im Garten einherging", soll die für den Menschen unmittelbare Nähe Gottes anschaulich gemacht werden. Paulus wird in seiner Rede auf dem Areopag in Athen vor griechisch gebildeten Zuhörern das einmal so ausdrücken: „ER ist keinem von uns fern. Denn in IHM leben wir, bewegen wir uns und sind wir" (Apg 17,27/ 28).

Der Schöpfungsbericht (Gen 1,1 – 2,3)

Für den heutigen mit naturwissenschaftlichen Erkenntnissen informierten Leser ist schon, das, was die Bibel gleich zu Anfang berichtet, unglaublich. Doch bei genauerer Betrachtung zeigt sich, dass hier der Ursprung der Welt in poetischer Form dargestellt ist. Schon der Aufbau des Textes weist darauf hin. Der Schöpfungshymnus besteht aus drei Teilen: einer Einleitung (Prolog), einem poetischen Hauptstück und einem kurzen Schlusswort (Epilog) Diese Dreiteilung ist ein im Alten Orient beliebtes Schema. Die Erschaffung der Welt verläuft in einem Schema von sieben Tagen. So wird z.B. auf einer Keilschrifttafel der Brand einer Stadt in sieben Tagen geschildert. Am ersten Tag brennt ein Haus, am zweiten brennen Häuser, am dritten brennt die Straße, am vierten brennen Straßen usw. Und am 7 Tage ist die Stadt ausgebrannt. Das Wirken Gottes wird vom biblischen Verfasser in sechs Wochentagen untergebracht. In den ersten drei Werktagen schafft Gott Räume, er bringt Ordnung in das anfängliche Chaos. In der zweiten Wochenhälfte sorgt er für die Ausschmückung dieser Räume. Am siebten Tag ist Gottes Ruhetag, d.h. sein Schöpfungswerk vollendet. Die Sieben gilt im Alten Orient als heilige Zahl. Sieben Mal heißt es: „Und Gott sah, dass es gut bzw. sehr gut war." Zehnmal heißt es in der Schöpfungswoche: „Gott sprach" und zehnmal „Es wurde" bzw. „es geschah."
Wenn man die ersten Verse der Bibel als eine Weise altorientalischer Poesie versteht, sind sie kein Widerspruch zum heutigen naturwissenschaftlichem Weltbild, sondern ein Lobgesang auf Gott, den Schöpfer des Universums. Wir empfinden ja auch einen dichterischen Text über die Schönheiten der Natur oder ein Lied, das einen Sonnenaufgang besingt, nicht als Widerspruch zu den Erkenntnissen, die uns die Forschung über Naturphänomene bietet. Schon der heilige Augustinus hat darauf

aufmerksam gemacht, dass die Heilige Schrift uns nicht naturwissenschaftliche Erkenntnisse lehren will, sondern Glaubenswahrheiten vermitteln will.
Das erste Kapitel der Bibel lehrt uns somit die alles entscheidende Wahrheit: Die Welt ist nicht das Ergebnis von „Zufall und Notwendigkeit" (Buchtitel), sondern Schöpfung Gottes. Es bleibt der Naturforschung überlassen, herauszufinden und Hypothesen aufzustellen, wie der Prozess der Welterschaffung verlaufen ist.
Auch bei der Schilderung des Paradieses im 2. und 3. Kapitel der Genesis (1.Buch Moses) gilt es, zu unterscheiden zwischen der literarischen Gestaltung und dem Inhalt des Berichtes. Darin ist der Blick auf den Menschen gerichtet. Gott schafft für den Menschen einen Lebensraum, in dem es ihm gut geht, den „Garten Eden". In vermenschlichender (anthropomorpher) Aussageweise wird Gott wie ein Künstler dargestellt, der einem Töpfer gleich, den Leib des Menschen formt. Während der Leib aus dem leblosen „Staub der Erde" gebildet wird, ist die ihm Leben gebende Seele, das Lebensprinzip, „Odem" Gottes. Auch der Mensch ist Geschöpf aus Gottes Hand, geschaffen als Gottes „Abbild" und als solches ins Paradies gesetzt. Orientalische Herrscher ließen in den Provinzen ihr Standbild aufstellen zum Zeichen, dass dieses Land dem König gehört. So ist Mensch sozusagen das Hoheitszeichen Gottes auf der Erde. Als Verwalter des ihm von Gott anvertrauten Paradieses gibt Adam den übrigen Lebewesen Namen, so wie orientalische Könige ihren Beauftragten Namen verliehen.
Als Jesus dem Simon Barjona (Sohn des Jona) das Hirtenamt über seine Kirche überträgt, gibt er ihm den Namen Kephas = Fels, griechisch Petros. Schon das weist auf die Sonderstellung des Petrus im Kreis der Zwölf hin. Im Orient wurden die Könige als „Hirten der Völker" bezeichnet. Jesus, der „Sohn Davids",

des „Königs Israels“ (Jo 12,13), setzt den Simon-Petrus als seinen Stellvertreter ein „weide meine Schafe“ (Jo 21, 16).
Für den Menschen des Alten Orient ist Name nicht „Schall und Rauch“. Einen Namen tragen heißt existieren. Was namenlos ist, existiert nicht. Dem entsprechend werden im Schöpfungsbericht die Dinge und Räume mit Namen benannt.
Als Moses am brennenden Dornbusch von Gott den Auftrag erhält, zum Volk Israel zu gehen und ihnen zu sagen „der Gott eurer Väter hat mich gesandt, da werden mich sie mich fragen „Wie heißt er? Was soll ich ihnen darauf sagen?“ Da antwortet ihm Gott: „Ich bin der „Ich bin da.“ ... Das ist mein Name für immer, und so wird man mich in allen Generationen nennen.“ Vgl. Ex 3,10–15. JAHWE – so der geoffenbarte Name Gottes – ist nicht eine namenloses Etwas, sondern eine Person. Nicht eine anonyme Kraft, der sogenannte „Urknall“, steht am Beginn der Welt. Sie ist nicht das zufällige Ergebnis einer Entwicklung von Milliarden von Jahren, sondern Schöpfung des persönlichen Gottes, „der Himmel und Erde geschaffen hat“.
(Quelle: A. Pohl, Der Schöpfungsbericht der Bibel [in Stimmen der Zeit Heft 4 / 1958/59])

Die Frau aus der „Rippe Adams“ (Gen 2,18-24)

Die Bibel ist „nicht interessiert an einer Darstellung der Historie oder gar Prähistorie als solcher, sondern an der Darstellung des Heilswirkens Gottes“ (Schilling). So greifen die biblischen Verfasser u.U. auf historisches oder naturkundliches Wissen ihrer Zeit und Umwelt zurück, um sie heilsgeschichtlich zu deuten. Selbst dort, wo sie Mythen der sie umgebenden heidnischen Kulturen aufgreifen, verwenden sie diese zur Veranschaulichung des Wirkens Gottes und zur Verdeutlichung des Glaubens an den einen wahren Gott, den Gott Israels, vor dem die Götter der Heiden

Nichtse sind. Sie entmythologisieren auf diese Weise die Mythen. Prof. Dr. Othmar Schilling, der ehemalige Subregens des Mainzer Priesterseminars, hat versucht, an Hand archäologischen Bildmaterials und von Felszeichnungen der Eiszeit und der Altsteinzeit das Problem mit der „Rippe“ Adams zu lösen. Nach seiner Hypothese liegt dem hebräischen Wort zela´ (Rippe) sprachlich der Stamm zala´ zugrunde, was das „Gekrümmte“ bedeutet.. Die gekrümmte Mondsichel taucht als Symbol der Fruchtbarkeit in den verschiedensten Darstellungen alter Kulturen auf. Dem 28tägigen Mondzyklus entspricht der biologische Monatszyklus der Frau. Steinzeitliche Felszeichnungen geben dem weiblichen Becken die Form der Mondsichel. Im mesopotamischen Raum wurden weibliche Figuren gefunden, die halbmondförmige Körperteile haben. „Ganz besonders eindrucksvoll ist die Identität von Mond und Rippenpartie bei mykenischen Idolen (1200 v. Chr.), teils aus Ton, teils aus Terrakotta“ (Schilling). Nun spielte der Mond in der Antike als Gott der Fruchtbarkeit eine wichtige Rolle. „Israel hat sich...der Formen bedient, die vorlagen, freilich hat es sie „umgestiftet“ (Schilling). Nicht der Mond ist Ursache der weiblichen Fruchtbarkeit. Gott, der Schöpfer des Menschen, hat die Frau, zur „Mutter der Lebendigen“ (Gen 3,20) im direkten Zusammenhang mit Adam, sozusagen als Stück von ihm, erschaffen. Darum nennt Adam (Mann aus Erde) sie Chawwa (Eva) Leben (Gen 3,20).
Wie bei den Gleichnissen Jesu gilt es, den eigentlichen Sinn der Erzählungen, die der kulturellen Umwelt des damaligen Hörers bzw. Lesers entnommen und vertraut sind, zu ermitteln.
(Quelle: O. Schilling, Das Mysterium Lunae und die Erschaffung der Frau. Nach Gen 2,21 f Verlag Schöningh – Paderborn)

Der Sündenfall (Gen 3. Kapitel)

In der Erzählung vom Sündenfall des Menschen geht es um das Problem: Woher kommt das Unheil in der Welt. Der Schlüssel zum Verstehen liegt in den Versen: „Ihr werdet sein wie Gott, selber erkennen, was Gut und Böse ist." Damit entscheidet der Mensch selbst darüber und braucht sich nicht von Gott vorschreiben zu lassen, was er zu tun und zu lassen hat. Dann ist der Mensch sich selbst Gesetz, autonom. Die Anerkennung Gottes als eigentlicher Herr des Paradieses und Gebieter des Menschen steht auf dem Spiel. Indem der Mensch eigenmächtig „die Frucht des Baumes" sich aneignet, kündigt er das grundlegende Verhältnis vom Schöpfer zum Geschöpf auf, macht er sich selbst zum Gott. Der Ideengeber dazu ist „die alte Schlange, die Teufel oder Satan heißt und die ganze Welt verführt" (Offenbarung 12,9). Satan bedeutet Widersacher (der Gott widerspricht). In Genesis 3. sagt Gott: „Wenn ihr davon esst, werdet ihr sterben." Dagegen sagt die Schlange: „Keineswegs werdet ihr sterben, im Gegenteil, wenn ihr davon esst, werdet ihr sein wie Gott, selber erkennen, was Gut und Böse ist." Jetzt erst kommen die Früchte des Baumes Eva „begehrenswert" vor. Dass der Versucher hier als Schlange fungiert, hat als kulturell-religiösen Hintergrund den Schlangenkult in Mesopotamien und Ägypten. Wenn der Apostel Paulus in 2 Kor 11,14 sagt, dass der „Satan sich in einen Engel des Lichtes verwandelt", so erscheint er in Gen 3, 1 ff. in der mythischen Gestalt der Schlange. In Offenbarung 12,9 wird er nicht von ungefähr „der große Drache, die alte Schlange, die Teufel oder Satan heißt und die ganz Welt verführt", genannt.
Der biblische Text vom Sündenfall ist alles andere als eine märchenhafte Erzählung. Die Ursünde des paradiesischen Menschen offenbart das zu allen Zeiten sich immer neu wiederholende Bestreben des Menschen sich von Gott zu emanzipieren,

indem er selber bestimmt, was er zu tun und zu lassen hat. Sich anzumaßen, zu „sein wie Gott", das steckt letztlich in jeder Sünde drin. Nicht nur für Adam und Eva endet es im Verlust des vertrauten Umgangs, der Freundschaft mit Gott („sie versteckten sich unter den Bäumen des Gartens") und der Harmonie zwischen den Menschen, „sie erkannten, dass sie nackt waren". Alle Versuche im Laufe der Geschichte, das Paradies auf Erden wieder herzustellen, scheitern. Mann und Frau erleiden die schmerzlichen Folgen des Sündenfalls in ihren je eigenen Lebensbereichen, der Mann in der Mühsal und im teilweisen Misserfolg seiner Arbeit (vgl. Gen 3,17 - 19), die Frau in ihrer spezifischen Rolle als Mutter und Gattin (vgl. Gen 3,16). So betrachtet sind schon die drei ersten Kapitel der Bibel (Gen.1-3 = 1 Mos.1-3) unglaublich, aber wahr.

Die folgenden Kapitel der Genesis (4-11) zeigen die Entwicklung der Menschheit nach dem Sündenfall der Stammeltern. Die Bibel erzählt in Zeitraffermethode. Dadurch erscheinen Ereignisse, zwischen denen Jahrtausende liegen können, als unmittelbar auf einander folgendes Geschehen. In den Kapiteln 4-11 zieht die Sünde unter den Nachkommen Adams und Evas ihre Kreise. Sie „lauert vor der Tür" des Menschen (Gen 4,7). Und vor der Sintflut wird festgestellt, dass „das Sinnen und Trachten der Menschen auf Erden allezeit nur auf das Böse gerichtet war" (Gen 6,5).

Die Sintflut (Gen 7-8)

Die Sintflut (sint = allgemein) gehört zu den unglaublichsten Berichten der Bibel. Aber es gibt in den verschiedensten Kulturen unabhängige Überlieferungen einer großen Flut, z.B. Sintfluterzählungen in Syrien, Kleinasien, Iran, Indien, Sibirien, China, Südasien, bei den Griechen, Germanen und Slaven, in

Australien und Amerika. Mitte des 19. Jahrhunderts wurde im britischen Museum in London auf Keilschrifttafeln aus Ninive das Gilgamech-Epos aus dem 6. Jahrhundert vor Christus entziffert, das sich mit der Sintfluterzählung der Bibel weitgehend deckt. Die Sintflut gehört somit zu den Ur-Traditionen der ältesten Völker. Es muß demnach einmal eine große Flutkatastrophe gegeben haben. Tatsächlich haben geologische Forschungen zutage gebracht, dass es im Gebiet des Schwarzen Meeres einmal eine katastrophale Überflutung gegeben hat.
Was die Ausdehnung der Flut betrifft, so liegt ihr das altorientalische Weltbild zu Grunde. Die Aussagen über die geographische Allgemeinheit der Flut müssen von daher verstanden werden. Wenn Gott droht, „alles" Fleisch unter dem Himmel auszutilgen (Gen 6,17) und das Wasser alle hohen Berge unter dem Himmel (Gen7,19) bedeckte, so ist das vom Standpunkt des altorientalischen Erzählers, so weit sein Gesichtskreis reichte, formuliert. Dem entsprechend sind „nicht alle Menschen in der Flut umgekommen, sondern jene Menschheit, die in einem geographisch geschlossenen Raum siedelte, bereits eine höhere Kultur entwickelt hatte, aber sittlich total verderbt und zum Untergang reif war" (Schedl). Nach der Bibel ist eine solche globale Naturkatastrophe ein Gottesgericht über eine verkommene Menschheit.
„Der Geschichtsschreiber hat die in seinem Volk verbreitete Sündfluterzählung in der Kraft des prophetischen Geistes neu und durchaus selbständig gefasst". (Schedl)
Dem biblischen Text liegen offensichtlich zwei unterschiedliche Flutberichte zugrunde, die zu Verdoppelungen (vgl. Gen 6,11>12; 7,12>17) und verschiedenen Angaben über die Dauer der Flut und die Zahl der in die Arche mitgenommenen Tiere (vgl. 6,19 >7,2) führten. Wenn Noah einen Raben (Gen 8,7), dann eine Taube (Gen 8,8-11) ausfliegen ließ, um festzustellen, ob wieder Land hervorkam, entspricht das dem Brauch, daß

man bei den antiken Seefahrten einen Raben mitnahm, der jeweils frei gelassen wurde, um die Richtung des Festlandes zu erkunden. Spürte er Land, dann flog er in diese Richtung. Wenn er nicht zurückkehrte, wusste man, in welche Richtung man fahren musste.
Wer sich an die Zahlensymbolik der Genesis erinnert, der weiß, dass in der Bibel „Zahlen nicht bloße Ziffern sind, sondern ihr eigene tiefe, vielleicht für den modernen Menschen schwer verständliche Sprache sprechen... die Zahl 40 trägt den Charakter der Allgemeinheit an der Stirn... Das Jahresschema von 365 Tagen verkündet, dass die Flut trotz ihrer elementaren Gewalt nicht weiter gehen kann und nicht länger dauern darf, als es Gott gesetzt hat. Denn er bestimmt die Tage, Zeiten und Jahre. Es gibt vor allem für den von Gott auserwählten Menschen kein Untersinken in das Chaos der Elemente. Nach Zeit und Stunde geordnet läuft sein Leben in der Geborgenheit Gottes dahin. Mag die Sintflut auch über die höchsten Berge steigen, Gott setzt ihr zur bestimmten Stunde ein Ende, das zugleich ein Neuanfang der weiteren Menschheitsgeschichte wird. Der biblische Erzähler hat aus den ihm vorliegenden Quellen in bewusster Gestaltung ein heilsgeschichtliches Dokument geschaffen.“(Schedl)
Die Sintfluterzählung erweist sich somit als eine Theologie von menschlicher Größe und menschlicher Verderbtheit und von Gottes Gerechtigkeit und Gnade.
(Quellen: Claus Schedl, Geschichte des Alten Testamentes Bd. I
W. Pitman / W. Ryan, Sintflut – Ein Rätsel wird entschlüsselt)

Auf der Suche nach der Arche Noah

Auch wenn die Geschichte von der Arche noch so unglaublich erscheint, tauchen in den vergangenen 150 Jahren übereinstimmende Berichte von Augenzeugen auf, die einen riesengroßen

„hölzernen Kahn" unterhalb des Gipfels des Ararat gesehen haben. 1876 veröffentlichte James Bright in der New York Times seinen aufsehenerregenden Bericht. 1885 stieß eine Expedition in 4442 Metern Höhe auf das aus dem Eis herausragende schiffsförmige hölzerne Bauwerk. Doch Darwins Aufsehen erregende Evolutionstheorie verdrängte die Berichte aus der öffentlichen Aufmerksamkeit. Nun wurden aber in der zweiten Hälfte des 20. Jahrhunderts mit modernen technischen Methoden der Archäologie Entdeckungen gemacht, die an der Existenz der Arche kaum zweifeln lassen. Das Wort Arche hat die Bedeutung von Kasten. Satellitenaufnahmen ergaben Hinweise, dass auf dem Berge Ararat in über 4400 Meter Höhe ein kastenförmiges Gebilde aus dem Eis hervorragt. Verschiedene Expeditionen stellten fest, dass es sich um einen hölzernen von Menschenhand gefertigten schiffsförmigen Bau handelt. Dabei kommt Holz im Gebiet des Ararat nicht vor, da es 500 Kilometer im Umkreis des Berges keine Bäume gibt. Im Inneren konnten Verschläge, Boxen und Käfige ausgemacht werden, die der getrennten Unterbringung von Tieren gedient haben können. Bei einem Erdbeben im Juni 1840 entstand eine tiefe Schlucht, die das hölzerne Bauwerk in zwei Teile auseinanderbrechen ließ. Ein Teil ragt auf der einen Seite aus dem Schnee bzw. Eis hervor, der andere Teil 30 Meter unterhalb auf der anderen Seite des Canons. Es ist rätselhaft wie ein solch großes Schiff in vorgeschichtlicher Zeit überhaupt von den damaligen Menschen gebaut werden konnte. Anscheinend müssen die Menschen in prähistorischer Zeit schon technische Fertigkeiten besessen haben, die man ihnen nicht zutraute. Jedenfalls brauchte es für den Bau der Arche Jahre. Noch rätselhafter ist, wie ein so großes Gebilde auf diese Höhe hinaufgelangen konnte. Die Bibel berichtet, dass das Wasser der Sintflut über die Gipfel der Berge reichte, und die Arche Noahs dann, als die Flut nachließ, auf dem Berge Ararat aufsaß,. Man hat sogar im Modelversuch im Meereslabor erprobt, dass ein Schiff von solcher Größe und Bauart auch bei mehreren Meter hohen Wogen nicht kenterte. All das klingt unglaublich. Es lohnt sich, das Video, das diese Ergebnisse mit dem Pro und Kontra glaubhaft zusammenträgt, anzuschauen. (Quelle: DVD Die Arche Noah. Überraschende Funde am Berg Ararat [Verlag Hänsler])

Der Turm zu Babel

Die Erzählung vom Turmbau zu Babel (Gen 11, 1-9) steht am Ende der biblischen Urgeschichte. Sie ist einzig in der altorientalischen Literatur. Auf assyrisch-babylonischen Keilschrifttexten ist von riesigen Tempeltürmen die Rede. Tatsächlich konnten die Archäologen im Zweistromland (Euphrat und Tigris), dem heutigen Irak, an vielen Orten die gewaltigen Schutthaufen solcher Zikkurrats ausmachen. In Babylon konnte man die Fundamente 90 x 90 Meter im Quadrat eines solchen Bauwerks ausgraben, eines Stufenturms von schätzungsweise 90 Metern Höhe. An der Spitze solcher Türme befand sich das Heiligtum der jeweiligen Gottheit, zu dem Treppen hinaufführten. Im Traum von der „Himmelsleiter" des Patriarchen Jakob, auf der er Engel auf- und niedersteigen sieht (Gen 28,12), dürfte ein solcher Stufenturm Vorbild gewesen sein.
In der biblischen Geschichte ist das Motiv zur die Errichtung eines solchen Bauwerks, dessen „Spitze bis zum Himmel reichen soll" (Gen 11,4) nicht die Gottesverehrung. Sie wollen sich damit „einen großen Namen machen" und vor allem soll der Wolkenkratzer ein politisches Ziel haben, „dann werden wir uns nicht über die ganze Erde zerstreuen"(Gen 11,4). Zweimal wird das Unternehmen mit einem selbstbewussten „Auf!" beschlossen. Die damalige Technik (Ziegel formen und brennen) und architektonisches Können soll für das ehrgeizige Wollen

eingesetzt werden. Es geht letztlich um menschlichen Ruhm und politische Macht.
Auf dem allgemein-geschichtlichen Hintergrund der frühen mesopotamischen Geschichte, eben des Zweistromlandes, schildert der Verfasser das Eingreifen Gottes angesichts menschlichen Größenwahns. Gott steigt herab, „um Stadt und Turm anzuschauen, die die Menschenkinder bauten" (Gen 11,5). Man beachte die Ironie mit der hier in anthropomorpher Redeweise geschildert wird, wie das „bis zum Himmel" ragen sollende gigantische Bauwerk so klein ist, daß Gott vom Himmel heruntersteigen muß, um es überhaupt wahrzunehmen. Gott lässt die „Bäume" der großspurigen Menschenkinder „nicht bis zum Himmel wachsen", wie das alte Sprichwort sagt.
Der Turmbau soll dazu dienen, dass sie „sich nicht über die ganze Erde zerstreuen" (Gen 11,4). Noch sind sie „ein Volk und eine Sprache" (Gen 11,5). Doch Gott vereitelt ihr Vorhaben, indem ER ihre Sprache verwirrt und keiner mehr den anderen versteht. Was steckt hinter dieser Aussage?
Ist hier überhaupt eine Sprache im landläufigen Sinn gemeint? Nicht selten ist in Keilinschriften babylonisch-assyrischer Könige die Rede davon, dass sie „das Land zu einer Sprache gemacht" oder „die Menschen eines Mundes gemacht" hätten. Das Ziel solcher Bestrebungen, „die Leute eines Mundes" zu machen, „hieß vor allem eine politische, kulturelle, wirtschaftliche, religiöse, völkische Einheit begründen, festigen und fördern" (Schedl). Die Sprache des Landes wird uneins, würde dementsprechend „in dieser Sprachwelt bedeuten, dass jene angestrebte politisch-kulturelle Einheit des Staates zerfällt" (Schedl).
Gott sieht voraus, dass ein solcher Welteinheitsstaat auf rein menschlicher Grundlage keine Grenzen mehr kennen wird (Gen 11,6). Das fordert Gottes Eingreifen heraus. Es wird ebenfalls mit einem – diesmal göttlichen – „Auf !" beschlossen (Gen

11,7).
Der Name Babel wird vom biblischen Verfasser mit dem ähnlich klingenden hebräischen Wort „Verwirrung" gedeutet. Im 17. Kapitel der Offenbarung des Johannes wird Babylon, „die große Hure", zum Inbegriff der Gottlosigkeit und sittlicher Verkommenheit. Ihre luxuriöse Pracht und von den Menschen bestaunte Herrlichkeit ist nicht von ewiger Dauer. Mag ihre Faszination noch so groß sein, ihr widergöttlicher Gigantismus ist zum Scheitern verurteilt und nimmt ein dramatisches Ende. Vgl. Offb 18.
Der Verlauf der Weltgeschichte zeigt wie alle Großreiche, das assyrische, babylonische, das persische, das ägyptische, das Imperium Romanum, das Sowjetimperium, auch Hitlers „tausendjähriges Reich" zu Schutthalten für Historiker und Archäologen geworden sind.
Pfingsten ist das Anti-Babel des Neuen Testamentes, dadurch das Gottes Heiliger Geist, die Sprachenverwirrung überwindet. Damals konnten die Leute aus den verschiedensten Ländern sagen: „Wir alle hören sie in unseren Sprachen die Großtaten Gottes verkünden" Der Heilige Geist, nicht menschlicher Geist, führt die Menschen aus der Zerstreuung zum weltumspannenden einen Volk Gottes, der Kirche, zusammen. Vgl. Apostelgeschichte 2. Kapitel

Babylon bleibt aktuell
Babel ist nicht eine Episode von längst vergangenen Zeiten und längst überholt. Das moderne Babel verfolgt letztlich die gleichen Ziele wie das biblische Babylon. Es geht heute nicht um die Einheitssprache, vielmehr um das „einheitliche Denken". Papst Franziskus hat vor der „ideologischen Kolonisierung" der Völker gewarnt, einer Idee, „welche die Mentalität oder eine Struktur verändert und verändern soll". Wenn die kolonisierenden

Mächte Bedingungen auferlegen, dann sei das ein Versuch, die Völker ihre Identität verlieren zu lassen und eine Uniformität zu schaffen. Diese „Uniformität der Mentalitäten", die heutzutage im Westen um sich greife, verfolge ein „einheitliches Denken", das von einem heidnischen Atheismus getragen werde, der am Ende totalitäre Züge trägt. (Vatican Magazin Nr. 3 /2015).
Und man braucht kein Prophet zu sein, um ahnen zu können, welchem Fiasko das moderne Babel entgegentreibt. Mit seinen finanzpolitischen Manipulationen, seiner Antibabypille und der Pille danach, den Errungenschaften der Gentechnik und des Klonens, der pränatalen Eingriffe in das Werden des Menschen und dem Mainstream Genderismus betreibt die moderne Gesellschaft ihren Aufstand gegen Gottes Schöpfung. Damit erwartet das Babylon von heute letztlich eine apokalyptische Katastrophe. Gott muß nicht eigens herabsteigen, um einzugreifen, ER braucht diese Gesellschaft nur den eisernen Konsequenzen ihrer gottlosen Unternehmungen zu überlassen. Die noch Übriggebliebenen werden dann erkennen: Und die Bibel hatte doch recht.

(Quellen: Der Turmbau zu Babel ein Märchen? (ohne Verfasserangabe) Verlag Bonifatius-Druckerei (Herausgeber),
Gustav E. Closen S.J./Wege in die Heilige Schrift
Claus Schedl, Geschichte des Alten Testamentes Bd.I)

Die zehn Plagen

Zu den in der Bibel berichteten Plagen (Ex 7-12; Ps 105,26-41), die beim Auszug der Israeliten aus der ägyptischen Knechtschaft eine Rolle spielten, liefert Vitus B. Dröscher interessante naturwissenschaftliche Fakten. Sie lassen es durchaus als glaubhaft erscheinen, dass das in der Bibel berichtete, sich tatsächlich zugetragen hat. Vgl. Vitus B. Dröscher, „Und der Wal schleuderte Jona an Land“ Tierwunder der Bibel naturwissenschaftlich erklärt.

Dazu ist anzumerken, dass die Theologie in der Bewertung von Wundern unterscheidet zwischen Wundern quoad substantiam (außerhalb der Naturgesetze) z.B. Totenauferweckungen, Krankenheilungen, die medizinisch unmöglich sind, auch das Sonnenwunder von Fatima ist dazu zurechnen. Andererseits kennt die Theologie sogenannte Wunder qoad modum. Sie ereignen sich zwar innerhalb der Naturgesetze, sind aber wunderbar durch die Umstände und die Art und Weise ihres Zustandekommens. So kann es sich z.B. bei den einzelnen Plagen durchaus um natürliche Vorkommnisse handeln. Aber daß sie auf Ankündigung des Moses eintrafen, ist das Wunderbare daran. Der Durchzug durchs Rote Meer ist ein solches Wunder quoad modum und natürlich erklärbar, aber daß es eintrat zum Zeitpunkt, der den Israeliten die rettende Flucht vor den Verfolgern ermöglichte, ist das Wunderbare daran.

Der Durchzug durch das Rote Meer (Ex 14)

Die Bibel erwähnt für den Fluchtweg der Juden mit keinem Wort das Rote Meer. Sie spricht vielmehr vom „Schilfmeer“ Das „Schilfmeer“ dürfte bei der heutigen Oase Roman gewesen sein, wo eine schmale Nehrung ins Mittelmeer hinausläuft, deren Ufer voller Schilf steht. Für das Zurückweichen und Wiederkommen des Wassers gibt es eine natürliche Erklärung: Durch ein infolge eines Erdbebens unter dem Meeresboden ausgelösten Tsunami zog sich das Wasser zunächst langsam und geräuschlos vom Ufer zurück, so dass die Israeliten trockenen Fußes durch die enge Stelle der Nehrung auf die andere Seite laufen konnten. Etwa vierzig Minuten später kehrte das Wasser in einer gewal-

tigen Flutwelle zurück und begrub die ägyptischen Streitwagen und Truppen, die den fliehenden Juden gefolgt waren unter sich. Am 28. Dezember 1908 hat ein solches Seebeben im Mittelmeer innerhalb einer Stunde die Stadt Messina vernichtet. Dabei kamen sechzigtausend Menschen um. Das Wunder bestand beim Auszug aus Ägypten darin, dass es sich ereignete, als Moses, auf Gottes Geheiß hin den Stab über die Meer ausstreckte.
(Vgl. Ex 14,16. 26)

Zur Zahl der Israeliten beim Auszug

In Ex 12,37 wird die Zahl der Männer beim Auszug aus Ägypten mit sechshunderttausend beziffert, die Frauen und Kinder nicht mitgerechnet. Dass über eine halbe Million Menschen vierzig Jahre lang in der Wüste umherziehen konnten, erscheint unglaublich. Das Rätsel ließe sich lösen, wenn man berücksichtigt, dass im Hebräischen die Buchstaben zugleich Zahlen sind. So dass, wenn man die Worte *alle Kinder Israels* als Zahlenzeichen ließt, auf sechshundertausen käme. So habe ich einmal vor vielen Jahren gelesen. Leider weiß ich die Quelle nicht mehr.
(Vgl. S. 272)

Jonas Rettung durch den großen Fisch (Jona 2,1)

Jona sollte der Stadt Ninive Buße predigen. Wenn die Hauptstadt des assyrischen Reiches sich nicht bekehrt, droht ihr der Untergang. Über diesen Auftrag ist der Prophet nicht gerade erbaut. Soll die Stadt doch untergehen. Assyrien ist eine drohende Gefahr für Israel. Der Prophet sucht sich diesem Auftrag zu entziehen. Statt nach Osten zu reisen besteigt er ein Schiff, das nach Tarsis in Südspanien fährt. Ein gewaltiger Sturm veranlasst die Mannschaft, Jona über Bord zu werfen, nachdem er gestanden hat, dass er schuld an diesem Sturm ist, weil er sich dem Auftrag Gottes entzog. Doch statt der Wogen verschlingt ein großer Fisch den unbotmäßigen Propheten und bringt ihn wieder an Land. Jona wird von neuem von Gott beauftragt, nach Ninive zu gehen. Zu seinem großen Verdruß bekehrt sich die Stadt und entgeht so dem Untergang. Vgl. Jona 4,1-11.

Vitus B. Dröscher, der Tierwunder der Bibel naturwissenschaftlich zu erklären versucht, kommt auf folgende Lösung: In früheren Jahrtausenden sind im Mittelmeer Pottwale gesichtet worden. Sie bringen es bis zu einer Körperlänge von 20 Metern und auf ein Gewicht von 50 Tonnen. Diese Riesen verhalten sich dem Menschen gegenüber freundlich. Von Delphinen weiß man seit der Antike, daß sie ertrinkende Menschen an die Meeresoberfläche heben und ans rettende Ufer bringen. Von Pottwalen ist bekannt, dass während der Geburt eines jungen Wals andere Wale zur Stelle sind, um das bereits vier Meter lange Junge mit dem Kopf oder Rücken nach oben zu tragen, damit es Luft holen kann. Falls nur eine „Hebamme" zur Stelle ist, öffnet sie ihr Riesenmaul, umfasst das Neugeborene und bringt es zur Wasseroberfläche.

„Wäre es nicht denkbar, dass der von Gott gesandte Wal mit Jona ebenso umgegangen ist wie eine der geschilderten „Hebammen" mit dem Neugeborenen? ... die Maulhöhle des Pottwals ist mit drei Metern Länge und zwei Metern Höhe wahrhaftig ein beachtlicher Innenraum, in dem es Jona schon einige Zeit ausgehalten haben könnte" (V. B. Dröscher, „Und der Wal schleuderte Jona an Land").

Daniel in der Löwengrube

Zu der unglaublichen Geschichte im 6. Kapitel des Buches Daniel bringt V.B. Dröscher Beispiele wie Menschen mit wilden Tieren zusammen schliefen. In der Geschichte Daniels könnte das sich ebenfalls zugetragen haben. Wenn Löwen sich satt gefressen haben, schlafen sie manchmal bis zu 20 Stunden am Tag. So wäre es denkbar, dass der König, der ja den Daniel nur unwillig zum Tod verurteilte, ihn abends, als die sattgefressenen Tiere schon schliefen, zu den Bestien hinunterwerfen ließ, und der im Vertrauen auf Gott sich mitten unter den Löwen zur Ruhe legte. Vgl. Psalm 91,13. Am anderen Morgen empfanden die Tiere ihren „Schlafgenossen" als zu ihnen gehörig und taten ihm nichts zu Leid. Tierpfleger in zoologischen Gärten wenden diesen Trick manchmal an, um zu ihren Schützlingen einen besonderes engen Kontakt herzustellen. Als aber dann die Feinde Daniels in die Löwengrube hinunter geworfen wurden, fielen die hungrigen Bestien über sie her.
In Kasachstan haben mir Russlanddeutsche erzählt, wie ein Fiedler, der zu einer Hochzeit im Nachbardorf aufgespielt hatte, nachts nach Haus ging und im Dunkeln in eine Wolfsgrube tappte, in der junge Wölfe schliefen. Die bedrohten knurrend den Störenfried. In seiner Angst griff er zur Fiedel und spielte ihnen etwas vor und siehe da, sie stellten das Knurren ein. Aber jedes Mal, wenn er mit Spielen aufhörte, begannen sie wieder mit dem bedrohlichen Knurren. So fiedelte er die ganze Nacht um sein Leben. Am nächsten Morgen kamen Leute, die das Geigenspiel hörten, um zu sehen, was das zu bedeuten habe. Als sie die Wölfe totschlagen wollten, bat er: „Tut ihnen nichts, sie haben mir auch nichts zu Leid getan."
„Wenn man als Naturwissenschaftler in der Bibel forscht, ist man versucht, die Wunder in zwei Kategorien zu unterteilen,

in solche zweiten Grades und in solche ersten Grades, in naturwissenschaftlich erklärbare und jene, im Himmel und auf Erden, von denen unsere Schulweisheit nichts träumt ... Dinge, vor denen wir nur voller Ehrfurcht staunend schweigen sollten. Zu letzteren gehört bis heute das Passawunder, die zehnte, letzte und schrecklichste Plage Ägyptens, nämlich der Tod jeglicher Erstgeburt bei Mensch und Tier über Nacht, das Volk der Juden ausgenommen." (Vitus B. Dröscher)

UNGLAUBLICHES IM NEUEN TESTAMENT

Was unwahrscheinlich und damit unglaublich erscheint, ist deshalb noch lange nicht auch schon unwahr. Doch gibt es auch Vorentscheidungen, die von vornherein jegliches Wunder ausschließen.

Negative Vorentscheidungen

1. ‚Rudolf Bultmann (1884-1976), protestantischer Bibelwissenschaftler, vertrat die Auffassung, dass die Botschaft des Neuen Testaments vom Kreuz und der Auferstehung Christi aus dem mythologischen Weltbild, in das sie eingebettet sei, herausgelöst werden müsse. Er forderte darum die Entmythologisierung des Neuen Testamentes, der zufolge Reden über Gott nur als Reden über den Menschen möglich sei. Laut Bultmann könne man nicht elektrisches Licht und Rasierapparat benutzen und im Krankheitsfalle medizinische Mittel in Anspruch nehmen und zugleich an die Geister- und Wunderwelt des Neuen Testamentes glauben. Damit hat er eine Vorentscheidung mit weitreichenden Folgen getroffen, nach der es keine Wunder gibt. Berichte von Wundern sind nach ihm für einen aufgeklärten

modernen Menschen unmöglich zu akzeptieren. In den sechziger Jahren hat mir gegenüber einmal ein evangelischer Pfarrer einen Professor der evangelischen theologischen Fakultät an der Mainzer Universität mit Namen genannt, der Atheist sei.

2. Lange vor Bultmann haben Alfred Loisy (1857-1940) und Joseph Turmel (1859-1947), beide katholische Priester, auch diese Vorentscheidung getroffen. Loisy offenbarte einem Vertrauten, der nach seinem Tod seine Biographie schreiben sollte, dass er „weder an Gott, noch an etwas Göttliches, noch an ein jenseitiges Leben, noch an die Freiheit des Willens glaube". Und Turmel war überzeugt, dass die „Erzählungen der Bibel Märchen, und die Bibel voll Betrug" sei. Beide blieben in der Kirche, zelebrierten sogar die Messe, um ihr von Innen her mit raffiniert getarnten Veröffentlichungen zu schaden. Beide starben unausgesöhnt mit der Kirche.
(Quelle: W. Schamoni, Theologischer Rückblick. Artikel „zwei Kämpfer gegen die Kirche: Alfred Loisy und Joseph Turmel)

3. Bereits im 18. Jahrhundert hat Gotthold Ephraim Lessing (1729-1781), berühmt durch seine Ringparabel „Nathan der Weise", in der er die „Toleranzbotschaft" verkündete, wonach „alle Konfessionen nur unterschiedliche historische Formen eines gemeinsamen Strebens nach Vollkommenheit sind" (Brockhaus Lexikon), ähnlich wie Loisy und Turmel heimtückisch gegen die Wahrheit der Bibel agiert. Lessing ist der Erfinder des „synoptischen Problems". Er behauptet „das Nebeneinander von Gemeinsamkeiten und Unterschieden zwischen den Evangelien Matthäus, Markus und Lukas sei ein Problem" (Linnemann). Er unterstellt ihren Verfassern, sie „hätten voneinander abgeschrieben oder/und gemeinsame Vorlagen benutzt... Das synoptische Problem ist ein erfundenes Problem, das von außen künstlich an

die Evangelien herangetragen wurde. Wozu? Um uns zu helfen Gottes Wort besser zu verstehen?“ (Linnemann) Dieser Eckpfeiler der modernen Exegese beruht auf einer Vorentscheidung.
„Gottfried Ephraim Lessing, der Erfinder des synoptischen Problems hat uns über seine Motive nicht im Unklaren gelassen, sondern seine Einstellung zum christlichen Glauben unmissverständlich geäußert. „Freilich, vor der öffentlichen Meinung wollte Lessing sich als Freund des Christentums verstanden wissen, hier wollte er es nicht leiden, dass man ihn „aus seines Vaters Hause würfe.“ Doch an seinen Freund Moses Mendelsohn schrieb er insgeheim (nachdem Lavater diesen vergeblich zu bekehren versucht hatte): „Sie allein dürfen und können in dieser Sache so schreiben und sprechen und sind dadurch unendlich glücklicher als alle anderen ehrlichen Leute, die den Umsturz des abscheulichen Gebäudes von Unsinn nicht anders als unter dem Vorwande, es neu zu unterbauen, befördern können.“ (zitiert in E. Linnemann, Gibt es ein synoptisches Problem?)
Mit solchen Vorentscheidungen, die sich als wissenschaftlich ausgeben, rüttelt man nicht nur am Zeugnis der Bibel, sondern auch am Glauben an Gott. Doch „Gott ist ein Gott, der Wunder tut“, dieses Zeugnis durchzieht die ganze Bibel. Wunder sind Tatsachen. Das bestätigen auch die Wunder, die in nachbiblicher Zeit bis in unsere Tage geschehen. So berichtet z.B. der Präsident des Ärztebüros von Lourdes Dr. Alphonso Olivieri in seinem Buch: Gibt es noch Wunder in Lourdes? über 18 Fälle von Heilungen aus der Zeit von 1950-1969.
Ebenfalls bringt auch Wilhelm Schamoni in seinem Buch „Parallelen zum NT“ solche glaubhaft bezeugten Wunder aus den verschiedensten Zeiten der Kirchengeschichte. Ferner: W. Schamoni, Auferweckungen vom Tode. Aus Heiligsprechungsakten übersetzt. Ebenso kann man solche nachlesen bei H. Grochtmann, Wunder: Kirchlich überprüft, nie widerlegt.

Wunder werden im Johannesevangelium Zeichen genannt, sie zwingen niemanden zum Glauben. So hat zum Beispiel Emil Zola, der selber Zeuge von unglaublichen Wundern war, in seinem Roman „Lourdes" all das, was er dort erlebt hatte, mit zynischem Spott infrage gestellt. Es hängt von den Vorentscheidungen ab, ob einer das in der Bibel Berichtete akzeptiert oder nicht. „Ich müsste ja mein Leben ändern, wenn ich glauben würde, was Du glaubst", sagte mir einmal ein Atheist. Auch das ist eine Vorentscheidung, die von nicht wenigen Menschen getroffen wird.

Die Jungfrauengeburt

Von Anfang an wurde die jungfräuliche Empfängnis Jesu bezweifelt. Dabei bezeugen sowohl Matthäus als auch Lukas unabhängig voneinander, dass Jesus nicht von einem leiblichen Vater gezeugt worden ist. Joseph, aus dem Geschlechte Davids ist nach jüdischem Recht zwar der Vater Jesu, aber nicht sein Erzeuger. Der Stammbaum Jesu nach Matthäus weist zwei Besonderheiten auf. Er beginnt mit „Stammbaum Jesu Christi des Sohnes Davids, des Sohnes Abrahams. Abraham zeugte Isaak, Isaak zeugte Jakob" usw. Diese von Generation zu Generation weiterführende Abstammungsformel „X zeugte den Y" bricht unmittelbar bei Joseph ab: „Jakob zeugte den Joseph, den Mann Mariens". Aber es geht nicht – wie man erwarten könnte – weiter: „Joseph zeugte Jesus", sondern „Joseph, war der Mann Mariens, von der Jesus geboren wurde, der der Christus (Messias) genannt wird" (Mat 1,16). Zum anderen teilt der Evangelist den Stammbaum in dreimal 14 Generationen ein (Mt 1,17). Die Zahl 14 ist die Zahl Davids. So weist der Evangelist darauf hin: Jesus ist der Davidsohn schlechthin.
Ein Engel offenbart Joseph im Traum, dass das Kind, das Maria, seine Verlobte, erwartet, „durch das Wirken des Heiligen

Geistes"(Mt 1,20) geschehen ist..

Der Engel des Herrn hatte auch der Jungfrau Maria in Nazareth verkündet, dass sie die Mutter des Messias werden soll. Auf ihre Frage, wie das denn geschehen soll, da sie mit keinem Mann geschlechtlichen Umgang habe, eröffnet ihr der Engel: „Der Heilige Geist wird über dich kommen und die Kraft des Höchsten wird dich überschatten" (Lk 1,35).

Im Markusevangelium findet sich ebenfalls ein Hinweis dafür, dass Jesus nicht der leibliche Sohn Josephs ist. In Nazareth fragen die Leute nämlich: „Ist das nicht der Zimmermann, der Sohn der Maria" (6,5)? Das ist ungewöhnlich, denn im Judentum wurden die Kinder mit dem Vaternamen bezeichnet und nicht mit dem Namen der Mutter.

Von Anfang an wurde die wunderbare Empfängnis Jesu „aus Maria, der Jungfrau" (Credo) bestritten. So gab es bereits im 1. Jahrhundert eine juden-christliche Sekte, die Ebioniten, die die ewige Gottessohnschaft (Präexistenz) Jesu und auch die Jungfrauengeburt leugneten. Sie haben sogar das Matthäusevangelium umgeändert, damit es für ihre Glaubensansichten passte. Die Briefe des Apostels Paulus haben sie als die eines Apostaten bezichtigt, weil das, was Paulus verkündete nicht in ihr Glaubenskonzept passte.

Im zweiten Jahrhundert gab es einen heidnischen Philosophen Kelsos, der eine Streitschrift gegen die Christen verfasst hat. Aus der Gegenschrift des christlichen Schriftstellers Origines (+ 253) erfahren wir, dass dieser Kelsos ebenfalls den Glauben der Christen an die Jungfrauengeburt angriff und behauptete, Jesus sei das uneheliche Kind Mariens gewesen. Von einem jüdischen Gewährsmann will er sogar den Namen des angeblichen Vaters, eines römischen Legionärs, erfahren haben.

Joseph Ratzinger hat bereits 1977 „darauf hingewiesen, „dass die Jungfrauengeburt ... als reale Tatsache der Geschichte, auf schärfste bestritten und heute auch von katholischen Theologen

weithin aufgegeben wird“ (J. Ratzinger, Die Tochter Zion). Der katholischen Theologieprofessorin, Uta Ranke-Heinemann, wurde 1987 die kirchliche Lehrerlaubnis entzogen, weil sie u.a. „die neutestamentlichen Berichte bei Matthäus und Lukas, innerhalb derer die Jungfrauengeburt ausgesagt wird, als Bildersprache“ meinte auslegen zu können.
Die katholische Kirche hält nach wie vor an der Realität der jungfräulichen Empfängnis, wie sie im Evangelium bezeugt wird, fest. Der Glaube der Kirche von der Geburt Jesu aus der Jungfrau Maria „ist nicht irgendein idyllischer Andachtswinkel im Gefüge neutestamentlichen Glaubens, nicht eine kleine Privatkapelle zweier Evangelisten“ (Ratzinger) für fromme Seelen, die man im Zuge der Modernisierung der Kirche abreißen könnte. Auch der Glaubenssatz „empfangen vom Heiligen Geist, geboren aus Maria der Jungfrau“ bezeugt den Glauben an den Gott der Bibel, den Gott, „der allein Wunder tut“ (Ps 72,18) , den „Gott, bei dem kein Ding unmöglich ist“ (Lk 1,37).

Das Jahr der Geburt Jesu

Unsere Zeitrechnung, die sich auf die Geburt Jesus bezieht, ist ungenau. In Rom wurden noch im 6.Jahrhundet die Jahre „ab urbe condita“ (seit Gründung der Stadt) gezählt. Auf den chronologischen Studien des Mönches Dionysius Exiguus (* um 470 – 550) beruht unsere heutige Zeitrechnung, welche die Jahre vor bzw. nach Christi Geburt zählt. Allerdings hat er sich dabei um 4 – 7 Jahre verrechnet.
Bei Matthäus (2,1) wird überliefert, dass „Jesus zur Zeit des Königs Herodes in Bethlehem geboren worden war.“ Herodes der Große aber starb nach der heutigen Zeitrechnung bereits 4 vor Christus. Dem entsprechend muß Jesus vor dem Jahre 4 vor Chr. geboren worden sein.

Auch der Evangelist Lukas, der sonst genaue Zeitangaben macht, konnte uns keine genaue Angabe über das Jahr der Geburt Jesu überliefern. Nach dem Urteil des Mainzer Historikers Hans Ulrich Istinsky ist „sicher, dass das Anfangsjahr der christlichen Ära nicht mit dem echten Datum der Geburt Jesu zusammenfällt."
Das braucht jedoch nicht zu verwundern, weil auch sonst „für zahlreiche andere bedeutende Gestalten der Geschichte, die Geburtsregister und Zivilstandsbeurkundung in unserem Sinne nicht kannten, diese Unsicherheit die Regel ist" (Istinsky).
Doch spielt das Geburtsjahr Jesu eine Rolle im folgenden Kapitel über den Stern der Weisen aus dem Morgenland.
(Quelle: H. U. Istinsky, Das Jahr der Geburt Christi)

Der Stern von Bethlehem: Geschichte oder Legende?

In der Geschichte der Weisen aus dem Morgenland hat schon immer der Stern, dem sie bei ihrer Suche nach dem „neugeborenen König der Juden" (Mt 2,2) gefolgt sind, nicht nur das einfache Volk sondern auch die Gelehrten fasziniert.
Es blieb bibelkritischen Forschern des 20. Jahrhunderts vorbehalten, die Geschichte der „Sterndeuter" (Einheitsübersetzung), die im Volksmund zu „drei Königen" wurden, als einen „christlichen Midrasch" (erbauliche und legendäre Erzählung zur Erläuterung einer Bibelstelle) abzutun.
Aber der Professor für Theoretische Astronomie an der Universität Wien, Konradin Ferrari d´Occhieppo, kam zu einem anderen Ergebnis. Ihm fiel bei einer Analyse des griechischen Textes Mt 2,1-12 auf, dass darin Fachausdrücke der antiken Sternkunde stehen. Das veranlasste ihn der Sache innerhalb seines Faches, auch archäologischen Zeugnissen, nachzugehen. So entsprechen z. B. die in der Einheitsübersetzung als nebensächlich ausgelassenen zwei Wörtchen „und siehe" (Vers 9) wörtlich und

sinngemäß einer akkadischen stereotypischen Formel, die auch in astronomischen Texten aus Babylon sich findet.
Im griechischen Text steht das Wort anatolé, das in der EÜ mit „wir haben aufgehen sehen“ wiedergegeben ist. In der astronomischen Fachsprache von damals ist damit der Morgenaufgang eines Gestirns bezeichnet. Im Vers 1 kommt das gleiche Wort in der Mehrzahl vor. Dort bedeutet es Osten, wo die Gestirne aufgehen.
Für d´Occhieppo ist das ein Hinweis, dass der Evangelist eine Quelle benutzt haben muß mit astronomischen Kenntnissen.
Die Archäologie hat Keilschrifttafeln (in Tontafeln eingedrückte keilförmige Schriftzeichen) entdeckt, auf denen babylonische Astronomen ihre Himmelsbeobachtungen festgehalten haben. Im „Sternkalender“ von Sippar, dem babylonischen Greenwich, haben sie Schritt für Schritt Planetenphasen auf viele Jahrzehnte vorausberechnet, auch die Konjunktion von Jupiter und Saturn mit exakten Daten. Eine geniale Leistung, wenn man bedenkt, dass sie das alles vollbrachten ohne die Hilfsmittel wie Fernrohre, Teleskope und Computer, über die unsere moderne Astronomie heute verfügt.

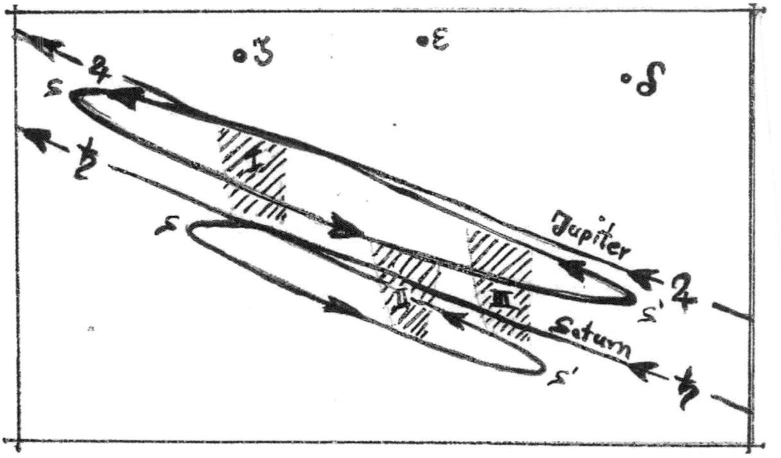

Für das wahrscheinliche Geburtsjahr Jesu ließ d´Occhieppo am Wiener Urania-Planetarium den Sternenhimmel fast naturgetreu nachbilden. Dabei wurden bemerkenswerte Himmelserscheinungen jenes Jahres sichtbar, die auch die Sternkundigen, von denen das Matthäusevangelium berichtet, veranlaßt haben müssen, sich auf den Weg nach Jerusalem zu begeben. Es handelt sich um die im Jahre 7. vor Christus dreimal erfolgte große Konjunktion von Jupiter und Saturn im Sternbild der Fische. Dabei begegneten sich – von der Erde aus gesehen – diese beiden Planeten in der Zeit vom 19. April des Jahres 7 v.Chr. bis 3. Februar 6 v.Chr. dreimal auf engster Distanz. Eine solche große Konjunktion ereignet sich nur in großen Zeitabständen von Jahrhunderten.
Für die antike Welt hatte dieses auffällige gemeinsame Hin- und Herziehen der beiden Planeten, wobei sie sich dreimal begegneten, einzigartige Bedeutung. Sie ist auf zeitgenössischen archäologischen Funden dokumentiert, z.B. auf einer Inschrift im Isis-Tempel auf der Nilinsel Philae und im „Sternkalender" von Sippar.
Im Matthäusevangelium werden die Sternkundigen Magier, genannt. Das waren damals Angehörige einer hochrangigen Gelehrtenkaste. Der Volksglaube sieht in ihnen „Könige". In ihrem Bereich waren sie das auch: Könige an Bildung und Wissen und dementsprechend an Einfluß und Macht. Ihre astronomischen Beobachtungen waren von großer Bedeutung für die Politik, weil man sich für wichtige Entscheidungen am Stand der Sterne orientierte. Denn im Glauben der damaligen Zeit galten die Sterne als Götter bzw. als Zeichen der Götter. Auch Kaiser Augustus folgte astrologischen Deutungen. Für wichtige politischen Entscheidungen lies er sich ein Horoskop erstellen. Dass König Herodes erschrocken ist, als die Sternkundigen aus dem Morgenland bei ihm vorsprachen und sich erkundigten nach

dem „neugeborenen König der Juden“(Mt 2,2), ist auf diesem Hintergrund zu verstehen. In den religiösen Vorstellungen damals war Jupiter in der babylonischen Astrologie der Gott Marduk, der Weltschöpfer und Heilsgott. Saturn galt in der östlichen Sterndeutung als der Stern Judas. Das Sternbild der Fische, in der die Begegnung der beiden Planeten stattfand, wurde als Zeichen der Endzeit betrachtet. Aus der Sicht der Sterndeuter – als solche verstanden sich die Magier – konnte das Horoskop dieser großen Konjunktion lauten: in Judäa erscheint der Weltschöpfer und Heiland als der Herrscher der Endzeit. Denn das Aufgehen eines Gestirns war in der Antike das Zeichen der Epiphanie eines Gottes und Königs.

Im römischen Reich galt Augustus als Jupiter in Menschengestalt und als Herrscher der Endzeit, Saturn galt als Zeichen des „goldenen Zeitalters“. Tatsächlich wurde die außergewöhnliche Jupiterlaufbahn des Jahres 7.v.Chr. im Imperium Romanum auf Augustus gedeutet. Man erwartete, dass dieses Jahr einen Höhepunkt seiner glanzvollen Laufbahn bringe. Augustus ließ sogar Münzen prägen mit dem Bild seines Geburtsgestirns, dem Steinbock.

Wem sollte die Himmelserscheinung gelten? Kaiser Augustus oder dem neugeborenen König der Juden? Das Horoskop ließ beide Möglichkeiten zu. Warum sind die Magier nicht nach Rom sondern Jerusalem gereist? Warum gaben sie dem jüdischen Messias den Vorzug vor dem römischen Kaiser?

Mesopotamien besaß eine bedeutende jüdische Diaspora. Zur Zeit Jesu betrieben diese Diasporajuden eine starke religiöse Propaganda, so dass die Messiaserwartungen ihres Volkes überall verbreitet waren. Dass sie auch im Zweistromland Anklang gefunden haben, legen babylonische Keilschrifttexte nahe, die von einem Retterkönig sprechen, der im Westland geboren werden solle. Wenn man noch in Erwägung zieht, dass die jüdische

Bibel bereits circa 200 Jahre in der Übersetzung der damaligen Weltsprache, dem Griechischen, der Septuaginta (LXX), vorlag, dann dürften die Messiasverheißungen der Propheten durchaus den gelehrten Magiern bekannt gewesen sein. Leute wie sie waren bestimmt interessiert an Bibelstellen wie z.B. „Das Volk, das im Dunkel lebt, sieht ein helles Licht... Denn ein Kind ist uns geboren, ein Sohn ist uns geschenkt. Die Herrschaft ruht auf seiner Schulter..." (Jes 9,1+5) oder dem 60. Kapitel des Propheten Jesaja, in dem vom Licht und der Herrlichkeit Gottes die Rede ist, die über Jerusalem aufgeht. Erst recht wird Bileams Weissagung im Buch Numeri ihre Beachtung gefunden haben: „Ein Stern geht auf aus Jakob, ein Zepter erhebt sich in Israel" (Num 24, 17).

Sodass nicht die politische Münzpropaganda eines Augustus, sondern die Botschaft der Propheten sie veranlasst haben dürfte, nach Jerusalem statt nach Rom zu ziehen. Die Auskunft der religiösen Berater des Herodes verweist sie nach Bethlehem, der Stadt Davids, von wo man den künftigen Messias-König erwartete. Vgl. Mt 2,4 f. Unterwegs dorthin erleben sie zu ihrer Überraschung wiederum das Aufgehen des Sternes, den sie zuhause beobachtet hatten. Die in der Bibel gebräuchliche Formel der Überraschung „Und siehe" wurde in der Einheitsübersetzung leider – wie auch an anderen Stellen – weggelassen, z. B. auch in Mt 2,1;2,13: 2,19; Luk 1,20; 1,38; Lk 2,9; 23,50; 24,4; 24,13; Apg 1,10.

Für das Vorausziehen des Sternes „bis zu dem Ort, wo das Kind war" und das Stehenbleiben des Sternes hat Ferrari d´Occhieppo ein astronomisches Phänomen ermittelt, das für die babylonischen Astronomen unvorhersehbar war, sie aber „mit überaus großer Freude erfüllte" (Mt 2,10). Jupiter und Saturn befanden sich am 12. November 7 v.Chr. „nahe der stumpf auslaufenden Spitze des Zodiakallichtkegels". Das ist eine zarte, Leuchter-

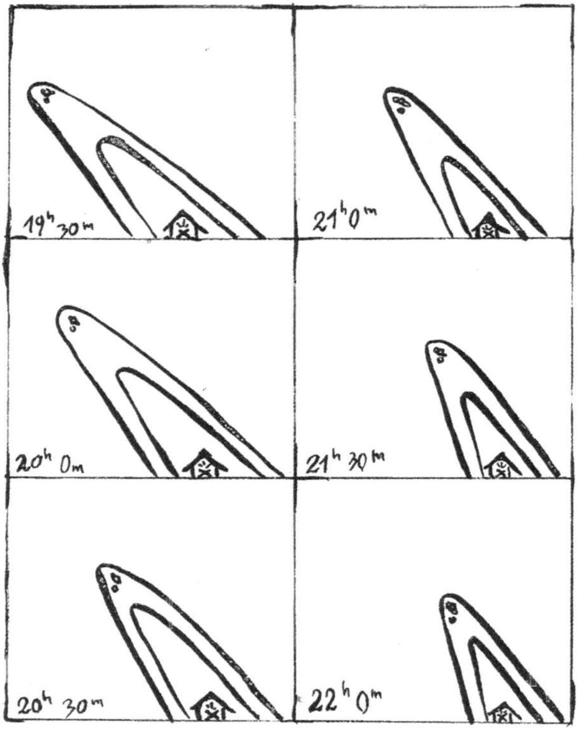

Niedersinken des Zodiakallichtes am 12. November 7 vor Christus

scheinung vergleichbar mit der Helligkeit der Milchstraßenwolken. Sie nimmt ihren Ausgang im Sternbild des Tierkreises (Zodiakus). In der Zeit vom Eintritt der Dunkelheit bis 22 Uhr sank der Lichtkegel tiefer. „Das Licht, das wie ein Scheinwerferstrahl vom Jupiter, dem Messiasstern, auszuströmen schien, wies mit merkwürdiger Beständigkeit stets auf denselben Ort" (d´Occhieppo). So entstand für die vom nördlich gelegenen Jerusalem her kommend auf Bethlehem Zugehenden der Eindruck, als ob der Stern „stehen blieb über dem Ort, wo das Kind war" (Mt 2,9).

Die Bemerkung des Evangelisten, dass sie „in das Haus eintraten und das Kind und seine Mutter sahen" (Mt 2,11), lässt darauf schließen, dass die Heilige Familie inzwischen die Notunterkunft der Grotte schon einige Zeit verlassen hatte und in einem normalen Haus untergekommen war. Aufgrund der Erzählungen der Hirten, die ja nicht für sich behielten, „was ihnen über dieses Kind gesagt worden war" (Lk 2,17), dürften die Magier Hinweise auf die genaue Unterkunft des Christuskindes von der Bevölkerung bekommen haben.

Auch wenn die Darstellungen der christlichen Kunst den Besuch der „drei Könige" in den „Stall von Bethlehem" verlegen, besitzt der Evangelist Glaubwürdigkeit vor der freien künstlerischen Ausmalung der Szene. Dass Herodes die Kinder bis zum Alter von zwei Jahren umbringen lässt, dürfte zwischen dem Auftreten der Konjunktion und der Geburt des Jesuskindes und dem Besuch der Magier einen größeren Zeitrahmen vermuten lassen.

Die unglaublich erscheinenden Geschehnisse um den Stern von Bethlehem ereigneten sich, so gesehen, durchaus innerhalb der Naturgesetze und der zeitgeschichtlichen Umstände. Sie waren aufgrund des so unwahrscheinlichen Zusammentreffens all der natürlichen und geschichtlichen Faktoren ein von Gott geplantes und gefügtes Wunder quoad modum. Der Evangelist Matthäus ist glaubwürdiger als seine modernen Kritiker.

(Quellen: Konradin Ferrari d´Occhieppo, Der Stern der Weisen
August Strobel, Der Stern von Bethlehem
Gerhard Kroll, Auf den Spuren Jesu
Ethelbert Staufer, Christus und die Caesaren)

Dämonenaustreibungen

Laut R. Bultmann gehören Geister ja einem mythologischen Weltbild an, das für einen Menschen, der elektrisches Licht und Rasierapparat und im Krankheitsfalle medizinische Mittel ge-

braucht, unglaubwürdig ist.
So interpretiert man einschlägige Texte des Neuen Testamentes eben als psychische Erkrankungen oder Epilepsie, die man damals, infolge fehlender medizinischer Kenntnisse, als von Dämonen verursacht angesehen habe.
Dem widerspricht allerdings, dass der Evangelist Lukas als Arzt durchaus zwischen Kranken und Besessenen unterscheidet. Vgl. Lk 4,40 f. Auch erweist sich angesichts der im 20. Jahrhundert unbezweifelbar nachgewiesenen Fälle von Besessenheit es als äußerst fragwürdig, die Existenz von Dämonen zu bestreiten. Vgl. die in diesem Buch berichteten Tatsachen auf Seite 172-181.

Totenerweckungen

Die Evangelien überliefern drei Totenerweckungen durch Jesus. Die von der Erweckung der Tochter des Jaírus wird sowohl von Matthäus (9,18–24), als auch von Markus (5, 35–42) und Lukas (8,40–56) berichtet. Der Bericht des Markus zeichnet sich durch eine Besonderheit aus. Jesus nimmt das Mädchen bei der Hand und spricht: „Talita kum!" [= Mädchen, steh auf] (Mk 5,41). Das ist eine der (zwei) Stellen, wo die Evangelisten Jesus in aramäischer Sprache zitieren. Am Kreuz überliefern sie noch den Gebetsruf „Eli, Eli, lema sabachtani!" (Mt 27,46; Mk 15,34) ebenfalls in der Muttersprache Jesu. Das zeigt, dass hier authentische Berichte vorliegen. Unabhängig von den anderen Evangelisten überliefert Lukas die Totenerweckung des Jünglings von Naim, den man bereits zu Grabe trägt. Vgl. Lk 7,11–17.
Im Aufbau des Johannesevangeliums werden nur sieben Wunder berichtet, die allerdings ausführlich. Den Höhepunkt bildet die Erweckung des Lazarus, der schon vier Tage tot war und den Jesus noch aus der Grabhöhle herausruft. Der Evangelist Jo-

hannes berichtet von diesem Ereig-nis in einem eigenen Kapitel (Joh 11, 1–44). Mit der Totenerweckung des Lazarus befasste sich sogar der Hohe Rat in einer Sondersitzung mit dem Ergebnis, dass man beabsichtigt, Jesus zu töten. „Die Hohenpriester beschlossen sogar den Lazarus zu töten, weil viele Juden seinetwegen hingingen und an Jesus glaubten" (Joh 12,f.).
In der Apostelgeschichte (9,32–42) wird auch von der Totenerweckung einer Christin in Joppe namens Tabitha durch den Apostel Petrus berichtet.
Angesichts der Tatsache, dass auch in späteren Zeiten der Kirchengeschichte Totenerweckungen unbestreitbar sind, lassen sich die im Neuen Testament überlieferten redlicher Weise nicht einfach abtun. Vgl. W. Schamoni, Auferweckungen vom Tode. Aus Heiligsprechungsakten übersetzt.

Die Auferstehung Jesu Christi

Zeugnisse von den Erscheinungen des auferstandenen Jesus sind uns in allen vier Evangelien überliefert, außerdem auch im 15. Kapitel des 1. Korintherbriefes des Apostels Paulus. Wenn man diese Berichte vergleicht, kann man große Unterschiede feststellen. Wie konnte es dazu kommen? Das hängt mit der Erzählweise der Evangelisten zusammen. So machen sie z.B. unvollständige Personenangaben. Während bei den Synoptikern (Matthäus, Markus, Lukas) drei Frauen am Ostermorgen zum Grabe Jesu gehen und die Entdeckung des leeren Grabens machen, berichtet Johannes das nur von Maria Magdalena. Aber sie meldet den Aposteln: „Man hat den Herrn aus dem Grab weggenommen, und wir wissen nicht, wohin man ihn gelegt hat" (Jo 20,2). Also waren es mehrere. Den Evangelisten Johannes interessiert eben nur das Zeugnis der Maria von Magdala, genauso bringt nur er die Geschichte vom skeptischen Apostel Thomas (Jo 20,24–29). Aber auf das Bekenntnis des Thomas vor dem Auferstandenen: „Mein Herr und mein Gott!“ steuert das gesamte Johannesevangelium zu. Es ist Höhepunkt und Schluß des Evangeliums. Vgl. Jo 20,39–31. Das 21. Kapitel ist ein Nachtrag, aber darin erfahren wir von der Erscheinung Jesu in der Morgenfrühe am See Genesareth, von der die anderen Evangelisten nichts berichten. Man hat den Eindruck, dass alle diese Berichte wie Momentaufnahmen der sich überstürzenden Ostereignisse sind. Paulus zählt 1 Kor 15,3-8 Erscheinungen des Auferstandenen auf, die in den Evangelien fehlen. Johannes berichtet von drei Erscheinungen des Auferstandenen: eine am Osterabend vor den Aposteln, ohne Thomas, eine zweite acht Tage darauf vor allen Aposteln mit Thomas und eine dritte Erscheinung vor sieben Jüngern in der Morgenfrühe am See von Tiberias: Simon Petrus, Thomas, Nathanael, Johannes und Jakobus und noch zwei anderen Jüngern, die beim Fischen waren. Vgl. Jo 21, 1–14.

Nicht wenige Schwierigkeiten entstehen durch die Erzählweise der Evangelisten, die keine Polizeiprotokolle liefern, sondern Glaubenszeugnisse. So bedienen sich die Evangelisten u.U. der verallgemeinernden Ausrucksweise. Wenn es bei Johannes immer wieder heißt „die Juden“, so sind damit nicht sämtliche Juden gemeint. Auch berichten sie manchmal mit fehlender Zeit- und Ortsangabe oder unvollständiger Anzahl der Personen. Vgl Jo 20,1 mit Mk 16,1. Auch kommt es zu zeitlich vertauschter Reihenfolge, z.B. Jo 20.8f. Der oft zu beobachtende Tempuswechsel innerhalb der gleichen Episode hängt nach Meinung von Sprachwissenschaftlern mit der Eigenart der hebräischen Sprache zusammen, die im Gegensatz zu unseren Sprachen nur zwei Zeitformen kennt, denen man die Namen „Perfekt“ und „Imperfekt“ gegeben hat, was aber nicht das Gleiche ist wie bei uns. Nach Meinung der meisten Semitologen ist das hebräische

Verb „zeitlos“. In einer Grammatik der hebräischen Sprache ist zu lesen: „Das hebräische Verbum hat keine besonderen Formen für die Zeiten (Gegenwart, Vergangenheit, Zukunft); die Handlung wird nur als geschehen oder als geschehende (vollendet oder unvollendet) vorgestellt und bezeichnet“ (H. L. Strack, Hebräische Grammatik, München 1902). Das mag zwar unserem Sprachempfinden nicht entsprechen, wir müssen es zur Kenntnis nehmen, wenn es auch in den griechischen oder lateinischen Bibeltext durchschlägt, um nicht falsche Schlüsse aus den biblischen Berichten zu ziehen.
Ausgehend von den oben gemachten Erkenntnissen hat K. Bürgener eine mögliche Harmonie der Osterberichte erstellt. (Karsten Bürgener, Die Auferstehung Jesu Christi von den Toten, Selbstverlag des ev.-luth. Pfarramtes an St. Johannes-Sondermatt. Bremen)
Die Auferstehung Jesu Christi ist das Fundament des christlichen Glaubens. Darum schreibt Paulus 1 Kor 15,14: „Wäre Christus nicht auferweckt worden, dann wäre meine Botschaft sinnlos und euer Glaube hätte keine Grundlage.“ [Übersetzung Berger/Norden]
So kündete im Jahre 1867 an der Universität Oxford der Philosoph Lord Brigthon an, er werde sich nun mehrere Jahre lang ausschließlich mit der Frage der Auferstehung Christi befassen. Denn mit der Auferstehung Jesu stehe und falle das ganz Christentum.
Am 3. Mai 1870 luden die Londoner Zeitungen zu einer öffentlichen Versammlung ein, in der Lord Brigthon die Ergebnisse seiner Studien über die Auferstehung Christi bekannt machen werde. Alles, was unter den Gelehrten Rang und Namen hatte, füllte den Saal. Unter lautloser Stille und höchster Spannung betrat der Lord das Rednerpult. Er begann: „Meine Herren, der Wahrheit und nur ihr zu dienen, war von jeher der heißeste

Wunsch meines Lebens. Der Wahrheit die Ehre zu geben, stehe ich hier. Meine Rede wird kurz sein. Sie wird aus einer einfachen Erklärung bestehen: Drei Jahre lang habe ich gearbeitet, um den Glauben an die Auferstehung Jesu zu besiegen. Aber dieser Glaube hat mich besiegt. Ich sehe ihr Erstaunen, meine Herren. Aber hören sie weiter! Meine Forschungen haben mir gezeigt, dass vom Grabe Jesu zu Jerusalem ein schnurgerader Weg führt nach der Sankt Peterskirche in Rom. Ich bin entschlossen, „katholisch zu werden."
(Quelle: Eismann/Wiggers, Vorlesebuch zum kath. Katechismus Bd I)

„Der jetzige Himmel und die jetzige Erde sind durch dasselbe Wort für das Feuer aufgespart worden" (2 Petr 3,7).

Ist dem Apostel Petrus da die Phantasie durchgegangen? Keineswegs. Im Yellowstone Nationalpark in den USA befindet sich ein riesiger erloschener Vulkan. Erdbebenforscher und Vulkanologen simulieren am Computer, was sich ereignet, wenn die gewaltige Magma-Kammer (glühend-flüssiges Gestein und Gas) unter dem Park durch ein schweres Erdbeben so erschüttert wird, dass es zu einem Ausbruch des Vulkans wie vor sechshunderttausend Jahren kommt. Ein Ereignis, das jederzeit sich zutragen kann und die gesamte USA verheeren würde.
(Quelle: DVD-Serie Abenteuer der Natur - Supervulkan)
Eine noch umfassendere Möglichkeit ergeben Daten der Astrophysik, wonach es irgendwann in unserem Sonnensystem dadurch zur kosmischen Katastrophe kommt, dass die Sonne den Wasserstoff in ihrem Kern verbrannt hat. Sie wird sich dann zu einem sogenannten „Roten Riesen" aufblähen, wie man es im Weltall an anderen Sternen beobachtet. Die sterbende Sonne wird auf das hundertfache ihrer jetzigen Größe anwachsen

und mit ihrer Ausdehnung die Umlaufbahn der Erde erreichen und die Erde wird in ihrer Glut verbrennen. Für einen Moment wird es zweitausendmal so hell sein wie jetzt. Das wäre dann das Ende der Erde. Im letzten Stadium wird die Sonne ihre äußere Hülle aus Gas und Plasma abstoßen, zurück bliebe ein „Weißer Zwerg" umgeben von einem planetarischen Nebel. Diese planetarischen Nebel sind noch immer für die Wissenschaft ein Rätsel. Wann wird das sein? Nach Meinung der Forscher in 6 Milliarden Jahren. Also kein Grund zur Beunruhigung für uns heute? – „Das eine aber, liebe Brüder, dürft ihr nicht übersehen, dass bei Gott ein Tag wie tausend Jahre und tausend Jahre wie ein Tag sind" (2 Petr 3,8).
Wer meint, sich damit beruhigen zu können, indem er in seiner Erwartung das feurige Inferno der Erde auf den „Sankt Nimmerleinstag" hinausschiebt, täuscht sich. Wir tanzen nicht nur auf einem Vulkan. Vgl. die Magma-Kammer unter dem Yellowstone-Park. Es drohen der Erde auch ständig Gefahren aus dem Weltall. Wer weiß schon, dass die US-Armee eine eigene Beobachtungsstation unterhält, die rund um die Uhr den Weltraum nach Asteroiden und Kometen absucht, die u.U. auf die Erde zurasen und eine Katastrophe auslösen können, die alles Leben auf unserem Planeten vernichtet. Im Juli 1994 wurde, ein solches Geschoss aus dem Weltall durch die riesige Schwerkraft des Planeten Jupiter abgefangen und schlug dort ein. Es hinterließ einen Krater von der Größe unserer Erde. Die gewaltige Explosion hatte die Sprengkraft von 200 Atombomben. Für die Erde wäre das das Ende allen Lebens gewesen. Wissenschaftler sind darum ernstlich damit beschäftigt, Techniken zu ersinnen, um durch Feststoffraketen solche Asteroiden von ihrer die Erde tangierenden Bahn abzulenken oder durch Atomraketen zu sprengen. Die Vorwarn-zeit, um Gegenmaßnahmen einleiten zu können für eine solche aus dem Weltall drohende Gefahr,

beträgt allerdings nur 45 Tage,.
(Quelle: DVD Der Weltraum. www polyband.de)

In seiner Endzeitrede spricht Jesus davon, dass „die Sterne vom Himmel fallen werden“ (Mt 24,29; Mk 13,25). „Und die Kräfte des Himmels erschüttert werden“(Mt 24,29; Mk 13,25; Lk 21,26). Mögen die Observatorien auch rund um die Uhr den Weltraum beobachten, „jenen Tag und jene Stunde kennt niemand“ (Mt 24,36). Darum mahnt Jesus: „Seid also wachsam! Denn ihr wisst nicht, an welchem Tag euer Herr kommt“ (Mt 24,42).

Der Herr bricht ein um Mitternacht;
Jetzt ist noch alles still.
O Elend, dass schier niemand wacht
Und ihm begegnen will.

Er hat es uns vorausgesagt
Und einen Tag bestellt.
Er kommt, wenn niemand nach ihm fragt,
Noch es für möglich hält

Wie liegt die Welt so blind und tot.
Sie schläft in Sicherheit
Und meint, des großen Tages Not
Sei noch so fern und weit.

Der Herr bricht ein um Mitternacht;
Jetzt ist noch alles still.
Wohl dem, der nun bereit sich macht
Und ihm begegnen will.
(Quelle: aus „Gotteslob“ Ausgabe 1975)

Fazit: Die vorstehenden Kapitel bringen eine Auswahl von Unglaublichem in der Bibel. Bei genauerem Zusehen erscheinen sie dann doch als glaubwürdig.

HEBRÄISCH – EINE WUNDERSAME SPRACHE

Das Hebräische ist eine semitische Sprache. Zu dieser Sprachfamilie gehören unter anderem auch das Aramäische und Arabische.
Semitisch kommt von Sem wie einer der Söhne des Noah heißt. ScheM bedeudet „Name". Aus Ehrfurcht wurde im Alten Bund, auch von den heutigen Juden, der am Sinai dem Moses geoffenbarte Name Gottes JHWH nicht ausgesprochen. Dort, wo der unaussprechliche Name Gottes JHWH in der Bibel vorkommt, las man stattdessen der HERR `aDON bzw. áDONaJ = mein Herr oder man nennt IHN stattdessen „der Name" = Ha-SCHeM. Das hebräische Wort wiederum kommt von Heber, dem Enkel des Sem und bedeutet „der von drüben, von der anderen Seite", ein Hebräer ist also einer, „der vom Jenseitigen weiß".
Bereits in diesen ersten Sätzen sind Wörter zum Teil mit großen und kleinen Buchstaben geschrieben. Das hebräische Alphabet besteht lediglich aus 22 Konsonanten. Die großen Schriftzeichen im vorstehenden Abschnitt sind die Konsonanten des Wortes. Die Vokale sind deshalb oben klein geschrieben, weil im Semitischen die Vokale nicht geschrieben werden, sondern nur die Konsonanten der Wörter. Man muß also wissen, wie durch die lebendige mündliche Überlieferung das Wort ausgesprochen wird. Man stelle sich vor, wenn im Deutschen nur die Konsonanten lbn geschrieben ständen. Dann könnte das lau-

ten „leben“ oder „loben“ oder „lieben“ oder „laben“. Solange das Hebräische noch im Alltag als lebendige Sprache gesprochen wurde, war das kein Problem. Im Zweifelsfalle hat man Konsonanten als Lesehilfe verwendet z.B. das Jod für i und e das Waw für o und u, selten das Aleph für langes a, und hat das He am Wortende ebenfalls für a gelesen. Zu den Merkwürdigkeiten des Hebräischen gehört, daß es von rechts nach links geschrieben wird. Dementsprechend beginnt ein Buch hinten und wird nach vorn gelesen. Eine hebräische Bibel muß man dementsprechend hinten aufschlagen.

Im Laufe der Geschichte des jüdischen Volkes wurde das Hebräische eine sakrale Sprache, nur noch für die Texte der Heiligen Schrift und des Gottesdienstes. Die Juden haben im Alltag die Sprache gesprochen, die bei den sie umgebenden Völkern gesprochen wurde, nämlich das Aramäische, das mit dem Hebräischen vergleichsweise so verwandt ist wie das Holländische mit dem Deutschen..

Jesus hat damals nicht hebräisch, sondern aramäisch gepredigt und die Apostel das Vaterunser in Aramäisch beten gelehrt. Die letzten Worte Jesu am Kreuz sind dementsprechend von den Evangelisten aramäisch überliefert. Vgl. Mk 15,34; Mt 27,46; Die heutigen Juden bezeichnen es geradezu als Wunder, dass in Israel die tote hebräische Sprache nun wieder belebt werden konnte, das moderne Iwrit. Wer in Tel Aviv im Flughafen Ben Gurion ankommt, hört die Ansagen in Hebräisch (Iwrit), dann erst in Englisch.

Nachdem die hebräische Sprache aufgehört hatte eine lebendige Sprache zu sein, haben dann jüdische Gelehrte, die sogenannten Punktatóren, zur Sicherung für die überlieferte Aussprache des heiligen Textes für die Vokale eine Reihe von zusätzlichen Zeichen unter die Buchstaben gesetzt z.B. _ für ein a oder .. für ein e oder einen Punkt unter dem Buchstaben für i oder wenn der

Punkt über dem Buchstaben Waw steht dann wird er als o gelesen. Wer eine moderne hebräische Bibel aufschlägt, wird solche Pünktchen oder Strichlein unter den Buchstaben feststellen.
In der Nazizeit hat unser Kaplan den „Mythos des 20. Jahrhunderts“ von Alfred Rosenberg, des Chefideologen der Nazis, uns in die Gruppenstunde mitgebracht. Er wollte die Ideologie der Braunen ad absurdum führen, indem er uns eine Seite dieses Buches zeigte, auf der ein hebräischer Text abgebildet war. Allerdings war der Text auf den Kopf gestellt, so dass die Pünktchen über den Buchstaben standen, wie es im Deutschen üblich ist. Kaplan Heinrich Faller sagte: „Da könnt ihr sehen, die wissen noch nicht einmal einen hebräischen Text richtig abzudrucken. Wie kann man da denen noch trauen, ob das, was sie in dem Buch sonst noch alles schreiben, stimmt.“ Für uns Buben war das ein schlagendes Argument. Und für unseren Kaplan gingen wir durchs Feuer. Er kam als Sanitäter kurz vor dem Ende des zweiten Weltkrieges am 16.April 1945 beim Untergang des Frachtschiffes „Goya“ in der Ostsee ums Leben.
Wo in der hebräischen Bibel der unaussprechliche Gottesname JHWH vorkommt, steht neben am Rand ein Zeichen, das darauf aufmerksam macht, dass stattdessen ADONÁI (mein Herr) zu lesen ist. Als man dann im 3. Jahrhundert vor Christus in Ägypten die hebräische Bibel in die damalige Weltsprache, das Griechische, übersetzte, hat man überall wo JHWH stand, für das Ersatzwort Adonái in der Septuaginta (griech. Bibelübersetzung des AT) das Wort KYRIOS (Herr) eingesetzt. Vgl. Der Apostel Thomas ruft aus, als ihm der Auferstandene erscheint: „Mein Herr und mein Gott!“ (Jo 20,24).
Wenn Paulus im letzten Vers des Christus-Hymnus in Philipper 2 11 schreibt: „Jesus Christus ist der Herr“, dann verbirgt sich darin der am Sinai geoffenbarte unaussprechliche Gottesname JHWH.

Das Wort „Jehówa“, das in Gesängen und älteren Texten vorkommt, ist eine etwa um 1100 n.Chr. aufgekommene falsche Aussprache des Jahwenamens. Er ist entstanden aus den Konsonaten des Tetragramms (den vier Buchstaten des Gottesnamens) und den Vokalen des Ersatzwortes (Adonai).
Die folgende Tabelle zeigt die 22 Buchstaben des hebräischen Alphabets, ihren Namen und ihren Zahlenwert.
Zahlenwerte der einzelnen Buchstaben (die hebräischen Schriftzeichen sind gleichzeitig Zahlzeichen), stehen in der Tabelle vor dem jeweiligen Buchstaben.
Jeder Buchstabe hat im Gegensatz zum deutschen Alphabet einen eigenen Namen z.B. Aleph = 1, Beth = 2, Gimel = 3, Daleth =4.. Das Hebräische hat für die Zahlen keine Ziffern, sondern

Die Reihe der Einer, die von 1 bis 9 geht, ist die Reihe der **"Vergangenheit"**:

Zahl	Zeichen	Buchstabe Aussprache	Name hebr. Varianten der Schreibung	Name in Zahlen mit Varianten	Voller Wert Zahlensumme mit Varianten	Bedeutung
1	א	' stimmloser Knacklaut	'aLePh אלף	1-30-80	111	Haupt eines Stiers
2	בּ	B	BET בית	2-10-400	412	Haus
	ב	V ! deutsches W !	VET בית			
3	ג	G	GiMeL גמל	3-40-30	73	Kamel
4	ד	D	DaLeT דלת	4-30-400	434	Tür
5 ***	ה	H	HEe הא HeH הה HE הי	5-1 5-5 5-10	6 10 15	Fenster
6 ***	ו	W englisches W !	WaW וו WAaW ואו WAW ויו	6-6 6-1-6 6-10-6	12 13 22	(Verbindungs)- Haken, Bindewort "und"
7	ז	Z stimmhaftes S !	ZaJiN זין	7-10-50	67	Schwert
8	ח	Ch	CheT חית	8-400	408	Zaun
9	ט	Tt emphatisches T	TteT טית	9-400	409	Doppeltes (Embryo im Uterus)

Die Reihe der Zehner, die von 10 bis 90 geht, ist die Reihe der **"Gegenwart"**:

Zahl	Zeichen	Buchstabe Aussprache	Name hebr. Varianten der Schreibung	Name in Zahlen mit Varianten	Voller Wert Zahlensumme mit Varianten	Bedeutung
10	י	J	JoD יד JOD יוד	10-4 10-6-4	14 20	Hand
20	כּ	K	KaPh כּף	20-80	100	Hand zupackend, empfangend
 20 Endform	כ ך	Kh deutsches Ch	KhaPh כף KhaPh sofith			
30	ל	L	LaMeD למד	30-40-4	74	Ochsen-stachel
40 40 Endform	מ ם	M	MeM מם	40-40	80	Wasser
50 50 Endform	נ ן	N	NUN נן	50-6-50	106	Fisch
60	ס	stimmloses S	SaMeKh סמך	60-40-20	120	(Wasser-) Schlange
70	ע	° stimmhafter Knacklaut	°aJiN עין	70-10-50	130	Auge
80	פּ	P	PeH פּה	80-5	85	Mund

Die Reihe der Hunderter, die von 100 bis 400 geht, ist die Reihe der **"Zukunft"**:

Zahl	Zeichen	Buchstabe Aussprache	Name in Buchstaben	Name in Zahlen	Voller Wert Zahlensumme	Bedeutung
100	ק	kehliges K	QOPH קוף	100-6-80	186	Nadelöhr, Affe
200	ר	R	RESch ריש	200-10-300	510	Kopf
300	שׁ	Sch	SchIN שׁין	300-10-50	360	Zahn
	שׂ	scharfes S	SsIN שׂין			
400	תּ	T	TaW תּו	400-6	406	Zeichen
	ת	scharfes S	SzaW תו			

(Quelle: Alfred Gindl, Wien, dem ich diese Hinweise verdanke)

die Buchstaben sind auch Zahlen. So bedeutet der Buchstabe Daleth = Tür, als Zahl 4. Wenn man die Konsonanten des Namens DaWiD als Zahlen nimmt (4-6-4) so ergibt die Quersumme vierzehn. Vierzehn ist die Zahl Davids. Vgl. Mt 1,13 teilt der Evangelist den Stammbaum Christi in 3mal vierzehn Generationen ein. Damit wird unterstrichen: Jesus ist der verheißene Davidsohn schlechthin, der Messias. Der Blinde bei Jericho ruft Jesus an: „Sohn Davids, erbarme dich!“ (Mk 10,47; Lk 18,38) und die Volksmenge ruft beim Einzug Jesu in Jerusalem: „Hosanna, dem Sohne Davids!“ (Mt 21,9).

„Achtet man einmal auf die Zahlenwerte mancher hebräischer Worte, dann entdeckt man merkwürdige Zusammenhänge. Sollte das nur reiner Zufall sein? Oder ist auch das schon eine

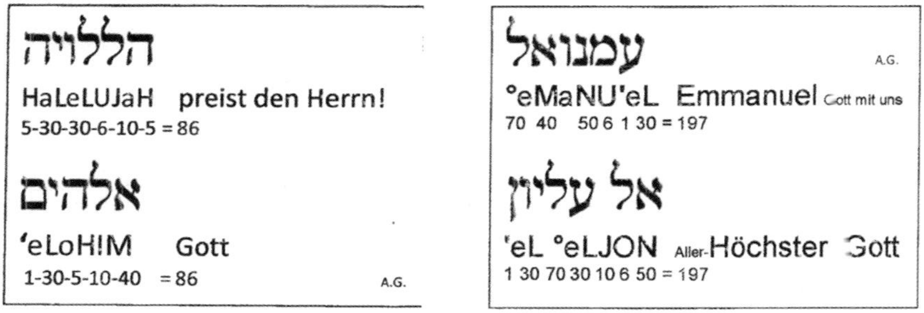

Zwei Beispiele für merkwürdig übereinstimmende Zahlenwerte bei Hallelujah= 86 und Elohim= 86; ebenso bei Emmanuel (Gott mit uns)= 197 und El Eljon (höchster Gott)= 197.

Offenbarung dessen, von dem es im Prolog des Johannesevangeliums bereits im ersten Vers heißt: ‚Im Anfang war das Wort und das Wort war bei Gott und Gott war das Wort‘ (Jo 1,1)?“ (A. Gindl)

FREISPRUCH FÜR EINEN HELLSEHER

Im Mai 1947 stand in Laufen, einem kleinen Städtchen im Südosten Bayerns, ein Mann vor Gericht wegen Hellseherei. Damals war Hellseherei gegen Bezahlung strafbar. Der Mann, der dieses Vergehens beschuldigt wurde, war Alois Irlmaier (1594-1959), Brunnenbauer aus Freilassing (circa 10 Kilometer südlich von Laufen) an der Grenze zu Österreich.
Im Prozess waren mehr als vierzig Zeugen geladen. Die Medien berichteten darüber unter der Überschrift „Gaukler-Prozess". Laut Zeugenaussagen war Irlmaier wenige Tage vor dem großen Luftangriff auf Rosenheim am 18.April 1945 in der Stadt am Inn und hat davor gewarnt, sich in der Mitte des Luftschutzbunkers in der Nähe des Bahnhofs aufzuhalten. Die Bayrische Landeszeitung berichtete im Oktober 1949: Als in Rosenheim der große Luftschutztunnel gebaut wurde, warnte er mit folgenden Worte: „Wenn Angriff ist, geht´s nicht in die Mitten hinein. Denn dort sehe ich lauter Trümmer und Füße und Köpfe herausschauen. Bleibts darum an den Ausgängen stehen!" Die schutzsuchenden Passanten hielten sich daran. So blieb auch bei dem großen Angriff auf Rosenheim die Mitte des Tunnels frei, aber als das Bombardement bereits rollte, drängte sich ein Trupp Soldaten hinein. „Da derf´ts net neingehn in die Mittn!" – „Ach was, Unsinn, vorwärts nur hinein in die Mitte!" Aber einige Minuten später schlug da schon der Volltreffer ein und alles, was in der Mitte stand, wurde begraben.
Auch das Nachrichtenmagazin DER SPIEGEL (39/ 1948) berichtete anlässlich des „Gaukler-Prozesses": In Freilassing wuchs des hellsichtigen Brunnenbauers Ruf, als er ein halbes Jahr vor dem Angriff (25. April 1945), an den niemand glaubte, die Zerstörungen voraussah. Er sagte dem und jenem, wie er

sich verhalten solle und was er zu erwarten habe, und bezeichnete genau die Stadtviertel, die in Trümmer gehen würden. Man lachte über ihn, aber seine Voraussagen erfüllten sich.
Der „Gaukler-Prozess" endete mit einem Freispruch des Hellsehers. In der Urteilsbegründung hieß es: „Er hat uneigennützig in schweren Stunden seelische Beruhigung verschafft, indem er zutreffend vorhersagte, welche Zeit besondere Gefahren mit sich bringe, welche Gegenden, ja welche Häuser gefährdet seien und wie sich die Ratsuchenden verhalten sollten."
„Es war unter anderen der bayrische Ministerpräsident Dr. Hans Ehrhard höchstpersönlich, der sich am 15. Februar 1950 über den Fall des Hellsehers Alois Irlmaier berichten ließ. Dies geht aus einer Akte des bayrischen Hauptstaatsarchivs hervor." (St. Berndt) Der Anlaß war eine „Gerüchtemeldung", die dem Ministerpräsidenten überbracht worden war. Außer ihm war die Meldung auch dem bayrischen Innenminister und einigen Staatssekretären und dem US Land Commissioner for Bavaria, Mr. Hugunin, zugegangen. Die Ursache dieser „Gerüchtemeldung" war ein kleines Heftchen mit Irlmaiers weltpolitischen Voraussagen, das zwei Wochen zuvor erschienen war und wie eine Bombe eingeschlagen hatte. Sein Titel war: „Blick in die Zukunft".
Was das Heftchen so brisant machte, dass selbst hochrangige Politiker in Bayern sich damit befassten, war der Umstand, dass der Verleger und Autor mit einer trickreichen Formulierung den Eindruck erweckt hatte, als ob Irlmaier den Angriff der Russen für 1950 vorausgesagt habe. Während es dem Verleger darum ging, durch die sensationelle Veröffentlichung den Verkauf dieses Heftchens zu steigern, löste es unter der Bevölkerung Beunruhigung aus, so dass sie große Mengen haltbarer Lebensmittel vor allem Fleischkonserven, aufkaufte und vor den Geschäften sich Käuferschlangen bildeten.

(Quelle: Vorwort zur 4. Auflage 2014 des Buches von Stephan Berndt, Alois Irlmaier. Ein Mann sagt, was er sieht.)
Hat Irlmaier auch Ereignisse möglicherweise bis ins dritte Jahrtausend vorausgesehen?. So gibt es zum Beispiel zur Klimaveränderung Prognosen von Irlmaier. Zu einer Zeit, da der Klimawandel noch kein Thema war, sprach er davon, dass die bayrischen Bauern Zitrusfrüchte anbauen würden und man Feigen im Berchtesgadener Land ernten könnte.
Aber auch gesellschaftliche und politische Veränderungen sah er voraus. Nach einer Zeit des Wohlstandes wie noch nie zuvor käme es zur großen Glaubens- und Sittenlosigkeit, viele fremde Menschen kämen ins Land, auf eine Inflation folgten in Frankreich und Italien Revolutionen, der Papst müsse flüchten. Und schließlich kommt es zu einem Angriff der Russen auf Mitteleuropa. Er sah wie sie in drei Stoßkeilen bis zum Rhein vorrücken. „Das blaue Wasser [Donau] ist die südliche Grenze". Der zweite Stoßkeil geht von Ost nach West über Sachsen. „Der Russe rennt in drei Keilen dahin, sie halten sich nirgends auf, Tag und Nacht rennen sie bis ins Ruhrgebiet, wo die vielen Öfen und Kamine stehen. Aber dann kommen die weißen Tauben [westliche Flugzeuge] und es regnet auf einmal ganz gelb vom Himmel herunter. Eine klare Nacht wird es sein, wenn sie zu werfen anfangen. Die Panzer rollen noch, aber die Fahrer sind schon tot. Dort, wo es hinfällt, lebt nichts mehr, kein Mensch, kein Vieh, kein Baum, kein Gras, das wird welk und schwarz. Die Häuser stehen noch. Was das ist, weiß ich nicht und kann´s nicht sagen. Es ist ein langer Strich, wer darüber geht, stirbt.
Von Prag geht´s bis ans große Wasser an eine Bucht. In diesem Strich ist alles hin. – Von der goldenen Stadt [Prag] geht es aus. Der erste Wurm geht vom blauen Wasser [Donau] nordwestlich bis an die Schweizer Grenze." (Zitat in Stephan Berndt, Alois Irlmaier, Ein Mann sagt, was er sieht. S. 117)

Doch nach der großen Katastrophe „kommt der Papst wieder zurück und er wird noch drei Könige krönen, den ungarischen, den österreichischen und den bayrischen. Der is ganz alt und hat schneeweiße Haar, er hat d 'Lederhosen an und is unter de Leut wia seinesgleichen. Zuerst ist noch Hungersnot, aber dann kommen auf der Donau so viel Lebensmittel herauf, dass alle satt werden"(Berndt S. 147).

Wer sich näher für Irlmaier interessiert, den verweise ich auf Stephan Berndt „Alois Irlmaier, Ein Mann sagt, was er sieht". In dessen Buch werden Irlmaiers Voraussagen analysiert, kommentiert und mit denen anderer Seher verglichen.

So unglaublich auch Irlmaiers Sehergabe erscheinen mag, es gab im norddeutschen Raum ja das Phänomen des „Spökenkiekens", bei dem Menschen besondere Ereignisse, z.B. eine Feuersbrunst oder den Tod anderer voraussehen konnten. Das „Spökenkieken" scheint allerdings inzwischen mit dem Vordringen der Technik verschwunden zu sein.

Auch für Irlmaiers unglaubliche Voraussagen gilt, was beim Propheten Jeremia steht: „An der Erfüllung des prophetischen Wortes erkennt man den Propheten" (Jer 28,9). Das heißt: Erst im Nachhinein wird sich die Echtheit herausstellen.

DIE DUNKLEN ANFÄNGE DES ISLAM

Die jüngsten Forschungen über den Islam und die Sprache des Koran führten zu Erkenntnissen, die unglaublich sind und die seitherige Darstellung des Islam infrage stellen.
Ein grundlegendes Problem des Koran besteht nämlich schon darin, dass er alles andere als reines Arabisch ist, sondern dass es darin wimmelt von syrisch-aramäischen, persischen, griechischen und hebräischen Fremdwörtern, mit denen die arabischen Interpreten nichts anzufangen wussten und die sie nach Gutdünken falsch übersetzten. „Etwa 25 % des Textes sind, wie wir jetzt schon wissen, vollkommen fehlübersetzt" (Norbert G. Pressburg, Good Bye Mohammed S. 50). Dabei soll der Koran doch nach Gottes Fügung in reinem Arabisch gegeben worden sein.(Pressburg S. 17). Doch das Arabische des Koran „wird außerhalb der Gelehrtenzirkel von niemandem verstanden"(Pressburg S. 23).
Zum Beispiel ist traditionelle Lesart aus Sure 38:52, dass im Paradies die Gottesfürchtigen (Männer) „gleichaltrige [ewig junge, 33-jährige] *Huris* bei sich haben, die Augen niedergeschlagen..." Nach der Bedeutung des (unverstandenen) aramäischen Wortes (huris) muß es in der korrekten Übersetzung aber heißen: „Bei ihnen werden niederhängende, saftige Früchte sein." In der Sure 55:56 heißt es: „Darin [in Paradiesesgärten] befinden sich auch, die Augen niedergeschlagen, weibliche Wesen [die Huris], die vor ihnen noch niemand *entjungfert* hat." Die syro-aramäische Wurzel des fraglichen Wortes, das von den Koraninterpreten nicht verstanden wurde, bedeutet verunreinigen, beflecken. Der ganze Satz muß nach Meinung des Spezilisten für altorientalischc Sprachen Christoph Luxenberg lauten: „Darin befinden sich herabhän-

gende Früchte, die noch niemand angerührt hat." So geht es dann weiter in Sure 78:32/33 [Die Gottesfürchtigen erwarten] „Gartengehege und Weinberge, junge Huris mit schwellenden Brüsten und einem Becher mit Wein, bis an den Rand gefüllt." Die schwellenden Brüste sind in Wirklichkeit üppige, saftige Früchte wie der Sprachforscher nachweist. Wenn in Sure 76:19 „Ewig junge Knaben die Runde unter ihnen [den Gottesfürchtigen] machen", so ist die Originalbedeutung des aramäischen Wortes eiskalt, eisgekühlt. Statt ewig junger Knaben machen in Wirklichkeit eisgekühlte Früchte die Runde. Moslemische Glaubenskämpfer gehen also aufgrund von Erwartungen in den Tod, von denen ursprünglich nichts im Koran steht, sondern die der falschen Übersetzung und geilen Phantasie der Interpreten entsprungen sind.

Auch die Kopftuchproblematik geht auf eine falsche Deutung eines einzigen moslemischen Interpreten, Tabari, zurück. Er hat um das Jahr 900, also 300 Jahre nach der angeblichen Zeit der Entstehung des Korans, ein unverstandenes Wort chumur als „Kopftuch" gedeutet und noch hinzugefügt, dieses „solle Hals, Haar und Ohrringe" verdecken. Im Koran steht – wörtlich übersetzt: „Sie sollen die chumur über ihre Taschen schlagen." Nach Luxenberg ist chumur ein verschriebenes aramäisches Wort für Gürtel bzw. Band und weist nach, dass im heutigen Aramäischen noch die Redewendung gebräuchlich ist: „Das Band, den Stoffgürtel umschlagen" d.i. sich umbinden. Also nicht wie es im arabischen Koran wörtlich übersetzt lautet: „Sie sollen die chumur über ihre Taschen schlagen."

Wie konnte es dazu kommen, dass die moslemischen Interpreten das angeblich reine Arabisch des Korans so schlecht verstehen? Dafür sind gleich mehrere Fakten verantwortlich. Zunächst gibt es eine Vielzahl arabischer Dialekte. Viele arabische Schriftzeichen sind nur durch kleine Punkte, die oberhalb

oder unterhalb stehen unterscheidbar. Als Beispiel: Ein einfacher kleiner Haken am Wortanfang kann je nach Punktierung als B, T, Th, N oder Y, gelesen werden, und viele frühe Texte sind ohne diese Pünktchen überliefert. Und das sogenannte Koranarabische können überhaupt nur Spezialisten lesen. Die vereinende Sprache der damaligen Zeit war im nahen Osten das Aramäische. Der vorliegende Korantext ist daher nicht zufällig stark mit dem Aramäischen durchsetzt. Ob die These eines Sprachforschers stimmt, der von einem aramäischen Urkoran ausgeht, wissen wir nicht, „aber mit Sicherheit sind die dem Koran zugrunde liegenden Schriften zu einem erheblichen Teil Aramäisch..."(Pressburg S. 36).
Schon das Wort Koran (Quran) kommt vom aramäischen Qeryan, was soviel wie „Lektionar" bedeutet. In unserer kirchlichen Sprache ist Lektionar das liturgische Buch, das ausgewählte Texte des Alten und Neuen Testamentes enthält. Für die Liturgie (Gottesdienst) benutzten die syrischen Christen eben ein Lektionar, in dem die Evangelien quasi in Kurzform zu einer Evagelienharmonie in aramäischer Sprache zusammengezogen waren. Diese Evangelienharmonie ist als Diatéssaron bekannt. Forscher vertreten die These, dass der Qeryan ursprünglich ein zusammenfassender Auszug aus dem Alten und Neuen Testament für die arabischen Christen war, dem im Laufe der Zeit zahlreiche lokale Traditionen sich zugesellten. Spätere arabische Herausgeber hätten alles, was sie an Schrifttum und mündlichen Überlieferungen gesammelt hätten, eingefügt und dadurch „einen Wust an Interpretationen" hinterlassen.
Was wir in frühen Koranschriften finden, seien „Texte der arabischen Christen und ihre Theologie" (Pressburg). Und was wir in späteren arabischen Bearbeitungen vor uns hätten, „ist das Buch einer eigenen Religion. Jetzt war das Qeryan zum Quran geworden, erst jetzt war der Koran in Schrift und Inhalt auf der

Welt. Allerdings in einer Lesart, die die Texte oftmals gar nicht hergeben“ (Pressburg). Das ist geradezu unglaublich. Ist es auch wahr?

Grundriss des Oktogons
über dem Petrushaus
in Kapharnaum (5.Jhdt)

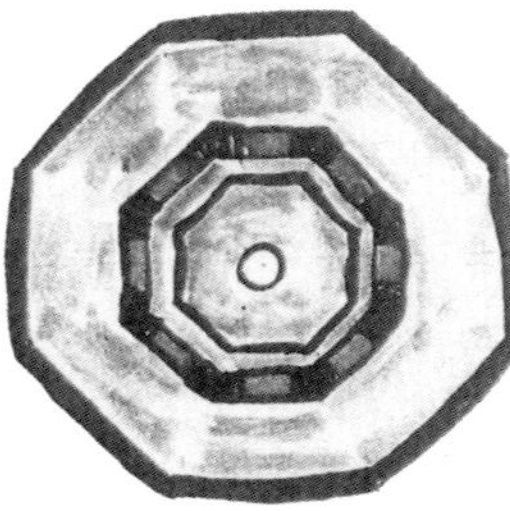

Grundriss der Christi
Himmelfahrts-Kapelle
auf dem Ölberg (4. Jhdt)

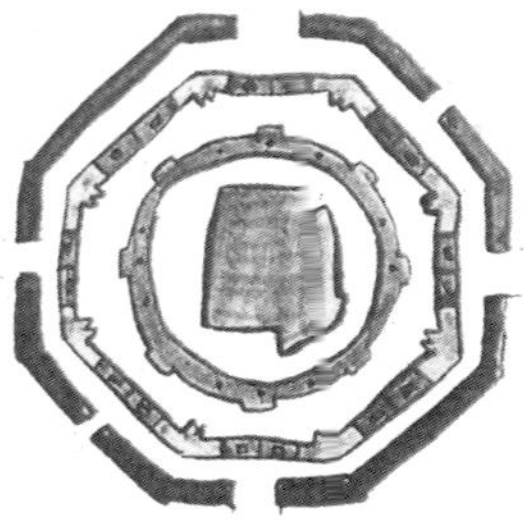

Grundriss des Felsendomes
Auf dem Tempelplatz (7.Jhdt)

Denn dann hätte der Islam ja christliche Wurzeln. Die Forscher verweisen auf archäologische Gemeinsamkeiten. Der „Felsendom“ in Jerusalem ist seinem Baustil nach eine christliche Kirche, die in Form eines Oktogons erbaut wurde, wie auch andere christliche Sakralbauten.
Das Oktogon symbolisiert die Auferstehung Jesu am Tag nach dem Sabbat, der als 8.Tag die Schöpfung vollendet. San Vitale in Ravenna und die Kapelle Karls des Großen sind ebenfalls im oktogonalen Stil erbaut. Auch die Kaaba in Mekka war ursprünglich ein christlicher Sakralbau. Die Fundamente der Apsis, die in Richtung Jerusalem weist, sind heute noch sichtbar.
Laut Inschrift im Felsendom hat „dieses Heiligtum der Knecht Gottes, der Imam al-Mamun, Oberster Schutzgewährer, im Jahr 72 erbaut.“ Nach damaliger Zeitrechnung entspricht das Jahr 72 kata araba dem Jahr 694 unserer Zeitrechnung. Doch Mamun ist nicht der Erbauer. Vielmehr hat er über 100 Jahre später den Namen des wirklichen Erbauers Abd al-Malik entfernen lassen, aber die Jahreszahl beibehalten. Nach islami-

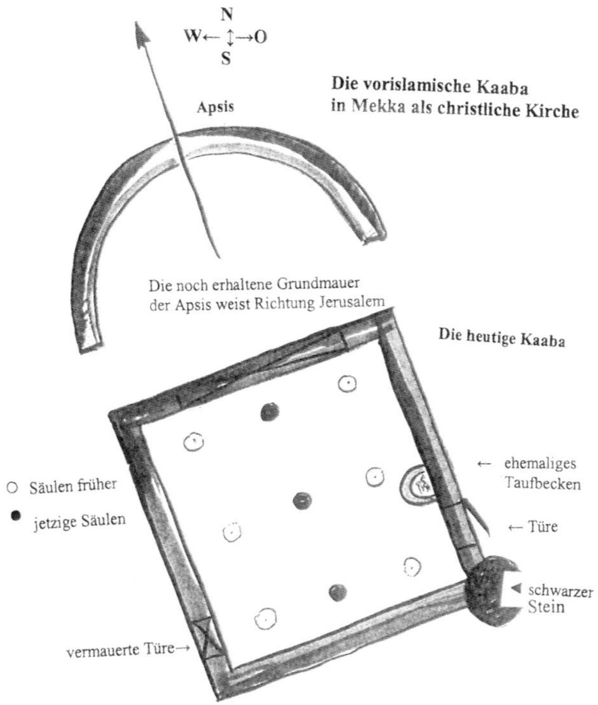

scher Überlieferung baute der Kalif und Omayade Abd al-Malik den Felsendom als Moschee. Nach der neuesten Forschung war Abd al-Malik jedoch ein christlicher Herrscher und hat dementsprechend den Felsendom als christlichen Sakralbau errichtet. Allerdings war er ein Irrgläubiger, ein Angehöriger jener arabischen Sekte, die die Dogmen der vier ersten Konzilien von der Gottessohnschaft Jesu Christi und das Dreifaltigkeitsdogma nicht angenommen hatten. Die Ablehnung dieser christlichen Glaubenswahrheiten finden sich auch im Koran. Aus der Sicht Abd al-Maliks waren die Christen, deren Glaubensbekenntnis die Konzilien zur Grundlage hatten „Falschgläubige“. Denen wollte er ein Monument des wahren Glaubens, ein haram, an unübersehbarer Stelle, auf dem

Tempelberg entgegenstellen. Als Antwort auf das in der Hagia Sophia von Konstantinopel (Byzanz) angebrachte Glaubensbekenntnis zur Allerheiligsten Dreifaltigkeit, ließ er das Bekenntnis des – aus seiner Sicht – richtigen Glaubens anbringen. Die moderne Forschung sieht in dem 240 Meter langen Schriftband auf beiden Seiten des Oktogons ein klares christlich-arabisches Bekenntnis des Eingottglaubens.
Die Inschrift im Felsendom mit dem Glaubensbekenntnis Abd al-Maliks liest sich nach Auffassung der Forscher so:
„Im Namen des liebenden und geliebten Gottes. Es gibt keinen Gott außer Gott allein, er hat keinen Teilhaber, ihm gehört die Herrschaft und ihm gebührt das Lob, er spendet Leben und er lässt sterben, er ist allmächtig. – Gelobt sei der Knecht Gottes und sein Gesandter. Gott und sein Engel sprechen Segen über den Propheten. Ihr, die ihr glaubt, sprecht Segen und Heil über ihn. Gott segne ihn, Heil über ihn und Gottes Liebe. Angehörige der Schrift, verfehlt euch nicht in eurem Urteil und sagt über Gott nur das Rechte. Denn Jesus Christus, Sohn der Maria ist der Gesandte Gottes und sein Wort, das er der Maria gegeben hat und sein Geist von ihm. So glaubt an Gott und seinen Gesandten und sagt nicht Drei, hört auf damit, es wäre besser für euch. Denn Gott ist ein Einziger ...“
„Das ist ein chritlich-vornizenisches Glaubensbekenntnis reinsten Wassers“ (Pressburg S. 115). Diese Inschrift erweist Abd al-Malik als einen Monarchianer (Eingottgläubigen), im Gegensatz zum Dreifaltigkeitsglauben der übrigen Christenheit. Daß Abd al Malik kein Moslem sondern Christ war belegen auch seine Münzprägungen, die das Symbol Christi, als des kommenden Weltenrichters tragen. Auch andere Münzen aus der Zeit der Omayaden sind nach Meinung von Münzkennern mit christlichen Symbolen geziert. „Wir besitzen eine große Anzahl eindeutig christlicher Münzen aus Zeiten und Regionen, die nach

dem traditionellen Bericht schon lange islamisch gewesen sein sollen.“ (Pressburg S. 119)
Aus dem weiteren Text der Inschrift im Felsendom: „Herrgott, segne Deinen Gesandten und Knecht Jesus, Sohn der Maria, Wort der Wahrheit ... Gott gebührt es nicht ein Kind zu adoptieren, gepriesen sei er ...“ Nach islamischer Tradition sind diese Verse aus dem Koran. „Richtig ist gerade das Gegenteil. Sie sind älter als jeder bisher bekannte Koran oder Fragmente davon. Sie wurden ihrerseits als Verse in den Koran übernommen ...“(Pressburg).
Im 11. Jahrhundert entstand die Tradition, wonach Muhammed mit seinem Pferd buraq (mit Menschenkopf und Flügeln) von dem Ort aus, wo der Felsendom steht, in den Himmel aufgestiegen sei. Um dem christlichen Sakralbau den Charakter einer Moschee zu geben, wurde im 11. Jahrhundert ein mirabh (Nische), das die Richtung nach Mekka anzeigt, angebracht. Zwar haben die Kreuzritter angenommen, der Felsendom sei der Tempel aus der Zeit Jesu, aber der Golgothafelsen in der Grabeskirche und das Heilige Grab als Ort der Auferstehung Christi hatten für sie die größere Bedeutung. Seit etwa 25 Jahren ist der Haram al-Sharif, das, „was er bisher nie in der Geschichte war: eine aktive Moschee. Und wurde zum Symbol des palästinensischen Nationalismus“ (Pressburg).
Die arabische Halbinsel war im 7. Jahrhundert fast vollständig christianisiert. Daneben gab es auch jüdische Gemeinden. „Im Reich der Nabatäer, das im Süden Mekka einschloß, war das trinitarische [an den dreifaltigen Gott glaubende] Christentum verbreitet. Der Süden, der heutige Jemen, war von der äthiopischen Kirche beeinflusst, der Osten der Halbinsel am Golf stand unter persischem Einfluß, dort dominierte das nestorianische Christentum.“ (Pressburg S. 134)
Zahlreiche archäologische Zeugnisse von Kirchen, Klöstern

und Sakralbauten gibt es überall auf der Arabischen Halbinsel. Darüber darf aber nicht geforscht werden. Ja alles, was man als vorislamische Überbleibsel vermutet, wird im Saudi-Arabien des 21. Jahrhunderts rigoros zerstört. Braucht man sich zu wundern, dass der IS-Terrormilizen, die Alkaida-Kämpfer, Dschihadisten und Taliban ebenso handeln?
[Wer sich darüber entrüstet, sei daran erinnert, dass im letzten Viertel des 20. Jahrhunderts Altäre, Statuen, Heiligenbilder und Kommunionbänke, alles, was als vorkonziliar galt, in vielen katholischen Gotteshäusern und Kapellen innerkirchlichen modernen Bilderstürmern und sich progressiv gebärdenden Theologen zum Opfer fielen. Vgl. „Die Taliban sind unter uns. – Die Zertrümmerung des Heiligen findet nicht nur im Mittleren Osten statt, sondern hat auch in der Kirche tiefe Wunden hinterlassen." Vatican Magazin 5/2015 S. 43]
„Der Begriff „Muslime" ist zum ersten Mal für das Jahr 753 auf einer persischen Münze nachgewiesen. Diese „Muslime" sind jedoch nicht die Angehörigen der Religion des Islam, wie wir es heute als selbstverständlich verstehen, sondern es sind aramäisch die meshlem, die Orthodoxen, die Rechtgläubigen", (was auch die Griechisch-Orthodoxen heute noch von sich behaupten). Pressburg S. 120.
Viele Begriffe, die wir heute für typisch muslimisch halten, sind einfach arabisch und hatten bis gegen Ende des ersten Jahrtausends nichts spezifisch Islamisches an sich. So ist z.B. Allah eine sehr frühe aramäische Bezeichnung für „Gott" allgemein und ist heute noch gebräuchlich bei arabischen Christen. Neulich las ich eine Zeitungsnotiz, dass man in einem Staat mit moslemischer Mehrheit den Christen gerichtlich untersagen wollte, das Wort Allah für Gott zu verwenden. Auch Muhamad ist ursprünglich nicht der Prophet, sondern „der Gepriesene" (Christus), Mahdi: Messias. La illah illallah: „Es gibt keinen Gott außer

Gott allein" ist die arabische Übersetzung der lateinischen Formel Non Deus nisi Deus solus.

„Diese Formeln und viele andere mehr sind ursprünglich Begriffe der arabischen Christenheit. – Der Mahdi, der Erlöser, ist bei den arabischen Christen damals wie heute Jesus" (Pressburg S. 121).

Islam heißt „Übereinstimmung" mit den Heiligen Büchern, das waren das Alte Testament und die Evangelien und Apogryphen (von der Kirche nicht als kanonisch anerkannte religiöse legendäre Schriften). Die Kopten benutzen heute noch das „Petrusevangelium", bei den Griechen genießt das „Jakobusevangelium" hohes Ansehen, obwohl es nicht zum Kanon der Heiligen Schrift gehört.

Die Mondsichel auf den Flaggen mancher islamischer Staaten in Einheit mit dem Morgenstern ist von dem auf der arabischen Halbinsel in vorchristlicher und vorislamischer Zeit herrschenden Mondkult und Sternenkult übernommen. Auf die dunkle Zeit der heidnischen Götter, die Muhamad besiegt haben soll, folgte keineswegs, wie die islamische Tradition es darstellt, der Islam, sondern eine Jahrhunderte lange christliche Epoche.

Bibel und Koran

Im Koran ist immer wieder vom „Buch" die Rede. Damit ist eindeutig die Bibel der Christen und Juden gemeint. In Sure 9 ist die Rede davon, daß die Völker des Buches „besser" zu behandeln seien als die Heiden. Diese Besserbehandlung besteht darin, daß sie im Fall einer Eroberung zwar nicht wie die Heiden zwischen Konversion zum Islam und Tod wählen müssen, sondern am Leben gelassen werden, jedoch nur als sogenannte „Dhimmis", eine Art von Untermenschen mit stark eingeschränkter Rechtspersönlichkeit Es gibt daher im Koran aus seiner verdrängten

Entstehungsgeschichte einerseits Übereinstimmungen mit der Bibel und andererseits auch große Widersprüche. So erkennt der Islam einerseits die Existenz Jesu als Propheten an, aber nicht seinen Tod am Kreuz, schon gar nicht seine Gottesohnschaft. Oder aus Aarons Schwester Mirjam wird die Mutter Jesu. Vgl. Pressburg S. 18

Ein weiteres Problem für die Auslegung des Korans rührt daher, dass die Suren (Abschnitte) nicht nach der Entstehungszeit geordnet sind, sondern nach ihrer Länge. So finden sich die langen Suren am Anfang und die kurzen am Schluß. Und man weiß darum nicht, welche in Mekka und welche in Medina gegeben wurden. Letztere sind viel radikaler. Nichtislamische Koranforscher haben die zeitliche Abfolge und die logische Zuordnung zu rekonstruieren versucht und damit Sinn in viele Passagen gebracht. Aber bei der islamischen Geistlichkeit hat das keinen Anklang und wenig Beachtung gefunden. Klar, denn schon jeder Versuch, es anders zu reihen, wäre Zweifel an der Weisheit dessen, der den Quran als sein vollkommenstes Werk durch Gabriel hat verkünden lassen, und damit ein todeswürdiges Unterfangen.

Es gibt im Islam keine oberste theologische Autorität. Traditionell hat die Kairoer Al-Azhar-Universität die Deutehoheit über den Koran. Auf sie geht – mit dem Anspruch, die einzig gültige Koranausgabe für alle Muslime zu sein – die Kairoer Version des Koran von 1924 zurück. Doch seit einiger Zeit ist der Al-Azhar-Universität eine Konkurrenz in Saudi-Arabien erwachsen. Von dort gehen auf Kosten des Königshauses Missionare in alle Teile der islamischen Welt, die die richtige Auslegung des Korans, den Wahhabismus, verbreiten. Der Wahhabismus ist eine extreme Form des Islam, der mit Hilfe der Petrodollars an Bedeutung und Einfluß gewonnen hat (Pressburg S.24). Ihm wird auch die Finanzierung der diversen Staatsstreiche im sogenannten „arabischen Frühling“ sowie der Christenverfolgungen im Irak und in Syrien nachgesagt. Laut Zeitungsnachricht sandte Saudi-Arabien 16 staatliche Imame zum Ramadan 2015 in europäische Länder, u.a. auch nach Österreich. Diese sollten das nächtliche Tarawih-Gebet leiten, bei dem im Laufe des Fastenmonats der gesamte Koran gelesen wird. *(Quelle: „Der 13.“ Nr. 8 /2015)*

Zur Ideologie des Islam gehört auch das Ziel eines islamischen Weltstaates. Die Gründung von Staaten, in denen die Scharia gilt, ist nur ein vorläufiges Stadium. Man kann sich nur wundern über die Blauäugigkeit mancher Politiker und die political correctnes in den westlichen Medien.

Die verschiedenen Zweige des Islam

Die **Sunniten**, die größte Gruppierung innerhalb des Islam (90%), verstehen sich als dessen orthodoxe (rechtgläubige) Richtung. Sie erkennen auch die Nachfolger Mohammeds (**Kalifen**) als rechtmäßig an, die nicht seiner Nachkommenschaft entstammen. Grundlage ihrer Glaubens- und Pflichtenlehre sind der Koran und die Sunna (die übereinstimmende Meinung der vier ersten Kalifen). Die **Schiiten** sind die kleinere der beiden Hauptrichtungen des Islam (etwa 10% der Muslime). Sie erkennen im Unterschied zu den Sunniten als »Partei Alis« nur Ali und seine Nachkommen als rechtmäßige Nachfolger (**Imame**) des Propheten Mohammed an. Die Schiiten zerfallen wiederum in mehrere Untergruppen. Die größte, die **Imamiten** (»Zwölferschiiten«), sind vor allem verbreitet im Iran und im Südirak. Sie erkennen zwölf Imame an, wobei die Wiederkehr des verborgenen 12. Imams als Mahdi am Ende der Zeiten erwartet wird. Kleinere Gruppen sind die **Ismailiten** (»Siebener-Schiiten«), die nur sieben rechtmäßige Imame anerkennen, sind vor allem verbreitet in Ostafrika, Westindien und Zentralasien. Die **Saiditen** (»Fünfer-Schiiten«), die nur fünf rechtmäßige Imame anerkennen, leben im Jemen. Außerdem gibt es noch die **Nusairier**, die den Kalifen Ali als göttliches Wesen verehren. Aus dem schiitischen Islam hervorgegangen sind die heute eigenständigen religiösen Gemeinschaften der **Drusen** und der **Bahai** (Heiligtum in Haifa). In Iran und Irak bilden die Schiiten die Mehrheit. (Vgl. Brockhaus-Multimedia). Diese beiden Richtungen (Schiiten und Sunniten) liefern sich derzeit blutige Auseinandersetzungen im Irak, Jemen und anderen islamischen Staaten. Beiden geht es um die Macht, letztlich um die islamische Weltherrschaft.

Das theologische Ausbildungszentrum der Schiiten ist Ghom (Iran), mit seinen 50 Seminaren, in denen nicht weniger als 50000 Studenten studieren. Praktisch ist jeder bedeutende Kopf des schiitischen Islam dort ausgebildet worden. Im zehn Kilometer nördlich von Ghom gelegenen Fordo, befindet sich eine der Atomanlagen des Iran, mit unterirdisch in den Berghängen gelagertem angereichertem Uran. Weil die internationale Gemeinschaft befürchtet, dass es einmal für atomare Sprengsätze benutzt werden könnte und damit eine Gefahr nicht nur für Israel werden kann, werden seit Jahren Atomverhandlungen in Wien geführt. Kann man der iranischen Regierung trauen, dass sie das angereicherte Atommaterial nur für friedliche Zwecke nutzen werde? – Nach moslemischer Rechtsauffassung sind Lügen (Takiya) gegenüber den Ungläubigen erlaubt, wenn es dem Islam nützt. Die Kontrollen der iranischen Atomanlagen haben sich seither immer wieder als Knackpunkt bei den langjährigen und zähen Verhandlungen erwiesen. Von den Gegnern des in den Wiener Verhandlungen 2015 erreichten Übereinkommens wird die aus ihrer Sicht unvollständige Kontrolle ins Feld geführt.

„Von beiden Orten geht ernste Gefahr für die Welt aus – hier das angereicherte Uran unter den Berghängen, dort die fanatische Energie der islamischen Geistlichkeit. Beide Städte sind ein „heißes Pflaster" für Christen – vor allem für einen muslimischen Geistlichen, der dort Jesus begegnet. Ein solcher Christ tut gut daran, es der Atomanlage gleichzutun...und in den Untergrund zu gehen" *(Doyle/Webster, Träume und Visionen S. 87).*

Koran, Hadithe, Scharia, Sira

Ursprünglich gab es nur mündliche Überlieferungen des Koran. Die erste bekannte Ausgabe des Koran stammt aus der Zeit gegen Ende des 9. Jahrhunderts. Außer dem Koran hat der Islam noch andere Bücher. Die *hadíthe* überliefern unzählige Episoden und Aussprüche aus dem Leben Mohammeds. Die Lebensbeschreibung des Propheten (*sira*) gründet auf den Hadithen. Von der sunnitischen Geistlichkeit sind sechs Sammlungen offiziell als authentisch anerkannt. Die Schiiten haben fünf eigene, als echt anerkannte, Sammlungen.
Als Autoren dieser sechs offiziellen (sunnitischen) Sammlungen sind bekannt: al-Buhari (gest. 870), Muslim (gest. 875), Madscha (gest. 886), Abu Dawud (gest. 888), Tirmidhi (892) und Nasa´í (gest. 915). Da der Prophet bereits 682 gestorben ist, sind die Hadithe frühestens 150 bis 250 Jahre danach niedergeschrieben, manche noch später. Sie wurden vorher mündlich von *quassas*, professionellen Geschichtenerzählern weitergegeben. „Die Geschichten über die Aussprüche und Taten des Propheten Muhammad wanderten in wörtlicher Rede von Teefeuer zu Teefeuer, von Markt zu Markt, von einer Generation zur anderen, bis sie bei einem der Schreiber landeten" (Pressburg S. 54).
Im 9. und 10. Jahrhundert boomten die Hadithe. Ein gewisser al-Audscha wurde hingerichtet, nachdem er zugegeben hatte,

4000 frei erfunden zu haben. Der prominenteste Hadith-Herausgeber, al-Buhari, anerkannte von 600000 Erzählungen nur 7400 als echt an.
Hadithe berichten auf weite Strecken Belanglosigkeiten des alltäglichen Lebens. Aber gerade deshalb sind sie für den Gläubigen wichtig, weil er daraus Anweisungen für sein Leben zu finden hofft. Hadithe sind auch die hauptsächliche Grundlage für die Scharia (islamische Rechtsprechung). Da der Koran – er enthält höchstens 500 Stellen, die juristisch von Bedeutung sind – für die Rechtsprechung nicht ausreicht, werden dafür die Hadithe herangezogen. „Zahllose Köpfe sind gerollt und zahllose Hände in den Sand gefallen, abgeschlagen auf der Basis von Hadithen“ (Pressburg S. 51). So steht z.B. auf dem Abfall vom Islam die Todesstrafe. Und das aufgrund eines einzigen (!) Hadiths. Darum werden zum Christentum Konvertierende heute noch zum Tod verurteilt. Oder wenn sie in nichtmoslemische Länder geflüchtet sind, müssen sie fürchten, von islamischen Extremisten umgebracht zu werden. Auch die kopftuchtragenden moslemischen Frauen sehen ihre Vorbilder in einem Hadith, in dem erzählt wird, dass Aischa, die jüngste Frau des Propheten, und andere Frauen, ihre Stoffgürtel in Kopftücher umgeändert hätten, als der entsprechende Vers des Korans offenbart worden war. Der aber ist, wie wir oben gesehen haben, eine Fehlübersetzung. Aufgrund dessen müssen muslimische Frauen seit Jahrhunderten Kopftücher tragen.
Weil die Quellen vollkommen dunkel und nicht auf ihre Wahrheit nachprüfbar sind, gleichen die Hadithe einer orientalischen Märchensammlung aus tausend und einer Nacht.

„Die frühesten Erwähnungen Muhamads tauchen erst 150 Jahre nach seinem kolportierten Tod auf, das Gros 200-300 Jahre danach“ (Pressburg S.93).
Im Koran kommt Mohammed praktisch kaum vor. Die Sira, die Lebensgeschichte Mohammeds, fußt auf den Hadithen, bei denen man fragen muß, was darin Dichtung und was darin Wahrheit ist. In zeitgenössischen Quellen findet sich jedenfalls keine Spur von einem Propheten Mohammed aus Mekka. Erst im 9. Jahrhundert taucht in der Literatur Muhamad als Person auf. Nach dem Urteil des Spezialisten für altorientalische Sprachen Christoph Luxenberg ist Muhamad kein Eignname, sondern ein Titel „ein zu Preisender, der Gepriesene“ (Pressburg S. 85). So steht auf Münzen al-Maliks häufig das Wort *muhamad*. Aber es ist nicht der Prophet Mohammed damit gemeint. Wer war der von Malik „Gepriesene“?
Volker Popp zeigt anhand von zahlreichen Münzprägungen Abd al-Maliks und seiner Nachfolger wie das Wort muhammad ursprünglich nicht die Person Mohammeds bezeichnet hat, sondern damit Jesus, als der Gepriesene und von Gott Erwählte, gemeint ist. Vgl. Ohlig/Puin (Hrsg.), Die dunklen Anfänge. Auf den Münzen ist eindeutig das christliche Kreuz in der Hand des jeweiligen arabischen Herrschers abgebildet.
Hinter dem Muhammad-Motto steht eine theologische Aussage, das konfessionelle Bekenntnis der arabischen Christen, die die christologischen Dogmen der vier ersten Konzilien nicht akzeptiert haben. Jedenfalls ist es nicht das Bekenntnis zum Islam. Im Schriftband des Felsendomes von Jerusalem lautet die traditionelle islamische Übersetzung: „Muhamad, Sohn des Abd Allah, ist sein Gesandter...“ Die wissenschaftliche Übersetzung nach Luxenberg heißt: „Gelobt sei der Knecht Gottes und sein

Gesandter..." Mit Abd Allah „Knecht Gottes" ist Jesus gemeint. So wird er schon im frühen Christentum (Apg 3,13) bezeichnet. Eindeutig wird der Titel in der Sure 19:30 dem Jesuskind zugeordnet, das schon in der Wiege von sich sagt: „Ich bin der Knecht Gottes, der mir die Schrift gegeben und mich zum Propheten gemacht hat" (Pressburg S. 88).
Muhamad war somit ein Titel bevor er ein Name wurde. Nach Ibn Saad († 845) war der ursprüngliche Name des Propheten: Qutham. Er habe später sechs verschiedene Beinamen geführt. Einer davon ist Muhamad. (Vgl. Pressburg S. 95) Wir haben keinerlei Beweise „für die Existenz eines Propheten namens Muhamad, der von 579 bis 632 (oder ähnlich) gelebt haben soll und den Koran verkündet haben soll... Man mag durchaus eine religiöse Persönlichkeit, etwa einen Prediger in der Arabischen Wüste annehmen. Nur hieß er nicht Muhamad und dürfte herzlich wenig mit der von der kolportierten Vita (Lebensgeschichte) des Propheten zu tun haben" (Pressburg S. 96).
Dem Leser bleibt es überlassen, ob er den islamischen „Märchen aus tausend und einer Nacht" in den Hadithen Glauben schenken will oder lieber dem Motto den Vorzug gibt: „Good Bye Mohammed!"

Quellen: K.-H. Ohlig/G-R. Puin (Herausgeber), Die Dunklen Anfänge. Neue Forschungen zur Entstehung und frühen Geschichte des Islam.
Norbert G. Pressburg, Good Bye Mohammed
Robert Spencer, The Politically Incorrect Guide to Islam (and the Crusades)

UNGLAUBLICH - ABER WAHR

Eigentlich sollte das vorige Kapitel das Schlusskapitel des Buches werden. Doch ist mir ein Buch in die Hände gekommen, das Licht wirft auf eine weithin unbekannte Situation im heutigen Islam. Während unsere Politiker davon reden, man müsse die Moslems in unsere Gesellschaft integrieren, scheint in London, Berlin, Hamburg und anderswo der umgekehrte Prozess zu verlaufen. Aber es gibt auch wunderbare Begebenheiten in der islamischen Welt.

Wußten Sie, dass in islamischen Ländern Moslems zu Jesus finden? Nicht weil im Koran von Isa (Jesus) als Propheten die Rede ist, finden sie zu IHM, sondern weil ER ihnen persönlich begegnet, sei es in Träumen oder in Visionen. Christ zu werden, ist für einen Moslem lebensbedrohlich. Darauf steht in der Scharia die Todesstrafe. Darum können Moslems nur im Geheimen sich zu Jesus bekennen.

Welche Vorsichtsmaßnahmen das erfordert, zeigt die folgende Geschichte: In Kairo wird nachts ein ägyptischer Christ im Schlaf überfallen. Eine Hand presst sich auf seinen Mund, eine Pistole an seine Schläfe. „Still, kein Mucks!" flüstert der Unbekannte im Dunkeln. „ Steh auf und komm!" Durch die nächtlichen Straßen und Gässchen der Kairoer Altstadt treibt ihn der Kidnapper, immer den Revolver im Rücken.

Hassan überlegt: Vor zwei Jahren war er in dieses Viertel der Altstadt gezogen. Unter Freunden hatte er vorsichtig das Gespräch auf Jesus gelenkt. Aber, obwohl er sich mühte, war es noch zu keiner Bekehrung gekommen. Hatte ihn einer angezeigt? Die fest zupackende Hand an seinem rechten Arm zerrte ihn bald da, bald in dorthin. Jahre lang hatte er den Koran studiert, die Hadithe gelesen, alles nur, um die Feinde des Evangeliums verstehen zu lernen, und in der Hoffnung, dass Gott seine Landsleute zu Brüdern und Schwestern im Glauben an Jesus machen würde. Hatte Gott ihm die Leidenschaft für die Muslime ins Herz gelegt, nur damit er jetzt der nächste ägyptische Märtyrer werden solle?

Die barsche Stimme des Entführers befahl: „Hier rauf!" Über die Hintertreppe eines alten Hauses ging es fünf Stockwerke hinauf aufs Dach. „Wir müssen von hier hinüber auf das Dach da drüben springen, das ist der einzige Weg." Nun merkte Hassan erst, dass das Gesicht des Kidnappers geschwärzt war. Drüben das Dach, zu dem er springen sollte, drunten gähnte der Abgrund. Die Waffe wies ihm die Richtung. „So weit kann ich nicht springen." – Doch du kannst es, wenn du Anlauf nimmst." Was war schlimmer – durch eine Kugel den Tod zu finden oder fünf Stockwerke tief in den Tod zu stürzen? Er hatte die Wahl. Aber vielleicht gelang ihm der Sprung im Vertrauen auf seinen Schutzengel. Hassan gelang der Sprung, gefolgt von seinem Entführer. Der Mann mit der Pistole packte ihn wieder am Arm und zog ihn zu einer Dachluke eines leer stehenden Gebäudes, wohl eines Lagerhauses. Sollte dort seine Hinrichtung stattfinden? „Jesus, in deine Hände befehle ich meinen Geist", flüsterte er.

Der Unbekannte mit dem geschwärzten Gesicht scheint sein leises Gebet mitbekommen zu haben. Er packt ihn noch fester am Arm und befahl: „Öffne die Luke und steig schnell hinein!" Wieder unterstrich ein Wink mit der Pistole die Anweisung. Hassan kam sich vor wie in einem Fernsehkrimi.

Doch dann nahm das Geschehen eine dramatische Wende. Die soll er uns selbst berichten: „Ich trat in einen düsteren Raum, der nur von einer einzigen Kerze schummrig erleuchtet war. Sicher würden sie mich gleich hinrichten. Zehn Männer, offensichtlich Muslime, standen im Kreis. Sie befahlen mir, mich zu

setzen. Ich gehorchte, und die Atmosphäre änderte sich abrupt. Die geheimnisvollen Männer lächelten mich an.“ Der Mann mit dem geschwärzten Gesicht, der Hassan hierher gebracht hatte, räusperte sich: „Wir sind Imame. Wir haben alle an der Al-Ashar studiert. Als wir dort waren, hatte jeder von uns einen Traum über Jesus, und wir sind heimlich, jeder für sich seine Jünger geworden. Eine Zeit lang haben wir uns nicht getraut, irgendjemand etwas davon zu sagen; es wäre unser Todesurteil gewesen. Aber schließlich konnten wir es nicht länger verheimlichen. Jeder von uns bat Jesus, ihm zu zeigen, was es heißt, sein Jünger zu sein. Jesus hat uns schließlich zusammengeführt, und da kannst du dir vielleicht vorstellen, wie wir staunten, als der Heilige Geist uns zeigte, dass es noch andere Imame gibt, die Jesus gefunden haben. Jetzt treffen wir uns hier dreimal in der Woche nachts, um für unsere Familien und die Menschen in unseren Moscheen zu beten, damit auch sie Jesus finden. Wir wissen, dass du auch Christus nachfolgst, er hat uns zu dir geführt.“
Hassan war sprachlos. Aber er war so erleichtert, dass er minutenlang lachte, während die anderen ihn lächelnd anblickten. Und dann erklärte ihm sein „Kidnapper“ den Grund für dieses nächtlichen Treffen. „Es tut mir leid, dass ich dich so erschreckt habe mit der Farbe im Gesicht und der Pistole. Aber anders hätte ich dich nicht hierher gekriegt. Alles andere wäre zu gefährlich gewesen. Bitte entschuldige! Aber jetzt unsere Frage: Kannst du uns in der Bibel unterrichten?“ – Diese Geschichte ist unglaublich, aber wahr.
So integriert der Himmel auf wunderbare Weise Muslime in die Jüngerschaft Jesu; während europäische Politiker diese in die westliche entchristlichte Kultur und obendrein dekadente Gesellschaft zu integrieren versuchen, die letztlich zum Untergang bestimmt ist. Wie die Geschichte der antiken Staaten zeigt.

SIND TRÄUME NUR SCHÄUME?

Wer kennt nicht dieses Sprichwort. Kurz nach dem Beginn des 21. Jahrhunderts hörten Christen, die unter Muslimen arbeiteten, dass Gott durch spektakuläre Träume und Visionen die Herzen von Menschen in der islamischen Welt öffnete. Von den zum Christentum Konvertierenden hatte etwa jeder dritte oder vierte vor seiner Bekehrung einen Traum oder eine Vision von Jesus. Aber diese Träume und Visionen sind nur so etwas wie ein Türöffner, der den Muslimen hilft, die hohen Barrieren zum Glauben an Jesus zu überwinden.

Es gibt für sie zwei große Stolpersteine: 1. „Ihr Christen betet drei Götter an." 2. „Eure Bibel ist verfälscht." Das wird ihnen von Kindheit an eingedrillt.

Doch die Jesuserlebnisse erschüttern ihre Vorstellungen vom Christentum. Auch wenn sie nicht sofort verstehen, was die Begegnung mit Christus bedeutet, ist ihnen klar: Jesus ist mehr als nur ein Prophet. Die Bekehrung eines Muslims ist in der Regel ein langjähriger Prozess. Muslime, die aufgrund der Bibel zum Glauben an Christus kommen, haben einen fundierten Glauben. Ein ehemaliger Imam sagte: „Wir müssen sicher gehen, dass Muslime echte Jünger von Jesus werden. Wenn sie ein bisschen Christentum und ein bisschen Islam glauben, ist das nur eine weitere Religion. Wir nennen das `Chrislam´."

Fatima in Saudi-Arabien

Fatima ist der Name der Lieblingstochter Mohammeds. In den Kriegen des Propheten und bei mehreren Anschlägen auf ihn blieb diese mutige Frau ihrem Vater treu. Die Muslime verehren sie noch heute als leuch-tendes Beispiel der Kraft und des Mutes. Ihr Name ist ein beliebter Mädchenname. Viele Muslime vergleichen sie mit Maria, der Mutter Jesu. „Fatima“ zu heißen, ist eine Ehre für ein muslimisches Mädchen.

Die Fatima, von der diese Geschichte erzählt, stammt aus dem Beduinenstamm der Mutairi. Ihre Familie ist hochangesehen in Saudi-Arabien. All ihre Verwandten sind streng gläubige Muslime. Ihr Bruder ist muslimischer Geistlicher und Mitglied der saudi-arabischen „Kommission zur Förderung der Tugend und Verhinderung des Lasters“. Der al-Mutairi-Clan stellte hohe Erwartungen an Fatima, die im Islam hervorragend erzogen worden war. Niemand in ihrer Familie ahnte, dass sie begann, sich für Jesus zu interessieren. Im Internet erfuhr sie von immer mehr Menschen, die von Jesus geträumt haben. Darunter waren die meisten Muslime. Als intelligente Frau und strenggläubige Muslimin hatte sie zunächst diese Berichte als Fantastereien abgetan. Doch weckten diese Träume ihr Interesse an der außerislamischen religiösen Welt. Sie begann zu lesen, was nur immer sie über Jesus erfahren konnte. Über das Internet beantworteten ihre inzwischen gewonnenen Freunde gerne die zahllosen Fragen, die sie über das Christentum hatte.

Während im Westen tagtäglich Hunderttausende im Internet surfen, um mit unsittlichen Darstellungen ihre Phantasie anheizen zu lassen, lernte Fatima über das Internet Menschen kennen, die von diesem Jesus geträumt hatten. Was für eine Gestalt, so machtvoll und sanft zugleich! Sie machte den Träumenden nicht klein und hässlich, wie es Imame taten, sondern überschüttet den Menschen mit einer reinen Liebe und hinterläßt tiefen Frieden im Herzen. Ein liebender Gott – unfassbar! Eine Freundin schilderte ihn ihr wie einen guten Hirten, der seine Schafe weidete und ein vermisstes solange suchte, bis er es gefunden und auf seinen Schultern heim trug Wie sehnte sich Fatima danach, solche Liebe zu erfahren.

Im Internet studierte sie monatelang das Neue Testament. Sie erfuhr immer mehr, welch tiefe Liebe von Jesus ausging und wie seine Jünger davon ergriffen waren. Jesus zog sie mit einer solchen Macht an, dass sie eines Abends IHM ihr Leben übergab und IHM nachzufolgen versprach. Sie machte sich keine Illusionen, welche Folgen das für sie haben konnte. Sie konnte nie eine Kirche oder christliche Versammlung besuchen, aber sie betete fast jeden Tag online mit Christen in aller Welt, die ihr Mut machten. Diese Menschen gingen allen Widerständen und Ablehnung aus dem Kreis ihrer Verwandten und Freunde zum Trotz ihren Weg mit Christus.
Für ihre Familie – wenn sie darum wüssten – ist Fatima eine Ungläubige, ja vom Islam Abgefallene und damit Todeskandidatin. Doch sie blieb den charakteristischen Eigenschaften ihrer berühmten Vorfahren treu: Mut und Kraft. Ihr Glaube an Christus wurde zunehmend tiefer, ja leidenschaftlicher. Sie trat einer Gruppe von zehn äußerst entschlossenen Christen bei, dem „Gulf Christian Forum". Diese überschwemmten das Internet mit E-Mails und Blogs, in denen sie Muslime über Jesus aufklärten. Jede Nacht beantwortete Fatima Fragen von Muslimen, die auf der Suche nach Gott waren. Unter dem Pseudonym „Rania" veröffentlichte sie ihre Blogs , die berühmt wurden für ihre ergreifenden Jesus-Gedichte.
Eines Tages fand ihr Bruder, der muslimische Geistliche und Mitglied der „Kommission zur Förderung der Tugend und Verhinderung des Lasters", ihre Tagebücher. Fatima war auf der Arbeit. Ihr Bruder war sofort im Bilde und durchsuchte ihr Zimmer, um noch mehr Beweise zu finden. Die Online-Adressen ihrer christlichen Freunde, ihre Notizen zur Bibel und schließlich ihre Jesus-Gedichte fielen ihm in die Hände. Was für eine Schande für die berühmte Familie der al-Mutairis!
Als Fatima nach Hause kam, eröffnete ihr Bruder der schockier-

ten Familie, dass Fatima eine „Ungläubige“ geworden war und deshalb sterben müsse. Er tobte und fragte sie: „Folgst du Jesus nach?“ Als Fatima bejahte, nahm er ihr das Handy ab und sperrte sie in ihr Zimmer ein. In den folgenden vier Stunden, in denen sie auf ihre Hinrichtung wartete, verbreitete ihr Computer, der sie zu Christus geführt hatte, „Ranias“ letzte Worte zu ihren Online-Freunden in der weiten Welt, ihr Jesus-Gedicht:

Möge der Herr Jesus euch leiten, oh Muslime und euer Herz hell machen, auf dass ihr eure Mitmenschen lieben könnt.

Wir beten nicht das Kreuz an, wir sind nicht von Sinnen. Wir beten den Herrn Jesus an, das Licht der Welt.

Wir haben Mohammed verlassen und gehen nicht mehr seinen Weg.

Wir folgen Jesus, dem Messias, der die Wahrheit ist.

Und wahrlich, wir lieben unser Heimatland und unsere geliebtes Volk und sind nicht Verräter...

Lasst uns an Jesus glauben, lasst uns in Frieden leben bis unsere Zeit kommt. Lasst uns in Gnade leben, bis unsere Stunde geschlagen hat...

Der Messias sagt: „Selig sind, die verfolgt werden.“ Für Christus tragen wir alles. Was kümmert´s euch, dass wir Ungläubige sind?

Gott weiß es: Ich bin eine Christin bis zum Tod. Wahrlich, ich beweine die langen Jahre, , die ich so weit weg war vom Herrn Jesus...

Meine letzten Wort seien ein Gebet an den Herrn der Welten.

Jesus ist der Messias, das helle Licht, das uns führt.

Möge Er Herzen verändern und der Gerechtigkeit Bahn schaffen. Und möge Er Seine Liebe ausbreiten unter euch, oh Muslime.

Minuten nachdem Fatima zum letzten Mal auf „Sendung“ geklickt hatte, kam ihr Bruder ins Zimmer. Er schlug sie blutig,

dass ihr die Knochen brachen. Dann schnitt er ihr die Zunge heraus, schleifte sie nach draußen und verbrannte sie bei lebendigem Leib.
Unglaublich, aber wahr! Fatimas heldenhaftes Sterben erinnert an die Geschichten der Märtyrer der frühen Christenheit, wie sie uns in den Märtyrerakten und im römischen Martyrologium überliefert sind.

Fernsehduell: Gib Jesus eine Chance!

„Ihr Christen kommt alle in die Hölle!“ Das waren gewöhnlich Dinas Ausfälle gegen eine Evangeliumssendung aus den USA für Muslime im Iran. Der Moderator der Sendung Hormoz Shariat war selber Iraner Das Jahr 1979 war für ihn, den überzeugten Moslem, ein Freudenjahr gewesen. Denn die iranische Revolution hatte sein Land zu einem Bollwerk und Wächter des Islam in der Welt gemacht. Doch die anfängliche Begeisterung wurde schnell erstickt durch die brutale Realität der Scharia, die auf die Revolution folgte. Er verliebte sich in eine Besucherin aus Kalifornien, heiratete sie und zog mit ihr nach Los Angeles. Während er dort seine Studien fortsetzte, ging eine Gruppe von Christen auf die Shariats zu, um sie für Christus zu gewinnen. Das war nicht so einfach, hatte doch Hormoz an der Revolution teilgenommen und war felsenfest davon überzeugt, dass allein der Prophet Mohammed den Weg zu Gott gezeigt habe. Und irgendwann würde das Wirklichkeit werden, was der Prophet gewollt habe: Die Welteroberung für den Islam. Doch dann eroberte ein anderer das Herz von Hormoz: Jesus Christus. Da war ihm klar, dass es sein Auftrag sei, den zahllosen Iranern, die kaum oder gar keinen Zugang zum Evangelium hatten, dieses zu verkünden. So engagierte er sich zusammen mit Donnell, seiner Frau, für eine Fernsehsendung speziell für Irans

Muslime: Iran Alive! Von den 75 Millionen Einwohnern des Iran können 45 Millionen Satellitenfernsehen empfangen, auch wenn das Regime das immer wieder zu unterbinden versucht. Vom ersten Tag an, da Hormoz von einem geheimen Ort in den USA aus auf Sendung ging, war sein Programm ein Erfolg. Sein Charme, seine zum Nachdenken anregenden Worte faszinierten die frustrierten, nach Wahrheit suchenden, meistens unter dreißig Jahre alten, Zuschauer im Iran. Das Besondere von Hormoz´ Sendung war, die Zuschauer konnten per Telephonhotline sich einbringen und Fragen stellen.

Das nutzte Dina für ihre Beschimpfungen und Drohungen, wenn sie den Sender anrief. Sie war eine fanatische Muslimin und Offizierin der iranischen Geheimpolizei. Dina arbeitete in einer eigenen Unterabteilung der Moralpolizei, die zum Teil mit verdeckten Ermittlerinnen iranische Frauen verfolgt, die gegen die Scharia verstoßen. Bis zu 80 Peitschenhieben bekamen Frauen für „unsittliches Verhalten", wenn sie z.B. eine Haarsträhne unter ihrem Hidschab hervorlugen ließen.

Dinas Gewissen war die Scharia, die Leiden ihrer Opfer kümmerten sie nicht. So rief sie eines Tages Hormoz wieder in seiner Sendung an: „Ich bemitleide euch Christen, weil euer Los die Hölle ist", schrie sie. „Der Islam ist der einzige Weg! Das Christentum ist eine falsche Religion, die euch teuer zu stehen kommen wird. Allah wird euch in die Flammen werfen."

Hormoz erwiderte gelassen: „Dina, jedes Mal, wenn du anrufst, klingt das so wütend und hasserfüllt. Ich glaube, das liegt an deiner Religion." – „ Ich kann nirgends ein besseres Leben haben als im Islam", fauchte Dina.

„So? Hat der Islam dich irgendwo echt glücklich gemacht?" Hormoz faltete kurz die Hände zu einem stillen Gebet, während er seinen Blick senkte. Dann schaute er wieder freundlich lächelnd in die Kamera und wartete auf Dinas Reaktion. „Es gibt

bei mir gerade andere Probleme" – Dinas Stimme wurde leiser – „die aber nichts mit meiner Religion zu tun haben."
Hormoz: „Möchtest du mir sagen, was für Probleme das sind, Dina?" – „Warum sollte ich? Du kannst doch nichts tun für mich."
„Hast du noch nie daran gedacht, dass du ein besseres Leben haben kannst?" Hormoz machte eine Pause. „Jesus kann dir das geben. Er hat es auch bei mir getan, und bei Tausenden im Iran – Menschen wie du."
„Ich bin nicht verheiratet und meine Mutter hat Krebs." Die Worte klangen fast wie ein Geständnis. „Sie ist bettlägerig und wird bald sterben. Die Ärzte haben sie aufgegeben." Dina kämpfte mit den Tränen. „Ich habe sonst niemand."
„Das tut mir sehr leid, Dina", sagte Hormoz. „Und was machst du jetzt?" – „Wir haben beide beschlossen, uns heute Abend umzubringen." Hormoz war betroffen. Es fehlten ihm die Worte. Dinas Gehässigkeit kehrte zurück. „Wir machen das gleich, sofort während deiner Sendung. Aber dafür kommen meine Mutter und ich in den Himmel, was man von dir armseligen Christen, und anderen, die deine Sendung sehen, ja nicht sagen kann. Na, und was sagst du jetzt?"
Hormoz lehnte sich zurück und schaute einige Sekunden in die Kamera. Da saß fast 13000 Kilometer entfernt die junge Frau in ihrem Elend. „Das ist echt traurig, was du sagst, Dina."
„Aber wenn du dich sowieso umbringen willst, warum gibst du nicht Jesus eine Woche? Wenn er nach sieben Tagen kein einziges Gebet für dich erhört hat oder sonst etwas in deinem Leben getan hat, dann bring dich meinetwegen um. Das willst du ja sowieso; du hast ja nichts mehr zu verlieren." Hormoz machte eine Pause. „Aber du traust dich sicher nicht, diese Experiment zu machen, oder?"
„Ich trau mich alles, was dir einfällt! Der Christengott ist ein fal-

scher Gott. Er kann mir nichts geben, worum ich ihn bitte, weil es ihn nicht gibt! Nur Allah kann Gebete erhören."
„So? Und wie erhört er gerade deine Gebete? – „Willst du ich über mich lustig machen? – „Ganz und gar nicht, Dina. Es ist mir absolut ernst."
Dinas Stimme wurde lauter. „Jesus war nur ein Prophet! Er kann nichts. Du machst dir selber was vor, aber mir kannst du nichts vormachen!" Hormoz räusperte sich. „Ich wusste doch, dass du dich nicht traust."
„Also, gut. Ich weiß, dass du nur ein Spiel mit mir treibst, aber ich nehme deine bescheuerte Herausforderung an. Wenn ich nur wüsste, was ich in dieser Woche machen soll." Sie war sich sicher, dass Hormoz das Spiel verliert. „Ich warte eine Woche und rufe dich wieder an und bringe mich während deiner Sendung um – falls du dann den Mumm hast meinen Anruf entgegenzunehmen."
„Dina, ich nehme an, auf mein Ehrenwort! Aber erst musst du noch etwas für mich tun."
„Und was wäre das?" – „In einem Gebet Jesus einladen, dein Erlöser zu werden." – „Was? Wie soll ich das machen?" – „Ganz einfach, Dina. Ich spreche dir das Gebet vor, Wort für Wort, und du sprichst es nach." – „Aber das geht doch nicht! Wie kannst du so etwas von mir verlangen?"
„Das gehört zu unserer Abmachung dazu, Dina." Und ohne eine weitere Reaktion abzuwarten, begann Hormoz: „Lieber Jesus... Jetzt du, Dina" – Die Stimme im Hörer lachte: „Ich glaub´, ich bin im falschen Film!" – „Dina! Lieber Jesus..." – Zögerlich und widerstrebend sprach sie nach : „Lieber Jesus..."
Was würde passieren, wenn bekannt wurde, dass sie in einer christlichen Radiosendung mitgewirkt habe. Schließlich war Dina Angehörige der Sittenpolizei, die das Fehlverhalten von Frauen, die muslimische Gesetze verletzten, zu ahnden hatte.

Und es gab nur eines, was Dina noch mehr hasste als wenn eine Muslimin gegen Anstand und Sitte verstieß, wenn ein Muslim es wagte, Christ zu werden. Was würde geschehen, wenn man dahinter käme, was sie sich nun erlaubt hatte?
Wie war sie begeistert, als am Vorabend des Weihnachtsfestes der Christen im Jahr 2010 siebzig iranische Hauskirchendiener verhaftet und ins Teheraner Evin-Gefängnis gebracht wurden. Das war die Hölle auf Erden, eine Sonderanstalt für Folterungen. Es brauchte mehrere dienstliche Besuche, bis Dina abgebrüht genug war dem gegenüber, was dort vor sich ging. Ein Besucher hatte einmal heimlich mit einem Handy Bilder aufgenommen, auf denen fünf Männer zu sehen waren, die im Hauptzellenblock mehrere Meter über dem Boden an Drähten hingen. Deren von Urin und Kot verschmutzten Hosen und bizarr verdrehten Hände und Füße waren stumme Zeugen, was diese Menschen seit zwei Foltertagen erduldeten, die mit einem langsamen qualvollen Tod enden würden.
Das war nichts für die Öffentlichkeit. Aber es gab noch andere Geheimnisse dort, um die Dina wusste. Für die weiblichen Gefangenen hatten sich die Wärter besondere Strafen ersonnen. Die jungen attraktiven Frauen vor allem wurden vor der Hinrichtung regelmäßig vom Gefäng-nispersonal vergewaltigt. Die so Geschändeten hatten nicht nur die Untat zu ertragen, sondern auch die Angst vor dem, was nach dem Tod sie erwartete. Denn nach muslimischer Auffassung durften nur Jungfrauen darauf hoffen, schnell in den Himmel zu kommen.
Was Dina ins Grübeln brachte, war die Sache mit den Sighe-Ehen. Um dem grausamen Los der meisten weiblichen Insassen des Evin-Gefängnisses zu entgehen, gingen die schöneren Frauen einen Kuhhandel mit ihren Wärtern ein. Sie boten sich als Sighe-Frauen an. Sighe (Ehe des Genusses) ist im schiitischen Islam eine Ehe auf Zeit, die es dem Manne erlaubt, gleichgül-

tig ob verheiratet oder nicht, eine Frau für eine begrenzte Zeit mit dem Segen der Mullahs zu „heiraten“ – mit dem einzigen Zweck, Sex mit ihr zu haben. Für viele geschiedene Frauen ist diese legale Prostitution die einzige Möglichkeit außerhalb der Gefängnismauern zu überleben.
Was Dinas Gewissen aufwühlte, war die Doppelmoral der Sighe-Praxis im Evin-Gefängnis.
Das Gefängnispersonal und die Mullahs draußen betrieben einen schwunghaften Handel mit hilflosen Frauen, um die sexuellen Lüste mächtiger Männer zu befriedigen. Das hatte mit der korrekten Befolgung des Islam nichts zu tun. Und es dämmere ihr, dass sie ja durch ihre Arbeit Nachschub für das Treiben der Mullahs lieferte. Der Zwiespalt, in den Dina geriet, wurde immer größer. Schließlich begann sie an Selbstmord zu denken.
Während ich dieses Kapitel am Schreiben war, brachte DIE TAGESPOST (11.Juni 2015) einen Bericht über die verfolgten Christen im Iran. Die Internationale Gesellschaft für Menschenrechte (IGFM) lies durch ihren Pressesprecher mitteilen, dass im Iran ehemalige Muslime, die Christen geworden waren, in ständiger Furcht leben müssten vor der willkürlichen Gewalt durch Islamische Revolutionswächter, vor Denunziationen und dem Verlust der Arbeits-, Ausbildungs- oder Studienplätze. Allein die große internationale Aufmerksamkeit habe bisher verhindert, dass mehr zum Christentum Konvertierte sterben mussten. „Nur die Aufmerksamkeit der Welt hält diese Menschen am Leben“ (IGFM).
Zurück zum Experiment, das Hormoz mit Dina vereinbart hatte. Eine Woche sollte sie ja Jesus Zeit geben. Am frühen Morgen des fünften Tages hört Dina Schritte im Flur. Sollte es ein Einbrecher sein oder ein Kollege, der sie ins Evin-Gefängnis abführen wollte wegen ihrer Teilnahme an der illegalen christlichen Fernsehsendung?

Da wurde ein Kopf durch die Tür von Dinas Schlafzimmer gesteckt. Ihre Mutter, ihre schwerkranke Mutter schaute herein und lächelte. „Ich bin´s nur Dina." – „Mama, was machst du hier? Wie bist du aus dem Bett gekommen?"
„Dina, als du gestern Abend das Licht gelöscht hast, dachte ich: Heute Nacht werde ich sterben. Ich hatte furchtbare Angst und fragte mich, zu welchem Imam ich ein letztes Mal beten sollte. Dann blickte ich sein Gesicht. Dort in meinem Zimmer."
„Und welcher Imam war es, Mama?" – „Dina, es war kein Imam. Das war – Jesus." Dina starrte ihre Mutter an. Sie wusste nicht, ob sie entsetzt oder dankbar sein sollte. Es war ja die Antwort, auf die sie die letzten Tage gewartet hatte.
Die Mutter fuhr fort: „Und jetzt, vor ein paar Minuten, bin ich wach geworden und habe gemerkt, meine Schmerzen sind weg, wie weggeblasen." Dabei waren die Schmerzen der Mutter seit Monaten unerträglich gewesen. „Nicht nur das. Ich kann mich ganz normal bewegen und spüre einen solchen Frieden in mir, dass ich beschloss aufzustehen. Dina, ich kann wieder gehen! Ich wage es kaum zu sagen, aber – ich fühle mich gesund!"
Dina stand langsam auf. Die Tränen begannen der abgebrühten Polizistin über das Gesicht zu laufen. Sie hatte ihrer Mutter nichts von dem nachgesprochenen Gebet mit Hormoz gesagt. Beim Frühstück hatten sie dann viel mit einander zu besprechen.
Als Hormoz auf Sendung war, erschien der Name des nächsten Anrufers auf dem Bildschirm. Seine Augen wurden immer größer. Seine Frau, die neben ihm – außerhalb des Kamerafeldes die eingehenden Anrufe entgegennahm, flüsterte ihm zu: „Ja, es ist Dina." –
„Herzlich willkommen, Dina! Wie geht´s?" – „Hormoz, letzte Woche habe ich die Worte nachgesprochen, die du mir sagtest. Aber ich habe das nicht wirklich ernst genommen. – Doch Gott hat es ernst genommen. Heute Abend ist meine Mutter bei mir.

Sie steht hier neben mir!" Hormoz kämpfte mit den Tränen. „Und?" –

„Ich wollte nicht, dass Jesus die Antwort ist. Die ganze Woche habe ich nur an all das Negative in meinem Leben gedacht. Ich wollte mich elend fühlen. Aber jedes Mal überkam mich ein tiefer Friede, dass ich in den Spiegel schaute und mich lächeln sah. Hormoz, meine Mutter ist gesund, gesund! Und ich auch! Jesus ist all das, was du versprochen hast. Danke dir, mein Freund!"

Hormoz berichtet, wie es weiterging. „Was Dina erlebte, hat die Leute so aufgeschlossen gemacht für die Macht des Gebetes wie nie zuvor. Jetzt bekommen wir regelmäßig Anrufe von Muslimen, die uns bitten, für sie zu beten. Dinas Geschichte veranschaulicht ihnen die große Vergebungsbereitschaft von Jesus. Sie hatten ja mitgehört, wie Dina Jesus und die Christen wüst beschimpfte, und trotzdem nahm sie Jesus in seine Familie auf."

Gott wirkt Wunder. Er braucht niemanden zu fragen, auch nicht die Mullahs, schon gar nicht die „aufgeklärten" Skeptiker in der westlichen, von Gott abgetrifteten Welt.

Zwischen 7 und 9 Millionen Iraner – etwa zehn Prozent der Bevölkerung – sehen regelmäßig die Sendungen von Hormoz. Er hat inzwischen den Spitznamen „Billy Graham des Iran" bekommen. (Billy Graham war ein berühmter Baptistenprediger in den USA.)

Dina hat still und leise ihren Job bei der Moralpolizei aufgegeben. Sie hat geheiratet. Ihr Mann ist ebenfalls ein ehemaliger Muslim. Nun sucht sie nach Musliminnen, denen sie die Frohe Botschaft von Jesus nahe bringen kann. Und ihre Mutter ist vom Krebs geheilt. Unglaublich, aber wahr!

(Quelle: Tom Doyle/ Greg Webster, Träume und Visionen. Wie Muslime heute Jesus erfahren)

„Es kommt die Stunde, da jeder, der euch tötet, meint, Gott einen heiligen Dienst zu erweisen" (Jo 16,2)

Auch in Jordanien ist es gefährlich, seine Religion zu wechseln. Rashid stammt aus einer christlichen Familie. Doch las er nie in der Bibel, sein religiöses Wissen beruhte auf dem, was er von den Pastoren gehört hatte. Freitags hörte die Predigt des Imams mit an, die aus dem Lautsprecher der nahegelegenen Moschee bis ins Haus seiner Familie zu verstehen war. Viele seiner Freunde waren Moslems. Über das Fernsehen, das pausenlos Sendungen über den Islam brachte. wurde er ein kleiner Experte in Lehre und Geschichte dieser Religion. Beim Militär erwachte in ihm die Liebe zu Jordanien. Er war stolz Bürger des das „Haschemitischen Königreichs Jordanien" zu sein.

Allmählich zog es ihn immer stärker zum Islam, der Religion seines geliebten Königs Hussein. Seine Motive, Moslem zu werden waren nicht besonders religiös. Endlich gehörte er nicht mehr einer Minderheit an. Er wollte Lehrer des Islam werden. Doch beim eingehenderen Befassen mit dem Leben Mohammeds bekam er Probleme wegen der 15 Frauen, die der Prophet hatte, darunter bis zu neun gleichzeitig. Ein noch größeres Problem war für ihn, als er mehrere Islamgelehrte aufsuchte, um auf seine Fragen Antwort zu bekommen. Doch seine Fragen schienen tabu zu sein. Ja, als er sie wegen Mohammeds Leben befragte, wurden sie wütend. Für den Propheten schienen andere Regeln zu gelten als für die übrigen Muslime. Mit diesen Widersprüchen wurde er nicht fertig. Als er schließlich eine Frage zu viel stellte, kam er ins Gefängnis.

Aus Enttäuschung wurde er Atheist. Als seine Schwägerin merkte, dass er alles Religiöse ablehnte, fing sie an, ihn in die Kirche einzuladen. Er hatte alle möglichen Ausreden. Der Hauptgrund aber war die Angst, dass ihn andere Muslime sehen es könnten,

wie er aus der Kirche kam. Doch seine Schwägerin blieb hartnäckig. Sie schlossen einen Kuhhandel: Er würde einmal mitgehen, wenn sie verspräche, ihn dann nie mehr einzuladen.
Ausgerechnet an diesem Sonntag predigte der Pastor über die Heilsgewissheit. Rashid war fasziniert. Er blieb sogar noch nach dem Gottesdienst und konnte dem Pastor Fragen stellen. Im Gegensatz zu den muslimischen Geistlichen schien der seine Fragen an Hand der Bibel gerne zu beantworten. Es war erstaunlich. Er wurde ein Jünger Christi. Seine Schwägerin brauchte ihm die Gottesdienste nicht mehr schmackhaft zu machen. Er wunderte sich nur, dass er solange gebraucht hatte, um Jesus kennen zu lernen.
Eines Tages wollte ihn Ahmad sprechen. Sie waren Nachbarn. Da sie den üblichen Abstand zwischen Muslimen und Christen hielten, trafen sie sich in einer Kaffeestube. Dort – nach einigen Höflichkeiten – fragte Ahmad zögernd: „Ich – habe dauernd Träume von Jesus und möchte gern wissen, was das bedeutet. Wie mache ich das? Ich bin ja Muslim." Er beobachtete Rashids Reaktion. Der zog die Augenbrauen hoch. „Was sagt Jesus zu dir, wenn du von ihm träumst?" – „Daß er mich liebt und dass ich glauben soll, dass er mein Weg ist. Was ist das – mein Weg?"
„Jesus ist der Weg zum Himmel...Ahmad." – „Könntest du mir eine Bibel besorgen, damit ich von Jesus lesen kann? Du hast sicher eine: Ich beobachte dich seit zwei Jahren, ich weiß, dass du Christ bist." Rashid hatte eine dabei und gab sie ihm. „Muß ich meine Religion wechseln, um Jesus nachzufolgen?"
„Das kann ich dir nicht genau sagen, was du machen musst. Am besten du fängst einfach an, die Bibel zu lesen. Schau, ob deine Träume mit dem, was in der Bibel über Jesus steht, übereinstimmen." – „Können wir uns nächste Woche wieder treffen? Und bitte, sage niemandem, dass ich bei dir war. Du weißt warum."

Zwei Tage später klopfte es bei Rashid an die Türe. Es war Ahmad. Er bat um eine Bibel mit größeren Buchstaben, weil der kleine Druck für seine Augen nicht gut sei. Als Rashid ihn mit sich in sein Arbeitszimmer nahm und sich umdrehte, um eine Bibel aus dem Regal zu holen, flog etwas an seinem Kopf vorbei. Er wandte sich um, und da stand Ahmad auf dem Schreibtisch mit einem langen Schraubenzieher in der Hand und stürzte sich auf ihn. Er versuchte, den Schraubenzieher in Rashids Brust zu stechen. Der konnte ihm das Werkzeug aus der Hand schlagen und versuchte sich zu befreien. Ahmad nahm den Telephonapparat vom Tisch und schlug ihn Rashid auf den Kopf. Seine Familie im Stock oben drüber hatte das Poltern gehört, sein Bruder kam heruntergerannt, packte Ahmad und hielt ihn in Schach. Als die Polizei eintraf, nahm sie beide zum Verhör mit. Schockiert hörte Rashid, wie Ahmad haargenau alles den Beamten erzählte. „Der versucht, Muslime zu bekehren, und da wollte ich ihn töten. Stecken sie mich ruhig ins Gefängnis!“
Was war in den zwei Tagen passiert?. War es eine Falle, in die Rashid von seinem Nachbarn gelockt worden war?
Der Prozess war gleich am nächsten Morgen. Es gab keine Anwälte, keine Berufungsmöglichkeit. Ahmad gab vor Gericht alles zu und wurde zu vier Jahren Haft wegen versuchten Mordes verurteilt. Rashid bat den Richter, ob er noch etwas sagen dürfe. Der erlaubte es. Rashid stand auf und sah Ahmad an. Da packten ihn mehrere Polizisten, weil sie befürchteten, er wolle sich auf ihn stürzen. Doch Rashid sagte: „Ahmad, Jesus ist am Kreuz für meine Stünden gestorben. Und für deine. Du sollst wissen, dass ich als Jünger von Jesus den Auftrag habe, anderen zu vergeben, und so vergebe ich dir. Ich werde dir und deiner Familie nichts nachtragen und ich verspreche dir auch, dass meine Familie dir und deiner Familie nicht böse sein wird.“

Letzteres war wichtig, öffentlich gesagt zu werden, denn oft rächt sich die Familie eines Opfers an dem Täter. Ahmad sollte wissen, dass seine Familie nichts zu befürchten habe. Es ging um die Stammesehre, durch die es nicht selten zu Ehrenmorden kommt.

„Ahmad, du sollst wissen, dass ich dich lieb habe. Ich werde dich im Gefängnis besuchen." Rashid beugte sich ihm zu und küsste ihn auf beide Wangen. Der schaute ihn schockiert an.. Der Richter und die Polizisten ebenso. Einer von ihnen, ein gutmütiger Moslem, wischte sich die Tränen aus den Augen.

(Quelle: Tom Doyle/Greg Webster, Träume und Visionen. Wie Muslime heute Jesus erfahren.)

Das VATICAN magazin brachte in seiner Ausgabe Nr. 7/ 2015 Erfahrungsberichte über die Lage der Christen in vom Islam beherrschten Städten und Gebieten. Darin tauchen Namen auf wie Aleppo, Mossul, Bagdad, die Kopten Ägyptens, dann Gebiete, die das „Kalifat" (IS) kontrolliert. In Afrika sind es Nigeria, das durch Boko Haram verwüstet wird, und Kenia, wo die somalische Al-Shahaab wütet, die zentralafrikanische Republik, ferner Pakistan, Kurdistan. Am meisten hatten im Jahr 2014 Christen in Somalia, Irak, Syrien, Afghanistan, Sudan, Iran, Eritreia und Nigeria zu leiden.

In Nordkorea und China haben Christen zu leiden unter den Kommunisten, in Indien unter fanatischen Hindus; auch fanatisierte Buddhisten verüben Attacken auf christliche Kirchen.

Die Zahl getöteter Christen steigt von Jahr zu Jahr. 2012 waren es 1.201, im Jahr 2013 waren es 2.123 und 2014 hat sich die Zahl mehr als verdoppelt auf 4.344 Getöteter. Von November 2013 bis 31.Oktober 2014 wurden 1.062 Gotteshäuser angegriffen, verbrannt oder verwüstet. Im 20. Jahrhundert wütete die größte Christenverfolgung aller Zeiten, und bereits in den ersten Jahrzehnten des 21. Jahrhunderts breitet sie sich noch weiter aus. Und wie obige Zahlen belegen, weitet sie sich in den ersten Jahrzehntendes 21. Jahrhunderts noch weiter aus. Auch das ist unglaublich, aber - leider - wahr.

Papst Franziskus hat am Karfreitag 2015 beim Ende des Kreuzweges im römischen Kolosseum an all die leidenden Christen und Märtyrer von heute erinnert. Der Papst, bekannt für seine deutlichen Worte, sprach sogar von „unserem Schweigen als Komplizenschaft".

Über all dem aber leuchtet die Verheißung Christi:

> ***„Selig seid ihr, wenn euch die Menschen hassen und aus ihrer Gemeinschaft ausschließen, wenn sie euch beschimpfen und in Verruf bringen um des Menschensohnes willen. Freut euch und jauchzet an jenem Tag, denn euer Lohn ist groß im Himmel" (Lk 6,22 f).***

ZU GUTER LETZT

Da erblickte am 27. August 1925 im Mainzer St. Hildegardiskrankenhaus ein Kind per Zangengeburt das Licht der Welt. Als Großmutter Siska das Baby mit dem deformierten Köpfchen sah, sagte sie: „Des Kind gibt emol en Idiot.“
Doch der Mensch denkt, und Gott lenkt. Er ließ den prognostizierten „Idioten“ Priester werden und ihn obendrein im Alter noch fünf Bücher schreiben. Auch das ist unglaublich, aber wahr. DEO GRATIAS!

G.B.

Bildnachweis

S. 57 Betende Nonnen, Zeichnung: M. Figelhuber
S. 77 ULF von Guadalupe, Zeichnung: M. Figelhuber
S.125 Fürstin Gallitzin (Wikimedia)
S. 132 Ida von Hahn-Hahn (Martinus-Bibliothek Mainz)
S.140 Prinzessin Elisabeth von Hessen und bei Rhein (Wikimedia)
S.140 Großfürstin Elisabeth Feodorowna von Russland (Hiobskloster München)
S. 147 Hildegard Burjan
S.153 Yvonne Aimée de Jésus (Archives Monastère des Augustines, 2, Faubourg St. Michel, F-56140 Malestroit)
S. 211 Der Exorzist, Zeichnung: M. Figelhuber
S. 240 Das Wunder auf dem Hudson Fluss, Zeichnung: M. Figelhuber
S. 308 Große Konjunktion von Jupiter und Saturn, Zeichnung: Br. Thomas Disser SJM nach einer Vorlage in Gerhard Kroll, Auf den Spuren Jesu
S. 312 Niedersinken des Zodiakallichtes, Zeichnung: Br. Thomas Disser SJM nach einer Vorlage in Konradin Ferrari D´Occhieppo, Der Stern der Weisen
S. 334 Oktogonale Kirchbauten, Zeichnung: Br. Thomas Disser SJM nach einer Vorlage in N. Pressburg, Goof Bye Mohammed
S.335 Grundriss der vorislamschen Kirche der Kaaba, Zeichnung: Br. Thomas Disser SJM nach einer Vorlage in N. Pressburg, Good Bye Mohammed